Deutsches Jugendinstitut (Hrsg.)

Sprachförderung im Vor- und Grundschulalter

Konzepte und Methoden für den außerschulischen Bereich

Verlag Deutsches Jugendinstitut 2002

Das Deutsche Jugendinstitut e.V. (DJI) ist ein zentrales sozialwissenschaftliches Forschungsinstitut auf Bundesebene mit den Abteilungen „Kinder und Kinderbetreuung", „Jugend und Jugendhilfe", „Familie und Familienpolitik", „Geschlechterforschung und Frauenpolitik" und „Social Monitoring" sowie dem Forschungsschwerpunkt „Übergänge in Arbeit". Es führt sowohl eigene Forschungsvorhaben als auch Auftragsforschung durch. Die Finanzierung erfolgt überwiegend aus Mitteln des Bundesministeriums für Familie, Senioren, Frauen und Jugend und im Rahmen von Projektförderung aus Mitteln des Bundesministeriums für Bildung und Forschung. Weitere Zuwendungen erhält das DJI von den Bundesländern und Institutionen der Wissenschaftsförderung.

Die Deutsche Bibliothek – CIP-Einheitsaufnahme
Ein Titeldatensatz für diese Publikation ist bei
Der Deutschen Bibliothek erhältlich

Alleinauslieferung: Leske + Budrich, Opladen

Umschlagentwurf: Konzept 139, München
Umschlagfoto: Anja Rohde, München
Gesamtherstellung: grafik + druck GmbH, München
ISBN 3-87966-410-2

Inhalt

Hans Rudolf Leu
Einleitung 5

Albert Klein-Reinhardt
Konzepte und Maßnahmen zur Armutsprävention
Ein Programm des Bundesfamilienministeriums 9

Marie-Cécile Bertau
Kommunikative Fähigkeit: ein zentrales Konzept
für die Förderung von Sprache 15

Anna Winner
Konzepte und Angebote zur Förderung kommunikativer
Kompetenzen und des sprachlichen Denkens bei Kindern
von null bis sechs Jahren in Kindertagesstätten 35

Doris Holler
Außerschulische Förderung von Sprache und
kommunikativen Fähigkeiten im Grundschulalter 110

Bodo Franzmann in Zusammenarbeit mit
Sigrid Strecker und *Kristina Pfarr*
Sprach- und elementare Leseförderung
in Familie und Familienbildung 173

Jürgen F. Detering
Bedeutung familialer Konflikte für Lehr- und Lernprozesse
bei Grundschulkindern und Interventionsstrategien von
Erziehungsberatungsstellen 235

Einleitung

„Unser Bildungssystem genießt traditionell einen guten Ruf.“ Mit diesem Satz beginnt die Präambel der Empfehlungen des Forum Bildung, die Mitte November 2001 veröffentlicht wurden. Nur gute zwei Wochen später wurde dieser Ruf mit der Publikation der Ergebnisse der PISA-Studie gründlich ramponiert. Von einem „lehrreichen Desaster“ war die Rede. Bei dem Vergleich der Schulleistungen von 15-Jährigen aus 31 Staaten landete Deutschland auf einem der hinteren Plätze. Überdies zeigte die Studie, dass in keinem anderen Land die soziale Herkunft der Kinder eine so große Rolle spielt. Der allgemein bekannte Zusammenhang zwischen Sozialschicht und Leistung ist in Deutschland ausgeprägter als in allen anderen Ländern. Die für Deutschland typische frühe Aufteilung der Kinder auf unterschiedliche Schulformen scheint weder geeignet, die durch ihre soziale Herkunft benachteiligten Schüler zu fördern, noch können „von Haus aus“ gute Schüler ernstlich davon profitieren.

Bemerkenswert und neu war, dass die Expertinnen und Experten in der Interpretation der bei den 15-Jährigen erhobenen Fähigkeiten zu dem Schluss kommen, dass vor allem die Förderung von Kindern im Vorschul- und Grundschulbereich dringend ausgebaut und verbessert werden müsse. Hier treffen sich die PISA-Forscher mit den Experten vom Forum Bildung. Auch sie stellen fest, dass Weichen für Bildungs- und damit für Lebenschancen bereits früh gestellt werden. Deshalb sind neben dem wichtigen Lernen in der Familie die Möglichkeiten von Kindertageseinrichtungen zur Unterstützung von Bildungsprozessen besser zu nutzen und die Bedingungen für individuelle Förderung in der Grundschule zu verbessern. Die PISA-Studie, bei der das Leseverständnis im Mittelpunkt stand, hat dabei die zentrale Bedeutung von sprachlichen Kompetenzen herausgestellt. Dementsprechend stößt das Thema Sprachförderung im Vor- und Grundschulalter, das im Mittelpunkt dieser Veröffentlichung steht, auf größtes Interesse.

Die Beiträge des vorliegenden Sammelbandes wurden im Herbst 2001 fertig gestellt, kurz bevor PISA und das Forum Bildung mit ihren Publikationen die Gemüter bewegten und einen eindeutigen Akzent auf Bildung in den frühen Jahren legten. Sie entstanden als Vorbereitung einer Expertentagung im Deutschen Jugendinstitut e.V., die vom Bundesministerium für Familien, Senioren, Frauen und Jugend angeregt und finanziell unterstützt wurde und bei der die Frage von Sprachförderung unter dem Aspekt der Armutsprävention aufgeworfen wurde, wie Albert Klein-Reinhardt das in seinem einleitenden Beitrag erläutert. Damit wurde genau der Zirkel wechselseitiger Verstärkung von sozialer Benachteiligung und geringem Bildungserfolg in den Blick genommen, der auch in der Interpretation der PISA-Studie eine wichtige Rolle spielt.

Auch wenn das Thema vor- und außerschulischer Sprachförderung bisher noch nicht die ihm zukommende Beachtung gefunden hat, darf nicht übersehen werden, dass es in diesem Feld seit einiger Zeit eine Vielzahl von Konzepten und auch Modellprojekten gibt, in denen unterschiedliche Formen der Sprachförderung erprobt werden. Was bisher fehlt, ist eine Übersicht über diese unterschiedlichen Ansätze und ein fachlicher Austausch darüber, mit welchen grundlegenden theoretischen Annahmen jeweils gearbeitet wird und welche Erfahrungen dabei gemacht und welche Erfolge erzielt werden. Der vorliegende Band will dazu einen Beitrag leisten, indem er sowohl über theoretisch-konzeptionelle Grundlagen von Spracherwerb und Sprachförderung informiert als auch einen Überblick über die Vielfalt, über die breite Palette vor- und außerschulischer Angebote der Kinder- und Jugendhilfe und über die Angebote der Familienbildung und der Erziehungshilfe in Deutschland gibt, die im Kontext von Sprachförderung wichtig sind.

Theoretisch-konzeptionelle Überlegungen stehen im Vordergrund des Beitrags von Marie-Cécile Bertau. Sie stellt das Konzept „kommunikative Fähigkeit“ vor, das einen allgemeinen Bezugsrahmen umreißt, in dem zentrale Fragen der Sprachförderung systematisch diskutiert werden können. Dieses Konzept umfasst verschiedene Komponenten. Zunächst gehört dazu sprachlich-soziales Handlungswissen, das sich auf die Verwendungsweise von Sprache in spezifischen Situationen und mit unterschiedlichen Sprechern und Hörern bezieht. Zuhörerorientierung und Perspektivenübernahme sind Teile dieses sprachlich-sozialen Handlungswissens. Daraus entsteht kognitives Handlungswissen, wenn die Interaktionsbezüge auf kognitive Aufgaben übertragen werden. Eine dritte Komponente bildet das sprachliche Weltwissen, das sich auf Gegenstände, Situationen, Ereignisse und Personen bezieht und das sowohl unmittelbar erfahren als auch über Sprache bzw. Schrift vermittelt werden kann. Die vierte Komponente schließlich bildet das Sprachwissen, das eng mit dem Schrifterwerb zusammenhängt und eine von konkreten Verwendungskontexten weitgehend abgelöste Kommunikation über Sprache und Bedeutung möglich macht. Je nach Lebensalter sind diese Komponenten unterschiedlich ausgeprägt und entwickelt. Es ist Voraussetzung einer erfolgreichen Förderung der kommunikativen Fähigkeit, dass diese Unterschiede und die Entwicklungsschritte von der situationsgebundenen mündlichen Sprachform bis zu metasprachlichen Äußerungen sorgfältig beachtet werden.

In ihrem Beitrag zum Arbeitsfeld der Kindertagesstätten weist Anna Winner zunächst auf das Spannungsfeld zwischen sprachlichen Funktionen und sprachlichen Strukturen hin, in dem sich alle Konzepte und Angebote zur Sprachförderung bewegen und stellt eine Reihe von Begriffsklärungen vor. Anschließend gibt sie einen breiten und materialreichen Überblick über aktuelle Ansätze zur Förderung kommunikativer Kompetenzen und sprachlichen Denkens, wie sie in Kindertagesstätten erprobt und praktiziert werden. Sie unterscheidet dabei zwischen Formen der Sprachförderung, die für alle Kinder gedacht sind, und Modellen, in denen die Sprachförderung mehrsprachig aufwachsender Kinder im Vordergrund steht. Formen interkultureller Pädagogik spielen dabei eine wichtige Rolle. Außerdem geht sie auf Fragen der Sprachförderung für Kinder mit Sprachentwicklungsstörungen und auf Methoden zur Erfassung des Sprachverhaltens von Kindern ein. Insgesamt macht sie deutlich, dass Sprachförderung nicht in Form spezieller Kurse zu betreiben ist, sondern in ein Umfeld von vertrauensvollen und tragfähigen Beziehungen zwischen Kindern und Erzieherinnen einzubetten ist, zu dem auch Materialien, Raum und Zeit für neugieriges Entdecken und unbeschwertes Lernen gehören.

Doris Holler fasst in ihrem Beitrag zunächst wichtige Erkenntnisse über den Zusammenhang zwischen Bildungsbenachteiligung und Armut und zwischen sprachlichen Fähigkeiten und Schulerfolg zusammen und greift das von Bertau vorgestellte Konzept der kommunikativen Fähigkeit auf. Anschließend gibt sie einen Überblick über die Vielfalt von außerschulischen Angeboten für Grundschüler vor allem im Bereich von Kinderkultur. Gerade der Bezug auf das Konzept der kommunikativen Fähigkeit macht dabei deutlich, wie sich aus außerordentlich unterschiedlichen Aktivitäten wichtige Beiträge zur Sprachförderung ergeben. Ein durchgehendes Problem liegt darin, dass solche Angebote oft gerade nicht von den Kindern genutzt werden, für die eine entsprechende Förderung besonders wichtig wäre.

Bodo Franzmann umreißt in seinem Beitrag zunächst die Bedeutung der Familie als Entwicklungsraum für Sprach- und Lesekompetenz und geht dabei auch auf den Einfluss des Fernsehens ein. Bei der Darstellung ausgewählter Projekte bzw. Programme zur Sprachförderung geht er dann ausführlich auf das von der Stiftung Lesen durchgeführte Modellprojekt „Kinder wollen Bücher“ zur Leseförderung in Kindertagesstätten ein, das wissenschaftlich begleitet wurde und mit dem offensichtlich Erfolge auch bezüglich der Beschäftigung mit Büchern und dem Vorlesen in der Familie erzielt wurden. Schließlich werden in diesem Beitrag Ergebnisse einer schriftlichen Befragung präsentiert, in der Familienbildungsstätten und Experten aus diesem Feld u.a. nach ihrer Einschätzung der Bedeutung von mündlicher und schriftlicher Ausdrucksfähigkeit und von Lesefreude als Erziehungsziel gefragt und die Angebote von Familienbildungsstätten erhoben wurden. Dabei zeigte sich, dass der Themenbereich Sprach- und elementare Leseförderung im Gesamtangebot der Familienbildung nur eine untergeordnete Rolle spielt. Darin spiegelt sich auch ein relativ geringes Interesse der Teilnehmer an solchen Veranstaltungen, das seinerseits mit mangelnden Informationen der Eltern über die Bedeutung dieses Themas zusammenhängen dürfte.

Jürgen F. Detering geht in seinem Beitrag der Frage nach, inwiefern Spracherwerb und Schulerfolg von Kindern durch Konflikte in der Familie beeinträchtigt werden, weil dadurch im Übermaß Aufmerksamkeit und Energie gebunden wird. Er stellt eine breite Literaturrecherche dar, die er unter diesem Blickwinkel vorgenommen hat, und kommt zu dem Schluss, dass die vorliegenden Untersuchungsergebnisse den angenommenen Zusammenhang zwischen Partnerschaftskrisen und der Gefahr des Scheiterns in den Grundlehrgängen Lesen und Schreiben bestätigen. Abschließend gibt er einen kurzen Überblick über die Arten und die Häufigkeit von Interventionsstrategien, die von Erziehungs- und Familienberatungsstellen in diesem Feld eingesetzt werden.

Es bleibt mir zu wünschen, dass dieser aktuelle und materialreiche Band sowohl Experten als auch interessierten Laien den Überblick über das vielfältige Feld der Sprachförderung erleichtert und Austausch und Diskussionen zwischen den in diesem Bereich Aktiven fördert. Bedanken möchte ich mich bei den Autorinnen und Autoren für die gute Zusammenarbeit, beim BMFSFJ für die finanzielle Förderung, bei Hermann Schwarzer für das sorgfältige Lektorieren und bei Gisela Schweikl für die umsichtige Koordination und für die Erledigung zahlreicher Zusatzaufgaben, die ihr zugefallen sind.

München, im Februar 2002 — Hans Rudolf Leu

Albert Klein-Reinhardt

Konzepte und Maßnahmen zur Armutsprävention
Ein Programm des Bundesfamilienministeriums

Wie wir alle, so erleben die Familien heute den rasanten Veränderungsprozess unserer Gesellschaft. Diese Veränderungen können z. B. durch Schlagworte wie Globalisierung mit all ihren wirtschaftlichen Folgen, Internet mit allen kommunikativen und sonstigen Auswirkungen oder auch den Unterschieden zwischen Arm und Reich bei uns und in der Welt beschrieben werden.

Am Beginn des 21. Jahrhunderts haben sich Formen und Lebensstile der Familien in Deutschland – wie in den westlichen Industrienationen überhaupt – differenziert. Die Lebenslagen von Familien und Kindern sind nur partiell durch die eigene Herkunft bestimmt. In hohem Maße sind sie abhängig von gesellschaftlichen und politischen Entwicklungen und Gegebenheiten, von Infrastrukturen, Arbeitsbedingungen wie auch Familien-, Jugend-, Kinder-, Sozial-, Arbeits-, Finanz-, Wohnungs-, Bildungs- und Gesundheitspolitik.

So stellt sich die Situation auch für Familien durchaus unterschiedlich dar.

Einerseits ist es angesichts dieser Dynamik des Wandels beachtlich, welche Daseins- und Bewältigungskompetenzen, welche Gestaltungsfähigkeit Familien bei der Bewältigung unterschiedlichster Lebensumstände besitzen. Sie erwerben Einkommen, zahlen Steuern und Sozialabgaben, sie sind gebildete Verbraucher, trotz der wirtschaftlichen Belastungen durch Kinder überbrücken sie auch Brüche in der beruflichen Entwicklung und bei Arbeitslosigkeit und bilden sogar Vorsorge für Vermögen, vor allem Wohneigentum.

Eine weitere – mittlerweile nicht mehr bestrittene – Realität besteht auch darin, dass es eine nicht unerhebliche Zahl von Familien gibt, die in schwierigen oder prekären Lebensverhältnissen Woche für Woche um das Halten von Lebensstandard und Lebensqualität ringen, um das Abrutschen in Armut zu vermeiden. Auch dies gelingt, aber eben manchmal nicht.

In ihrem erstmals vorgelegten Armuts- und Reichtumsbericht hat die Bundesregierung dieses differenzierte und realistische Bild der Lage von Familien gezeichnet.

Die Lebensbedingungen einer Familie werden maßgeblich vom Einkommen und ihrer wirtschaftlichen Ausstattung bestimmt.

Durch ihre Familienpolitik trägt die Bundesregierung, tragen auch Länder und Kommunen sicher dazu bei, dass der weit überwiegende Anteil der Familien auch schwierigere Lebensumstände erfolgreich bewältigt.

Andererseits erlebt jede Familie risikoreiche Ereignisse wie Schwangerschaft und Geburt, Probleme bei der Vereinbarkeit von Familie und Beruf, andere familiäre Problemlagen wie beispielsweise

Trennung und Scheidung oder Arbeitslosigkeit bzw. Erkrankung, Unfall oder Tod.

Ohne differenziert auf unterschiedliche Definitionen von Armut einzugehen ist unbestritten, dass es in solchen Situationen für Familien, denen es sonst gerade noch gelingt, den Alltag zu bewältigen, schwierig wird, sich aktuellen Erfordernissen anzupassen. Es können Krisen eintreten, die ihre wirtschaftliche und soziale Lage erheblich beeinträchtigen und prekär werden lassen. Familien benötigen dann besonders auch die Fähigkeit zur Information und Kommunikation, um sich mögliche Hilfen zu erschließen.

Für viele Familien ist es – besonders in prekären Lagen – nicht selbstverständlich, Angebote der Bildung und Beratung zu nutzen, viele kennen sie nicht einmal. Familien geraten also vorübergehend oder anhaltend dann in Problemlagen, wenn sie sich veränderten Lebensbedingungen nicht rasch genug anzupassen vermögen.

Zu den Schutzfaktoren, über die Familien verfügen müssten, um Benachteiligungslagen auszugleichen, sowie für eine gute Entwicklung der Kinder Sorge tragen zu können, gehören

- die Qualität der innerfamilialen Beziehungen,
- vielfältige Anpassungsleistungen der Familien,
- individuelle Kompetenzen von Eltern und Kindern,
- familiale Unterstützungsnetze,
- Zugang zu Bildung und Beratung, also auch
- die Nutzung von Infrastrukturangeboten, die Eltern bei ihrem Betreuungs-, Erziehungs- und Förderungsaufgaben unterstützen.

Armutsprävention und die Verbesserung defizitärer Lebenslagen muss daher auch mit der Vermittlung von Wissen und der Veränderung von Verhalten einhergehen, damit Familien sich diese Schutzfaktoren erschließen können.

Das Wissen um die Entstehung prekärer Lebenslagen und ihrer konkreten Auswirkungen auf die Familien eröffnet uns wiederum die Möglichkeit, in Kooperation mit Verbänden und gesellschaftlichen Gruppen Maßnahmen der Prävention und Strategien zur Bewältigung zu initiieren und dabei auch neue Ansätze zu erproben. Das Bundesfamilienministerium hat daher 1999 begonnen, ein Maßnahmenkonzept zur Armutsprophylaxe aufzubauen.

Unser Programm ist meines Wissens das erste seiner Art. Mit ihm sollen Maßnahmen initiiert werden zur Mobilisierung der Selbsthilfe von Einzelnen und Multiplikatoren. Das Armutspräventionsprogramm ergänzt damit sinnvoll Anstrengungen der Armutsbekämpfung, indem es im Vorfeld der Armut Armutsrisiken zu mindern und

Verarmung zu vermeiden sucht. Es leistet damit seinen Beitrag zu einem sozialen Risikomanagement.

Inhaltliche Schwerpunkte sind – in Ergänzung zur wirtschaftlichen Förderung von Familien –

- die Stärkung von familien- und haushaltsbezogenen Kompetenzen, die Kompetenz zur Alltagsbewältigung, bei Kindern und Jugendlichen, bei Frauen und Männern in belasteten Lebensverhältnissen,
- wirtschaftliche Bildung und Gelderziehung von Kindern und Jugendlichen,
- Weiterentwicklung der Schuldnerberatung und zusätzliche Initiativen zur Prävention sowie
- die Förderung der Entwicklung kommunaler Strategien der Armutsprävention.

Ein solches Programm lässt sich nur in Allianz mit gesellschaftlichen Gruppen realisieren. Staatliches Auftragshandeln würde lediglich ein Strohfeuer entfachen, das mit dem Ende der nur begrenzt möglichen staatlichen Förderung auch wieder erlischt.

Der Ansatz des Bundesfamilienministeriums ist bei Verbänden und Institutionen auf gute Resonanz gestoßen. Mittlerweile unterstützen Wohlfahrtsverbände, Verbände der Haushaltswissenschaft und Hauswirtschaft, Verbände der Familienbildung und -beratung, Schuldnerberatungs- und Verbraucherverbände und nicht zuletzt der Deutsche Sparkassen- und Giroverband sowie einige Bundesländer das Programm überwiegend auch mit eigenen Maßnahmen.

Wichtiger Kooperationspartner für ein derartig angelegtes Programm ist natürlich die familien- und haushaltsbezogene Bildung und Beratung, da sie unmittelbar auf den Menschen gerichtet ist, ihm wichtige Angebote der Prävention und Stabilisierung in unterschiedlichen Lebenslagen bieten kann. Sie unterstützt Familien bei der Bewältigung des Alltags und fördert Familienmitglieder in ihrer Kompetenz.

Neue, kostenintensive Maßnahmen wie etwa einen erheblichen Ausbau der Stellen in diesem Zusammenhang zu fordern ist angesichts der allseits beklagten Ebbe in den öffentlichen Kassen unrealistisch. Möglich ist es aber, durch Vernetzung und Weiterentwicklung von Diensten, durch die Erprobung neuer Methoden der Zielgruppenansprache und der Intervention die sozialräumliche Infrastruktur für Familien auszugestalten.

Dies ist für ein wirksames soziales Risikomanagement ebenso bedeutsam wie die staatlichen Transferleistungen an Familien. Das

Bundesfamilienministerium greift mit seinem Maßnahmenkonzept zur Armutsprophylaxe daher Konzepte und Strategien, die in diese Richtung weisen, auf. Ein besonderes Aufgabenfeld ist dabei die Problematik des „Funktionalen Analphabetismus".

Die gesellschaftliche Aufmerksamkeit hierfür ist in den letzten Jahren gewachsen. Dabei steht fest, dass wichtige Ursachen für die damit bezeichneten Lese- und Schreibschwierigkeiten bereits in der Kindheit zu suchen sind. Von Angeboten und Maßnahmen in diesem Bereich versprechen wir uns daher auch Wirkungen im Sinne einer Armutsprävention. Fragen des Analphabetismus sind daher in das Ressortprogramm des Bundesministeriums für Familie, Senioren, Frauen und Jugend einzubeziehen.

Marie-Cécile Bertau

Kommunikative Fähigkeit: ein zentrales Konzept für die Förderung von Sprache

		Seite
1	Einleitung: Rahmen und Ziel des Grundlagenpapiers	16
2	Der Zusammenhang von Spracherwerb und Schriftspracherwerb	17
3	Bezüglichkeit sprachlicher und kognitiver Fähigkeiten	22
4	Präzisierung des Kernbegriffs „kommunikative Fähigkeit“	24
5	Einbettung des Kernbegriffs in verschiedene Lebensformen und Bereiche	29
6	Zusammenfassung	32
	Literatur	33

1 Einleitung: Rahmen und Ziel des Grundlagenpapiers

Das vorliegende Grundlagenpapier soll eine gemeinsame, möglichst explizite gedankliche und sprachliche Referenzbasis für die Akteure der vielfältigen Institutionen der Kinder- und Jugendhilfe anbieten, auf die sich die Beteiligten beziehen und die sie selbstständig weiterentwickeln können. Der Zusammenhang zwischen mündlichen und schriftlichen Fähigkeiten wird deutlich genannt. Damit sollen ein inhaltlicher und ein konzeptioneller Horizont eröffnet und Kernbegriffe geklärt werden. Nicht zuletzt gilt es, das Bewusstsein sowohl für das Problem des funktionalen Analphabetismus als auch für Literalitäts- und Grundbildungsprobleme unserer hochkomplexen Gesellschaft zu schärfen.

Dies vor dem Hintergrund, dass Bildungsinstitutionen immer mehr Aufgaben übernehmen müssen, die üblicherweise im Bereich der Familie liegen: erzieherische und die Sozialkompetenz betreffende Aufgaben sowie die Vermittlung elementarer Wissensbereiche, die nicht zuletzt sprachliche Kenntnisse und Fähigkeiten beinhalten. Aufgrund der eingeschränkten finanziellen und persönlichen Ressourcen in vielen Familien entsteht eine Form von Armut, die sich in sozialen, sprachlichen und kognitiven Defiziten niederschlägt. Daher müssen Vorschule, Schule und Ausbildungsstellen sich als institutionalisierte Sozialisationsorte definieren und mit diesem Selbstverständnis bereitwillig und einfallsreich neue Wege zur chancengerechten Erziehung beschreiten.

Der hier vertretenen Herangehensweise liegt als theoretischer Rahmen die Psycholinguistik zugrunde: Sie untersucht Sprache als Vorgang und versucht, kommunikative und kognitive Prozesse zu modellieren und experimentell nachzuvollziehen. Aus psycholinguistischer Sicht sind Sprache und Denken eng aufeinander bezogen.

2 Der Zusammenhang von Spracherwerb und Schriftspracherwerb

Schreiben entwickelt sich sinnvollerweise aus dem Sprechen und lässt sich deshalb auch so begreifen. Es gibt also einen Handlungszusammenhang zwischen Sprechen und Schreiben. Diese beiden Modi sind weder nur zwei unterschiedliche Vorkommensweisen der Sprache, noch ist das Schreiben eine bloße Abbildung des Sprechens. Handlungszusammenhang heißt, dass die Geste, die Bewegung oder die Handlung, die beim Sprechen vollzogen wird, beim Schreiben eine Fortsetzung findet – allerdings auf eine abgelöste Weise.

Abgelöst ist der Schreiber von den konkreten Bezügen des Sprechens, von der gemeinsamen Situation mit einem Hörer und vom Kontext, der den Kommunikationsakt trägt. Der Schreiber hat alleiniges Rederecht und eine umfassende Redepflicht: Er muss den Leser imaginieren und sich seine Sichtweise vorstellen können; insbesondere weil die Situation zwischen Schreiber und Leser dissoziiert, zeitlich zerdehnt und räumlich verschieden ist, hat der Schreiber die Chance, seinen Kommunikationsakt inhaltlich und formal sorgfältig auszuführen. Damit wird Schreiben zu einer Auseinandersetzung mit dem anderen – als fiktives Gespräch in der Imagination dieses anderen –, zu einer Auseinandersetzung mit sich selbst und schließlich auch mit der Sprache als formalem Mittel, als Gestaltungsmöglichkeit. Es kann eine psychologische und eine kognitive Reflexion entstehen, die in der spontanen mündlichen Kommunikation aus Zeitgründen so nicht möglich ist.

Der Handlungszusammenhang entsteht bei einem normalen Schriftspracherwerb, wenn das Kind, bevor es selbst schreiben kann, eine kommunikative Haltung zur Schriftsprache entwickelt und später als Schreibender in die Lage kommt, eigene Texte zu verfassen und so den mündlichen Kommunikationsakt fortzusetzen. Menschen mit Schwierigkeiten im Schreiben und Lesen kommen kaum zu diesem Zusammenhang: Schreiben und Sprechen bleiben unverbunden, das Schreiben ist ein leidiges Ding, das vor allem mit formalen Überforderungen verbunden ist.

Ein zentrales Moment für den Übergang der Mündlichkeit in die Schriftlichkeit und für die Entwicklung einer kommunikativen Haltung zur Schriftsprache ist das Vorlesen. Ein Erwachsener, der einem Kind vorliest, macht im Normalfall mehr als bloß vorlesen: Er beantwortet inhaltliche und sprachliche Fragen des Kindes, stellt selbst

Fragen, erzählt paraphrasierend Kernmomente der Geschichte. Kind und Erwachsener bewerten die Geschichte, beziehen sich auf sie in anderen Zusammenhängen und vergleichen sie mit anderen Ereignissen, die beide kennen. Um das Geschriebene herum gibt es also vielfältige Dialoge. Die gesprochene Sprache ergänzt, vertieft und differenziert die geschriebene Sprache. Erwachsener und Kind interagieren über das Geschriebene.

Dabei ereignet sich zweierlei: Zum einen wird das sprachliche und das Weltwissen des Kindes erweitert, es lernt andere Welten und andere Wörter kennen und verstehen; zum anderen lernt das Kind schriftsprachliche Welten kennen, z.B. die typische Sprache von Märchen sowie bestimmte syntaktische und grammatikalische Formen und Wörter, die für die geschriebene Sprache typisch sind. Es nimmt auch die Rolle des Geschriebenen wahr: zum Beispiel, dass es solch eine Sprachform gibt, dass es Bücher gibt und welche Handlungen mit ihnen verbunden sind.

Mit der paradigmatischen Situation des Vorlesens beginnt die literale Sozialisation, der Eintritt in die Welt der Schrift. Dies setzt natürlich nicht an einem Punkt null an, denn das Kind ist von Anfang an von einer Schriftwelt umgeben, so wie es sich von Anfang an in einer Sprachwelt befindet. Es sieht überall Schrift, Menschen mit Zeitungen, mit Büchern. Das Vorlesen führt es jedoch in eine explizite, interaktive Situation mit Schrift ein, in eine aktive Auseinandersetzung.

Vorlesen ist also eine der wichtigsten sozial vermittelten Erfahrungen mit Schrift. In der emotionalen und dialogischen Situation erfahren Kinder Schrift als Vermittler interessanter Inhalte und Erlebnisse, sie gewinnen erste Einsichten in die Funktion der Schrift. Das Besprechen von Bildern und Geschichten regt Kinder auch zur Bildung bedeutender Konzepte wie etwa dem Zusammenhang von Ursache und Wirkung an und zu einem analytischen Umgang mit Text. Diese grundsätzlich fragende, auf Problemlösung ausgerichtete Haltung gegenüber Gehörtem und Geschriebenem ist eine der wertvollsten Grundlagen für eine gelingende Lernentwicklung.

Funktional analphabetische Jugendliche haben in aller Regel diese Situation in der Familie nicht erfahren. Auf die Frage, wozu Vorlesen ihrer Meinung nach gut sei, geben sie – zum Teil schon selbst Mütter oder Väter von Kindern – beispielsweise zur Antwort, dass Kinder durch Vorlesen lernten, still zu sitzen.

Mit dem Übergang, dem „Scharnier“ Vorlesen wird deutlich, dass eine fortgesetzte Entwicklung stattfindet: Der Spracherwerb setzt sich mit dem und durch den Schriftspracherwerb fort. In Schaubild 1 werden diese Entwicklung und die mit ihr einhergehenden Ablösungsschritte schematisch dargestellt.

In einer ersten Phase reiner Mündlichkeit erlernt das Kleinkind Sprache im direkten Worterwerb durch den Umgang und die unmittelbare Erfahrung mit Objekten und Situationen, die der Erwachsene benennt. In dieser Phase wird daher in der und zur Situation selbst gesprochen. In der daran anschließenden Phase sind Mündlichkeit und Schriftlichkeit bereits ineinander verwoben, hier ist die Situation des Vorlesens anzusiedeln: Der indirekte Worterwerb als Ergebnis einer sprachlich vermittelten Erfahrung findet im Vorlesen einen starken Träger. Das Kind lernt Wörter für Unbekanntes und nicht unmittelbar Erfahrbares über andere, bereits bekannte Wörter. In dieser Phase wird über Nichtvorhandenes gesprochen. Die Sprache löst sich allmählich aus ihrem unmittelbaren Verwendungskontext und wird gerade dadurch syntaktisch, semantisch und lexikalisch reicher – denn sie muss es werden. Hier bedeuten eingeschränkte Interaktionsformen, die sich lediglich auf einige wenige Alltagsroutinen beschränken, bereits eingeschränkte sprachliche und auch sozial-emotionale Erfahrungen, die sich auf die weitere Entwicklung negativ auswirken.

In der nächsten Phase, die den Schuleintritt und den beginnenden Schriftspracherwerb markiert, erfährt das Vokabular des Kindes vor allem in den ersten beiden Klassenstufen einen bedeutenden Zuwachs. Das Kind wird mit neuen sozialen Situationen, aber auch mit vielfältigen Textwelten konfrontiert, die erfahrene Sprachwelt wird komplexer. Umgangsformen mit Sprache sind reichhaltiger: Sprechen und Vorlesen, Selberlesen und -schreiben. In einer letzten Phase – die nicht als abgeschlossen anzusehen ist, sondern vielmehr bei entsprechendem Umgang mit Schriftsprache stets weiter differenziert wird – sind Mündlichkeit und Schriftlichkeit stark ineinander verschränkt, sie bilden vielfältige konzeptionelle und mediale Formen. Konzeptionell mündlich, aber medial schriftlich ist etwa ein Zettel an den Ehepartner oder eine Postkarte an Freunde. Konzeptionell schriftlich, dennoch medial mündlich ist ein wissenschaftlicher Vortrag. Zwischen diesen beiden Extremen liegen vielfältige Möglichkeiten – sich darin auszukennen macht gerade die Kompetenz einer gut literalisierten Person aus. Mit dem komplexer werdenden Schriftspracherwerb wächst die Sprachbewusstheit, mit ihr das metasprachliche Wissen; dazu natürlich auch das Welt- und Sprachwissen. In den beiden letztgenannten Phasen kann die Sprache immer stärker aus der aktuellen Situation abgelöst werden. Schreiben kann schließlich als heuristisches Mittel eingesetzt werden: Es folgt nicht mehr dem Denken, sondern wird zu seinem Instrument: Man denkt schreibend.

Schaubild 1

Schema der fortgesetzten Entwicklung von Spracherwerb und Schriftspracherwerb (SSE)

Mündlichkeit	→	**Mündlichkeit/Schriftlichkeit – Erste Verzahnung**	→	**Mündlichkeit/Schriftlichkeit – Erste Lernphase**	→	**Mündlichkeit/Schriftlichkeit – Vielfältige Formen**
Direkter Worterwerb konkrete Objekte unmittelbare Erfahrung		Indirekter Worterwerb sprachlich vermittelte Erfahrungen		Zunahme d. Vokabulars durch Schuleintritt, v. a. 1. und 2. Klasse. Konfrontation mit vielfältigen Textwelten, beginnender SSE: erste Textwelten, komplexere Sprachwelten		Sprachbewusstheit durch fortschreitenden SSE, metasprachliches Wissen, Weltwissen, Sprachwissen, Vokabular
Sprechen in der Situation und zur Situation		*Sprechen über Nicht-vorhandenes außerhalb der Situation, Vorlesen durch Erwachsenen*		*Sprechen und Vorlesen, Lesen, Schreiben, abgelösterer und abstrakter Bezug*		*Sprechen und Lesen/Schreiben, auch heuristische Zwecke, Metaebene, Bezug weiter abgelöst und abstrakt*

M.-C. Bertau, Februar 2001

Vor diesem Hintergrund ist die häufig problematische Situation von Einwandererkindern zu verstehen. Typisch ist wohl folgende Situation: Das Elternhaus spricht eine gemeinsame, nicht deutsche Sprache, das Kind kennt Deutsch lediglich aus einigen wenigen (wegen seines jungen Alters instabilen) sozialen Beziehungen (z. B. Spielplatz). Die unterschiedlichen Bindungen der Sprachen an Situationen und Personen machen es dem Kind schwer, seine Zweisprachigkeit zu entwickeln. Bleibt diese schwierige (und für das Kind belastende) Situation über die Kindergartenzeit bestehen, so ist davon auszugehen, dass die Grundschulzeit problematisch verlaufen wird, und zwar insbesondere hinsichtlich des Schriftspracherwerbs. Die nur mündlich beherrschte Herkunftssprache erhält nicht die Differenzierungsmöglichkeiten, die normalerweise mit dem Schriftspracherwerb einhergehen. Sprachbewusstheit und Wissenszuwachs durch die Reflexion der eigenen Sprache und durch den Zugang zu Textwelten finden in der Herkunftssprache nicht statt. Und der auf deutsche Mündlichkeit aufbauende Schriftspracherwerb findet sich durch ungenügende Sprachkenntnisse erschwert.

Eine funktional analphabetische, in Deutschland geborene und beschulte junge Frau äußert zu Kernerfahrungen ihrer Grundschulzeit:

> „Ich bin eher ungern zur Schule gegangen, weil ich die deutsche Sprache nicht sprechen konnte. Ich konnte nicht mitmachen, ich hatte keine Freunde, kein Arbeitsmaterial [...]"

Dass solche Kinder rasch enorme Fehlzeiten zusammenbringen, überrascht nicht.

Funktionaler Analphabetismus äußert sich nicht nur in erheblichen Schwierigkeiten mit Lesen und Schreiben, sondern umfassender im Umgang mit Sprache. Sprache wird kaum als Gegenstand reflektiert. Für die Wahrnehmung und verbale Reflexion von Sprache stehen kaum Kategorien, Konzepte und Begriffe zur Verfügung. Insgesamt kann man sich nicht zur Sprache verhalten – was einen willkürlichen, bewussten Umgang voraussetzte –, vielmehr ist man Sprache ausgeliefert, in all ihren Formen. Sprache erscheint als ein unumgänglicher und zugleich undurchsichtiger Gegenstand, wenig oder gar nicht fassbar.

3 Bezüglichkeit sprachlicher und kognitiver Fähigkeiten

Aus psycholinguistischer Sicht ist Sprache als ein bedingender Faktor in der Entwicklung des Denkens und des sozialen Handelns anzusehen. Die im Kleinkindalter unabhängig verlaufenden Entwicklungslinien von Denken und Sprechen werden etwa im dritten Lebensjahr untrennbar verbunden, die Wörter dienen nun nicht mehr bloß der äußeren Benennung von Dingen, sondern auch der Kennzeichnung von Konzepten des Denkens. Wörter werden so zu Trägern von Begriffen und zu Mitteln des Denkens: Das Denken kann mit ihnen operieren. Damit das Denken sich der sprachlichen Basis bedienen kann, muss diese in ausreichendem Maße vorhanden und sicher beherrscht sein, das heißt: Der Wortschatz eines Kindes muss ausreichend ausgebildet sein. Diese Ausbildung geschieht innerhalb kommunikativer Interaktionen, ob mit Erwachsenen oder anderen Kindern.

Im Laufe der Entwicklung kommt es also zu einer Differenzierung der zunächst nur kommunikativ ausgerichteten Sprache: Sobald Wörter zu Trägern von Begriffen werden und die Sprache als Denkmittel zum Einsatz kommt, erlangt sie eine kognitive Funktion. Kommunikative und kognitive Funktion sind dabei nicht als zwei getrennte Aspekte der Sprache zu betrachten, sondern als eng aufeinander bezogene Seiten einer Sache. Aufeinander bezogen, weil sie in einem entwicklungsmäßigen Zusammenhang stehen, in dem die soziale Interaktion eine Schlüsselstellung einnimmt. Es ist mit Vygotskij (1978, 1981) davon auszugehen, dass die höheren psychischen Tätigkeiten und Fähigkeiten (wie Erinnern, Denken, insbesondere problemlösendes Denken) das Ergebnis einer zunächst sozialen, später nach innen verlagerten, individuellen Interaktion sind. Am Beispiel des Lösens oder Bewältigens eines Problems mag dies kurz erläutert werden.

Bei einem Kleinkind, das selbst noch nicht oder kaum sprechen kann, ist bei der Lösung eines Problems – etwa in der Gestalt eines Puzzles aus großen, bunten Holzteilen – Folgendes zu beobachten: Die ungelenken, assoziativ oder nach dem Versuch-Irrtum-Prinzip motivierten Versuche des Kindes werden von der Mutter begleitet und unterstützt, indem sie gestisch, stimmlich und mit bestimmten, häufig wiederholten Worten die Aufmerksamkeit des Kindes auf das für die Lösung Relevante lenkt. Sie sagt zum Beispiel: „Probier es mit dem *roten* Teil!“ In einer anderen Situation, in der es auf die äußere Form eines Gegenstands ankommt, wird sie Beschreibungen wie „Das mit der *Spitze*“ wählen. Sie begleitet alle Handlungen des Kindes nicht nur, sondern kommentiert sie auch („ja“, „gut“, „das passt!“ oder ein zweifelndes „hm ...“). Diese Kommentare geben dem Handelnden wertvolle Orientierungshilfen für sein Tun. Eine besondere Rolle kommt Fragen zu: Sie bringen das Kind u.a. dazu, seine Handlungen zu planen und ihre Ausführung zu bewerten („Was sollen wir als Nächstes suchen?“, „Sieht das richtig aus?“). Die gemeinsame, auf die Lösung eines Problems ausgerichtete Tätigkeit ist in eine sprachliche Interaktion gebettet. Der Kommunikation kommt hier die Aufgabe zu, die denkerischen Tätigkeiten zu organisieren. Zugleich sorgt sie dafür, dass eine emotional-soziale Atmosphäre entsteht, in welcher das Denken Spaß macht und ein Moment von Zuwendung und Gemeinsamkeit ermöglicht wird.

Zwischen Mutter und Kind besteht also eine ganz bestimmte Arbeitsteilung: Anfangs verbleibt alle kognitive Arbeit bei der Mutter, die ausführenden Handlungen liegen allesamt beim Kind. Es übernimmt im Idealfall mehr und mehr die Aufgaben der Mutter, beginnt selbst zu seinem Tun zu sprechen, stellt der Mutter gezielt Fragen und kommentiert seine Handlungen. Später muss die Mutter nur noch als wohlwollendes Publikum dabei sein, weil das Kind weit gehend allein die ihm gemäßen Probleme lösen kann, aber noch die Rückversicherung der kompetenten Mutter benötigt. Noch einen Schritt weiter ist das Kind schließlich selbstständig, die Arbeitsteilung ist aufgelöst.

Der Weg der dialogischen Sprache ist interessant zu verfolgen: Zunächst liegt sie insgesamt bei der Mutter, die sozusagen allein dialogisiert. Dann ist sie zu gleichen Teilen bei Mutter und Kind, wobei das Kind den Dialog für sich selbst nützt, indem es etwa sich selbst laut Fragen stellt und beantwortet. Später schließlich spricht es nicht mehr laut zu seinen Handlungen, die Sprache ist nach innen getreten.

Beide Bewegungen – die des Selbstständigwerdens und die des Nach-innen-Tretens der Sprache – sind zwar als grundsätzliche Entwicklungsbewegungen zu verstehen, aber nicht unumkehrbar: Sobald ein schwieriges Problem auftaucht, das nicht mehr in der Reichweite des Kindes liegt, greift es zum Mittel der dialogischen Interaktion – laut mit sich selbst oder laut mit der Mutter über das und zum Problem sprechend. Auch Erwachsene haben diese Möglichkeit der Wiederentfaltung verinnerlichter und verkürzter Sprach-Denkprozesse, auch sie sprechen dann handlungsbegleitend mit sich selbst oder mit einem Zuhörer. Schrift kann hier übrigens die Funktion des veräußerlichten Dialogs mit sich selbst erfüllen und das problemlösende Denken unterstützen.

Die Verschränkung kommunikativer und kognitiver Fähigkeiten bedeutet, dass interaktionelle Armut sich negativ auf die gesamte Entwicklung des Kindes auswirkt: Die kommunikativ-sozialen Funktionen von Sprache sind ebenso wie die kognitiven Funktionen beeinträchtigt. Diese Armut mag sich äußern als ein Nichtbeherrschen von sozial-sprachlichen Formen (wie man miteinander spielt, wie man etwas fragt), das sich fortsetzt in einem Nicht-umgehen-Können mit Aufgaben und Problemen. Die fehlende Zuwendung, die den notwendigen Hintergrund für die sprachliche und kognitive Entwicklung bildet, wirkt sich nicht zuletzt gravierend negativ auf die Motivation, das Interesse und das Selbstvertrauen des Kindes aus.

4 Präzisierung des Kernbegriffs „kommunikative Fähigkeit"

Aus dem bisher Dargestellten lässt sich die zentrale Bedeutung der frühen sprachlichen Interaktion klar ableiten: Hieraus wird der Kernbegriff „kommunikative Fähigkeit" genetisch (entwicklungsbezogen) erklärt. Schaubild 2 verdeutlicht die Zusammenhänge, die im Folgenden entfaltet werden.

Weil der Sprache in der Entwicklung zunächst die Funktion der Mitteilung zukommt, ist die *Komponente I sprachlich-sozialen Handlungswissens* erstrangig, für die kommunikative Fähigkeit ausschlaggebend. Dieses Wissen bezieht sich auf die Verwendungsweisen von Sprache in verschiedenen Situationen mit unterschiedlichen Sprechern und Hörern mit je eigenen Intentionen. Bedeutung ist hier verwendete, gemeinte und verstandene Bedeutung: Sie ist in den sprachlichen Verständigungsvorgang gegossen. In seiner ausgereiften Form enthält dieses Wissen Kenntnis über verschiedene Interaktionsrahmen (z.B. „Prüfung" oder „Kaffeeklatsch"), die von den Interaktanten gemeinsam gesetzt werden, des Weiteren Wissen über Gespräche, ihre Strukturen (lokaler und globaler Gesprächszusammenhang), ihre Organisation (Kooperation, Verständnissicherung, Regeln des Sprecherwechsels) oder Formen der Initiierung und Aufrechterhaltung von Themen. Hierher gehört auch zu wissen, dass und

Schaubild 2

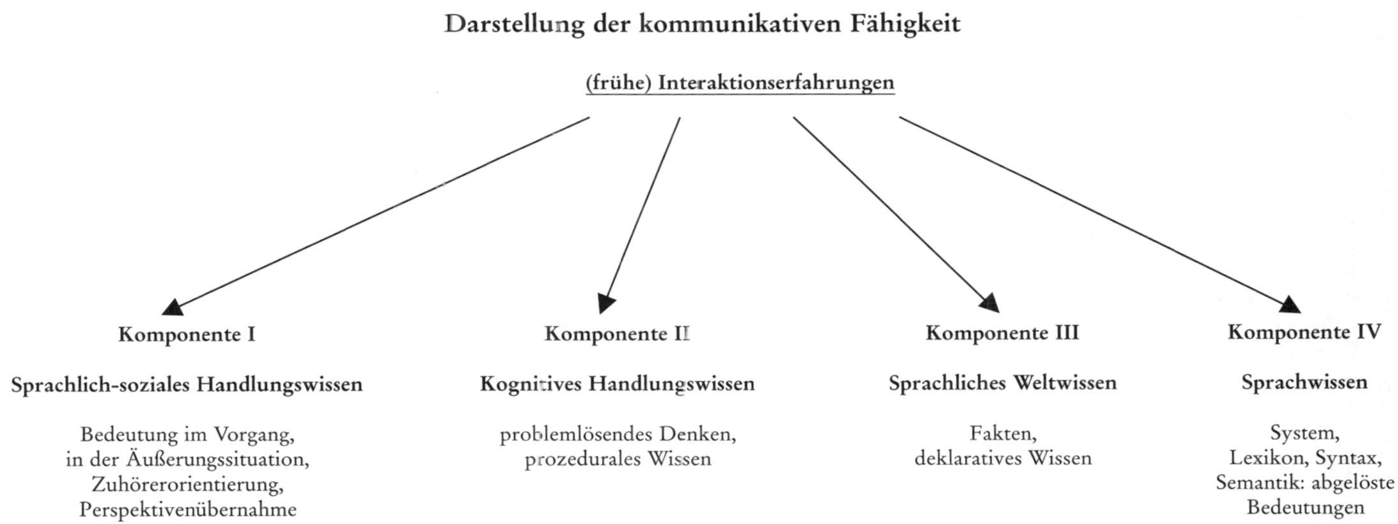

M.-C. Bertau, Februar 2001

wie man sich an seinem Zuhörer orientiert. Wissen über verschiedene Diskurseinheiten (innerhalb von Gesprächen) wie zum Beispiel „Witz“, „Erzählung“, „Einladung“, bestimmte Sprecherwechsel und über bestimmte Interaktionszüge („eine Erzählung ankündigen“) gehört regelhaft zu den jeweils verschiedenen Diskurseinheiten.

Innerhalb dieser Reihe ist die *Zuhörerorientierung* hervorzuheben. Durch sie wird ein Gespräch überhaupt als solches möglich, außerdem lässt sich hier eine enge Verbindung zum kognitiven Handlungswissen zeigen. Um kommunikative Fähigkeit adäquat beschreiben und auch beurteilen zu können, ist es unerlässlich, die Aktivitäten beider Partner zu beachten. Der Sprecher orientiert sich an seinem Zuhörer, er berücksichtigt seinen Wissensstand und seine Perspektive; der Zuhörer wiederum nimmt durch verschiedene nicht-sprachliche und sprachliche Aktivitäten (Nicken, „hmhm“, „ja?“, „wieso?“) Einfluss auf die weiteren Aktivitäten des Sprechers. Auf diese Weise sind beide an der Entstehung, am Verlauf und am Abschluss der Interaktion beteiligt.

Bereits wenige Wochen alte Säuglinge verhalten sich den interaktiven Aktivitäten ihrer Mütter gegenüber responsiv: Die einfachste Antwortform ist der Blickkontakt, es kommen einfache Gesten und Laute hinzu. Mit dem Erwerb der Sprache verfeinert sich die Responsivität (und natürlich die Aktivität) des Kindes. Auch seine eigene Zuhörerorientierung beginnt relativ früh: Bereits mit etwa vier Jahren stellt es sich auf ein jüngeres, zweijähriges Kind durch einfachere Sprache ein. Kinder sind also – sofern sie von Anfang an eine normale, interaktive, freundliche und aufmerksame Kommunikation erleben – fast von Anfang an kommunikativ fähig. Diese Fähigkeit differenziert sich im Laufe der Entwicklung, die mehr und mehr sprachliche Mittel und Interaktionserfahrungen bringt. Die Kinder lernen verschiedene Handlungs- und Sprachrahmen, verschiedene Diskurstypen und Interaktionsmuster kennen.

Dabei wird vor allem eine wichtige Fähigkeit, die sowohl der Kommunikation als auch der Kognition dient, entwickelt: die Fähigkeit zur Perspektivenübernahme. Das Kind entwickelt sich von einer selbst zentrierten Position, aus der heraus es alles auf sich bezieht und versteht, zu einer dezentrierten Position, die es ihm erlaubt, eine fremde Perspektive überhaupt anzunehmen, dann sich vorzustellen und entsprechend zu handeln. Die ersten grundsätzlichen Schritte zur Dezentrierung vollzieht das Kind etwa bis zum Schuleintritt. Die Entwicklung setzt sich dann in der Schule fort – nicht zuletzt gefordert und gefördert durch die Bedingungen der Schriftsprache. Dass Vierjährige bereits die Fähigkeit zeigen, sich auf Zweijährige einzustellen, lässt sich mit der Nachahmung erwachsenen Verhaltens und dem Prinzip *use before meaning* erklären: Kinder beherrschen erst sprachliche, interaktive Formen, bevor sie deren Bedeutung erfassen, das heißt kognitiv sicher nachvollziehen.

Die Fähigkeit zur *Perspektivenübernahme* ist für die sich aus der sprachlichen Interaktion entwickelnde Kognition bedeutsam: Erst die Möglichkeit, ein Problem, eine Situation, eine Aufgabe von verschiedenen Seiten betrachten zu können, erbringt erfolgreiche Lösungen. Schließlich ist das Ausbilden einer Metaebene (Sprechen über Sprache, Bedenken des eigenen Denkens etc.) ebenfalls nichts anderes als das Einnehmen einer anderen, diesmal übergeordneten Perspektive.

Aus der Komponente I entsteht – wie in Abschnitt 3 dargestellt – die *Komponente II des kognitiven Handlungswissens.* Die in der sprachlichen Interaktion erworbenen Interaktionszüge im Zusammenhang mit zu lösenden Aufgaben oder Problemen werden kognitiv genutzt. Dieses Wissen enthält Kenntnisse über verschiedene Aufgabenarten, über die jeweils angebrachten Vorgehensweisen und die spezifischen Anforderungen und Schwierigkeiten, des Weiteren Wissen über die eigenen Fähigkeiten und Schwierigkeiten bezüglich verschiedener Aufgaben, über die Phasen einer Problemlösung u. a. m.

Die *Komponente III des sprachlichen Weltwissens* ist bereits mehrfach angesprochen worden: Sie enthält Wissen über Gegenstände, Situationen, Ereignisse, Personen etc. der Welt, einerseits unmittelbar erfahren und begrifflich erfasst, zum anderen über Sprache vermittelt und dann begrifflich erfasst. Wie dieses Wissen gerade durch schriftsprachliche Interaktionen zunimmt, ist oben in Abschnitt 2 gezeigt worden. Ein mangelhaftes Weltwissen weisen Personen mit großen schriftsprachlichen Problemen auf: Die Wörter „Ehrgeiz“ oder „Knöchel“ sind zum Beispiel für eine 20-jährige junge Frau unbekannt oder nur sehr vage und falsch („irgendwie am Knie“). Das Wort „Packeis“ bedeutet für zwei andere junge Frauen (18 und 20 Jahre): „Das Eis, was in der Tiefkühltruhe ist“ und „das Eis, das im Sommer süß ist und klebt“. Wohlgemerkt sind diese drei jungen Frauen deutscher Muttersprache. Die Beispiele zeigen einen engen, eher häuslichen, erlebnisnahen Horizont, der soziale und räumliche Bewegungen außerhalb eines Nahbereichs erschwert.

Schließlich ist die *Komponente IV des Sprachwissens* zu nennen, die eng mit dem Schriftspracherwerb zusammenhängt, auch wenn sie nicht vollständig von ihm abhängig ist. Dieses Wissen enthält Wissen über Sprache als solche, das heißt, hier sind etwa Bedeutungen weitgehend abgelöst von ihrem Verwendungskontext (vgl. Komponente I) und analytisch zugänglich (man kann eine Erklärung, eine Definition geben). Sprache ist als System erfahrbar: Syntaktische und grammatische Strukturen sind bekannt. Zu dieser Komponente gehört die Sprachbewusstheit, das Wissen von Sprache als Sprache, das heißt: die Distanzierungsmöglichkeit vom eigenen, selbstverständlichen Sprechen und die Behandlung von Sprache als äußeren Gegenstand.

Die *kommunikative Fähigkeit* setzt sich also aus den Komponenten I bis IV zusammen, wobei aus genetischen Gesichtspunkten heraus der Komponente I der Vorrang zukommt: Aus ihr entstehen die Komponenten II, III und IV. Hieraus erhellt, dass die kommunikative Fähigkeit dynamisch ist: Je nach Alter sind ihre Komponenten unterschiedlich entwickelt und ausgeprägt, das Hinzukommen der Schrift erbringt Differenzierungen im Hinblick auf die Verschränkung von Mündlichkeit und Schriftlichkeit.

In der *Beurteilung* der kommunikativen Fähigkeit schlägt sich die Dynamik nieder. Ob jemand den kommunikativen Gegebenheiten der Situation mit ihren bestimmten Sprecher- und Hörerrollen gerecht wird, ist in hohem Maße eine Frage des Alters, dann der Situation und der Beziehung der Interaktanten zueinander. Letztlich können dies nur die Kommunikationsteilnehmer selbst gültig beurteilen, etwaige Defizite spüren beide. Eine aufmerksame Beobachtung von Interaktionssituationen ist daher für die Prävention unerlässlich. Ein allgemeines, festes Maß ist nicht anzugeben.

Ein Beispiel für eine interaktive Auffälligkeit ist die *asymmetrische Partnerarbeit*. Üblicherweise tragen kommunikativ fähige Personen – unter Berücksichtigung der Sprecherwechsel-Regeln – die Verantwortung und die kommunikativen Pflichten zu gleichen Teilen: Gleiche Verantwortung muss nicht gleiche Sprechmenge heißen. Einem Zuhörer kommt große Verantwortung zu, selbst wenn er nur wenige, kaum sprachliche Äußerungen von sich gibt. In diesem Fall ist die Partnerarbeit ausgewogen. Gehen Verantwortung und Pflichten einseitig zulasten einer Person, besteht ein asymmetrisches Verhältnis. Im Kindesalter ist dies (in altersgemäß verschiedenem Ausmaß) normal: Der Erwachsene bemüht sich als der Kompetentere mehr um die Verständnissicherung, er erweitert verstehend die fragmentarischen Äußerungen des Kindes. Das Kind kann sich stark auf diese Bemühungen verlassen, es muss nicht alles sagen können und wird doch verstanden. Im Jungendalter ist eine solche Aufgabenverteilung nicht mehr angebracht, Erwachsene erwarten von den Jugendlichen bereits eine symmetrische Partnerarbeit. Funktional analphabetische Jugendliche fallen häufig dadurch auf, dass sie notwendig wohlwollende Zuhörer brauchen, um verstanden zu werden. Diese Zuhörer bringen mehr Zeit und Zuwendung auf, erweitern die Halbsätze und präzisieren das Gemeinte. Bedingung für ein Verstandenwerden ist daher häufig die Vertrautheit mit den Kommunikationspartnern – auch dies trägt zum oben erwähnten engen sozialen Horizont bei.

Abschließend kann die folgende *Definition von kommunikativer Fähigkeit* gegeben werden:

Kommunikative Fähigkeit ist die Fähigkeit, situations- und intentionsangemessen sprachliche Mittel nach den bestehenden Verwendungskonventionen einzusetzen, um bestimmte Wirkungen zu erzielen. Diese Fähigkeit ist bezogen sowohl auf mündliche als auch auf schriftliche Kommunikationsformen, denn beide sind grundsätzlich Interaktionen, wenn auch zu je unterschiedlichen Ablösungsgraden von der aktuellen Kommunikationssituation.

Dies *beinhaltet* eine altersgemäße Beherrschung phonologischer bzw. graphemischer, sodann lexikalischer und syntaktischer Mittel und *zieht* kognitive Fähigkeiten, Weltwissen und Sprachwissen *nach sich*. Damit ist die kommunikative Fähigkeit in ihrer entwickelten Form die Zusammenfassung sprachlicher und kognitiver Fertigkeiten.

Oben wurde gesagt, es lasse sich kein allgemeines Maß zur Beurteilung der kommunikativen Fähigkeit angeben. Hinzugefügt werden muss, dass Beurteilungen in qualitativer Hinsicht sehr wohl möglich sind, und zwar anhand sensibler Beobachtungen von Interaktionen. Konkrete Vorgehensweisen gibt es zum Teil bereits (vgl. Kolonko, Dokumentation März 2000), weitere müssen noch recherchiert und evaluiert werden, ebenso wie der Forschungsstand zum und die praktischen Umgangsweisen mit dem Bereich der kommunikativen Fähigkeit. Für den schriftsprachlichen Bereich sind ebenfalls qualitativ orientierte Beobachtungen und Messverfahren zu recherchieren und zu evaluieren, die der kommunikativ-kognitiven Dimension Rechnung tragen.

5 Einbettung des Kernbegriffs in verschiedene Lebensformen und Bereiche

Im Sinne einer kulturhistorischen Herangehensweise in der Tradition Vygotskijs stellen sprachliche und kognitive Entwicklung – also die Entwicklung der kommunikativen Fähigkeit – einen Prozess des

Erwerbs von Kultur dar. Die Grundidee ist, dass höhere psychische Funktionen zweifach erscheinen: zunächst interindividuell zwischen Menschen, dann intraindividuell in einem Menschen verinnerlicht. Anhand des Erwerbs von Problemlösestrategien aus der sprachlichen Interaktion wurde dies in Abschnitt 3 erläutert. Aufgrund dieser zweifachen Erscheinungsweise, deren Ausgangspunkt ein gemeinsames Handeln ist, wird die Einbettung der kommunikativen Fähigkeit in eine bestimmte Lebensform deutlich.

Jede Zeit, jede Kultur, jede Gesellschaft und jede Gruppe innerhalb der Gesellschaft, alle haben ihre eigenen Formen des Umgangs mit Kommunikation; es sind Formen sozialer Rituale, sozialer Codes mit sprachlichen und interaktionellen Mustern. So entspricht etwa die gemeinsame Tätigkeit des Vorlesens (Erwachsener und Kind), wie oben in Abschnitt 2 dargestellt, einer Lebensform, die mit der Herausbildung der bürgerlichen Kleinfamilie der Biedermeierzeit entstand. Diese Lebensform beinhaltet eine nicht arbeitende Frau, die dem Kind vorlesen kann, eine Hinwendung zu Innerlichkeit und Fantasietätigkeit, die die Situation tragen und prägen. In dieser Situation des Vorlesens kristallisiert sich eine ganze Epoche mit ihrer Geistesart, ihren Vorstellungen von Familie, Frauen, Männern, Kindern und Erziehung.

Gegenwärtige Lebensformen von Familien ähneln immer weniger diesem (dennoch meist implizit postulierten) Modell von bürgerlicher Familie. Arbeits- und Lebensformen sowie gesellschaftliche Anforderungen und Werte haben sich sehr verändert: Allein Erziehende, die arbeiten müssen, Eltern, die beide arbeiten müssen oder wollen, Eltern mit anderen Modellen von Erziehung als dem konventionellen, dennoch ganz und gar nicht universalen bürgerlichen Modell. Die ethnisch und sprachlich plural gewordene Gesellschaft, in der wir leben, vervielfältigt noch dieses Bild. Neue Medien vervielfachen die Möglichkeiten. Ein Scheitern in den ersten beiden Grundschuljahren liegt häufig an einer Nichtübereinstimmung von herrschendem Modell (der ressourcenreichen Mittelstandsfamilie) und Realität. Das Festhalten an einem Mittelstandsstandard bzw. die Erwartung, Kinder kämen gut vorbereitet in die Schule und würden weiterhin – z.B. in der Hausaufgabenbetreuung – gut begleitet, bestimmt das Scheitern mit. Ein Herangehen an Probleme im Bereich kommunikative Fähigkeit muss sich der soziokulturell bestimmten Formen bewusst sein, um nicht einfach pauschal ein unbewusstes Modell zu implementieren. Vielmehr heißt es, Bedingungen zu erkennen, mit herzustellen und auch andere, funktionierende Formen zu sehen.

Zu den Lebensformen, in welche die kommunikative Fähigkeit eingebettet ist, gehören in erster Linie familiäre Strukturen verschiedenster Art, gefolgt von institutionalisierten Bereichen, die auch Lebensformen spiegeln: Kindergarten, Schule, Berufsschule oder Ausbildung. Um eine gute Grundschulzeit zu ermöglichen, sind für die Prävention die familiären Strukturen und der Vorschulbereich wichtig. In diesen Bereichen existieren interessante Ansätze (in Deutschland, aber auch in den Nachbarländern Niederlande mit „Opstappje" und Großbritannien mit „family literacy"), die es zu bündeln gilt. In diesen Bereichen kommt der Komponente I des sprachlichen-sozialen Handlungswissens herausragende Bedeutung zu. Der beginnenden Verzahnung von Mündlichkeit und Schriftlichkeit ist besondere Aufmerksamkeit zu schenken.

Während der Schulzeit und nach erfüllter Schulpflicht sind benachteiligte Jugendliche, die tendenziell oder tatsächlich funktional analphabetisch sind, meist in Maßnahmen verschiedenster Art eingebunden, deren Infrastruktur genutzt werden sollte. Unter der klaren Bedeutung kommunikativer Fähigkeit könnten der therapeutische, der soziale und nicht zuletzt der strafrechtliche Bereich ihren Maßnahmenkatalog ergänzen. Wichtig erscheint auch, gerade solche Jugendlichen zu unterstützen, die selbst schon Eltern sind und daher in der Weitergabe kommunikativer Fähigkeit Verantwortung tragen.

Die Förderung der kommunikativen Fähigkeit beider Altersklassen, Kinder und Jugendlicher, sollte unter Beachtung des entwicklungsmäßigen Zusammenhangs der Komponenten der kommunikativen Fähigkeit vor sich gehen. Die Förderung von Kleinkindern bezieht sich vor allem auf die sprachlich-soziale Komponente und auf ihre Verbindung zur schriftlichen Sprachwelt. Bei älteren Kindern und Jugendlichen verschiebt sich dies zugunsten des schriftsprachlichen Bereichs und damit zu den Komponenten des kognitiven, des Welt- und des Sprachwissens. Eine sichere Basis im sprachlich-sozialen Wissen bleibt jedoch für alle unabdingbare Voraussetzung und daher auch für die Älteren ein wichtiges Lernfeld.

6 Zusammenfassung

Die vorangegangenen Ausführungen lassen sich in folgenden Punkten zusammenfassen:

Zu Abschnitt 1:

- Das Grundlagenpapier bietet allen, die bei der Konzeption von Maßnahmen im Bereich der Alphabetisierung beteiligt sind, eine möglichst explizite gedankliche und sprachliche Referenzbasis.

Zu Abschnitt 2:

- Es besteht ein Handlungszusammenhang zwischen Sprechen und Schreiben.
- Der Spracherwerb wird im Schriftspracherwerb fortgesetzt.
- Vorlesen ist als Beginn der literalen Sozialisation zu sehen, bei der u. a. eine Entwicklung zu einer fragenden, problemlösenden Haltung stattfindet.

Zu Abschnitt 3:

- Sprache und Denken sind ab dem dritten Lebensjahr eng aufeinander bezogen und entwickeln sich gegenseitig.
- Insbesondere das problemlösende Denken entsteht aus der dialogischen Interaktion zwischen Bezugsperson und Kind.
- Die anfängliche Arbeitsteilung zwischen Erwachsenem und Kind verschiebt sich in der Entwicklung: Das Kind übernimmt mehr und mehr Aufgabenteile und Verantwortung für sein Tun.
- Interaktionelle Armut wirkt sich sowohl auf die sprachliche Kommunikation als auch auf die kognitive Entwicklung aus.

Zu Abschnitt 4:

- Entwicklungsgemäße Darstellung der kommunikativen Fähigkeit:
  - *Komponente I: sprachlich-soziales Handlungswissen*
    Bedeutung als verwendete, gemeinte und verstandene Zuhörerorientierung und Perspektivenübernahme.
  - *Komponente II: kognitives Handlungswissen*
  - *Komponente III: sprachliches Weltwissen*
  - *Komponente IV: Sprachwissen*
    Bedeutungen von Verwendungssituationen sind abgelöst und analytisch zugänglich; Sprachbewusstsein.

- *Die Definition der dynamisch aufzufassenden kommunikativen Fähigkeit lautet:*
  Kommunikative Fähigkeit ist die Fähigkeit, situations- und intentionsangemessen sprachliche Mittel nach den bestehenden Verwendungskonventionen einzusetzen, um bestimmte Wirkungen zu erzielen. Diese Fähigkeit ist bezogen sowohl auf mündliche als auch auf schriftliche Kommunikationsformen, denn beide sind grundsätzlich Interaktionen, auch wenn sie dies zu je unterschiedlichen Ablösungsgraden von der aktuellen Kommunikationssituation sind.
  Dies *beinhaltet* eine altersgemäße Beherrschung phonologischer bzw. graphemischer, sodann lexikalischer und syntaktischer Mittel und *zieht* kognitive Fähigkeiten, Weltwissen sowie Sprachwissen *nach sich*. Damit ist die kommunikative Fähigkeit in ihrer entwickelten Form die Zusammenfassung sprachlicher und kognitiver Fertigkeiten.

Zu Abschnitt 5:
- Der Umgang mit Kommunikation ist zeit-, kultur-, gesellschafts- und schichtspezifisch.
- Die kommunikative Fähigkeit ist eingebettet erstens in familiäre Strukturen und Vorschule (v. a. Komponente I), zweitens in institutionelle (z. B. Schule, Berufsschule, Ausbildung, Maßnahmen der Jugendhilfe) und drittens in sozialtherapeutische Maßnahmen.
- Die Förderung der kommunikativen Fähigkeit sollte unter Beachtung des entwicklungsmäßigen Zusammenhangs der jeweiligen Komponenten der kommunikativen Fähigkeit vor sich gehen.

Literatur

Bertau, M.-C.: Spuren des Gesprächs in innerer Sprache – Versuch einer Analyse der dialogischen Anteile des lauten Denkens. In: Sprache & Kognition. 18. Jg., 1/2, 1999, S. 4–19

Hausendorf, H./Quasthoff, U.: Sprachentwicklung und Interaktion. Eine linguistische Studie zum Erwerb von Diskursfähigkeiten. Opladen 1996

Hurrelmann, B./Becker, S./Elias, S.: Lesesozialisation im historischen Wandel von Familienstrukturen und Medienangeboten für Kinder. In: Internationales Archiv für Sozialgeschichte der deutschen Literatur. 10. Sonderheft. Tübingen 1999, S. 146–160

Kolonko, B.: Spracherwerbsstörungen und Sprachförderung im Kindergarten. In: Spracherwerb und Schriftspracherwerb – Vom Sprechen und Verstehen zum Schreiben und Lesen: Probleme bei Kindern und Jugendlichen. Unveröffentlichte Dokumentation des Expertengesprächs vom 31.3.2000. Deutsches Jugendinstitut e.V., München [zu beziehen über genannte Institution]

Vygotsky (= Vygotskij), Lev S.: Mind in Society. The Development of Higher Psychological Processes. Cambridge, Mass. and London 1978

Wygotski (= Vygotskij), Lev S.: Denken und Sprechen. Frankfurt a.M. 1981

Anna Winner

Konzepte und Angebote zur Förderung kommunikativer Kompetenzen und des sprachlichen Denkens bei Kindern von null bis sechs Jahren in Kindertagesstätten

		Seite
1	Einleitung	37
2	Sprachförderung: eine interdisziplinäre Aufgabenstellung – psycholinguistische Theorien und pädagogische Leitbilder	39
2.1	Was ist Sprache?	39
2.2	Sprachförderung	41
2.3	Sprachbewusstsein	41
2.4	Zweitspracherwerb	43
2.5	Wortschatz	44
2.6	Sprachmodell – Sprachvorbild	46
2.7	Die Bedeutung von Bewegung, Stimme und Spiel für die Sprachentwicklung	49
3	Sprachförderung für alle Kinder in der Kindertagesstätte ein pädagogischer Bildungsauftrag	50
3.1	Ein pädagogisches Konzept zur Sprachentwicklung und Sprachförderung in Stuttgart	50
3.2	Fortbildungen zur Sprachförderung in der Kinderkrippe in München	54
3.3	„Literarische Angebote“ und Angebote zur „Schriftsprachförderung“	56
3.4	Sprachliche Bildung – ein Konzept zur Sprachförderung aus den Niederlanden	59
3.5	Das Würzburger Trainingsprogramm zur Förderung der phonologischen Bewusstheit bei Kindergartenkindern	60
4	Sprachförderung für mehrsprachig aufwachsende Kinder	63
4.1	Sprachförderung als Chance interkultureller Erziehung – Konzepte zur Sprachförderung in Gelsenkirchen	64
4.2	Interkulturelle Pädagogik in Münchener Kindertagesstätten	68

4.3 Zweisprachige Erziehung in einer mehrsprachigen Berliner Kindergruppe 75
4.4 Das Krefelder „kommunale Handlungskonzept zur interkulturellen Pädagogik in Tageseinrichtungen, Schulen, Jugendeinrichtungen und Erwachsenenbildung“ 77
4.5 Die Förderung der Sprachentwicklung zweisprachiger Kinder im Elementarbereich in Hamburg 81
4.6 Deutschkurse für Kinder aus Migrantenfamilien in Nordrhein-Westfalen 83
4.7 Zweisprachige Gruppe von nicht hörenden und hörenden Kindern in einer evangelischen Kindertagesstätte in Alt-Lichtenrade 84
4.8 Kinder lernen Dänisch, Friesisch und Plattdeutsch im Kindergarten 86

5 Sprachförderung für Kinder mit Sprachentwicklungsstörungen oder für „sprachlich auffällige“ Kinder in Kindertagesstätten 88
5.1 Die Aufgaben der Kindertagesstätten 89
5.2 Qualifizierungsbedarf 90
5.3 Erzieherische Kompetenzen 90
5.4 Qualifizierungsmaßnahmen für sozialpädagogische Fachkräfte 91
5.5 Beratungsfachdienste für sozialpädagogische Fachkräfte und Eltern 92
5.6 Integrationseinrichtungen für Kinder mit Sprachentwicklungsstörungen 93

6 Methoden zur Erfassung sprachlicher Leistungen und kindlichen Verhaltens 94
6.1 Instrumente zur „Sprachstandsmessung“ 94
6.2 Beobachtungshilfen 96

7 Zusammenfassung und Schlussfolgerungen 101

Literatur 105

1 Einleitung

Die Resonanz auf Anfragen zum Thema „Sprachförderung“ bei Kindertagesstätten, bei Ämtern, Arbeitsgruppen, Vereinen und bei Arbeitsstellen wie den Regionalen Arbeitsstellen zur schulischen Förderung ausländischer Kinder und Jugendlicher (RAA) war groß. Viele beschäftigen sich intensiv mit diesem Thema, oft unter schwierigen Arbeitsbedingungen. Auch die Fachpresse und Fachwissenschaft widmet der Sprachentwicklung und Sprachförderung von Kindern zunehmend Aufmerksamkeit. Sprache, Sprachstörungen und Sprachförderung sind zu Themen der Sozialpädagogik geworden.

Im vorliegenden Beitrag konnte nicht jedes der recherchierten Sprachförderkonzepte dargestellt werden. Manchmal sind es einzelne Einrichtungen, die einen besonderen Beitrag leisten und wichtige Erfahrungen bereithalten, von denen man lernen kann, manchmal sind es große Kommunen, in denen viele verschiedene Ansätze in einer pluralistischen Kindergartenszene ihren Platz haben. Oft sind es aber auch Konzepte, die Sprache fördern, obwohl sie es gar nicht beabsichtigen, wie z. B. „der spielzeugfreie Kindergarten“ oder die „Bewegungstheater“. Sie alle zu nennen, hätte den Rahmen dieses Beitrags mehr als gesprengt. Es werden deshalb Beispiele dargestellt, die die Vielfalt der Ansätze repräsentieren oder doch zumindest einen wichtigen Ausschnitt aus dieser Vielfalt zeigen.

Die Beschreibung der Konzepte und Angebote zur Förderung kommunikativer Kompetenzen und des sprachlichen Denkens bei Kindern in Kindertagesstätten ist schwierig. Bezieht man sich dabei auf schriftliche Dokumentationen, tritt häufig ein themenimmanentes Problem auf. Für die Darstellung der Sprache von Kindern und der Erwachsenen-Kind-Interaktion fehlen uns schriftliche Ausdrucksmöglichkeiten. Die wirklich erlebte Kommunikation verblasst bei der Darstellung, da Kinder über Mimik, Gestik und ihren ganzen Körper sprechen. Darüber hinaus empfinden wir Gespräche, die uns im direkten Kontakt mit Kindern natürlich und adäquat erscheinen, plötzlich als „peinlich“ und unnatürlich, wenn sie aus diesem Kontext gerissen werden. In Dokumentationen wird deshalb oft auf eine „stimmige“ Wiedergabe verzichtet. So bleibt der wirkliche Charakter der Angebote manchmal verborgen, die Unterschiede im Verhalten der Erwachsenen werden verwischt (Kolonko 2001, S. 124).

Ein weiteres Problem bei der Darstellung unterschiedlicher Konzepte entsteht durch die Ähnlichkeit der Ausdrucksweisen. In vielen Texten tauchen die gleichen Worte auf, deren Bedeutung jedoch unterschiedlich zu sein scheint. Manchmal scheint die Praxis mit „geheimen" Theorien begründet, die nicht mehr explizit gemacht werden müssen, weil man von einem Konsens ausgeht, den alle kennen. Es gibt Konzepte, die eine Praxis beschreiben, die nicht zu der Theorie passt, mit der sie begründet wird, und solche, die Theorien vorgeben, aber in der Darstellung dessen, was sie tun, keinen Bezug zu dieser Theorie erkennen lassen. Manche Widersprüche haben ökonomische Gründe („Wir müssen unser Konzept als ‚Deutsch Lernen' verkaufen, sonst wird es nicht finanziert") oder historische Ursachen („Also Spracherziehungsprogramme, das haben wir hinter uns").

An der Erarbeitung von Sprachförderkonzepten sind unterschiedliche Fachdisziplinen und unterschiedliche wissenschaftliche Schulen beteiligt. Wie auf vielen anderen interdisziplinären Gebieten verlief auch hier die Zusammenarbeit nicht immer konfliktfrei. Hierarchische Abgrenzungen und Missverständnisse über die Aufgaben und Kompetenzen des jeweiligen Fachgebietes erschwerten eine gleichrangige und produktive Kooperation. In vielen Fällen wurde aber auch so etwas wie eine geistige Verwandtschaft über die Fächergrenzen hinaus entdeckt, wenn eine gemeinsame Sprache gefunden wurde und scheinbar klar definierte Begriffe hinterfragt wurden. In einigen Konzepten wird deutlich, wie man voneinander lernen konnte. So neigen Sprachwissenschaftlerinnen und Sprachwissenschaftler dazu, die „Lautsprache" als einziges Kommunikationsmittel zu überschätzen, während pädagogische Fachkräfte in ihrer täglichen Beobachtung die „100 Sprachen" der Kinder erleben und Kompetenzen sehen, wo andere Defizite vermuten. Umgekehrt neigen Erzieherinnen und Erzieher dazu, bei Kindern vor allem die emotionalen und sozialen Fähigkeiten zu sehen und die kognitiven Interessen und Kompetenzen zu unterschätzen.

Um diese Lernprozesse deutlich zu machen und ein Gefühl dafür zu vermitteln, wo produktive Widersprüche auftreten können, werden im folgenden Kapitel die in den Texten häufig verwendeten Termini auf Bedeutungsunterschiede hinterfragt und unterschiedliche Positionen dargestellt.

In den anschließenden Kapiteln werden Beispiele für Sprachförderangebote oder Konzepte nach der Hauptzielgruppe zusammengefasst und vorgestellt. Hier treten Überschneidungen auf, da Kinder häufig mehreren Gruppen angehören.

Das fünfte Kapitel setzt sich mit Sprachstandmessungen und Beobachtungsmethoden auseinander, die für die pädagogischen Fachkräfte in Kindertagesstätten relevant sind und dort Verwendung finden.

In der Zusammenfassung werden Schlussfolgerungen gezogen, die gemeinsame Anliegen betreffen und für Sprachförderangebote in Kinderkrippen, Kindergärten und altersgemischten Kindertageseinrichtungen gelten können.

2 Sprachförderung: eine interdisziplinäre Aufgabenstellung – psycholinguistische Theorien und pädagogische Leitbilder

2.1 Was ist Sprache?

Was ist Sprache? Mit dieser Frage beschäftigen sich alle hier vorgestellten Konzepte, Angebote und Theorien, auch wenn sie dies nicht immer explizit benennen. Auf die Frage „Was verbinden Sie mit dem Wort Sprache?" äußerten Erzieherinnen, Schülerinnen, Ärztinnen und Heilpädagoginnen auf Fortbildungen spontan: Verständigung, Kommunikation, Verstandenwerden, Sichmitteilen, Beziehungen, Freunde, fremde Sprachen, Urlaub, Spaß, Missverständnisse. Aber keine und keiner erwähnte das Wort Grammatik.

„Sprache und Kommunikation", so steht es in einer Zielformulierung des Stuttgarter Projekts zur Sprachförderung, „sind zentrale Merkmale des Menschseins überhaupt. Sprache erlaubt uns Kommunikation mit anderen, verbindet uns zu einer Gruppe, gibt Zugehörigkeitsgefühl." Verstandenwerden, dieses tiefe Bedürfnis der Menschen, mit dem wir Liebe und Zuneigung verbinden, scheint trotz aller Stolpersteine in unserem Bewusstsein eng mit Sprache verknüpft zu sein. Mit der Sprache erhalten wir ein Werkzeug, um uns selbst, unsere Bedürfnisse, Gefühle und Gedanken auszudrücken und in der Interaktion mit anderen Menschen weiterzuentwickeln.

Um den Werkzeugcharakter von Sprache deutlich zu machen, greift Bühler auf ein gedankliches Prinzip von Platon zurück und fordert uns auf, dass wir uns bei dem Versuch, Sprache zu begreifen, nicht nur das Ergebnis vornehmen sollten, sondern uns bei den Werkzeugmachern nach dem Werkzeug Sprache erkundigen sollten (Bühler 1934, S. 38 zitiert nach Hörmann 1978, S. 280). Es sind also die Funktionen von Sprache, die den Schlüssel zum Verstehen sprachlicher Prozesse bilden. Wir sprechen, weil wir es notwendigerweise tun müssen. Die Bedürfnisse von Menschen sind von Geburt an individuell, und die Menschen sind von Geburt an darauf angewiesen, einen anderen Menschen zu finden, der diese Bedürfnisäußerungen versteht und befriedigen will. Es sind vielfältige Bedürfnisse nach Nahrung, nach Zuwendung und nach geistiger Anregung.

> „Der Sprecher will, dass sich im Hörer etwas ändert. Dazu gibt er ihm Instruktionen. Etwas soll sich ändern in seinem Wissen, seinem Tun, seinen Einstellungen, seinen Erwartungen, seinen Gefühlen, vor allem in seinem Bewusstsein. Die Änderung des Bewusstseins wird intendiert, weil aus dem veränderten Bewusstsein heraus mit größerer Wahrscheinlichkeit als zuvor jene Konsequenzen akzeptabel werden, welche der Sprecher akzeptiert sehen möchte." (Hörmann 1978, S. 273)

Hörmann beschreibt hier Sprache als ein Werkzeug zur individuellen und sozialen Bedürfnisregulation. Kommunikative Fähigkeiten besitzen Kinder von Geburt an. Sie äußern sich in vielen Sprachen. Säuglinge sprechen mit dem ganzen Körper, weshalb diese Phase häufig fälschlicherweise die „vorsprachliche" Phase genannt wird. Dabei ist bekannt, dass Säuglinge auch ihre Laute und Geräusche und ihr Schreien sehr früh modulieren und damit unterschiedliche Bedeutungen signalisieren. Mithilfe der ersten Bezugspersonen entdecken Kinder diese kommunikative Funktion von Sprache sehr früh, und sie erscheint uns so bedeutsam, dass sie unsere Vorstellungen darüber, „was Sprache ist", in erster Linie prägt.

Vor allem Wygotski machte uns auch auf die Bedeutung der Sprache für unser Denken und unsere geistigen Möglichkeiten aufmerksam:

> „Diese Unteilbarkeit von Sprache und Erkennen tritt gleichermaßen beim sozialen Gebrauch der Sprache als Kommunikationsmittel wie auch bei ihrem individuellen Gebrauch als Mittel des Denkens zutage." (Wygotski 1987, S. 401)

Das menschliche Denken ist nicht von Geburt an sprachlich strukturiert. Nur in einer sprechenden Umgebung und mithilfe sprachlich denkender Menschen lernen wir, unsere Gedanken begrifflich zu ordnen. Das Wort wird zum Bindeglied von Sprache und Denken.

> „Die Wirklichkeit verstehen, andere verstehen und sich selbst verstehen – das ist es also, was das Denken in Begriffen mit sich bringt." (ebd. S. 400)

Es braucht ca. 14 Jahre Entwicklungsarbeit, bis Kinder Sprache als Denkwerkzeug mit all seinen Möglichkeiten entdecken und nutzen können. Zuerst muss das Kind die Worte entdecken. Bei aller Unterstützung muss es selbst herausfinden, wie es in Worten denken kann. Lange Zeit wird es mit diesen Denkmöglichkeiten experimentieren und auch andere Methoden einsetzen. So schreibt Szagun:

> „Unter ‚Begriff' verstehe ich eine geistige Struktur des Erkennens. […] Begriffe entstehen aus der Erfahrung eines Menschen mit seiner dinglichen und sozialen Umwelt und der Art und Weise, wie ein Mensch diese Erfahrung verallgemeinert.

So kann man sagen, dass ein Begriff das gesamte Wissen eines Menschen über einen Gegenstand oder Sachverhalt darstellt. Es gibt Begriffe, die durch Wörter symbolisiert werden, und solche, die in keiner direkten Beziehung zu Wörtern zu stehen scheinen." (Szagun 1991, S. 187)

Mit Sprache erhalten wir Menschen ein Instrument der Kommunikation und des Denkens. Was sollte Sprachförderung dann fördern?

2.2 Sprachförderung

Wenn Erwachsene spontan ihre Assoziationen mit dem Wort Sprache äußern, drängen sich die Funktionen von Sprache in den Vordergrund. Wenn wir uns jedoch mit dem Thema Sprachförderung auseinander setzen, werden Worte wie Grammatik, Artikulation, Wortschatz, Regel und Strukturen wichtig. Es scheint so, als wären es vor allem Form und Struktur des Werkzeugs, die Probleme bereiten und einer Förderung bedürfen.

In diesem Spannungsfeld von sprachlichen Funktionen und sprachlichen Strukturen bewegen sich alle Konzepte und Angebote zur Sprachförderung. Einerseits wird erkannt, dass Form und Inhalt, Struktur und Funktion eine unlösbare Einheit bilden. Andererseits zeigt sich jedoch gerade in der Praxis, wie schwierig es ist, diese Einheit im Alltag umzusetzen, ohne den einen oder anderen Bestandteil außer Acht zu lassen. Wie so oft schwingt das pädagogische Pendel auch auf diesem Gebiet hin und her und schwankt zwischen dem Trainieren einzelner Fertigkeiten und dem allgemeinen Unterstützen von Kompetenzen. Diese Pendelschläge sollen hier nicht beurteilt werden nach falsch oder richtig, sie sollen nur transparent werden, damit die Leserinnen und Leser Kriterien für ihre Entscheidungen entwickeln können.

2.3 Sprachbewusstsein

In vielen Konzepten wird davon gesprochen, dass Kinder ein gewisses Bewusstsein von Sprache besitzen, dass ihr Sprachbewusstsein gefördert werden soll, dass sie in der Lage sind, zwei Sprachsysteme auseinander zu halten, weil sie ein Bewusstsein von zwei Sprachen entwickelten (Ulich u.a. 2001, S. 20). Meist bleibt in diesen Texten unklar, welche Bedeutungen mit dem Wort „Bewusstsein" wirklich verbunden werden.

Die Vorstellung, „wie gesprochen wird", ist bei Erwachsenen meist geprägt durch die Erfahrungen, wie sie Sprache in der Schule erklärt bekamen. Obwohl die meisten von uns bei Schulbeginn „kompetente Muttersprachler“ waren, mussten wir mehr oder weniger mühsam die grammatischen Strukturen unserer Sprache lernen. Wir lernten „richtige“ von „falschen“ Sätzen zu unterscheiden, wir lernten Verben und Substantive, Präpositionen und Adjektive in den schriftsprachlichen Äußerungen zu entdecken. Genährt durch den Fremdsprachenunterricht, gingen wir schließlich davon aus, dass wir beim Sprechen Sätze bilden, dass wir einen Wortschatz benutzen und uns in Buchstaben äußern. Mithilfe solcher Regeln versuchen Wissenschaftlerinnen und Wissenschaftler sprachliche Vorgänge zu beschreiben. Dies bedeutet jedoch nicht, dass dies in uns Menschen vorgeht, wenn wir sprechen.

Um wieder die Perspektive von Kindern einnehmen zu können, müssen wir versuchen, uns daran zu erinnern, was wir taten, bevor wir es mithilfe unseres Schulwissens erklären konnten. Kinder sind Wissende des Tuns, sie sind nicht Wissende des Wissens. In der Zusammenarbeit mit anderen Kindern und Erwachsenen lernen Kinder, wie sie sich in bestimmten Situationen verhalten können, um in ihrem Sinne „erfolgreich“ zu sein. Sie lernen, dass man bei der Oma nicht „geil“ sagen darf, von den Kumpels aber nur so verstanden wird. Im alltäglichen Handeln füllen Kinder die Worte, die sie angeboten bekommen, mit ihren subjektiven Erfahrungen. Sie erleben auch, dass Menschen unterschiedlich reden, und versuchen dafür Erklärungen zu finden. Die Kategorien, die Kinder bilden, stimmen mit den unseren nicht überein. So kann für ein Kind die Erklärung, „der spricht so, weil er Türke ist“, genauso plausibel sein, wie die Erklärung, „weil sie ein Mädchen ist“ oder „weil er schon so alt ist“.

Kinder besitzen noch nicht die gesellschaftlich objektiven Begriffe der Erwachsenen. Sie beginnen ja gerade, diese zu entwickeln. Was Kinder unter Türkisch, Deutsch, Englisch, unter Sprache allgemein verstehen, hängt von den individuellen und subjektiven Erfahrungen des Kindes ab. Für Kindergartenkinder ist das Lied „A ramsamsam“ nicht weniger korrekte Sprache, als „Happy birthday to you“. Sie „verstehen“ beide Lieder auf ihre Weise und sie „verstehen“ sie ebenso wenig, wie das Lied „Alle Jahre wieder“. Von Piaget wissen wir, dass selbst Grundschulkinder noch kaum in der Lage sind, introspektiv zu denken und ihre Lösungswege zu beschreiben. Selbst in der dritten Klasse fällt es guten Rechnerinnen schwer, die Anweisung „Rechne einfach!“ zu befolgen, weil sie nicht wissen, was sie beim Rechnen tun. Das oft so nervenaufreibende Missverständnis zwischen Erwachsenen und Kindern besteht ja gerade darin, dass sie nicht sagen können, was sie nicht verstanden haben, weil dem Kind die eigenen Denkakte nicht bewusst sind, oder das Kind zumindest nicht im Stande ist, diese introspektiv zu beobachten. Und trotzdem kann das Kind so tun, als ob es das könnte, indem es z. B. irgendeine Erklärung erfindet. So schreibt Piaget:

> „Kurz, alles läuft so ab, als ob das Kind gedacht hätte, wie wir selbst denken, wenn wir ein ganz empirisches und zum Teil manuelles Problem lösen [...] d.h., wenn wir uns jedes Ergebnisses bewusst werden [...], aber ohne dass wir unsere Handlungen lenkten oder verfolgen und vor allem ohne dass wir in der Lage wären, durch Introspektion oder durch Rückschau unsere aufeinanderfolgenden Denkakte zu erfassen.“ (Piaget 1972, S. 145)

Wenn bei der Beschreibung von Kindersprache das Wort „Sprachbewusstsein“ verwendet wird, sollten wir trennen zwischen der vorhandenen Kompetenz von Kindern, sprachlich korrekt zu handeln, und der Fähigkeit, die Kinder noch nicht besitzen: nach Regeln lernen und Regeln bewusst anwenden. Diese besondere Art zu lernen stellt keinen Nachteil dar. In ihr steckt vielmehr das Geheimnis, warum wir in uneindeutigen Situationen Computern gegenüber überlegen sind, z. B. wenn es darum geht, Wörter wie „Ermessenssache“ zu verstehen. Für die pädagogische Praxis bedeuten diese Erkenntnisse, dass ein bewusstes Regellernen wie z. B. die Aufforderung „Sprich in ganzen Sätzen!“ bei Kindern nicht unbedingt zur Kompetenzerweiterung führt.

2.4 Zweitspracherwerb

In diesem Zusammenhang wird auch die Problematik des Begriffs „Zweitspracherwerb“ deutlich. Dieser Terminus suggeriert, dass Nationalsprachen abgeschlossene Produkte der Erwachsenenwelt sind, die sich Kinder Schritt für Schritt aneignen. Kinder lernen aber weder Deutsch noch Türkisch, sie lernen in Deutsch oder Türkisch zu kommunizieren und zu denken. Dass es in den unterschiedlichen Sprachsituationen passende und unpassende Mittel gibt, erfahren die Kinder über den gleichen Weg, nämlich in der Zusammenarbeit, wie sie passende und unpassende Verhaltensweisen bei der Oma, im Kindergarten und bei der Mama differenzieren. Wenn wir die Muttersprache als gute Basis für die Entwicklung weiterer Sprachen benennen, dann bedeutet dies nicht, dass das Kind in dieser Muttersprache bereits einen möglichst großen „Wortschatz“ besitzen soll, sondern dass das Kind erleben konnte, dass man in dieser Sprache eigene Bedürfnisse ausdrücken, Aufmerksamkeit erringen und Erfahrungen in Worten sammeln kann; kurz: dass diese Sprache ein Werkzeug für Kommunikation und Kognition ist. Muttersprache lässt sich dann als die Sprache definieren, in der wir die intuitiven, didaktischen Fähigkeiten besitzen, um Kindern den Werkzeugcharakter von Sprache deutlich zu machen. Muttersprache ist die Sprache, in der wir wissen, wie man mit einem Baby spricht. Um die Leistung und die Eigenaktivität der Kinder deutlich zu machen, wäre der Terminus „Zweitsprachentwicklung“ angemessen. Die Entwicklungsleistung der Kinder müsste dann am Prozess und nicht am Ergebnis gemessen werden.

2.5 Wortschatz

In vielen Konzepten wird auf die Bedeutung einer Wortschatzerweiterung bei Kindern verwiesen. Ein eingeschränkter Wortschatz bei Kindern wird als Ursache für geringere kommunikative Fähigkeiten bei Kindern angenommen.

Auch hier haben sich Vorstellungen durchgesetzt, die Sprache als ein weitgehend stabiles Repertoire von Zeichen und Symbolen verstehen. Im Alltagsbewusstsein scheint fest verankert, dass wir dem Kind mit unserem Wort auch unsere Gedanken, unsere Erfahrungen und unser Wissen zur Verfügung stellen. In Gesprächen mit Erzieherinnen und Eltern lässt sich immer wieder feststellen, das Erwachsene glauben, das Kind würde Worte als weitgehend abgeschlossene Begriffe erwerben. Wenn sie in Gesprächen mit Kindern erleben, dass Kinder andere Wortbedeutungen einsetzen, lachen Erwachsene meist, weil sie davon ausgehen, dass das Kind da etwas noch nicht richtig verstanden hat. Um Kinder zu verstehen, müssen wir berücksichtigen, wie Wortbedeutungen entstehen.

Bei der Beobachtung von Mutter-Kind-Interaktionen stellen wir fest, dass Mütter im Spiel mit ihren Kindern und in Alltagssituationen Handlungen mit Worten verbinden. Sie wiederholen dabei ihre Sätze mehrmals und betonen meist ein Schlüsselwort (Bruner 1997). Werden diese Situationen aus handlungstheoretischer oder konstruktivistischer Sicht interpretiert, könnten wir sie so übersetzen: Die Mutter erlaubt dem Kind eigenständiges aktives Handeln und ermöglicht Erfahrungen, dabei spricht sie synchron in ihrem Sinne passende Worte. Sie signalisiert dem Kind damit: „Alle Erfahrungen, die du jetzt machst, sammle bitte in dem Wort!“ Die Mutter überträgt nicht ihre Bedeutungen, sie zeigt dem Kind vorerst, wie Erfahrungen sprachlich verarbeitet werden können. Um diese Entwicklungsprozesse für Erwachsene anschaulich darzustellen, verwendet Winner (2000/2001a) das Bild vom Korb: Das Wort können wir uns demnach wie einen Korb in unserem Gehirn vorstellen. Wir bieten dem Kind den Korb an, damit es darin seine Erfahrungen mit dem

Gegenstand bzw. der Situation sammeln kann. Bieten wir keinen Korb an, bleiben die Erfahrungen ungeordnet (z. B. Tabuisierungen durch die Nichtbenennung weiblicher Geschlechtsorgane beim Wickeln). Kann das Kind keine Erfahrungen machen, bleibt der Korb leer. Im Deutschen haben wir dafür die anschaulichen Bezeichnungen wie „Worthülsen", „leere Floskeln" oder „hohle Phrasen".

Bevor unsere Bedeutungen untrennbar mit Wörtern verknüpft sind, zeigen uns Erwachsene Wörter als Mittel, um Begriffe zu bilden. Dies muss von den Erwachsenen ausgehen, denn ohne dieses Angebot entdecken Kinder diese Zusammenhänge nicht. Dies erklärt auch, warum Kinder das perfekte Sprachangebot der Fernsehsendungen für ihre Sprachentwicklung nicht nutzen können: Der Zusammenhang von Handlung (gegenständlicher Erfahrung) und Sprache (sprachlicher Erfahrung) geht verloren. An dieser Stelle sei einmal die großartige Leistung von Kindern erwähnt. Kinder füllen jedes Wort mit eigenen Erfahrungen, sie entwickeln jeden Begriff neu. Natürlich nicht allein im luftleeren Raum, sondern in der Zusammenarbeit und in der Auseinandersetzung mit anderen Kindern und Erwachsenen. Dies macht auch deutlich, welche Anstrengung, aber auch welche geistige Flexibilität die Entwicklung mehrerer Sprachen oder Dialekte mit sich bringt. Mehrsprachige Kinder füllen unterschiedliche Worte mit unterschiedlichen Erfahrungen, weshalb sich einige Worte einfach nicht in die andere Sprache übertragen lassen und einen Sprachwechsel erfordern. Gleichzeitig können wir aber auch das innovative Potenzial entdecken, das in dieser Form der Wortbedeutungsentwicklung steckt. Kinder füllen ihre Worte mit den Erfahrungen, die für sie aktuell sind. Sie bilden in den ersten 14 Jahren „subjektive Begriffe" als Basis für ihre Auseinandersetzung mit gesellschaftlich objektiven Begriffen. Die Menschen besitzen mit Sprache also eine wunderbare Methode, das Wissen der gesamten Menschheit aufzubewahren und doch in einer enormen Geschwindigkeit zu aktualisieren. Sie müssen dafür den „Materialfehler" von Sprache in Kauf nehmen, nämlich „das Missverständnis".

Diese Theorie könnte in der Praxis zu folgenden Überlegungen führen:

- Zum einen sollte die abwertende Haltung gegenüber Mutter-Kind-Dialogen und den nationalsprachlich definierten Kindworten überdacht werden, da diese Worte zu uralten Kulturtechniken gehören, um Kleinkindern die Möglichkeit zu geben, in einer unüberschaubaren Welt von Einzelereignissen konkrete und einfache Sammelbegriffe zu bilden.

- Zum anderen wird aber auch deutlich, dass wir nicht für Kinder einen Grundwortschatz definieren können, der sich an Erwachsenenkategorien orientiert. Das Wort Schnürsenkel ist vielen Kindern heute fremd, dagegen wissen Kinder heute früher als ihre Eltern oder Großeltern es wussten, was ein Klettverschluss ist und was eine SMS bedeutet. Sie kennen pink und ein Top und würden ein gutes Lied als geil, aber bestimmt nicht als wahnsinnig bezeichnen.
- Drittens wird deutlich, dass wir Erwachsenen uns überlegen müssen, wie sinnliche Erfahrung und Worte zusammenkommen, welche Worte wir Kindern anbieten, damit sie die Erfahrungen, die sie jetzt machen, auch gedanklich verarbeiten können, damit sie sich mit einer vielfältigen Welt und mit unterschiedlichen Erfahrungen auseinander setzen können.

Wortschatzerweiterung kann sich unter diesen theoretischen Vorgaben nicht auf das Lernen von Vokabeln verlassen.

2.6 Sprachmodell – Sprachvorbild

Ein adäquates Sprachmodell zu geben, gilt in allen Konzepten als wichtige Methode der Sprachförderung. Wie dieses Modell jedoch aussehen soll, wird sehr unterschiedlich definiert und häufig nicht explizit dargestellt. Der Begriff des Sprachvorbilds wird dabei weitgehend auf die Erwachsenen-Kind-Interaktion beschränkt. Es gibt (nach meinem Kenntnisstand) keine sprachwissenschaftlichen Studien, die sich mit der Bedeutung der Kind-Kind-Interaktionen für die Sprachentwicklung befassen. Hinweise für diese Bedeutung finden sich z. B. in der Spiel- und Konfliktforschung. Auch bei der Charakterisierung eines adäquaten Sprachmodells wird auf unterschiedliche Spracherwerbstheorien und unterschiedliche entwicklungspsychologische Theorien zurückgegriffen. Die Pole, in denen sich diese Vorstellungen bewegen, sollen hier kurz dargestellt werden.

Vor allem in populärwissenschaftlichen Ratgebern wird ein Sprachmodell empfohlen, das sich aus nativistischen Spracherwerbstheorien ableitet. Sprache gilt hier als angeborene Fähigkeit, die nach bestimmten festgelegten Regeln reift. Es werden altersabhängige Entwicklungsstufen beschrieben, auf denen sich das Kind gleichsam wie auf einer Treppe von seiner defizitären Kindersprache zur vollkommenen Erwachsenensprache hocharbeitet. Förderung wird dann manchmal als Beschleunigung von Entwicklung missverstanden, damit Kinder möglichst schnell diese unvollkommenen Phasen überwinden. Das Sprachmodell orientiert sich hier vor allem an den

Erwachsenen. Es werden Anweisungen gegeben wie: Man soll mit Kindern nicht in der Babysprache sprechen, man soll viel mit Kindern sprechen und man soll deutlich, korrekt, differenziert und in ganzen Sätzen mit Kindern sprechen. Unterstützung erfuhr dieses Modell paradoxerweise von pädagogischen Leitbildern, die Kinder nicht mehr als hilflose und passive, sondern als aktive und kompetente Wesen zeichnen. Das „Mütterisch", auch als Ammensprache bezeichnet, wurde hier gleichgesetzt mit Verniedlichungen, die Kinder klein und hilflos halten sollen.

In Kinderliedern beschwerten sich die Säuglinge jetzt über das nervige „Eididei" der Erwachsenen und in der Fachpresse wurde ernsthafte und damit echte Bildung für Kinder mit dem Spruch markiert: „Eia und popeia sind nicht genug." In dieser erstaunlichen Koalition entwickelten gerade professionelle pädagogische Fachkräfte manchmal eine Kunstsprache im Umgang mit Kindern, die sich als echtes Kommunikationsmittel als untauglich und damit für Kinder als unattraktiv erwies. Gerade auf dem Gebiet der Sprachförderung von mehrsprachig aufwachsenden Kindern schien bei Erwachsenen die Erwartung zu bestehen, fünfjährige türkische Mädchen und Jungen könnten ein Deutsch lernen, mit dem fünfjährige deutsche Kinder überfordert wären, und das alles, bevor sie ein für Fünfjährige adäquates Türkisch entwickeln durften. Die Bedeutung der nationalsprachlich definierten „Kindworte" findet keine Erwähnung, die tragende Rolle der Stimme und des Spiels werden nur als Transportmittel für Worte akzeptiert.

Eine andere Möglichkeit, Kriterien für ein adäquates Sprachmodell zu entwickeln, bieten Lerntheorien an, wie das von Wygotski stammende und z.B. von Valsiner und Oerter weiterentwickelte Modell der *„Zone nächster Entwicklung"* (ZNE). Wygotski versteht unter „Zone nächster Entwicklung" die Distanz zwischen dem aktuellen Entwicklungsniveau, definiert durch die Leistungen selbstständigen Problemlösens, und dem potenziellen Niveau, das unter Anleitung Erwachsener oder kompetenter Gleichaltriger erreicht werden kann (Wygotski 1987, S. 86).

> „Die allererste Quelle für die Entwicklung der inneren individuellen Eigenschaften der Persönlichkeit des Kindes ist seine Zusammenarbeit […] mit anderen Menschen." (Wygotski 1987, S. 85)

Das Prinzip des Konstruktivismus von Piaget wird in den handlungstheoretischen Ansätzen durch das Konzept des Co-Konstruktivismus ergänzt.

Oerter (1993, S. 148) unterscheidet drei Typen von ZNE:

- Alle Formen intentionaler Instruktionen, informelle wie formelle Erziehung,
- stimulierende Umgebung,
- das Spiel.

In diesem Konzept eilt Erziehung der momentanen Entwicklung des Kindes immer voraus. In den beschriebenen Sprachförderkonzepten wird häufig betont, dass Erwachsene nicht nur Spiegel, sondern Motor der kindlichen Kommunikation sein sollen. Der wesentliche Unterschied zum „Unterricht" bei Kindern und Erwachsenen besteht darin, dass jede Form von Unterweisung die Gesamtpersönlichkeit des Kindes beeinflusst und nicht nur Fertigkeiten trainiert, die auf weitgehend abgeschlossenen Entwicklungszyklen ansetzen.

Die „intuitive" Didaktik der Erwachsenen, mit der sie die Entwicklung bei Kindern stimulieren können, wird hier bewusst als Kompetenz geschätzt. So entdeckte Papoušek (1998) bei ihrer Untersuchung der Mutter-Kind-Interaktion in unterschiedlichen Sprachen, dass Mütter die Laute und Geräusche ihrer Säuglinge auf eine ganz spezifische Art nachahmen, die einerseits universell ist, indem sie grundlegende emotionale Äußerungen den Lauten zuordnen, andererseits aber bereits nationalsprachliche Akzente enthält. Mütter und auch Väter (wenn sie sich unbeobachtet fühlen) zeigen ihren Säuglingen so, dass Laute und Geräusche Mittel sind, um bei dem anderen etwas zu bewirken, also Kommunikationsmittel sind. Es ist dieses „Sicheinlassen" auf die Sprache des Kindes, das Kommunikation mit anderen ermöglicht und Sprache als Kommunikationsinstrument für Kinder transparent macht. „Mütterisch" sprechen ist demnach eine wichtige Kompetenz.

Bei der Untersuchung des Spielverhaltens von Kindern stellte Oerter fest, dass Kinder im Spiel zwar auch gerne die „Zone nächster Entwicklung" betreten, häufig aber auch in ihrem momentanen Kompetenzbereich bleiben. Beller (2000) unterscheidet deshalb in seinem kleinkindpädagogischen Modell zwischen dem „Anregungsbereich" (analog zur ZNE) und dem „Sicherheitsbereich". Da Entwicklungsförderung immer auf der Grundlage einer vertrauensvollen Beziehung basieren muss, ist es notwendig, dem Kind nicht nur Angebote zu machen, die ein Entwicklungsrisiko und damit Anregung beinhalten, sondern auch Angebote, in denen sich das Kind in jedem Fall als erfolgreich erlebt. Die Bedeutung dieser Angebote im Sicherheitsbereich wird meist unterschätzt. Noch immer gehen viele Erzieherinnen davon aus, dass Entwicklungsförderung ständig neue

Angebote erfordert. Die Beobachtungen von Kindern zeigen jedoch, dass Kinder von sich aus Anregungen suchen, wenn sie sich auf ihrer Entwicklungsstufe sicher fühlen und somit ihre „Selbstbildung" vorantreiben, wenn Erwachsene das zulassen. Ein adäquates Sprachmodell sollte demnach Kindern die Möglichkeit geben, sich in ihrer Sprachentwicklung als erfolgreich zu erleben. Es sollte anregen, neue Entwicklungsbereiche zu betreten und überfordernde Verhaltensweisen vermeiden. Gerade von Pädagoginnen und Pädagogen werden Hilfen eingefordert, um Kriterien für die Adäquatheit des Sprachmodells zu finden. Sie wollen ein Vorbild geben, dass sich auf individuelle Kompetenzen einlässt und Gruppenzusammenhänge nutzt.

2.7 Die Bedeutung von Bewegung, Stimme und Spiel für die Sprachentwicklung

Die Bedeutung von Bewegung, Stimme und Spiel für die Sprachentwicklung soll hier noch einmal besonders erwähnt werden, da sie aufgrund der „Ausdrucksnot" bei der Darstellung der einzelnen Projekte manchmal zur kurz kommt, obwohl sie gerade von den pädagogischen Fachkräften zunehmend wahrgenommen wird. Erwachsene verbinden Sprechen meist mit Sitzen, Kinder sprechen vor allem in Bewegung. So erwiesen sich Bewegungsräume, Bewegungsbaustellen und Tobezimmer als sehr kommunikative Orte für Kinder. Altersadäquate Bewegungsmöglichkeiten unterstützen auch die stimmliche und artikulatorische Entwicklung. Es sind in erster Linie die Sprechbewegungen, an denen wir die Zugehörigkeit zu einer Gemeinschaft festmachen, und es sind die Sprechbewegungen, die die Worte in unserem Gedächtnis festhalten. Um die sprachlichen Handlungskompetenzen bei Kindern zu fördern, müssen wir immer wieder versuchen, Sprache nicht in Buchstaben und Sätzen zu denken.

Wer Kindern die Stimme nimmt, kann ihnen Sprache nicht geben.

3 Sprachförderung für alle Kinder in der Kindertagesstätte – ein pädagogischer Bildungsauftrag

Die in diesem Kapitel dargestellten Ansätze verstehen Sprache als ein wichtiges Bildungsgut, das allen Kindern zur Verfügung stehen sollte. Die bewusste Auseinandersetzung mit Sprache entsteht aus einer Kritik an einer Pädagogik, in der der Lautsprache von Kindern zu wenig Beachtung geschenkt wird. Es wird festgestellt, dass sowohl in der Ausbildung der pädagogischen Fachkräfte als auch in der pädagogischen Praxis bei der ästhetischen Erziehung in Krippe und Kindergarten den anderen „Sprachen“ wie Musik, Bewegung, künstlerische Gestaltungsformen mehr Aufmerksamkeit und Zeit gewidmet werden als der „Lautsprache“, die von Kindern somit beiläufig und ohne bewusste Anleitung entwickelt werden muss. Sprachförderung sollte aber nicht erst dann zum Aufgabengebiet von Erzieherinnen werden, wenn Defizite auftreten, sondern selbstverständlicher Bestandteil der Bildungsarbeit in den Kindertagesstätten sein. Um den Stellenwert von Sprache in der Kindertagesstättenpädagogik neu zu definieren, werden Qualifizierungsmaßnahmen und pädagogische Angebote eingefordert, die Sprachförderung auf der Grundlage pädagogischer Prinzipien im pädagogischen Alltag ermöglichen.

3.1 Ein pädagogisches Konzept zur Sprachentwicklung und Sprachförderung in Stuttgart

Seit Oktober 1996 arbeitet eine Projektgruppe in Stuttgart im Rahmen der Qualitätsentwicklung von Kindertagesstätten an einem Projekt zur Entwicklung eines Sprachförderkonzepts in Stuttgart. Das Jugendamt Stuttgart hat als Herausgeber mittlerweile einen umfassenden und informativen Zwischenbericht vorgelegt, der über die Projektziele, die theoretischen Grundlagen, auf denen das Konzept basiert, und über die Methoden der Durchführung sowie erste Ergebnisse informiert. Darüber hinaus wurden Leitsätze zur ganzheitlichen Sprachförderung veröffentlicht. Mit diesem Fazit aus der Projektarbeit leisten die Autorinnen einen wichtigen Beitrag zur ganzheitlichen Sprachförderung in Kindertagsstätten. In 17 Thesen werden die Kerngedanken des Konzepts dargestellt und jeweils praktische Anregungen gegeben. Es werden die Grundvoraussetzungen für die Entwicklung von Sprache, die Lernbedingungen und die strukturellen Bedingungen dargestellt. Diese Leitsätze fassen in knapper und klarer Form die wesentlichen Fragen und Hypothesen der Fachdebatte zusammen. Als Standpunkte formuliert, regen sie zum Hinterfragen und zur Diskussion an. Bedauerlicherweise fehlt bei beiden Veröffentlichungen das Erscheinungsdatum. Die Zitate im folgenden Text beziehen sich alle auf den Projektzwischenbericht „Hör mir zu und sprich mit mir". Das Projekt ist noch nicht abgeschlossen.

Projektziele

Das Projekt beinhaltet zwei Zielrichtungen:

- die Weiterqualifizierung der sozialpädagogischen Fachkräfte und
- eine bedürfnisorientierte Förderung der Kinder.

Sprachförderung wird hier als Bestandteil eines umfassenden Bildungsauftrags gesehen, sie soll deshalb allen Kindern geboten werden. „Hör mir zu und sprich mit mir" wird hier als Aufforderung von Kindern an Erwachsene gesehen und nicht umgekehrt. In dem Projekt werden die Eigenaktivität der Kinder und die Stärkung kommunikativer Kompetenzen bei Kindern betont. Um dies leisten zu können, brauchen die sozialpädagogischen Fachkräfte Unterstützung und fachliche Beratung von außen.

> „Um Sprache verstehen und selbstständig mit ihr umgehen zu können, brauchen Kinder Anleitung von außen. Die sozialpädagogischen Mitarbeiterinnen und Mitarbeiter werden hier vor eine schwierige Aufgabe gestellt, weil die bestehenden Konzepte nicht mehr greifen können, da veränderte Lebensbedingungen der Kinder auch veränderte Sichtweisen und Konzepte fordern." (LH Stuttgart o.J. [a], S. 10)

Die Projektgruppe begab sich deshalb auf die Suche nach Konzepten, die die Förderung der Kinder in ihrer Sprachentwicklung keinesfalls als verschulte Lerneinheit sehen, sondern nach den Grundsätzen des „situationsorientierten Ansatzes" arbeiten und im Dialog mit den am Projekt beteiligten Einrichtungen und Institutionen eigene konzeptionelle Vorschläge entwickeln.

Projektstruktur

Nach Abschluss einer Pilotphase erhielt das Projekt seit März 1998 folgende Struktur.

Am Projekt sind zehn Kindertagestätten beteiligt, die als Entwicklungsgruppe an der Konzeptentwicklung mitwirken. Ein Projektanleitungsteam bestehend aus der Projektleitung und zwei sozialpädagogischen Fachkräften organisiert den Projektablauf, dokumentiert den Projektprozess, erarbeitet Pläne zur Festlegung der Arbeitsschritte, bereitet die theoretischen Grundlagen zur Sprachentwicklung auf, bietet Fortbildungen an und sichert die Prozess- und Konzeptqualität.

Das Projekt begann mit einer Beobachtungsphase in den Einrichtungen. Drei Piloteinrichtungen wurden für die Dauer von ca. drei Monaten jede Woche bis zu fünf Stunden begleitet. Neben der Beobachtung einzelner Kinder und der Interaktion in der Kindergruppe fanden zahlreiche Sitzungen mit den beteiligten Fachkräften zur Reflexion der Projektarbeit statt. Fünf Supervisionseinheiten dienten der Sicherung der Projektqualität.

Ergebnisse

Die Auswertung der ersten Erfahrungen führten u. a. zu diesen Folgerungen:

> „Die Auseinandersetzung mit dem Thema und die Erweiterung der pädagogischen Kompetenzen im Bereich der Sprachförderung muss über den Rahmen einer ‚normalen' Fortbildung hinausgehen. Wichtig ist hierbei die Möglichkeit der kollegialen Beratung und Reflexion." (LH Stuttgart o.J. [a], S. 20)

Gefordert wurde ebenfalls die Entwicklung eines Konzepts, das auch zweisprachig aufwachsenden Kindern gerecht wird und in dem die Zusammenarbeit mit Eltern einen neuen Stellenwert erhält.

Die Beobachtung der Kinder und der Interaktionen zwischen Erwachsenen und Kindern war eine wichtige Grundlage, um die Qualität von Sprachförderung diskutieren zu können. Besonders aufschlussreich war es in diesem Zusammenhang, die Dialoge der Kinder wörtlich aufzuschreiben. Die im Bericht dokumentierten Ergebnisse zeigen, wie unterschiedlich Beobachtung von Kindern und Erwachsenen erlebt wird. Zum einen bemerkten die sozialpädagogischen Fachkräfte, dass die Beobachtung sehr positive Auswirkungen auf das Verhalten der Kinder hatte. Sie wurden sprechfreudiger, sprachen die Erzieherinnen von sich aus an, wurden offener und kontaktfreudiger. Eine Stuttgarter Erzieherin beschreibt die Reaktion der Kinder so:

> „Es hat sich so etwas wie ein Knoten gelöst. Die Aufmerksamkeit und Zuwendung wirkte bei den Kindern wie ein Türöffner. Sie werteten die Beobachtung für sich wohl als positive Zuwendung und Aufmerksamkeit." (LH Stuttgart o.J. [a], S. 25)

In der Aussage schwingt aber auch die Skepsis der Erzieherin mit, die Beobachtung nicht immer als freundliche Geste erlebt hat. Erwachsene haben oft erfahren, dass Beobachtung der Kontrolle und der Abwertung dient. Eine Kollegin nannte diese Skepsis „das Nikolaussyndrom": Es wird aufgeschrieben, was man falsch gemacht hat.

Beobachtung ist kein objektives Messinstrument. Beobachtung beeinflusst das Lernklima und die Beziehung zwischen Beobachter und Beobachtetem. Sie fördert, wenn unsere Stärken beobachtet werden, und sie hemmt, wenn in erster Linie unsere Schwächen wahrgenommen werden.

Der Bericht macht deutlich, wie schwer es Erwachsenen fällt, Stärken und nicht Defizite wahrzunehmen, und wie schwer es ihnen auch fällt, Beobachtungsergebnisse als Entwicklungschance und nicht als Kritik oder Abwertung zu empfinden.

Folgende Verhaltensweisen, die sich als hemmend oder fördernd gezeigt haben, wurden festgehalten:

> „In vielen Gesprächen haben die Kinder keine Chance, sich mitzuteilen. Sie reagieren entsprechend passiv und bestätigen durch ihre Antworten nur, was die Erwachsenen vermitteln möchten.
> Kinder leben im Hier und Jetzt. [...] Sie sprechen über Dinge, die sie jetzt beschäftigen, jetzt berühren, jetzt interessieren. Oft ist es daher so, dass Erwachsene und Kinder aneinander vorbeireden.
> Kinder haben in diesem Alter meist noch nicht die Fähigkeit, die von uns Erwachsenen so häufig an den Tag gelegte Art und Weise, etwas zu sagen, aber etwas anderes zu meinen, zu durchschauen. Daher kann es zu Missverständnissen kommen. Noch viel schwieriger zu bewerten sind ironische oder mehrdeutige Bemerkungen gegenüber nicht deutschsprachigen Kindern.
> Besonders in Stresssituationen gaben die Erwachsenen genau das sprachliche Vorbild, das sich dann in den Äußerungen der Kinder widerspiegelt. Kurze Sätze, oft nur Anweisungen im Telegrammstil, kein Nachfragen oder Interesse, um den Dialog aufrechtzuerhalten.
> Ein überaus positives kommunikatives Verhalten zeigte sich bei sozialpädagogischen Fachkräften, wenn
>
> - sie sich Zeit für ein Gespräch mit dem Kind nehmen konnten,
> - die Atmosphäre ruhig und harmonisch war,
> - eine gute Beziehung zum Kind besteht,
> - das Kind den Kontakt sucht,
> - sie Zeit zum Zuhören hatten und wenn das Kind zuhören konnte,
> - ein Dialog zustande kam,
> - die Beteiligten sich wohlfühlten."

Das Fazit der Autorinnen:

> „Ob die Kommunikation gut oder weniger gut verlief, lag in erster Linie nicht an der Kompetenz der sozialpädagogischen Fachkraft, ein ‚gutes Sprachvorbild' zu

sein […], sondern vor allem an der Bereitschaft, sich auf das Kind wirklich einzulassen.“ (LH Stuttgart o.J. [a], S. 27)

Praxisforschung und Selbstevaluation als Methode der Qualitätsentwicklung

Über die angeleitete Selbstevaluation und die Praxisforschung durch eine wissenschaftliche Begleitung sollte der Bereich der Sprachförderung über die Definition von Qualitätsstandards qualitativ optimiert werden. Die Forschungs- bzw. Evaluationsfragen wurden für beide Zielebenen (Qualifizierung der Fachkräfte und Sprachförderung von Kindern) konkretisiert. (LH Stuttgart o.J. [a], S. 52ff.)

Bezogen auf die Zielebene I wurden noch keine Untersuchungen durchgeführt, erste Untersuchungsergebnisse bezogen auf Zielebene II werden im Zwischenbericht dokumentiert. Eine Gesamtauswertung und Dokumentation der Untersuchungen auf beiden Zielebenen steht noch aus.

Die ersten Erfahrungen zeigen einerseits die Notwendigkeit, sich mit Sprache und Sprachförderung in der tagtäglichen pädagogischen Praxis bewusst auseinander zu setzen und andererseits die Schwierigkeit, operationalisierbare Indikatoren herauszustellen, da sich Lernprozesse im sprachlichen Bereich nicht isoliert feststellen lassen. In den erarbeiteten Leitsätzen, die hier nicht im vollen Umfang zitiert werden können, werden diese Schwierigkeiten zu Aufgaben umformuliert. Das Stuttgarter Projekt hat damit eine gute Ausgangsbasis für die pädagogische Sprachförderung geschaffen.

3.2 Fortbildungen zur Sprachförderung in der Kinderkrippe in München

Theoretische Grundpositionen

Die Fortbildungen basieren auf folgenden theoretischen Grundannahmen: Kinder besitzen von Geburt an vielfältige Fähigkeiten, ihre Bedürfnisse auszudrücken, andere verstehen zu lernen und nachzudenken. In der „Reggiopädagogik“ wurde diese Kompetenz mit dem Bild von den „hundert Sprachen“ der Kinder verdeutlicht. Mit der Zeit entdecken Kinder, dass Sprachen wie Deutsch, Türkisch, Gebärdensprache oder Englisch Werkzeuge sind, um sich verständlich zu machen und andere zu verstehen, um eigene Gedanken zu fassen und die Gedanken anderer zu begreifen. Kinder besitzen also kommunikative und kognitive Kompetenzen von Geburt an. Dass Nationalsprachen kommunikative und kognitive Funktionen erfüllen, dass Sprachen Werkzeuge zum Denken sind, lernen Kinder nur in einer sprechenden Umgebung. Die Erwachsenen bringen also Kindern nicht die Sprache bei, aber sie unterstützen Kinder ganz gezielt und mit universellen und uralten Kulturtechniken auf dieser Entdeckungsreise.

> „Erzieherinnen und Erzieher in der Kinderkrippe haben die Chance, Kinder in einer Zeit zu begleiten, in der sie sich enorm schnell und vielseitig weiterentwickeln. Sie können viele Schritte oft wie im Zeitraffer beobachten. Sie erleben die Kinder in einem Entwicklungsprozess, der im Kindergarten oft schon abgeschlossen ist, und sehen so die ‚Arbeit', die hinter vielen Fähigkeiten steckt. Erzieherinnen und Erzieher, die in Krippen arbeiten, haben aber auch oft Sorge, dass die altersadäquaten Angebote für Kleinkinder von den Kolleginnen und Kollegen als unprofessionelles ‚Duzidei' abgewertet werden. Bei der Unterstützung der Sprachentwicklung von Kindern in der Krippe ergeben sich deshalb nicht selten Probleme; denn hier sind die gesellschaftlichen und fachlichen Vorurteile besonders groß und die Folgen für die Kinder oft tragisch. Durch ein überforderndes Verhalten der Erwachsenen werden die Kinder zwar nur selten ‚sprachbehindert' (Kinder sind stark), aber sie verlieren kostbare Zeit und oft auch Kraft." (Winner 2000, S. 566)

Die Sprachentwicklung von Kindern verläuft in den ersten drei Lebensjahren individuell unterschiedlich. Altersgemäße Normen können kaum angegeben werden. Erzieherinnen müssen diese persönlichen Sprachen und individuellen Entwicklungswege berücksichtigen. Kindern das Gefühl zu vermitteln, dass sie verstanden werden, ist hierbei der beste Motor für Sprachentwicklung. Erwachsene versuchen deshalb die kindlichen Äußerungen aus dem Handlungskontext zu verstehen und bieten selbst Sprache in klar strukturierten Handlungssituationen an (Weigl 1981). Aufgrund der muttersprachlichen Erfahrungen besitzen wir innerhalb einer Nationalsprache Interpretationshilfen für das Verständnis kindlicher Ausdrucksweisen. Bei der Arbeit mit mehrsprachig aufwachsenden Kleinkindern fühlen sich Erziehrinnen dagegen oft unsicher. Sie befürchten, das Kind zu frustrieren, wenn sie es aufgrund ihrer Unsicherheit, ob es sich bei seiner kindlichen Äußerung um ein deutsches oder vielleicht ein russisches Kindwort handelt, missverstehen. Dies kann zu einem Teufelskreis führen. Erzieherinnen reden viel auf das Kind ein und machen es so mundtot, oder sie lassen sich nicht auf die sprachlichen Äußerungen ein und geben dem Kind ein verwirrendes Feedback, z. B. „klasse", „toll" oder „ja genau".

Fortbildungen für Erzieherinnen und Erzieher in den städtischen Kinderkrippen in München

Die Fachabteilung Kinderkrippen im Sozialreferat der Landeshauptstadt München bietet als Trägerin von Kinderkrippen und Kooperationseinrichtungen seit Jahren Fortbildungen zum Thema Sprachförderung in Kinderkrippen an. In den ersten Jahren äußerten die Teilnehmerinnen und Teilnehmer vor allem das Bedürfnis, individuelle Entwicklungsunterschiede und Sprachstörungen voneinander abzugrenzen. Durch die Erarbeitung einer verbindlichen pädagogischen Rahmenkonzeption für alle städtischen Kinderkrippen veränderte sich dieser „Defizitblick" auch auf dem Gebiet der Sprache. Die Kompetenzen der Kinder wahrzunehmen und zu unterstützen wird als Sprachfördermethode zunehmend akzeptiert. Sprachentwicklung kann nicht isoliert gesehen werden von der Entwicklung der Gesamtpersönlichkeit der Kinder. Den hundert Sprachen entsprechen hundert Bedürfnisse und hundert Gedanken. Die Fortbildung zur Sprachförderung wurde deshalb in den letzten Jahren immer wieder überdacht und neu gestaltet. Seit dem Fortbildungsjahr 2000/2001 wird dieses Thema deshalb von einer Sozialpädagogin und einer Psycholinguistin gemeinsam angeboten. Um der Bedeutung des Themas gerecht zu werden, wird im Fortbildungsjahr 2001/2002 die derzeit dreitägige Fortbildung auf sechs Tage erweitert.

3.3 „Literarische Angebote" und Angebote zur „Schriftsprachförderung"

Die Dokumentation kindlicher Äußerungen und Geschichten

Zu den klassischen Methoden der Sprachförderung gehört die Bilderbuchbetrachtung im Kindergarten. (Bilder-)Bücher besitzen gegenüber anderen Medien den Vorteil, dass sie Menschen zueinander führen. Ohne Beziehungen, ohne Kontakt sind Bücher nicht denkbar. Auch wenn Kinder alleine Bücher betrachten, ein Zuhörer oder Vorleser bleibt ihnen im Gedächtnis. Bücher bieten viele Vorteile. Sie laden z. B. zur Wiederholung ein und bieten damit gute Lernchancen für sprachliche Formen. Nicht selten bestehen Kinder auf einer wortwörtlichen und häufigen Darbietung eines Buches.

Durch die mündlich vorgetragene Geschichte aus dem Buch wird dem Kind erstmals bewusst, dass Gedanken und Geschichten aufbewahrt werden können. Erzählungen bedienen sich anderer Mittel als schriftliche Mitteilungen, sie besitzen aber eine ähnliche Funktion. Die Funktion, die Ideen und Gedanken von anderen Menschen lebendig werden zu lassen, ohne dass diese Menschen anwesend sein müssen. Bevor Kinder also die Methode der Verschriftlichung von Sprache kennen, erfahren sie über das Vorlesen von ihren Möglichkeiten.

Kinder artikulieren sich bereits von Geburt an. Sie tun dies zu Beginn mit flüchtigen, von der Situation abhängigen Methoden wie Stimme, Mimik und Gestik. Aber schon bald suchen sie nach Dokumentationsformen, um ihre Gedanken nicht nur auszudrücken, sondern auch dauerhaft festzuhalten. Die Erwachsenen bieten vielfältige Materialien an, die Kindern helfen, ihre Vorstellungen in Bildern und Skulpturen auszudrücken. Bilder sind meist die erste Form der „Verschriftlichung" von Gedanken und Gefühlen.

Eigene Bücher „schreiben"

In einem Münchener Kindergarten beobachteten Erzieherinnen, dass Kinder Bilder häufig zum Anlass nahmen, Geschichten zu erzählen, dass sie aber auch Erzählungen in Bildern festhielten. Die Kinder liebten Reime und die Entwicklung neuer Worte. Die Erzieherinnen fanden diese Geschichten und Wortschöpfungen so faszinierend, dass sie begannen, die Erzählungen festzuhalten, indem sie selbst mitprotokollierten oder auf Tonband aufzeichneten. Durch dieses Zuhören wurden die Erzieherinnen immer sensibler für die sprachlichen Fähigkeiten der Kinder und diese wiederum immer gesprächiger. Die Geschichten wurden schriftlich festgehalten und mit Bildern der Kinder illustriert. So entstanden Bücher, die die Eltern zu besonderen Anlässen als Geschenke bekamen und somit Einblick in die Gedankenwelt ihrer und anderer Kinder erhielten.

In den Geschichten ging es nicht um Nacherzählungen von Märchen oder um die „richtige" Wiedergabe von Gehörtem wie z.B. der „Weihnachtsgeschichte". In den Texten der Kinder kommen deren eigene Gedanken zum Ausdruck. Sie werden also zu beidem ermuntert: dem Denken und dem Dokumentieren. „Oft kamen Kinder und drängten: Schreib, ich erzähl dir was vom Säbelzahntiger [...]", berichtet Gretl Michelfeit über ihre Erfahrungen mit den Geschichtenerzähler-Kindern in ihrem Kindergarten.

> „Faszinierend war, dass oft vier bis fünf Kinder ohne zu streiten Satz für Satz erzählten und jeder seine Gedanken ein- und in der Geschichte unterbringen konnte. [...] Die Erfinder achteten ganz genau auf den Wortlaut, den sie diktiert hatten, verändern durch uns Erwachsene war unmöglich." (Becker-Textor/Michelfeit 2000, S. 24)

Sprache ist nicht von Geburt an das wichtige und exklusive Werkzeug des Denkens. Um Kindern die Freude am sprachlichen Denken zu vermitteln, müssen wir sie vor allem denken lassen. Bücher werden von Erwachsenen immer noch gerne zur Wissensvermittlung an Kinder benutzt. Sie engen damit die Wirkung von Literatur ein und beschränken die Sprache in Büchern auf eine Funktion, für die gegenständliches Handeln viel besser geeignet ist. Diese für Kinder typische, subjektive sprachliche Verarbeitung von Erfahrungen gilt bei Erwachsenen noch häufig als defizitär. Über „Kindersprüche“ lachen Erwachsene auch, weil sie diese als Beispiele für eine, „noch nicht ganz richtige“ Bedeutung interpretieren. Dabei wird übersehen, dass Kinder gerade durch diese subjektive Sichtweise ihre Erkenntnisse weiterentwickeln können. In dieser Form der ständigen Neubearbeitung von sprachlichen Begriffen liegen sowohl das enorme innovative Potenzial der Kinder als auch die Basis für die rasche Weiterentwicklung und Aktualisierung des menschlichen Wissens. Der Motor für die explosionsartige Erweiterung des „Wortschatzes“ liegt in dem Bedürfnis der Kinder, ihre Welt zu verstehen und zu gestalten. Das Kind wird im Handeln, in der Zusammenarbeit und in der Kommunikation mit anderen mit Widersprüchen konfrontiert, die es auch gedanklich verarbeiten muss. Es erlebt die Sperrigkeit des Gegenstandes, es erlebt die anderen Fertigkeiten der älteren Kinder und die unterschiedlichen Wortbedeutungen im Sprechakt. Diese Widersprüche werden das Kind in geeigneter Umgebung zu einer Weiterentwicklung seines Handelns, seines Denkens und seiner sprachlichen Konzepte ermuntern.

Schäfer beschreibt die Bedeutung der individuellen und subjektiven Wortbedeutungen so:

> „Im ersten Teil dieses Buches wurde die Sprache als ein Bereich eingeführt, der geeignet ist, das Kleinkind aus einer allzu nahtlosen Übereinstimmung von Bedürfnis, von Abhängigkeit und Fürsorge herauszuführen. Sie konfrontiert es mit einer nicht subjektiven Ordnung und verheißt ihm dadurch die Möglichkeit, seine Subjektivität so zu artikulieren, so zum Sprechen zu bringen, dass es gehört werden kann und damit Anteil an einer Kommunikationsgemeinschaft gewinnt. Auch die Sprache kann sich also der Aufgabe, subjektive und nicht subjektive Ordnungen miteinander zu verknüpfen, nicht entziehen. Das gelingt ihr aber nur, wenn sie ihre ‚Objektivität‘ dem Subjekt nicht einfach aufzwingt und damit anonym macht. Sie muss durchlässig für individuelle Momente bleiben.“ (Schäfer 1995, S. 269)

Die Pädagoginnen und Pädagogen in Reggio konnten mit ihren umfassenden Methoden zur Dokumentation zeigen, wie eine ästhetische Erziehung Kinder in ihrer Persönlichkeitsentwicklung unterstützt. Wichtig ist dabei, dass die Kinder in ihrer Arbeit nicht allein gelassen werden, sondern in den Erwachsenen kompetente Partner finden, die ihnen ihre Fähigkeiten zur Verfügung stellen.

Die Kinderbücher als Bücher von Kindern sind ein gutes Beispiel für eine gelungene pädagogische Methode zur Sprachförderung. Bei diesem Angebot erleben die Kinder eine große Wertschätzung für ihr Tun. Die Erwachsenen hören ihnen genau zu und bieten ihnen ihre Fähigkeiten an. Sie lassen die Kinder nicht einfach allein mit dem „Noch-nicht-Schreiben-Können", sondern machen es ihnen vor, indem sie die Erzählungen der Kinder für sie aufschreiben. Die Erwachsenen lernen dabei auch, dass Literatur von Kindern nicht nur „lustig" ist. Manche Geschichten empfanden sie sogar als „grausam".

Mit dieser Methode wachsen die Kinder in die Welt der Schriftsprache hinein, ohne die abstrakte Bedeutung von Schrift bereits zu kennen. Sie konnten ihre Geschichten auch wieder vorlesen und setzten „schriftliche" Mitteilungen im Alltag ein. So konnten in dem erwähnten Kindergarten z.B. Konflikte auch dadurch geklärt werden, dass man Kinder untereinander eigene „Verträge" aufsetzen oder Beschwerdebriefe formulieren ließ. Sie taten dies entweder selbst mit ausgedachten „Schriftzeichen" oder baten Erzieherinnen, die Vereinbarungen aufzuschreiben. Schrift bekam so eine Funktion für Kommunikation, auch wenn die Form noch nicht beherrscht wurde. Dies führte bei einigen Kindern auch dazu, dass sie sich aufs Schreibenlernen richtig freuten und erste Schritte dadurch bereits im Kindergarten unternahmen.

3.4 Sprachliche Bildung – ein Konzept zur Sprachförderung aus den Niederlanden

Aus den Niederlanden stammt der Begriff der sprachlichen Bildung (Geletterdheid), der hier besonders den sinnerfassenden Umgang mit Texten meint. Die Fähigkeit, gut lesen und schreiben zu können, wird als ein ökonomischer und kultureller Wert betrachtet, der für das Zusammenleben von großer Bedeutung ist. Kinder sollten deshalb früh mit schriftlichen Texten vertraut gemacht werden und mit ersten „Schreibübungen" beginnen, bevor sie lesen können. In den Niederlanden beginnt die Schulpflicht mit dem fünften Lebensjahr. Mit vier Jahren besuchen die meisten Kinder eine Kindertagesstätte. Nach van Oers erwerben Kinder eine Sprachgeläufigkeit, wenn sie in eine Sprachgemeinschaft aufgenommen werden, die sie von Anfang an so behandelt, als ob sie im Sprachgebrauch schon vollständig sicher wären (van Oers 2001, S. 730).

Seiner Meinung nach zeigen die derzeit verfügbaren Forschungsergebnisse über den Lese- und Schreiblernprozess, dass nicht das Trainieren von Teilleistungen, die für das Lesen und Schreiben als notwendige Voraussetzung gelten, wie z.B. Wortanalyse, Wortsynthese oder Laut-Buchstaben-Kopplung erfolgreich ist. Ausschlaggebend ist vielmehr ein allgemeines Sprachbewusstsein. Auch in diesem Konzept gilt das Erzählen von Texten als eine erste Vorstufe für den Übergang in eine Schriftkultur. Als bedeutsam wird hier das interaktive Vorlesen angesehen, das die Interpretationsfähigkeit der Kinder nutzt und fördert.

> „Die Tatsache, dass sie beim Nacherzählen oder Nachspielen zu eigenen Interpretationen der Erzählung kommen, zeigt doch, dass sie – geradeso wie erwachsene Leser – sich ihre eigene Version machen. In vielfacher Hinsicht gleicht das Kind also schon früh dem erwachsenen Leser, wenn er oder sie einer Geschichte zuhört. Allein das Medium, womit das Kind den Inhalt der Erzählung aufbaut, ist anders: Anstelle eines visuellen Mediums (Schrift) gebraucht das junge Kind ein auditives Medium, die gesprochene Sprache." (van Oers 2001, S. 731)

Die Rolle der Erwachsenen besteht wie im vorher genannten Buchprojekt darin, dass sie den Kindern ihre Fähigkeiten zur Verfügung stellen und ihnen die Teilnahme an literarischen Aktivitäten ermöglichen. Der Entstehung einer „Schriftkultur" bei Kindern wird in diesem Ansatz eine besondere Bedeutung beigemessen. Kinder sollen die kommunikative Funktion der geschriebenen Sprache im Alltag erleben können. Schon früh versuchen Kinder sich mit Zeichen zu verständigen. Sie ergänzen Bilder durch buchstabenähnliche Symbole, die die Aussage der Zeichnung verdeutlichen sollen. Später schreiben sie Botschaften oder imitieren schriftliche Darstellungen, die zum Spiel gehören, wie z.B. ein Arztrezept oder einen Einkaufszettel.

> „Nach dem Schreiben eigener Texte [...] möchten Kinder diese auch selbst gern lesen und sie wollen auch die Texte der anderen Kinder lesen. In diesen Fällen kennen sie die Schreiber noch und können fragen, was geschrieben steht. Aber das Wichtigste ist, dass sie erkennen, dass Texte produzierte schriftliche Äußerungen sind. Das ist eine wichtige Einsicht im Blick auf die Tatsache, dass sie später Texte von Autoren lesen, die sie nicht kennen." (van Oers 2001, S. 735)

3.5 Das Würzburger Trainingsprogramm zur Förderung der phonologischen Bewusstheit bei Kindergartenkindern

In diesem Konzept wird ein Trainingsprogramm angeboten, mit dem Kindergartenkinder spielerisch auf das spätere Lesen- und Schreibenlernen in der Schule vorbereitet werden sollen. Damit soll Lese- und Rechtschreibproblemen präventiv begegnet werden. So heißt es in der Dokumentation eines Expertengespräches am DJI im März 2000:

> „Der Schuleintritt ist demnach nicht die Stunde Null für den Schriftspracherwerb, denn die Kinder unterscheiden sich bereits bei der Einschulung enorm hinsichtlich der Vorläufermerkmale, die für den späteren Erfolg beim Schriftspracherwerb ausschlaggebend sind." (Küspert 2000, S. 17)

Als ein Vorläufermerkmal wird die „phonologische Bewusstheit" gesehen. Sie bezeichnet die Fähigkeit, vorgesprochene Wörter in ihre Lautbestandteile, die einzelnen Phoneme, zu zerlegen, um diesen sodann die korrespondierenden Buchstaben zuzuordnen. Diese „phonologische Bewusstheit" bildet sich bei Kindern in der Regel über die schulische Instruktion beim Lesen- und Schreibenlernen im Grundschulalter als bewusste Strategie des Problemlösens heraus. Bereits im Vorschulalter entwickeln Kinder Handlungskompetenzen, mit denen sie diese „phonologische Bewusstheit" im Sprechakt einsetzen, ohne sich jedoch über ihre inneren Strategien bewusst zu sein. So können Kindergartenkinder reimen, Silben rhythmisieren und mit Lauten experimentieren ohne erklären zu können, was sie da tun. Das Trainingsprogramm versucht diese Fähigkeiten der Kinder spielerisch, aber systematisch zu verbessern.

Die Erzieherinnen führen die Übungen des Trainingsprogramms mit den Vorschulkindern im Kleingruppen in einem separaten Raum des Kindergartens in zehnminütigen Sitzungen über den Zeitraum von sechs Monaten kurz vor der Einschulung durch. Das Programm wendet sich vor allem an „schwächere" Kinder. Ein detaillierter und exakt einzuhaltender Trainingsplan regelt die gesamte Trainingsphase. Mithilfe von Bildern, Bewegungs- und Singspielen soll den Kindern nicht nur die Welt der Laute vermittelt werden, sondern auch Freude am Umgang mit Sprache.

Dieses Konzept wurde in drei Längsschnittstudien überprüft. Es zeigte sich, dass Risikokinder von dem Programm profitieren, wenn es stringent durchgeführt wird.

> „Das Trainingsprogramm ist vielmehr das zentrale Element, um bei den Probanden das gewünschte Resultat zu erzielen, da die Kinder selbst diesen Weg zurücklegen müssen. Als die Erzieherinnen in einer Versuchsgruppe die Trainingseinheiten selbst einteilten, trat der gewünschte Förderungseffekt nicht auf." (a.a.O. S. 22)

Dieses Konzept zeigt, dass es unter bestimmten Umständen sinnvoll sein kann, im Kindergarten für spezielle Kinder therapeutische Maßnahmen durchzuführen. Problematisch wird dies jedoch, wenn Erzieherinnen zu Hilfstherapeutinnen gemacht werden, weil dadurch ihre bisher eindeutige Rolle als Bezugsperson in der Beziehung zu den Kindern verwischt wird. Diese negativen Begleiteffekte wurden bei der Integration behinderter Kinder in Regeleinrichtungen festgestellt, untersucht und dokumentiert. Erzieherinnen haben andere

Aufgaben und andere fachlichen Kompetenzen für die Betreuung von Kindern.

Auf der anderen Seite hebt dieses Konzept wieder die Bedeutung uralter Kinderspiele hervor, die früher von Kindern in altersgemischten Gruppen tradiert oder von Erwachsenen den Kindern in Spielsituationen angeboten wurden. Durch die Verengung der Sprache auf eine korrekte, der Erwachsenensprache ähnliche Äußerungsform, sind vielen Kindern im Kindergarten solche Erfahrungen verloren gegangen. Wenn Erwachsene kindliche Äußerungen vor allem auf ihren „Wahrheitsgehalt" hin bewerten, verhindern sie oft den spielerischen Umgang mit Sprache (Winner 2001b). Papoušek (1998) weist z.B. auf die Bedeutung der einfachen Kinderlieder wie „Sum sum sum, Bienchen sum herum" für die Lautentwicklung der Kinder hin. Nahezu alle Kindworte sind zweisilbige Wiederholungen einfacher Silben, die bereits sehr früh die Fähigkeit, „in Silben zu sprechen" und einfache Laute zu diskriminieren, trainieren.

Kindworte, wie „wauwau, eiei, nene, baba, hamham, wehweh" wurden vor einigen Jahren aus dem professionellen Sprachrepertoire als nicht adäquat getilgt. Ein Großteil der Sprachspiele vor allem für Kindergarten- und Schulkinder ist nicht „political correct". Sie können nur unter Kindern gespielt werden, ebenso wie Reimspiele, deren Witz auf Schadenfreude oder auf Anzüglichkeiten (auch wenn diese für Kinder nicht verstehbar sind) oder auf Gruseligkeit beruhen. Kaum als Trainingsprogramm zur Lautdiskriminierung und zur Silbenisolierung genutzt werden Pokemonfiguren, deren Namen und Entwicklungsstufen viel artikulatorisches Geschick erfordern. Durch das theoretische Konzept der „phonologischen Bewusstheit" könnten Erzieherinnen wieder für die Bedeutung solcher Kinderspiele sensibilisiert werden und den Kindern im Kindergarten dafür Raum und Zeit ermöglichen.

Das Konzept der „phonologischen Bewusstheit" stößt jedoch an seine Grenzen, wenn es die Laut-Buchstaben-Kopplung aus der Erwachsenensicht definiert. So werden kindliche Kompetenzen leicht zu Defiziten uminterpretiert. Eine der ganz besonderen Fähigkeiten von Kindern liegt in ihrer sinnlichen Wahrnehmung, die noch nicht durch Bedeutungskategorien verfälscht wird. So hören Kinder noch Lautunterschiede, die für uns Erwachsene nicht mehr erkennbar sind, weil sie nicht durch Buchstaben repräsentiert werden. Ein „typischer Schreibfehler" von Erstklässlern beruht auf dieser genauen Wahrnehmung. In der mündlichen Äußerung sprechen wir die Buchstaben „er" am Wortende als Vokal. Für diesen Laut gibt es keinen Buchstaben. Kinder ordnen hier häufig ein /a/ zu und bilden für sich die Regel „Ritta"=„Ritter", damit wird aus „Anna" „Anner" oder umgekehrt. Dieses Wissen sollte Erzieherinnen und Lehrerinnen zur Verfügung gestellt werden, damit sie die Fähigkeiten der Kinder schätzen können, auch wenn diese für den Schriftspracherwerb vorerst nicht hilfreich sind.

4 Sprachförderung für mehrsprachig aufwachsende Kinder

In diesem Kapitel werden Ansätze und Projekte dargestellt, die sich mit Sprachförderung im Rahmen einer interkulturellen Pädagogik befassen. Ziel dieser Pädagogik ist es, die Entwicklungsbedingungen (und damit auch Lebensbedingungen) von Kindern, die aus unterschiedlichen kulturellen Gemeinschaften kommen, in Deutschland zu verbessern. Sprache wird als ein Merkmal dieser kulturellen Vielfalt entdeckt und vor allem als „Nationalsprache“ definiert. In diesem Kontext wurde Sprache häufig nicht als Mittel zur Verständigung, sondern als Barriere vor Verständigung erlebt. Sprache schien der Hauptfaktor für eine gelungene Integration zu sein und die „Hauptschuldige“ bei einer misslingenden Integration. Sprachförderung stand und steht in diesen Konzepten unter einem großen Erfolgsdruck, da – vor allem in politischen Stellungnahmen – Sprache nicht nur als Schlüsselfaktor und wesentliche Grundvoraussetzung für Integration gesehen wurde, sondern auch die Überzeugung überwog, interkulturelle Verständigung sei „nur über Sprache“ möglich. Den Konzepten wurde die Aufgabe zugeschrieben, die Verständigungsbarriere „Sprache“ abzubauen. Die Ansätze dafür sind unterschiedlich: Einige gehen davon aus, dass durch solche Positionen „das Pferd von hinten aufgezäumt wird“, da zuerst das echte Interesse an den anderen geweckt werden müsse, bevor Sprache entwickelt werden kann. Andere sehen die Barriere vor allem in der einseitigen Konzentration auf Deutsch und möchten die Muttersprache stärker fördern. Und wieder andere wählen als Mittel vor allem die Förderung in der Nationalsprache Deutsch, um Kindern günstige Voraussetzungen vor allem für die schulische Entwicklung zu verschaffen.

4.1 Sprachförderung als Chance interkultureller Erziehung – Konzepte zur Sprachförderung in Gelsenkirchen

Projekte in den Stadtteilen Bismarck/Schalke-Nord

Seit Anfang 1998 werden im Gelsenkirchener Stadtteil Bismarck/Schalke-Nord die städtischen Tageseinrichtungen für Kinder mit überdurchschnittlich hohem Ausländeranteil in ihrer Erziehungsarbeit durch gezielte sprachfördernde Maßnahmen unterstützt. Um den Rechtsanspruch aller Kinder im Alter zwischen drei und sechs Jahren unabhängig von ihrer nationalen und sozialen Herkunft auf einen Kindergartenplatz zu erfüllen, wurden in diesen Stadtteilen fünf neue Kindertagesstätten gebaut. Hatten 1993 nur 30 % aller ausländischen Kinder im Gegensatz zu 90 % aller deutschen Kinder einen Betreuungsplatz, stieg der Anteil der ausländischen Kinder, die eine Förderung im Elementarbereich erhalten, auf 84 % (Stadt Gelsenkirchen S. 12). Eine zusätzliche Halbtagskraft unterstützt die Mitarbeiterinnen in den Einrichtungen in der am Alltag orientierten Sprachförderung. Finanziert wird dies mit Geldern des Landesprogramms „Stadtteile mit besonderem Erneuerungsbedarf".

Ziel des Projekts ist es, die sprachlichen, sozialen und motorischen Mängel bei ausländischen, aber auch bei deutschen Kindern in einem möglichst frühen Alter auszugleichen. Ein weiteres Ziel besteht darin, Einrichtungen zu schaffen, in denen sich verschiedene Kulturen begegnen und voneinander lernen können, z.B. durch das Angebot von Deutsch- und Türkischkursen.

Wesentliche Elemente der Sprachförderung in Tageseinrichtungen für Kinder

> „Interkulturelle Erziehung im Elementarbereich kann bereits sehr früh dabei helfen, dass die Kinder nicht zwischen, sondern mit zwei Kulturen aufwachsen. Entscheidend dafür ist, dass beide Kulturen in den Tageseinrichtungen akzeptiert und gelebt werden. Ein besonders wichtiger Aspekt der interkulturellen Erziehung von ausländischen Kindern ist die Förderung sowohl der Muttersprache als auch der Zweitsprache." (Stadt Gelsenkirchen, S. 10)

In den Kindergruppen lag der Ausländeranteil häufig bei 80 %, die Erzieherinnen sprachen dagegen meist nur Deutsch. Um dem Ziel einer interkulturellen Erziehung gerecht werden zu können, erhielten die Mitarbeiterinnen Fortbildungen und bildeten Arbeitskreise. Die Leiterinnen der Kindertagesstätten erarbeiteten gemeinsam mit den Fachberaterinnen des Jugendamtes und der Regionalen Arbeitsstellen zur schulischen Förderung ausländischer Kinder und Jugendlicher (RAA) Materialien zur Sprachförderung. Mit der muttersprachlichen Förderung waren die Erzieherinnen überfordert. Zu ihrer Unterstützung wurden zusätzlich Honorarkräfte eingestellt, die meist türkischer Abstammung waren und sowohl Deutsch als auch Türkisch sprechen.

Die türkischen Mitarbeiterinnen in den Einrichtungen betreuen keine eigenen Gruppen, sondern betreuen täglich andere Kinder und begleiten sie im Kindergartenalltag. Sie greifen Spielsituationen der Kinder auf, um sowohl türkische als auch deutsche Wörter anzubieten. Die Kinder sollen ihre gegenständlichen Erfahrungen in beiden Sprachen verarbeiten können. Wichtig ist dem pädagogischen Team, dass die Kinder vielfältige Spielmöglichkeiten erhalten, ihr Bewegungsbedürfnis ausleben können, selbstbewusster und selbstständiger werden und durch tägliche Rituale die Regeln des Zusammenlebens kennen und gestalten lernen.

Ziel der Sprachförderung ist, das Selbstvertrauen der Kinder zu fördern und sie durch gezielte Sprachanlässe zum Sprechen zu ermutigen.

Sprachförderung bei Kindern an der Schwelle zum Grundschuleintritt

Mit Kindern, die sich „an der Schwelle zum Grundschuleintritt" befinden, werden Aufnahmegespräche geführt, in denen unter anderem der Sprachstand der Kinder erfasst werden soll. Wenn sie nicht genügend Deutschkenntnisse besitzen, um dem Unterricht folgen zu können, erhalten sie eine zusätzliche Sprachförderung. Diese findet zweimal wöchentlich nachmittags in den Räumen der Schule statt. Um dem Ziel gerecht zu werden, Freude im Umgang mit Sprache zu fördern, versuchen die Lehrerinnen und Lehrer sprachliche, motorische, sensorische und soziale Fähigkeiten der Mädchen und Jungen zu stärken. Die Kinder sollen in konkreten Handlungszusammenhängen mit allen Sinnen lernen dürfen. Neben Bildern, Reimen und Liedern stehen deshalb Bewegungsspiele, Lerngymnastik und Rollenspiele auf dem Programm. Diese Sprachförderung wird im Grundschulunterricht fortgeführt. Sie soll vor allem die Kinder unterstützen, die nur kurze Zeit in den Tageseinrichtungen verbracht und deshalb noch keine gezielte Sprachförderung erfahren haben.

> „Eine sinnvolle Förderung der Kinder kann nur durch eine vollkommene innere Differenzierung geschehen. Sie haben alle ganz eigene, vielfältige Probleme und auch Fähigkeiten. Genau da muss man ansetzen, Selbstbewusstsein und ihre Motivation mit dem stärken, was sie schon können. Sie so anzunehmen, wie sie sind,

ist wichtig. Die Fördergruppe soll der Kreis sein, in dem sie keinen Druck bekommen." (Labusch in: Stadt Gelsenkirchen, S. 25)

Erste Erfolge haben sich durch dieses Sprachförderprogramm bereits bei den Aufnahmegesprächen in die Grundschule gezeigt. Der Bericht betont jedoch, dass es sich bei diesen Aufgaben um „ein Langzeitprojekt" handelt. Weder die muttersprachliche noch die deutschsprachige Förderung kann ohne die Eltern der Kinder geleistet werden.

„Damit diese Förderung jedoch effektiv sein kann, ist es notwendig, das – sicherlich teilweise aufreibende und zeitaufwendige – Gebiet der interkulturellen Elternarbeit noch intensiver als bislang anzugehen." (Stadt Gelsenkirchen, S. 26)

Erfahrungen aus den „Vorläuferprojekten"

Die Stadtteilprojekte bauen auf den Erfahrungen des Projekts „Türkische Kinder und Mütter" auf, das Mitte der Achtzigerjahre initiiert wurde. Vor allem Vorschulkinder, die keinen Platz im Kindergarten gefunden hatten, sollten durch sprachfördernde Maßnahmen auf die Grundschule vorbereitet werden. Dabei wurde deutlich, dass das Problem der Sprachförderung nicht isoliert zu lösen war, sondern vielmehr ein ganzheitlicher Erziehungsansatz gefunden werden musste, der auch die Mütter von Anfang an in den „Lernprozess" mit einbezog. Mit der Gründung des Vereins *„Ausländische Kinder und Mütter e.V."* wurden die vielfältigen Angebote an den Verein übergeben. In den Mutter-Kind-Gruppen sollten alle Beteiligten voneinander lernen können. Viele junge Mütter sind mit ihren Fragen allein. Sie verbinden häufig andere Vorstellungen mit Erziehung und Betreuung als deutsche Erzieherinnen. Mit „Spielzeug" spielen lernten Mütter und Kinder gemeinsam.

„Die Kinder und Mütter kommen mit ganz unterschiedlichen Voraussetzungen in die Gruppe. Aber eines ist bei allen gleich: keiner kennt unser Spielangebot. Hier fangen alle von vorne an und lernen. Sie lernen, wie man Legosteine aufeinander setzt, ohne dass sie umkippen, wie man kleine Nägel in das vorgelochte Holz hämmert, [...]". (Lesemann 1998, S. 33)

In „Ein Arbeitsbericht" beschreibt die Autorin ihre zwölfjährige Tätigkeit anschaulich mit vielen Beispielen. Das Konzept der „Mütterschulen" wird hier wieder belebt, ohne jedoch die Mütter in ihren Kompetenzen abzuwerten. Lernen wird hier nicht als ein Merkmal von Dummheit, sondern als ein Kennzeichen von Entwicklungsfähigkeit gesehen. Die Mütter werden in den Mutter-Kind-Gruppen nicht instrumentalisiert. Auch ihre Interessen finden Platz. Sie können sich dort mit anderen Frauen treffen, gemeinsam Handarbeiten anfertigen, sich in ihren Muttersprachen unterhalten und ihre Kinder beobachten. Zu sehen, wie ihre Kinder mit dem Gruppenalltag umgehen, „erfolgreich" den vielen neuen Anforderungen gerecht werden, schafft eine gute Beziehungsbasis zwischen den Müttern und ihren Kindern. Sprachförderung, so betont die Autorin, kann im Vorschulbereich nicht über eine frühe Lern- bzw. Unterrichtssituation herbeigeführt werden.

> „Die entwickelten Curricula, die geordneten Lernziele und alle logisch durchdachten didaktischen Einheiten können nur dann sinnvoll greifen, wenn man sie in einem Gesamtzusammenhang sieht. Der Katalog der Lernziele wird vom einzelnen Kind bestimmt, muss kontrollierbar sein und immer wieder neu bestimmt und nachgearbeitet werden." (Lesemann 1998, S. 43)

Die Arbeit mit den Kindern soll deshalb mit der Beobachtung der Kinder beginnen. Die Autorin beschreibt als eine der wenigen die Bedeutung der Stimme für die Sprachentwicklung der Kinder:

> „Bei Murat habe ich in erster Linie versucht, durch spielerischen Umgang mit Geräuschen, Tönen und Lauten die Sprachlaute so anzubieten, dass es ihm Spaß macht, sie nachzuahmen, zu verfeinern, genau hinzuhören und neue zu erfinden. Diese ‚Übungen' waren aber auch für die anderen Kinder interessant und wichtig, denn die Fähigkeit, Laute zu erkennen, ist eine wichtige Vorstufe des Lesenlernens." (Lesemann 1998, S. 39)

Sprachförderung für alle Stadtteile

Seit dem 1. September 2000 sind die hier erwähnten „Pilotprojekte" in Serie gegangen. 24 Gelsenkirchener Kindertagesstätten haben zusätzlich jeweils eine Halbtagskraft eingestellt. Diese Kolleginnen werden aus dem Haushalt für Kindertagesstätten finanziert. Sie arbeiten nicht als Honorarkräfte, sondern sind fest angestellt. Das derzeit auf drei Jahre befristete Modellprojekt wird wissenschaftlich begleitet vom „*Institut für Sozialplanung und Organisationsentwicklung*" in Essen, in Zusammenarbeit mit der Universität Essen. Die Begleitung erfolgt durch Fortbildungen, Fragebögen und teilnehmende Beobachtungen in vier Einrichtungen. Die Fragebögen wenden sich an die Fachkräfte. Die Ergebnisse sollen Entwicklungslinien im Projektprozess erkennbar machen. Die teilnehmenden Beobachtungen werden anhand von Leitfragen gemeinsam von einer deutschen und einer mehrsprachigen Studentin durchgeführt. Erste Ergebnisse wurden bereits verschriftet und mit den Teams ausgewertet. Ein für die breite Öffentlichkeit zugänglicher Zwischenbericht liegt zurzeit noch nicht vor. Durch die Erfahrungen mit dem Projekt wurden Kontaktgespräche mit den Grundschulen geführt und zunehmend „Krabbelgruppen“ oder Mutter-Kind-Gruppen in den Gelsenkirchener Kindertagesstätten eingerichtet, die meist zweimal pro Woche am Nachmittag Müttern und Kindern die Möglichkeit bieten, sich in den Räumen der Kindertagesstätte zu treffen. Auch für die Sprachentwicklung bei Kindern gelten die ersten drei Lebensjahre als sehr wichtig. Mit diesen Krabbelgruppen sollen die Eltern Hilfen erhalten, ihre Kinder in ihrer Persönlichkeitsentwicklung und damit auch in ihrer Sprachentwicklung zu unterstützen.

4.2 Interkulturelle Pädagogik in Münchener Kindertagesstätten

Das Rahmenkonzept zur interkulturellen Pädagogik

Im Februar 2000 veröffentlichte die Landeshauptstadt München (Hrsg.) ein pädagogisches Rahmenkonzept zur Weiterentwicklung der Kindergarten-, Hort- und Tagesheimpädagogik auf dem Gebiet der interkulturellen Pädagogik. Die 140 Seiten umfassende Broschüre erschien im Rahmen der Reihe „Qualität für Kinder“. Sie enthält Erfahrungen, Praxisberichte, Theorie und Ausblicke zum Thema.

In München liegt der Anteil der ausländischen Kinder an den Kindergartengruppen derzeit bei ca. 35%. Typisch ist für München die große Streuung der Nationalitäten, ihre unterschiedliche soziale Stellung und die Konzentration bestimmter Nationalitäten in einzelnen Stadtteilen oder Beschäftigungsbereichen.

Seit 1980 gibt es auf Beschluss des Stadtrates eine Fachberaterin für interkulturelle Pädagogik im Schulreferat. Um ausländischen Kindern die Integration in die Kindergartengruppe zu erleichtern und gezielt die deutsche Sprache zu fördern, wurden in 34 Kindergärten mit hohem Ausländeranteil zusätzliche Erzieherinnen, so genannte „Multis“, eingesetzt. Das Förderprojekt der Robert-Bosch-Stiftung GmbH „Deutsche und Ausländer im Stadtteil – Integration durch den Kindergarten“ wurde von 1980 bis 1986 durchgeführt. Mehrere bilinguale Kindergartengruppen vor allem mit Kindern aus dem ehemaligen Jugoslawien wurden gegründet. Die meisten Maßnahmen aus den Achtzigerjahren fielen Sparmaßnahmen zum Opfer. So blieben von den 34 „Multis“ nur zwei übrig. Die vielfältigen Erfahrungen der Pionierinnen auf dem Gebiet der interkulturellen Erziehung konnten aber festgehalten werden und dienten nun als Grundlage für die Neukonzeption der „interkulturellen Pädagogik“. In der Broschüre werden diese Erfahrungen zugänglich gemacht, Projekte und

Positionen kritisch hinterfragt und auch die Maßnahmen dargestellt, die sich nicht bewährt haben.

Maßnahmen zur Umsetzung der „interkulturellen Pädagogik"

Die Stelle für die Fachberaterin für interkulturelle Pädagogik im Schulreferat bestand weiter. Wichtige Maßnahmen zur Umsetzung der „interkulturellen Pädagogik“ sind derzeit

- die schrittweise Aufstockung der zusätzlichen Erzieherinnen für „interkulturelle Pädagogik“ mit neuer Stellenbeschreibung,
- der Einsatz fremdsprachiger Erzieherinnen,
- die Weiterführung deutsch-ausländischer Kindergartengruppen,
- die inhaltliche Weiterführung des RBS-Projekts „Deutsche und Ausländer im Stadtteil – Integration durch den Kindergarten“,
- die Durchführung von Fortbildungen und Arbeitskreisen.

Neue inhaltliche Akzente

Mit diesem Konzept wurden die inhaltlichen Akzente neu gesetzt. Integration wird als echter Dialog zwischen den Kulturen verstanden. Beide Seiten sollen bereit sein, voneinander zu lernen. Die Förderung der Persönlichkeitsentwicklung der Kinder insgesamt wird als Voraussetzung für die Entwicklung sprachlicher Kompetenzen gesehen. Vor diesem Hintergrund wird auch das „Deutschlernen“ im Kindergarten in ein Kommunizieren und Denkenlernen in vielen Sprachen verwandelt.

In der Stellenbeschreibung für die zusätzlichen Erzieherinnen für interkulturelle Pädagogik heißt es:

> „Die Migrantenfamilien sind kein homogener Personenkreis. Die Kinder kommen aus unterschiedlichen Sprachräumen, Gesellschaftssystemen und Kulturen. Die dadurch unterschiedlichen Bedürfnisse der Kinder und Interessen der Eltern erfordern ein individuelles Eingehen der Erzieherinnen auf jedes Kind.“

Eine Einstellungsveränderung wird zuerst von den professionellen Fachkräften und nicht von den Kindern verlangt.

> „Migrantenkinder bringen kulturell bedingte Eigenarten und Verhaltensweisen mit, die von der Mehrheitskultur oft abweichen und die sich in der Sozialisation des Kindes langsam wandeln können. Eine erzieherische Beeinflussung, die auf die Veränderung der abweichenden Verhaltensweisen abzielt, wirkt sich auf die Entwicklung des Kindes negativ aus. Das abweichende Verhalten könnte jedoch durch eine Veränderung der eigenen Einstellung der Erzieherin relativiert werden. Die

Erzieherin sollte sich auf das Kind einstellen, da sich das Kind zu diesem Zeitpunkt nicht verändern kann." (München 2000, S. 104)

Die neuen „Multis" verstehen sich als Dolmetscherinnen zwischen den Kulturen und zwischen Kindern, Kindertagesstätten und Eltern. Sie unterstützen die Teams bei der Entwicklung ihrer alltäglichen pädagogischen Praxis vor dem Hintergrund einer Interkulturalität. Zu den umfassenden Anforderungen, denen ein „Multi" gerecht werden soll, gehört auch, „die Fähigkeit, Sprache in ein aktives ganzheitliches Tun einzubetten und keinesfalls isoliert Vokabeln und Grammatik zu vermitteln" (ebd. S. 103). Diese Erzieherinnen erhalten dafür selbst Fortbildungen. In Arbeitskreisen erhalten sie die Möglichkeit, ihre Erfahrungen zu reflektieren und weiterzuentwickeln.

Einen wichtigen Beitrag zur Veränderung von pädagogischen Einstellungen leisteten auch die fremdsprachigen Erzieherinnen mit Migrationserfahrungen. Sie halfen das Vorurteil abzubauen, dass Mehrsprachigkeit im Kindergarten Kinder verwirren könnte oder ein Risikofaktor für ihre Entwicklung sei. Im Gegenteil: Auch im Kindergarten konnte die Bedeutung einer muttersprachlichen Förderung erlebt werden.

Allgemeine Ziele der interkulturellen Pädagogik

So wurden als Ziele der interkulturellen Pädagogik allgemein festgelegt

- die emotionale Stabilisierung der Kinder,
- die Förderung interkultureller Aufgeschlossenheit,
- die Stärkung der Sprachkompetenz (auch Muttersprachkompetenz).

Wie diese Ziele in Alltagssituationen im Kindergarten verwirklicht werden, zeigen folgende Berichte:

Zum Beispiel „emotionale Stabilisierung"

„Im vergangenen Jahr suchte ich für ein griechisches Mädchen, dessen Muttersprache Türkisch war, eine Lektüre, die sie in ihrer Persönlichkeit stärken sollte. Das Mädchen war [...] ein stilles und unauffälliges Persönchen. Sie sprach sehr wenig Deutsch und ihre türkische Aussprache war vom griechischen Klang gefärbt. [...] Ich fragte vor Auswahl des Buches zuerst das Mädchen, was in dem Buch vorkommen solle. Sie äußerte, ein Mädchen oder ein Kind und eine Geburtstagsfeier. Daraufhin holte ich aus der Bibliothek ‚die kleine Hexe' von Ottfried Preußler in der türkischen Ausgabe." (Özlem Tetik in: a.a.O. S. 63)

Zum Beispiel „interkulturelle Aufgeschlossenheit"

Im Rahmen des Projekts „*Konfliktverhalten von Kindern*" des *Deutschen Jugendinstituts e.V.* wurden Konfliktsituationen auf Video festgehalten. Bei der Auswertung stellte die Erzieherin fest:

> „Ich konnte beobachten, dass die Buben, egal welcher Nationalität, sich nicht nur körperlich auseinander setzten, sondern auch ganz entspannt miteinander auf der Wiese lagen, saßen, diskutierten oder philosophierten." (Özlem Tetik in: a.a.O. S. 54)

Interkulturelle Aufgeschlossenheit bedeutet auch, geschlechtsspezifische Vorurteile zu hinterfragen.

Zum Beispiel „Stärkung der Sprachkompetenz (auch Muttersprachkompetenz)"

> „Der Schwerpunkt der interkulturellen Pädagogik liegt nicht vorrangig im kognitiven Lernprozess oder der einseitigen Vermittlung von Vokabeln und grammatischen Strukturen, sondern in der emotionalen Entwicklung und Stabilisierung des Kindes, d.h. die Stärkung des Selbstwertgefühls sollte immer im Vordergrund stehen. Erst auf diesem ‚Nährboden' können sich Sprachbewusstsein und Sprachförderung entwickeln. [...] Als die Kinder in einer Ausstellung über islamische Kunst der Mogulzeit erfahren hatten, dass die Rose besonders verehrt wurde, streuten auch wir – wie die Mogulprinzessinnen – Rosenblätter auf die Betten im Ruheraum unseres Kindergartens." (Doris Kunz in: a.a.O. S. 59)

Die Stärkung der Sprachkompetenz

In Kapitel sechs der Broschüre werden diese allgemeinen Ziele der interkulturellen Pädagogik für den Bereich Sprachkompetenz konkretisiert. Es stellt die theoretischen Grundlagen der Sprachentwicklungsforschung und der Mehrsprachigkeit dar, beschreibt Erkenntnisse über Sprachförderung z.B. aus der Montessoripädagogik, erläutert die Bedeutung von Sprache und Heimatgefühl für Migrantenkinder und verdeutlicht die Auswirkungen der Zweisprachigkeit auf das kindliche Weltbild. Anschließend werden 22 Leitgedanken zur Sprachförderung aufgelistet, von denen hier drei als Beispiele wiedergegeben werden:

- „Die geistige Entwicklung geht der Sprachlichen voraus: Zuerst entwickelt das Kind eine innere Vorstellung, dann versteht es den sprachlichen Begriff, der diese Vorstellung bezeichnet und schließlich wendet es diesen Begriff an."

- „Die Art und Weise, wie wir mit dem Kind sprechen, sollten wir nicht nach der Ausdrucksweise, sondern nach dem Sprachverständnis richten. Unsere Sprache sollte der Vorstellungswelt des Kindes angepasst und in einer sinnvollen Beziehung zur aktuellen Situation sein."
- „Wir wollen weder als alleiniges Ziel, dass die Kinder das bayerische Schulsystem erfolgreich absolvieren, noch Sprachförderung als reine Integrationsmaßnahme sehen. Wir wollen, dass die Kinder mithilfe ihrer Sprachkompetenz alle Möglichkeiten in ihren individuellen Lebensplanungen haben."

Das Konzept benennt auch, was nicht passieren soll: Wir wollen keinesfalls bei dem „Defizit Sprache" beginnen, denn die reine „Angebotspädagogik" beim Erlernen der deutschen Sprache hat sich nicht bewährt. Die Lernprogramme haben viele Kinder nicht erreicht und konnten ihnen somit auch nicht helfen.

In diesem Zusammenhang steht auch das im Folgenden beschriebene Qualifizierungsprojekt. Die so formulierten Leitsätze verlangen von Erzieherinnen, dass sie sich mit ihrem sprachlichen Vorbild auf den individuellen Entwicklungsstand der Kinder einstellen. Durch die Ausbildung sind die Mitarbeiterinnen dafür meist nicht ausreichend vorbereitet, da dort lange Zeit strukturalistische und defizitorientierte Vorstellungen von Kindersprache den Unterricht prägten.

Sprachförderung von Kindern in Kooperationseinrichtungen durch Qualifizierung der Mitarbeiterinnen und Mitarbeiter in München

Im Auftrag des Schulreferats der Landeshauptstadt München, Fachabteilung F5 und durch dessen Finanzierung wurde im Juli 2000 mit der Durchführung eines Pilotprojekts zur Sprachförderung von Kindern begonnen. In einer städtischen Kooperationseinrichtung mit sieben altersgemischten Gruppen von null bis sechs Jahren sollten vorerst drei Erzieherinnen die Möglichkeit erhalten, sich in Sprachförderung im Kindertagesstättenalltag weiterzubilden. Die Fortbildung wurde als „Training im Job" konzipiert. Den Projektteilnehmerinnen sollten individuelle Qualifizierungs- und Lernerfahrungen gemeinsam mit der Projektleiterin im pädagogischen Alltag gegeben werden. So sollten Erzieherinnen das direkte Feedback von Kindern auf ihr Verhalten erfahren und dieses gemeinsam mit der Projektleiterin besprechen können.

Qualifizierungsziele für die Erzieherinnen waren:

- kindliche Äußerungen wahrnehmen und dokumentieren,
- eigene Erfahrungen, Haltungen und Rollen reflektieren,
- Angebote für einzelne Kinder entwickeln und auswerten,
- Eltern partnerschaftlich beraten.

Folgende Überlegungen bildeten den Ausgangspunkt für das Projekt: Sprachförderung erfordert die Bereitschaft, sich auf den individuellen Weg des Kindes einzulassen, zu beobachten, zuzuhören und zu verstehen, was das Kind in dieser Situation meint. Sprachförderung durch Erzieherinnen bedarf keiner „besonderen" Angebote außerhalb des pädagogischen Alltags.

> „Ähnlich wie bei Suchtprävention oder Gesundheitsförderung brauchen die Mitarbeiterinnen und Mitarbeiter eine ‚besondere' Brille, ein besonderes Bewusstsein, um den Alltag sprachfördernd zu gestalten. Sprachförderung bedeutet die Förderung der Gesamtpersönlichkeit des Kindes, bedeutet Förderung der Bewegungsfreude, der emotionalen Sicherheit und der Lust am Denken und Forschen. Damit dies in der Kindertagesstätte möglich wird, sind folgende Grundvoraussetzungen zu beachten:

- Sprache muss im Alltag notwendig sein,
- Sprache muss der Verständigung dienen, nicht der Abgrenzung,
- sprachliche Handlung und gegenständliche Handlung müssen eng verzahnt sein, da für Kinder die Sprache als Bestandteil der Situation erlebt wird." (Winner 2001b)

Projektverlauf

Von den fünf „Projektkindern" wurde gemeinsam mit den Erzieherinnen jeweils ein Entwicklungsprofil mit der Entwicklungstabelle nach Beller erstellt.

Die Projektleiterin kam von nun an ca. alle zwei Wochen für 2,5 Stunden in die jeweiligen Gruppen, um Angebote durchzuführen oder die Erzieherinnen bei der Durchführung zu beobachten. Anschließend wurden die Erfahrungen gemeinsam ausgewertet und weitere Schritte geplant. Angebote beinhalteten gezielte Maßnahmen für das einzelne Kind, das Bereitstellen von Material oder das Erzeugen bestimmter Situationen für Kleingruppen oder die gesamte Gruppe. Beobachtet wurde, wie das Kind die jeweilige Situation nutzen konnte, um Sprache zu entwickeln, welche Gruppensituationen und Materialien sich als günstig erwiesen, welche Verhaltensweisen der Erwachsenen unterstützend und welche hemmend wirkten.

Ergebnisse

Die Dokumentationen über die Entwicklung der einzelnen Kinder zeigen, dass sich für ein adäquates Sprachvorbild keine absoluten Normen aufstellen lassen. Manchmal entstanden hemmende Verhaltensweisen aufgrund eines hohen pädagogischen Anspruchs. Manchmal erwiesen sich Angebote als günstig für die Kindergruppe oder andere Kinder, aber nicht für das Kind, für das sie gedacht waren. Durch die Fortbildung am Arbeitsplatz erhielten die Erzieherinnen die Möglichkeit, ihr Sprachverhalten gegenüber den unterschiedlichen Kindern zu reflektieren. Sie konnten individuelle Angebote erarbeiten und Kriterien dafür entwickeln, welches Sprachmodell in welcher Situation förderlich wirkt. Die Methode, Erzieherinnen an ihrem Arbeitsplatz weiterzubilden, hat sich in diesem Projekt bewährt; denn erst durch die direkte Rückmeldung sowohl der Kinder als auch der Projektleiterin konnten sie die Wirkung ihres Verhaltens spüren, ihr Handlungsrepertoire erweitern und neue Verhaltensformen üben.

Einen wichtigen Stellenwert nahm in diesem Projekt die mündliche Kommunikation ein: Die Bedeutung der Stimme und der Sprechbewegung wurde für die Teilnehmerinnen erlebbar. So wurden Sprachentwicklungsprozesse wieder bewusst, die durch unsere „schriftsprachliche“ Vorstellung überdeckt sind. Wir sprechen in Lauten, nicht in Buchstaben. Ein Beispiel aus dem Projektbericht:

> „Auch ich konnte beobachten, dass S. sehr leise sprach, ja fast flüsterte, wenn sie etwas mitteilen wollte. Wichtige Angelegenheiten überließ sie lieber der großen Schwester in der Gruppe. Auch S. liebte Bilderbücher. An diesem Tag brachte sie mir ein großes Tierbuch mit Tieren aus aller Welt und wollte, dass ich die Tiere benenne. Sie deutete immer wieder auf die Tiere und freute sich über meine Äußerungen. Sie sprach meine Worte aber nur selten, und dann sehr leise nach, blieb aber mit großer Ausdauer bei der Sache. [...] Beim nächsten Termin betrachtete ich mit drei Kindern und S. ‚ihr‘ Tierbuch und Frau B. beobachtete mich. Ich benannte die Tiere jetzt nicht nur, sondern ahmte die Stimmen der Tiere nach. S. ging auf dieses Angebot noch nicht ein, die anderen Kinder aber schon. Frau B. wiederholte dieses Angebot in den folgenden Tagen und bei dieser vertrauten Person spielte auch S. mit. Sie ‚brüllte‘ anfangs noch ganz leise, aber nutzte ihre Stimme zunehmend. Den Kindern bereitete dieses Spiel großen Spaß. Sie kamen auf immer neue Geräusche und neue Fragen: (‚Wie macht ein Känguru? Wie macht eine Giraffe?‘).“ (Winner 2001b)

4.3 Zweisprachige Erziehung in einer mehrsprachigen Berliner Kindergruppe

Mit dem Titel „Den Dialog eröffnen“ überschreibt Wagner (1999) ihren Projektbericht mit den Ergebnissen und Überlegungen der fachlichen Begleitung in einer Krippengruppe. Seit 1998 gibt es im Berliner Bezirk Schöneberg ein „Konzept zur interkulturellen Erziehung in städtischen Kindertagestätten“. In diesem Konzept wird die prinzipielle Gleichwertigkeit von Kulturen und Sprachen betont. Dies beinhaltet auch den Auftrag an die Kindertagesstätten, Mehrsprachigkeit nicht mehr nur als „Risikofaktor“ für Fehlentwicklungen zu sehen, sondern als Potenzial. Die Bedingungen, diese Vorsätze in der Praxis umzusetzen, sind schwierig. Die Eltern erwarten von der Kindertagesstätte, dass ihre Kinder dort Deutsch lernen. Fachkräfte, die die Muttersprache der Kinder sprechen, stehen den Einrichtungen nicht immer zur Verfügung und Sprachstandsmessungen bei Berliner Erstklässlerinnen und Erstklässlern ergaben 1998/1999, dass ein erheblicher Teil der ausländischen Kinder Deutsch nicht so beherrscht, dass sie dem Unterricht folgen können. Wagner geht davon aus, dass zweisprachige Programme nur dann erfolgreich sind, wenn sie als zweisprachige Bildungsangebote verstanden werden und auf Langfristigkeit angelegt sind (Wagner 1999, S. 4).

> „Es heißt, um der Abwertung und Deklassierung von benachteiligten Minderheitenkindern etwas entgegenzusetzen, reichen zweisprachige Programme nicht aus, wenn sich diese ausschließlich als erweitertes Sprachangebot verstehen. Sie müssen Teil eines Gesamtkonzepts sein, in dem auf der Grundlage von Respekt für die Vorerfahrungen der Kinder vielfältige Lernprozesse ermöglicht werden.“ (ebd. S. 5)

Der Projektrahmen

In der Kita Bülowstraße wird im Sommer 1998 eine Krippengruppe mit einer deutschsprachigen und einer deutsch- und türkischsprachigen Erzieherin besetzt. Sie betreuen in dieser mehrsprachigen Krippengruppe sechs türkischsprachige Kinder und vier Kinder mit anderen Erst- und Zweitsprachen. Diese Erzieherinnen erhalten im Laufe eines Jahres eine fachliche Begleitung, die nach einer Hospitation in der Gruppe zu regelmäßigen Beratungsterminen in die Einrichtung kommt. Insgesamt stehen zwanzig Beratungsstunden zur Verfügung. Um die fachliche Beratung effektiv zu gestalten, wurden folgende Methoden eingeführt. Jede Sitzung wurde protokolliert. Die Erzieherinnen berichteten über die Geschehnisse und die Durchführung von Vorhaben. Sie hielten ihre allgemeinen Beobachtungen und ihre Beobachtungen zur sprachlichen Entwicklung in einem Tagebuch fest. Es folgte ein vertiefendes Gespräch zur Sprachförderung. Jede Sitzung schloss mit Vereinbarungen über Arbeitsvorhaben. Wie in anderen ähnlich konzipierten Projekten zeigte sich die Bedeutung der kontinuierlichen fachlichen Begleitung, weil die Erzieherinnen diese Unterstützung von außen für einen positiven und individuellen Lernprozess brauchen. Die türkische und die deutsche Erzieherin mussten eine pädagogische Praxis ja erst entwickeln, um dem Anspruch auf eine zweisprachige Erziehung gerecht zu werden und allen Kindern einen sprachlich anregenden Erfahrungsraum zu bieten.

Die Ausgangsfragen für die pädagogische Arbeit mussten präzisiert werden, um unter den konkreten Bedingungen das Ziel nicht aus den Augen zu verlieren. Wie gelingt es, türkische Kinder in ihrer Muttersprachentwicklung in der Krippengruppe zu unterstützen, auch wenn in dieser Einrichtung neben den türkischen Kindern auch deutsche und Kinder mit anderen Herkunftssprachen betreut werden. Wie und mit welchem Ziel würden die nicht türkischsprachigen Kinder mit Türkisch konfrontiert? Wie sollten die Sprachen in der Kita aufgegriffen werden, die keine Erzieherin beherrschte, wie Griechisch, Albanisch oder Russisch?

Ergebnisse

Im Projektbericht wird beschrieben, wie eine bewusste Sprachverwendung und eine Koordinierung der Sprachen den Alltag insgesamt sprachfreundlicher gestaltet haben. Veränderungen im Alltagsgeschehen betrafen das Mittagessen, die Raumgestaltung, die Einführung sprachintensiver Rituale und die Durchführung thematischer Projekte. Um Situationen festzuhalten, wurden Gesprächssituationen auf Tonband festgehalten oder gefilmt. Diese Dokumentationsformen erwiesen sich als hilfreich, da so Gesprächssituationen genauer analysiert werden konnten. Es zeigte sich, dass Erwachsene Sprache nicht nur als kommunikatives Werkzeug benutzen, sondern immer wieder in einen belehrenden monologisierenden Sprachstil verfallen, der Kinder verstummen lässt. Kinder spüren sehr gut, ob die Erwachsene wirklich ein Interesse besitzt an dem, was das Kind meint, oder ob es nur kindliches Wissen „abfragen“ möchte.

> „In der zweisprachigen Gruppe ist offensichtlich, dass die vermehrte Aufmerksamkeit auf Sprachlernprozesse und Sprachfreude im Alltag zu positiven Veränderungen geführt haben: Kinder sind aktiver am Geschehen beteiligt, haben ‚mehr zu

> sagen', verstehen dadurch auch mehr und sind wacher bei der Sache. Alle haben ihre Sprache(n) entwickelt, insbesondere die türkischsprachigen Kinder. Zu beobachten, wie sie in zwei Sprachen hineinwachsen, hat die deutschsprachige Kollegin in diesem Jahr sehr beeindruckt: [...] Den Blick in dieser Weise für die Fähigkeiten von Kindern zu öffnen, ist eine wichtige Kompetenzerweiterung der Beteiligten. Erst wenn man sehen kann, was die Kinder schon können, ist es möglich, zu sehen, wonach sie drängen. Und nur dann kann man ihnen das anbieten und sie mit dem versorgen, was sie als Nächstes brauchen. Meines Erachtens liegt in einer solchen Blickveränderung der Erfolg eines Projekts – aber sie ist zugleich das außerordentlich Schwierige. Es ist die Schwierigkeit, sich wirklich in einen Dialog zu begeben." (Wagner 1999, S. 13)

Bedauerlicherweise finden sich in dem Bericht keine Angaben über die Altersstruktur der Krippengruppe. Es fehlen Hinweise, wie die Erzieherinnen mit Kindern im Alter von zwölf, 18 oder 24 Monaten gesprochen haben. Für Kinder in dieser Altersgruppe besitzt die Stimme und die (Sprech-)Bewegung eine besondere Bedeutung, um wirklich in Dialog zu treten. Erwachsenen fällt diese emotionale Sprechweise aber nicht immer leicht, da ihnen im Laufe ihrer Entwicklung „Stimme oft genommen" wurde und diese Form der Kommunikation häufig als unprofessionell abgewertet wird. Obwohl die Verfasser in diesem Projektbericht auf die Bedeutung der sprachlichen Bildung und des Dialoges verweisen, beschreiben sie letztlich ein Sprachmodell, das sich vor allem am „kompetenten" Erwachsenensprecher orientiert:

> „Die deutschsprachige Kollegin spricht mit allen Kindern Deutsch. Auch wenn sie feststellt, dass die Kinder nicht alles verstehen, muss sie Verkürzungen und Vereinfachungen vermeiden (Ausländerdeutsch), denn die Kinder brauchen sie als sprachliches Vorbild, das möglichst deutlich, korrekt, differenziert die deutsche Sprache verwendet." (Wagner 1999, S. 11)

4.4 Das Krefelder „kommunale Handlungskonzept zur interkulturellen Pädagogik in Tageseinrichtungen, Schulen, Jugendeinrichtungen und Erwachsenenbildung"

Ausgehend von einer breiten politischen Diskussion fand in Krefeld im Januar 1999 eine Fachtagung zur „Interkulturellen Pädagogik" statt, auf der Fachkräfte aus den unterschiedlichen pädagogischen, sozialen und schulischen Arbeitsfeldern folgende gemeinsame Position erarbeiteten:

Erhebliche sprachliche Defizite führen besonders bei Kindern und Jugendlichen aus fremdsprachigen Familien zu Benachteiligungen nicht nur während ihrer schulischen Laufbahn, sondern auch bei der Integration in das gesellschaftliche System insgesamt.

Es gilt, die vielfältigen Erfahrungen und praktischen Fähigkeiten der oben genannten Institutionen zu einer optimalen Bündelung von Ressourcen zu vernetzen, um Kindern aus Familien ausländischer Herkunft eine bessere Chance zur gesellschaftlichen Integration zu eröffnen.

Die Projektgruppe

Auf Beschluss von Jugendhilfe- und Schulausschuss wurde eine Projektgruppe eingerichtet, die durch Kooperations- und Vernetzungsstrukturen von Schulen, Kindertagesstätten und den dazugehörigen Ämtern, vom Berufskolleg Vera Beckers, von der Volkshochschule, von Einrichtungen, Wohlfahrtsverbänden unter anderem das Modell zur Intensivierung der Sprachförderung zugewanderter Kinder im Elementarbereich durchführt. Als Ziele werden genannt:

- Entwicklung eines Handbuchs zur interkulturellen Pädagogik,
- Sprachstandsuntersuchungen,
- individuelle Entwicklungspläne,
- institutionsübergreifendes Bildungskonzept mit dem Schwerpunkt Sprachförderung unter Nutzung des methodisch-didaktischen Repertoires der Pädagogen in Schulen und Tageseinrichtungen für Kinder von 3 bis 10 Jahren,
- Entwicklung eines Konzepts zur Aus- und Fortbildung von Erzieherinnen und Erziehern.

Seit März 2001 sind an diesem Projekt sieben Schulen, elf städtische Kindertageseinrichtungen und zehn Kindertageseinrichtungen freier Träger beteiligt.

Sprachstandsuntersuchungen in Krefeld

Das Projekt begann mit Sprachstandsuntersuchungen, deren Ergebnisse zurzeit ausgewertet werden. Umfassende Berichte darüber, wie diese Untersuchungen durchgeführt wurden, liegen noch nicht vor. Der erste Konzeptbericht enthält einen zweiseitigen Bogen mit dem Titel „*Erhebung zur Einschätzung der Sprachkenntnisse*“. In diesem Bogen werden allgemeine Fragen zum Umfeld und zur Lebens- und Entwicklungssituation des Kindes gestellt. Die Fragen, die sich auf Einzelaspekte der Sprachkenntnisse des Kindes beziehen, sind missverständlich formuliert und lassen ein breites Einschätzungsspektrum bei Erzieherinnen zu. Die Antwort auf eine derart globale Frage wie „Spricht das Kind mit anderen Kindern in Deutsch?“ wird davon abhängen, was die Erzieherin als Deutsch definiert. In Bezug auf mehrsprachig aufwachsende Kinder sind Fragen, die sich aus den strukturellen Vorstellungen des Erstspracherwerbs ableiten wie „Das Kind spricht in Ein-Wort-Sätzen“ oder „Das Kind spricht in Zwei-Wort-Sätzen“ problematisch. Häufig gehörte Floskeln wie „Türe zu“ oder „bitte einsteigen“ sind in linguistischem Sinne keine Zweiwortsätze, werden von pädagogischen Fachkräften aber häufig so wahrgenommen.

Themenbezogene Workshops und Arbeitsgruppen

Eine wichtige Methode zur Umsetzung des Modells war und ist die Durchführung von themenbezogenen Workshops und Arbeitsgruppen. Diese Treffen haben in Krefeld zu der Erkenntnis geführt, dass ein für das jeweilige Kind individuell entwickelter Sprachentwicklungsplan erforderlich ist, der eine Sprachförderung in Kleinstgruppen notwendig macht. Deshalb erfordert die Umsetzung dieses Modells einen höheren Personaleinsatz.

Die hierfür eingesetzten und entwickelten Materialien sollen durch die fachliche Begleitung von Mitgliedern der Projektentwicklungsgruppe gesichtet und bewertet werden.

Die systematischen, didaktisch aufbereiteten Sprachfördermaßnahmen richten sich an Kinder im Alter von 3 bis 10 Jahren, deren Deutschkenntnisse oder deren Sprachentwicklung in Deutsch als defizitär eingeschätzt werden. Die Fördermaßnahmen konzentrieren sich auf die deutsche Sprache. Eine Förderung in der Muttersprache scheint nicht vorgesehen.

> „Integration als gesellschaftliche Handlungsfähigkeit ist ohne sprachliches Handeln nicht möglich. Deshalb müssen sowohl zugewanderte als auch deutsche Kinder über eine möglichst umfassende Handlungsfähigkeit in der deutschen Sprache verfügen. Für zugewanderte Kinder steht daher das Erlernen der deutschen Sprache an erster Stelle.“ (Stadt Krefeld 2001, aus den Ergebnissen des AK 3, Anlage S. 40)

Dokumentation der Fachtagung „Interkulturelle Pädagogik“ in Krefeld

In dem vorliegenden Bericht wird in der Anlage die Fachtagung *„Interkulturelle Pädagogik“*, die im Januar 1999 in Krefeld stattfand, ausführlich und informativ dokumentiert. Die Statements der Geschäftsbereichsleiter Gregor Micus und Roland Schneider sowie das Referat von Prof. Ursula Boos-Nüning zum Thema, „Die Lebenssituation der Kinder und Jugendlichen ausländischer Herkunft heute und die Antwort der interkulturellen Pädagogik“ werden im Wortlaut wiedergegeben. Die Teilnehmerinnen und Teilnehmer hatten die Möglichkeit, an fünf Arbeitskreisen mitzuwirken. Die Themen lauteten:

1. Möglichkeiten und Grenzen einer situationsorientierten, interkulturellen Erziehung im Elementarbereich unter besonderer Berücksichtigung der Sprachförderung
2. Interkulturelle Angebote in der Jugendarbeit
3. Sprachentwicklung beim Übergang vom Elementarbereich – in den Primarbereich
4. Für interkulturelle Erziehung qualifizieren
5. Sozio-kulturelle Bildungsarbeit und Sprachförderung für Eltern von ausländischen Kindern und Jugendlichen.

Die Arbeitsgruppenergebnisse wurden schriftlich festgehalten. Die Texte verdeutlichen den Diskussionsprozess, die unterschiedlichen Standpunkte in den Arbeitskreisen und die gemeinsamen Ergebnisse. Die Berichte geben einen guten Einblick in die schwierige Zusammenarbeit von Praxis und Theorie. Hier ist sehr gut dokumentiert, wie schwierig es ist, die richtige Balance zwischen der Fokussierung auf den Entwicklungsbereich Sprache und der Berücksichtigung der Gesamtpersönlichkeitsentwicklung des Kindes zu finden. Es wird deutlich, dass es methodisch nicht einfach ist, die Untrennbarkeit von Form und Funktion der Sprache in operationalisierbare Einheiten zu zerlegen. Vor diesem Hintergrund ist der Ruf nach didaktischen Konzepten, Materialien und Handreichungen zur Sprachförderung verstehbar, kann aber auch dazu führen, dass versucht wird, die sprachliche Form gegenüber der Funktion zu trennen und sprachliche Fertigkeiten zu trainieren. Die spezifischen Kompetenzen und die originäre Aufgabe der Erzieherinnen, Kinder in ihrer Persönlichkeitsentwicklung zu unterstützen, wird abgeschwächt, wenn die pädagogischen Fachkräfte zu „Lehrerinnen“ für Deutsch werden, wie dies in dem AK 4 von einer Teilnehmerin gefordert wird: Dort wird unter anderem von der Ausbildung gefordert:

> „Erzieherinnen sollten in der Lage sein Deutsch als Zweitsprache zu vermitteln.“ (a.a.O. S. 44)

4.5 Die Förderung der Sprachentwicklung zweisprachiger Kinder im Elementarbereich in Hamburg

Grundprinzipien interkultureller Arbeit in der „Vereinigung Hamburger Kindertagesstätten e.V."

Die *Vereinigung Hamburger Kindertagesstätten e.V.* schreibt in ihrem Jahresbericht (2000/2001):

> „Kindertageseinrichtungen sind heute zunehmend multikulturelle Lebensgemeinschaften. Es gibt kaum noch eine Kindertageseinrichtung, die ausschließlich von Kindern deutscher Muttersprache besucht wird. [...] Wenn man sich diese Verschiedenheit von Kindern und Familien mit mehrkulturellem Hintergrund vergegenwärtigt und die neuere Entwicklung im Staatsbürgerrecht bedenkt, dann wird deutlich, dass eine Sichtweise, die zwischen deutschen und ausländischen Kindern unterteilt, die Realität überhaupt nicht mehr erfasst. Deutlich wird auch, dass ein Defizit-Blick, mit dem man sich an ‚Sprachdefiziten' oder mangelnder ‚Integration' orientiert, wenig hilfreich ist. Die Perspektive, nach der Einheimische als ‚Normalfall' gelten, an den sich die anderen orientieren sollen, verkennt die Wirklichkeit in einer Einwanderungsgesellschaft, in der das kulturelle Zusammenleben zunehmend der ‚Normalfall' geworden ist, bei dem sich alle, Einheimische und Zugezogene, neu orientieren müssen." (Vereinigung Hamburger Kindertagesstätten e.V. 2001, S. 13 u. 15)

Die Aufgabe von Kindertageseinrichtungen besteht demnach darin, allen Kindern, unabhängig von ihrer kulturellen und sozialen Herkunft, gleiche Bildungschancen in der Kita zu gewähren. Diese Chancengleichheit setzt die Akzeptanz der unterschiedlichen Ausgangsbedingungen voraus. In Hamburg wird deshalb der muttersprachlichen Förderung der mehrsprachig aufwachsenden Kinder besondere Bedeutung beigemessen. Vor allem ausländische Eltern verbinden mit der Kita Bildungschancen für ihre Kinder, vermögen aber die Bedeutung der muttersprachlichen Förderung nicht immer zu erkennen.

> „In dieser Situation ist es wichtig, dass die Mitarbeiterinnen ihre eigene Position klären, ihr Konzept von Sprachförderung entwickeln und sich mit den Eltern darüber verständigen." (ebd. S. 17)

Umgesetzt werden diese Ziele z. B. durch zweisprachige Erzieherinnen in den Kindertageseinrichtungen, die den Kindern den Alltag sowohl auf Türkisch als auch auf Deutsch erfahrbar machen. Diese Erzieherinnen sind Bezugspersonen für die Kinder und roulieren nicht als „Sprachexpertinnen" für begrenzte Zeit durch die Gruppen. In dem Jahresbericht werden mehrere Beispiele aus der Praxis dargestellt. Arbeiten z. B. vier türkische und zwei anderssprachige Kinder zusammen, finden die Gespräche meist auf Türkisch statt. Die türkischsprachige Erzieherin begleitet und unterstützt dann auf Türkisch, aber auch auf Deutsch. Für die Kinder ist dieser Sprachwechsel vollkommen normal. Es lässt sich auch beobachten, dass deutsche Kinder auf türkische Äußerungen zurückgreifen, wenn sie das Gefühl haben, so beim anderen Kind schneller zum Erfolg zu kommen.

> „Alle Kinder sind von viel mehr Sprachanregungen umgeben als zu Hause. [...] Das muss ein Kind erst einmal sortieren, um für sich Strukturen und Anknüpfungspunkte zu finden. Um in dieser Umgebung seinen Platz zu finden, muss das Kind aber auch lernen, sich sorgfältig auszudrücken und zu sagen, was es möchte. [...] Insofern bringt allein diese veränderte Situation mit ihren Anforderungen die Sprachentwicklung voran." (a.a.O. S. 19)

Das Projekt zur „Beobachtung und Förderung der Sprachentwicklung zweisprachiger Kinder im Elementarbereich"

Um die Qualität einer mehrsprachigen Erziehung gewährleisten zu können, wurde in Hamburg im Januar 2001 ein Projekt zur „Beobachtung und Förderung der Sprachentwicklung zweisprachiger Kinder im Elementarbereich" initiiert. Das Projekt verfolgt Erkenntnis- und Qualifizierungsziele. Forschung und Fortbildung werden verknüpft. Die Kenntnis der Sprachentwicklung und des Sprachstands sollen Erzieherinnen helfen, das kommunikative Handeln der Kinder zu verstehen und so die nächsten Schritte einer sprachlichen Förderung zu erkennen. Diese Kenntnisse stellen einen Teil der beruflichen Qualifikation dar, die bei der Erstausbildung nur in geringem Maße vermittelt wurde.

Projektrahmen

In dem Projekt wird die Kooperation von Kräften aus der Praxis, der Aus- und Fortbildung, der Verwaltung und Wissenschaft angestrebt. Wissenschaftlich begleitet wird es vom *Institut für interkulturelle Bildung der Universität Koblenz-Landau*. Träger des Projekts, an dem 20 Einrichtungen teilnehmen sollen, ist die Behörde für Schule, Jugend und Berufsbildung. Im ersten Projektjahr sollten jeweils eine einsprachige deutsche und eine zweisprachige Erzieherin je ein Kind beobachten. Im zweiten und dritten Jahr sollten weitere Kinder dazukommen.

Durch Umfragen zur Praxis der bisherigen Sprachförderungsaktivitäten und Erhebungen zum Sprachstand der Kinder sollen Erkenntnisse über die individuelle Entwicklung mehrsprachiger Kinder gewonnen und die Erzieherinnen in Beobachtung qualifiziert werden. Auf der zweiten Projektstufe finden Beobachtungen zur Akzeptanz und Wirkung von Sprachförderungsaktivitäten statt. Dies soll auf der dritten Stufe vergleichende Untersuchungen zum Sprachstand unterschiedlicher Gruppen zweisprachiger Kinder vor Eintritt in die Grundschule ermöglichen. Das Projekt sollte im Oktober 2001 beginnen.

Mit diesem Projekt werden Erfahrungen aus den Projekten mit Schulkindern oder Schulanfängern für den Elementarbereich genutzt. Erwähnt seien hier die gutachterlichen Stellungnahmen im Auftrag der *Behörde für Schule, Jugend und Berufsbildung* von Inci Dirim, Hans H. Reich, Hans-Joachim Roth, Gesa Siebert-Ott, Ulrich Steinmüller und Frans Teunissen: „Zum Stand der nationalen und internationalen Forschung zum Spracherwerb zweisprachig aufwachsender Kinder und Jugendlicher“ (Freie und Hansestadt Hamburg 2001b) und die „Hamburger Erhebung zum Sprachstand und zur Sprachentwicklung türkisch deutscher Schulanfänger des Schuljahres 1999/2000“ (Freie und Hansestadt Hamburg 2001a).

4.6 Deutschkurse für Kinder aus Migrantenfamilien in Nordrhein-Westfalen

Das Ministerium für Schule, Wissenschaft und Forschung des Landes Nordrhein-Westfalen erließ im Dezember 2000 Richtlinien über Zuwendungen für Sprachkurse zur Förderung von Kindern aus Migrantenfamilien in Deutsch. Demnach sollten Gemeinden Personalkostenzuschüsse für eine begrenzte Zahl von Sprachkursen an geeigneten Grundschulen erhalten. Diese Kurse sollten Kinder im Schulhalbjahr vor der Einschulung besuchen, um die deutsche Sprache soweit zu lernen, dass sie in der Schule dem Unterricht folgen können.

Die Kritik der Fachleute vor Ort richtete sich gegen die mangelhafte finanzielle Ausstattung dieser Maßnahme, gegen die „Ad-hoc-Lösung“ und gegen die kurzfristige Rechenschaftslegung für die Sprachfördermaßnahmen. Gleichzeitig gab es aber auch das Bestreben, alle Gelder für die Förderung von Kindern zu nutzen. Eine Auswertung des Ministeriums über die Wirkung dieser Maßnahme liegt noch nicht vor.

Erfahrungen aus anderen Sprachfördermaßnahmen geben Hinweise darauf, dass solche Maßnahmen ihren Zweck verfehlen. Wie unter dem Stichwort „Sprachbewusstsein“ bereits ausgeführt, lernen Kinder Sprache nicht nach Regeln. Sie lernen Sprache in Handlungssituationen. Dies wird manchmal nicht deutlich, da Kinder ein enormes Gedächtnis auch für „Nonsens“-Silben besitzen. Sie können sich deshalb Worte und Sätze aus anderen Sprachen einprägen, auch wenn sie den Sinn nicht erfassen. Diese Wirkungen sind jedoch kurzfristig. Solche „sprachlichen“ Fertigkeiten bleiben den Kindern nur erhalten, wenn sie langfristig mit Erlebnissen gefüllt werden. Dies zeigen gerade auch Forschungsergebnisse, die sich mit Sprachentwicklungsstörungen befassten. So können sprachentwicklungsgestörte Kinder Sätze in Therapiesituationen korrekt nachsprechen, während sie in Spontansituationen unverständlich bleiben. Angebote wie Schnellkurse in einer Sprache können von Kindern normalerweise nicht genutzt werden, vor allem nicht von „schwächeren“ Kindern. Profitieren könnten davon aber Kinder mit einer besonderen sprachlichen Begabung, da sie grammatikalische Regeln früher bewusst erkennen als andere.

4.7 Zweisprachige Gruppe von nicht hörenden und hörenden Kindern in einer evangelischen Kindertagesstätte in Alt-Lichtenrade

Im Alltagsbewusstsein wird unter Mehrsprachigkeit meist das parallele Erlernen von „Laut-Sprachen“ (Nationalsprachen) verstanden. Dieses Missverständnis spiegelt sich auch in dem Titel wider, mit dem ein Bericht über eine Kindertagesstätte überschrieben wird, in der nicht hörende und hörende Kinder gemeinsam betreut, erzogen und gebildet werden (Seifert 2000). „Es geht auch ohne Worte“ heißt es hier, um zu zeigen, dass sich Kinder auch mit anderen Ausdrucksformen verständigen können. Im Artikel wird jedoch deutlich, dass auch nicht hörende Kinder Worte brauchen, um ihre Begriffe zu bilden. Diese „Worte“ setzen sich in dieser Sprache aber nicht aus Sprechbewegungen zusammen, sondern aus Handbewegungen, aus Gebärden. Die Erfahrungen der Mitarbeiterinnen in diesem Kindergarten sind für Erzieherinnen, die mit lautsprachlichen Kindern aus unterschiedlichen Herkunftssprachen arbeiten, von großem Wert. Die Selbstverständlichkeit, mit der Laute als Grundlage von Sprache angenommen werden, wird gebrochen, und wir erhalten Einblick in einen Sprachentwicklungsprozess, der den Erwachsenen meist verborgen bleibt.

Der Gruppenalltag ist zweisprachig organisiert. Erzieherinnen und Kinder sprechen Lautsprache und Gebärdensprache. Eine Erzieherin ist gehörlos und hat als Muttersprache Gebärdensprache gelernt. Voraussetzung für dieses – wie für jedes Integrationsprojekt – war das Interesse der hörenden Erzieherinnen an der Welt der nicht

Hörenden. Sie lernten Gebärdensprache als „Fremdsprache“, informierten sich über das Thema und freuten sich auf die Zusammenarbeit mit der gehörlosen Kollegin, weil sie an ihr Fähigkeiten und Eigenschaften entdeckten, die sie als Bereicherung empfanden. Für Erzieherinnen, die mit Kindern aus anderen Sprachen arbeiten, lohnt die Auseinandersetzung mit der Arbeit in dieser Kindertagesstätte, denn die Erzieherinnen erfuhren im Zusammenleben mit den nicht hörenden Kindern viel über die Entwicklung der kommunikativen Fähigkeiten bei Kindern, die nicht die Umgebungssprache sprechen. So erkannten die hörenden Erzieherinnen, dass auch Gebärden leere „Worthülsen“ bleiben, wenn sie nicht mit Erfahrungen gefüllt werden.

> „Nun war es noch relativ leicht, einen Begriff wie ‚Katze‘ lebendig darzustellen. Aber wie sollten wir einen ‚Ausflug‘ verdeutlichen oder gar einen Zeitbegriff wie ‚morgen‘? Da ist viel Fantasie nötig. Um den Kindern die sie umgebende Welt begreifbar zu machen, beziehen wir alle Sinne mit ein. Wenn die Kinder etwas über Vögel lernen sollen, beobachten wir diese nicht nur in der Natur, sondern schlagen zum Beispiel auch Hühnereier auf und lassen sie über die Finger rinnen, um zu zeigen, wie ein Vogelei sich anfühlt, wie es riecht und schmeckt.“ (Seifert 2000, S. 36)

Hier wird deutlich, dass Sprachförderung nicht nur die Erweiterung des Wortschatzes bedeuten kann. Kinder müssen Wörter mit gegenständlichen, sozialen und intellektuellen Erfahrungen, mit Erlebnissen füllen können.

Die Kommunikation dient dem Ziel der Verständigung. Die Methode der Kommunikation wird diesem Ziel angepasst. Auf diesem Weg entwickeln Kinder die Methode weiter.

> „Wir haben unsere Kommunikation völlig verändert und beziehen Körpersprache, Gebärden, Pantomime und Fingeralphabet in die praktische Arbeit ein. Die Nichthörenden brauchen Blickkontakt und langsames, deutliches Sprechen. Für sie begleite ich die Lautsprache mit Gebärden. Christel verfolgt die Kommunikation. […] Dabei ist natürlich Christel als Muttersprachlerin für uns von unersetzlichem Wert. […] Auch die hörgeschädigten Kinder lernen Rücksichtnahme und Hilfsbereitschaft. Um von den hörenden Kindern verstanden zu werden, müssen sie langsam und deutlich gebärden und vieles wiederholen.“ (Seifert 2000, S. 36 u. 38)

Die Interessen der Kinder decken sich nicht immer. Die hörenden wie die nicht hörenden Kinder ziehen sich auch im Alltag in ihre eigenen kulturellen Gruppen zurück. Dies müssen die Erwachsenen akzeptieren lernen, genau beobachten und bei Bedarf Brücken bauen oder dolmetschen.

4.8 Kinder lernen Dänisch, Friesisch und Plattdeutsch im Kindergarten

Die Kindergärten, von denen hier die Rede ist, liegen im nördlichen Schleswig-Holstein und gehören zum Trägerbereich *„Arbeitsgemeinschaft Deutsches Schleswig e.V.“*. In dieser Region wohnen Deutsche und Dänen diesseits und jenseits der Grenze. Im Alltag werden neben Deutsch auch Dänisch, Friesisch, Plattdeutsch und einige weitere Sprachen gesprochen. Diese Erfahrungen mit alltäglicher Sprachenvielfalt wollten die Mitarbeiterinnen den Kindern auch im Kindergarten ermöglichen. Zuerst belebten die Erzieherinnen ihre eigenen sprachlichen Kompetenzen wieder und versuchten, sich an Erlebnisse aus ihrer Kindheit zu erinnern. Sie nahmen aber auch Sprachkurse in der für sie infrage kommenden Sprache. Den Kindern sollte die Sprache vor allem durch ehrenamtliche oder Honorarkräfte nahe gebracht werden, die die jeweilige Sprache noch beherrschen. Dabei sollte die Sprache nicht als isolierte Fähigkeit erworben, sondern mit Personen und Situationen verknüpft werden:

> „Den Einstieg wählten wir zu unserem Herbstmarkt. Zwei Mütter und Großmütter waren einen ganzen Tag lang in der Kinderküche des Kindergartens tätig. ‚Danske Aebleskiver‘ und ‚Boller‘ standen auf dem Speiseplan. Begeistert halfen die Kinder bei der Zubereitung des Teiges und führten die Anweisungen, die sie auf Dänisch erhielten aus. Mitmachen hieß die Devise.“ (Fiedler/Kunstmann/Leschinski 1998, S. 164)

Für das Friesischangebot wurde eine Bildhauerin als Honorarkraft eingestellt, die Friesisch und Dänisch beherrscht. Sie kommt für zwei Stunden in der Woche in die Gruppen. Die Kinder freuen sich auf diese Angebote. Sie nennen Friesisch ihre „Geheimsprache“. Die Kinder lernen auch Plattdeutsch, um sich mit den Bewohnerinnen und Bewohnern des benachbarten Seniorenheims verständigen zu können, wenn diese sie besuchen. „Oma Gretchen“ bringt z.B. ein altes Spinnrad und ein Märchenbuch mit. Sie spricht nur Plattdeutsch, bei Verständigungsschwierigkeiten helfen Mimik und Gestik. Bei diesen Angeboten und Projekten geht es den Erzieherinnen nicht um Sprachunterricht im engeren Sinne.

> „Wir betten vielmehr die Sprache so in Abläufe des Gruppenlebens ein, dass den Kindern die Bedeutung aus der Situation klar wird. Für die Kinder ist auch der Kontakt mit den Personen […], die mit ihnen in der anderen Sprache reden und mit denen sie Schritt für Schritt das Gespräch aufnehmen, eine wichtige und beziehungsbetonte Bedingung für das Lernen. Wir wollen […], dass die Kinder auf ihre Weise und in ganzheitlichem Zugang die Sprache lernen und an die andere Kultur herangeführt werden.“ (ebd. S. 167)

Die Erzieherinnen betonen, dass sie nicht den Anspruch haben, dass nach solchen Erfahrungen im Kindergarten alle Kinder Dänisch, Friesisch oder Platt beherrschen. Sie mussten sich vor ihrem Projekt auch mit Skepsis der Erwachsenen und einiger Eltern auseinander setzen. Warum denn Friesisch, wäre Englisch nicht wichtiger? Werden die Kinder überfordert durch diese Vielfalt? Sollten die Kinder nicht erst mal richtig Deutsch lernen? Diese Fragen zeigen, wie schwierig es für Erwachsene ist, ihren von der Schule geprägten Blick auf Sprache zu verändern und Sprache wieder mit den Augen der Kinder zu sehen:

> „Deutlich ist in allen beteiligten Kindergärten, dass sich die Kinder für diese Projekte interessieren und Spaß daran haben, sich in der anderen Sprache langsam verständlich zu machen. Viele Kinder sind stolz, über eine ‚Geheimsprache' zu verfügen. Einige genießen es, ihre Großeltern mit Sprachkünsten in Plattdeutsch zu überraschen. Kinder, die Dänisch lernen, versuchen schon, ihre Nachbarn auf Dänisch anzusprechen. Interessant ist, dass mehrere Kinder, die zu Hause schon mehrsprachig aufwachsen (z.B. Polen, Russen, Libanesen), besonders neugierig und offen auf die ‚fremdsprechenden' Erwachsenen zugegangen sind und sich an den Aktivitäten beteiligten." (a.a.O. S. 167)

Kinder wollen nicht eine Sprache erlernen, um die Träume ihrer Eltern von guten Schulnoten, von Karriere im Beruf oder Weltenbürgern zu erfüllen. Für Kinder stehen die Personen im Mittelpunkt. Wenn diese Personen sich ihnen zuwenden, wenn sie sich wirklich für die Kinder interessieren und wenn diese Erwachsenen auch noch ein positives Verhältnis zu ihren Erwachsenenfähigkeiten haben (Friesisch ist gut), dann nehmen Kinder diese Menschen an, so wie sie sind, eben auch mit einer fremden Sprache. Dann versuchen sie sich mit diesen Personen zu verständigen, in welcher Sprache auch immer. Für uns Erwachsene ist es oft erstaunlich, dass gerade mehrsprachig aufwachsende Kinder sich auch noch zusätzlich um andere Sprachen bemühen. So sprechen türkische Kinder auch albanisch oder kroatisch, wenn solche Familien im Haus leben und sie diese gerne besuchen.

Im Situationsansatz wird angestrebt, dass Kinder lernen, ihr Leben immer selbstständiger zu bewältigen. Dies bedeutet, dass die Alltagssituationen, in denen Kinder leben eine wichtige Rolle für die pädagogischen Angebote und Projekte spielen. Es soll den Kindern keine künstliche Welt vorgebaut werden. Man geht davon aus, dass Kinder in diesen Situationen Kompetenzen weiterentwickeln, die notwendig sind, um sich später auch neue Fertigkeiten und Fähigkeiten in anderen Bereichen anzueignen. Das bedeutet nicht, dass es „umsonst" ist, Kindern sprachliches Handeln in anderen kommunikativen Situationen zu ermöglichen oder dass Englisch im Kindergarten unsinnig ist. Die Kinder werden diese Situation genauso nutzen, wenn die „Englischlehrerin“ eine interessante Person für die Kinder ist. Die Kinder werden lernen, sich in bestimmten Situationen auf Englisch zu verhalten. Bleiben diese Situationen und diese attraktiven Menschen erhalten, werden ihre Handlungsmöglichkeiten auf Englisch zunehmen. Sie werden aber nicht im Erwachsenensinne Englisch lernen. Der Unterschied zwischen diesen Lernsituationen könnte verglichen werden mit dem Schauspiel. Alle Menschen sprechen eine „Gefühlssprache“. Sie weinen, wenn sie traurig sind, sie lächeln, sie schmunzeln, sie verengen den Blick. Aber nur die wenigsten Menschen können auf Kommando weinen oder „betroffen“ schauen. Ein erwachsener Schauspieler muss sich über seine Mimik und Gestik bewusst werden, er muss sie gesteuert einsetzen können, auch wenn ihm nicht nach Weinen oder Schmunzeln zu Mute ist. Auch Kinder spielen Theater. Sie spielen Rollen oft sehr überzeugend, ohne dass ihnen bewusst wird, was sie da tun. In der Pädagogik geht man davon aus, dass diese Erfahrungen das Handlungsrepertoire der Kinder erweitern und zu ihrer Persönlichkeitsentwicklung beitragen, auch wenn dies keine Garantie dafür bietet, dass die Kinder eine erfolgreiche Schauspielausbildung absolvieren können.

Dieses Projekt macht deutlich, dass Erwachsene ihre hierarchischen Vorstellungen von wertvollen und nutzlosen Sprachen hinterfragen müssen, wenn sie Kinder in ihrer Sprachentwicklung fördern wollen. Es geht in diesen „fremdsprachigen“ Angeboten im Kindergarten darum, Kindern die Erfahrung zu ermöglichen, sich erfolgreich in unterschiedlichen, fremdsprachlichen Kommunikationssituationen zu bewegen. Es geht dabei um ganzheitliche Handlungserfahrungen, nicht um das Trainieren isolierter Vokabeln.

5 Sprachförderung für Kinder mit Sprachentwicklungsstörungen oder für „sprachlich auffällige“ Kinder in Kindertagesstätten

Sowohl in Fachbeiträgen zum Thema als auch in der allgemeinen Presse wird über eine Zunahme von Sprachstörungen oder Sprachauffälligkeiten bei Vor- und Schulkindern berichtet. Derzeit fehlen im deutschen Sprachraum noch genaue und vor allem repräsentative Untersuchungsergebnisse. Aber viele Erzieherinnen und Lehrerinnen beobachten bei ihren Kindern sprachliche Auffälligkeiten, die sie früher so gehäuft nicht feststellten. Sie berichten, dass Kinder nur einen eingeschränkten Wortschatz zur Verfügung haben und deshalb oft Sachverhalte nicht richtig wiedergeben können, dass viele Kinder Laute nicht richtig bilden oder nur fehlerhafte grammatikalische Formen verwenden können. Vor allem Erzieherinnen stellen fest, dass die gesamte Kommunikationsfähigkeit bei Kindern verkümmert und in Folge davon auch schwer wiegende Verhaltensauffälligkeiten entstehen, die Kinder in ihrer Persönlichkeitsentwicklung stark beeinträchtigen. Unabhängig davon, ob es sich um eine Zunahme von Sprachstörungen handelt oder ob sozialpädagogische Fachkräfte nur sensibler für diese Fragen geworden sind: Es besteht dringend Handlungsbedarf.

5.1 Die Aufgaben der Kindertagesstätten

Kindertagestätten stehen vor zwei Aufgaben:

- Sie sollen erstens durch Früherkennung und Frühberatung Sprachentwicklungsstörungen präventiv begegnen und
- zweitens in den Kindertagesstätten ein Klima schaffen, das Kindern mit sprachlichen Auffälligkeiten gute Entwicklungsbedingungen ermöglicht.

Krippe und Kindergarten sind häufig die ersten Institutionen, in denen Eltern fachlichen Beistand suchen. Bei Kindern unter drei Jahren erfahren Eltern noch häufig von Kinderärzten „Das verwächst sich noch" und lassen sich gerne durch solche Aussage beruhigen. Manchmal werden Kommunikationsprobleme aber auch erst im Kindergarten deutlich, weil das Kind hier mit Anforderungen konfrontiert wird, die die Entwicklung sprachlicher Fähigkeiten erfordern. Dies betrifft vor allem Kinder, in deren familiärem Kontext das Miteinander weitgehend ohne Sprache geregelt wurde oder sich die Eltern auf die eingeschränkten Verständigungsmöglichkeiten des Kindes eingestellt haben.

5.2 Qualifizierungsbedarf

Sozialpädagogische Fachkräfte fordern für diese Aufgabe vor allem eine Qualifizierung ein. Nach wie vor gibt es in der Lehre und in der Forschung der Sozialarbeit oder Sozialpädagogik keine systematische Auseinandersetzung mit dem Arbeitsgebiet „Sprachstörungen“ (Wendlandt 1993). Erzieherinnen beklagen, dass sie durch die Ausbildung nicht ausreichend auf diese Aufgaben vorbereitet wurden. Ihnen fehlen Grundinformationen und genaue Kenntnisse der Störungsbilder. Sie finden, dass sie auf diesem Gebiet in der Ausbildung nur unzureichend Handlungskompetenzen entwickeln und üben konnten. Eine weitere Ursache für die verbreitete Kompetenzunsicherheit bei Erzieherinnen könnte in der Kompetenzspaltung von Pädagogik und Therapie liegen:

> „Im Zusammenhang mit einer Ausdifferenzierung therapeutischer Angebote für verschiedene Behinderungsformen ist eine Verunsicherung ‚therapeutischer Laien‘ zu konstatieren […]: Regelpädagoginnen fühlen sich für die durch Therapie abgedeckten Bereiche der kindlichen Entwicklung nicht mehr zuständig und betrachten die eigenen pädagogischen Kompetenzen als nicht ausreichend, um angemessen auf die betroffenen Kinder eingehen zu können.“ (Kolonko 2001, S. 18)

5.3 Erzieherische Kompetenzen

Umgekehrt wurde aber auch von therapeutischer Seite oft unterschätzt, welche anderen Kompetenzen Erzieherinnen einbringen könnten, um diese Kinder in ihrer Entwicklung zu unterstützen. Erzieherinnen wurden, wenn überhaupt, zu Hilfstherapeutinnen ernannt und nicht als gleichrangige Fachkräfte nach ihren Ideen befragt. Sie wurden in diesem Zusammenhang mit diagnostischen Verfahren konfrontiert, die Sprache so detailliert zergliederten, dass sie oft „den Wald vor lauter Bäumen“ nicht mehr sahen. Die vielen Anweisungen, Regeln und Rezepte führten dazu, dass Erzieherinnen ihre eigenen kommunikativen Kompetenzen nicht mehr sehen konnten und ihr eigenes sprachliches Verhalten nur noch als potenzielle Fehlerquelle betrachteten. Eine therapeutische Euphorie, Sprachstörungen mithilfe von Therapien „heilen“ zu können, gepaart mit einem therapeutischen „Leistungsfimmel“ (Wendlandt 1984) unterstützte die Abgrenzung. Die Ursachen für schwere Sprachstörungen sind immer komplex und oft nur schwer zu diagnostizieren. Therapie ist hier kein Zaubermittel, das alles kurzfristig löst. Langfristige Prozesse sind hier erforderlich (Kegel/Tramitz 1991). In solchen Fällen brauchen alle Beteiligten viel Geduld und die Bereitschaft, sich trotz dieser Probleme zu verständigen. Kommunikatives Handeln unter solchen Bedingungen zu lernen, ist dann die Aufgabe für alle, nicht nur für das behinderte Kind.

> „Gleichzeitig wird immer deutlicher, dass die anstehenden Probleme sprachauffälliger, sprachentwicklungsverzögerter und sprachentwicklungsgestörter Kinder im Kindergarten durch Sprachtherapie und Logopädie allein nicht bzw. nicht länger zu lösen sind. [...] Angesichts der Auswirkungen nichtbewältigter gesellschaftlicher und sozialer Veränderungen, [...] halte ich es für dringend notwendig, den Blick von der Therapie auf die Pädagogik zu richten und die Frage nach der Qualität der Förderung sprachlicher und kommunikativer Kompetenzen von Kindern in unseren Kindertagesstätten zu stellen!" (Holste 2000, S. 16)

Um sozialpädagogische Fachkräfte bei diesem Perspektivenwechsel nicht allein zu lassen und sie zu unterstützen, *ihren* Aufgaben gerecht zu werden, wurden die im Folgenden beschriebenen Angebote entwickelt:

5.4 Qualifizierungsmaßnahmen für sozialpädagogische Fachkräfte

Als Beispiele werden hier Maßnahmen aus dem Berliner Modell zur Prävention von Störungen des Sprechens und der Sprache und ein Qualifizierungsangebot für Erzieherinnen im Bereich „Spracherziehung für Kinder im Kindergarten" in Bremen genannt. In beiden Fällen ging die Initiative von sprachtherapeutischen Fachkräften aus:

> „Sehr schnell entstand ein Gruppenkonsens, das eigene fachspezifische Wissen dorthin zu transportieren, wo es dringend benötigt würde: in die Familien und psychosozialen Einrichtungen." (Wendlandt 1993, S. 267)

Beginnend bei den Kindergärten setzte sich die „Arbeitsgruppe Prävention" das Ziel, Eltern und Fachkärfte zu ermuntern, frühzeitig Beratung und Fördermaßnahmen durch Fachleute nachzusuchen.

> „Zu erreichen wären diese Ziele, wenn die ‚Sprachexperten' ihren angestammten Platz im Therapiestübchen verlassen würden und vor Ort Einfluss nähmen." (ebd.)

Ein Qualifizierungsbedarf wurde vor allem in folgenden Themenbereichen gesehen: Wie Kinder sprechen lernen, Ablauf der Sprachentwicklung, Sprechen und Hören, Störungen des Sprechens und der Sprache, Zwei- und Mehrsprachigkeit, Sprachförderung, Finanzierung, Fachleute, Institutionen und Literatur. Diese Themen wurden auf unterschiedliche Art und Weise angeboten: Auf berufsspezifischen Informationsveranstaltungen und Fortbildungen ebenso wie auf Elternabenden und Teamsitzungen. Darüber hinaus wurden Beratungsmaterialien auch in türkischer Sprache erarbeitet. (Wendlandt 1992 u. 1995)

Unter dem Titel *„Spracherziehung – das ist die Förderung, Begleitung und Unterstützung der sprachlichen Entwicklung von Kindern im Kindergarten und Vorschulalter“* wurde für den Landesverband Evangelischer Tageseinrichtungen für Kinder ein Qualifizierungsangebot für Erzieherinnen erarbeitet (Holste 1999). Den Kern dieser Weiterbildungsmaßnahme bilden fünf in Bausteinen zusammengefasste Themenblöcke, in denen Grundkenntnisse, das dazugehörige methodische und didaktische Handlungswissen und die für eine reflektierte und reflektierende Pädagogik unabdingbaren Theorieanteile vertieft und erweitert werden. Qualifizierungsnotwendigkeiten und Qualifizierungsinteressen werden verknüpft. Methodisch ist eine gegenseitig ergänzende Verknüpfung von Wissensvermittlung, Kenntniserwerb und Kompetenzerweiterung im konkreten gemeinsamen Probieren, Üben und Gestalten vorgesehen.

Die ersten beiden Bausteine befassen sich vor allem mit dem Grundwissen und den Grundkenntnissen von Sprache und Sprachstörungen. In Baustein drei und vier werden erzieherisches Handlungswissen und Handlungskompetenzen erweitert. Als Leitfragen werden benannt: „Was muss ich über die Kommunikation zwischen Erwachsenen und Kindern wissen? Was muss ich über das Gelingen und Misslingen von Dialogen wissen? Was muss ich in der Kommunikation mit Kindern beachten?“ und „Was kann ich tun, um Kinder in ihrer sprachlichen Entwicklung zu unterstützen und zu fördern? Wie erziehe ich Kinder im kompetenten und erfolgreichen Umgang mit Sprache?“ Baustein fünf befasst sich mit konzeptionellem Denken und innovativem Handeln.

5.5 Beratungsfachdienste für sozialpädagogische Fachkräfte und Eltern

In mehreren Städten und Bundesländern bieten psychosoziale Einrichtungen und Frühförderstellen Beratungsfachdienste nicht nur für Eltern, sondern auch für sozialpädagogische Fachkräfte an. Diese Fachdienste, meist auf Drängen von Mitarbeiterinnen und Mitarbeitern in den Einrichtungen und Fachdiensten entstanden, sind für Erzieherinnen deshalb so wichtig, weil sie sich an diese Stellen auch mit diffusen Sorgen und Ängsten wenden können, bevor sie Eltern damit konfrontieren und damit vielleicht Abwehrhaltungen provozieren. Häufig beobachten Erzieherinnen ein auffälliges Verhalten bei Kindern, das sie beunruhigt, dessen Ursachen sie aber nicht eingrenzen können und sie sich unsicher sind, ob dieses Verhalten eine vorübergehende „Phase“ ist oder ob Förderbedarf besteht. In dieser ungeklärten Situation ist es sehr schwierig, das Gespräch mit Eltern zu suchen. Ist dies die Voraussetzung für eine fachliche Unterstützung, kann wertvolle Zeit verloren gehen, bis Erzieherinnen ihre Beobachtungen ansprechen: Zeit, in der das Kind nicht adäquat betreut und unterstützt werden kann.

Diese Fachdienste entstanden häufig aus den Erfahrungen mit einer integrierten Einzeltherapie durch Sprachtherapeutinnen und -therapeuten in Regeleinrichtungen. Aufgrund von träger- und länderspezifischen Sondervereinbarungen erhalten (sprach-)behinderte Kinder oder Kinder, die von einer Behinderung bedroht sind, eine individuelle Förderung in ihrer Kindertagesstätte. Beispiele für diese Form der Sprachförderung finden sich an vielen Orten von Bremen bis Passau (Mayr 1992). Diese Erfahrungen führten häufig zu einer engeren Kooperation der unterschiedlichen Fachbereiche, zur Klärung von Kompetenzen und Aufgaben und zur Gründung von Integrationseinrichtungen für sprachbehinderte und nicht sprachbehinderte Kinder.

5.6 Integrationseinrichtungen für Kinder mit Sprachentwicklungsstörungen

Ein Konzept zur gemeinsamen Betreuung, Bildung und Erziehung von Kindern mit und ohne Sprachentwicklungsstörungen erarbeitete Kolonko auf der Grundlage ihrer Erfahrungen als Sprachtherapeutin. In ihrem Buch „Spracherwerb im Kindergarten“ stellt sie die Grundlagen für eine sprachpädagogische Arbeit von Erzieherinnen dar. Erzieherinnen sollen ihre sprachpädagogischen Kompetenzen wiederentdecken und ihre Rolle und ihre Aufgaben in der Arbeit mit behinderten und nicht behinderten Kindern wahrnehmen. Als Grundsätze für die Arbeit gelten die allgemeinen Prinzipien der Integrationspädagogik. Behinderte Kinder dürfen nicht nur als defizitäre, behütenswerte Wesen betrachtet werden. Sie besitzen Fähigkeiten, um ihre Entwicklung aktiv zu gestalten, man muss diese nur entdecken und fördern. Behinderte Kinder haben die gleichen Bedürfnisse wie nicht behinderte Kinder. Sie äußern diese Bedürfnisse aber oft in einer „Sprache“, die wir nicht verstehen. Im Zusammenleben brauchen wir deshalb manchmal „Dolmetscher“. Für die Betreuung, Bildung und Erziehung von behinderten Kindern braucht es keine „besondere“ Pädagogik, sondern ein besonderes Wissen, um pädagogische Praxis adäquat zu gestalten. So fordert Kolonko:

„Das [sprachbehinderte, A.W.] Kind muss erfahren können, dass seine Sprache nicht als richtig oder falsch bewertet wird, sondern als Mittel zum kommunikativen Austausch akzeptiert ist." (Kolonko 2001, S. 29)

„Der Unterschied zu normal sprechenden Kindern ist darin zu sehen, dass die betroffenen Kinder Spracherfahrungen benötigen, die ein erhebliches Mehr der Anregungen enthalten, die im regulären Spracherwerb eher beiläufig angeboten werden." (ebd. S. 28)

Das Buch enthält eine Vielzahl von Anregungen für die praktische Arbeit, die hier nicht umfassend wiedergegeben werden können. Einen wichtigen Stellenwert bei der Entwicklung sprachpädagogischer Angebote im Kindergarten misst Kolonko der Beobachtung von Kindern bei.

6 Methoden zur Erfassung sprachlicher Leistungen und kindlichen Verhaltens

Um adäquate Sprachförderangebote entwickeln zu können, brauchen die pädagogischen Fachkräfte Informationen über die von ihnen betreuten Kinder. Neben den Gesprächen mit Eltern und dem fachlichen Austausch mit Kolleginnen und Kollegen werden vor allem zwei „Informationsquellen" genutzt: Erhebungen sprachlicher Leistungen (Sprachstandsmessungen) und bewusste Beobachtungen.

6.1 Instrumente zur „Sprachstandsmessung"

Mit Instrumenten zur Sprachstandsmessung verbinden Erzieherinnen und Erzieher häufig die Hoffnung, sie erhielten damit ein objektives und genaues Mittel, das ihnen wie ein Expertensystem eine unparteiliche Auskunft über den Förderbedarf eines Kindes gibt. So gehen die Teilnehmerinnen und Teilnehmer in einem Workshop zur Sprachentwicklung von folgender Annahme aus:

„Je genauer dabei der Förderbedarf, d.h. die Schwächen und Entwicklungsrückstände des einzelnen Kindes ermittelt werden können, desto größer ist die Chance, gezielte Fördermaßnahmen zu ergreifen." (Stadt Krefeld 2001, S. 40)

Hier müssen unterschiedliche Einsatzmöglichkeiten für Sprachstandsmessinstrumente differenziert werden.

Klinische Diagnostik

Es liegen mehrere diagnostische Verfahren vor, mit deren Hilfe Sprachentwicklungsstörungen beschrieben werden können und mögliche Ursachen eingegrenzt werden sollen. Diese diagnostischen Verfahren und Tests sollten auf gar keinen Fall von Laien eingesetzt werden. Die Ermittlung von Entwicklungsrückständen und Schwächen ist für eine sorgfältige Diagnostik unbestritten. Sie ist aber weder für die Erarbeitung von therapeutischen noch pädagogischen Angeboten ausreichend. Mit der Erhebung von Tests ist noch kein Verständnis für das Kind erreicht. Dieses Verständnis entsteht erst in der sorgfältigen Interpretation dieser Daten. An diesem Punkt ist die Fachlichkeit der pädagogischen Betreuerinnen und Betreuer unerlässlich; denn jetzt wird deutlich, welche Stärken und Kompetenzen bei dem betroffenen Kind wahrgenommen werden können.

Wissenschaftliche Forschung

Ein weiteres Gebiet, auf dem Sprachstandsmessungen unerlässlich sind, ist die wissenschaftliche Forschung. Hier werden Daten über das Sprachvermögen von Kindern und Jugendlichen erhoben, um wissenschaftliche Fragestellungen oder Hypothesen zu bearbeiten, wie z. B. „Sprachvermischungen sind ein Indiz für eine mangelhafte Sprachentwicklung in beiden Sprachen“ oder „Sprachvermischungen sind ein Indiz für die Fähigkeit, beide Sprachen funktional und flexibel einzusetzen“. Das Problem bei der Erstellung solcher Instrumente liegt im Charakter des Forschungsgegenstandes. Es soll etwas erfasst werden, das im Fluss ist, es soll festgehalten werden, wie das Kind seine Sprache entwickelt. Diese Methoden müssen den Gütekriterien wissenschaftlicher Forschung genügen. Häufig sind solche Methoden Ausgangsbasis für Sprachstandsmessinstrumente für die sozialpädagogische Praxis.

Sprachstandsmessungen in der sozialpädagogischen Praxis

Für Zwecke wie Beurteilung, Einstufung und Festlegen von Förderungszielen werden geeignete Verfahren gesucht, denn die bisher vorhandenen sind noch nicht brauchbar. Einige Arbeitsstellen entwickelten eigene Instrumente, die aber meist nicht veröffentlicht wurden oder so ungenau beschrieben sind, dass sie nicht einsatzfähig sind. Zurzeit erarbeitet Hans H. Reich mit seinem Team im Auftrag der Hamburger Schulbehörde solche Instrumente. Erste Ergebnisse haben er und Inci Dirim auf einer Tagung des Deutschen Jugendinstituts im Mai 2001 im Rahmen des Workshops *„Erfassung des kindlichen Sprachverhaltens“* vorgestellt. Die Tagung mit dem Titel *„Treffpunkt deutsche Sprache“* wird in einem schriftlichen Bericht dokumentiert (Erscheinungsdatum noch nicht bekannt). In dem Workshop kam aber auch zutage, wie schwierig es ist, allgemein gültige und handhabbare Verfahren zu entwickeln.

6.2 Beobachtungshilfen

Ein wesentlich effektiveres und dem Arbeitsauftrag von Erzieherinnen angemesseneres Instrument bietet die bewusste und aktive Beobachtung. Sie schafft die Grundlage für professionelles pädagogisches Handeln und stellt eine wesentliche Voraussetzung für die Entwicklung und Reflexion von Sprachförderangeboten dar. Erzieherinnen müssen den individuellen Entwicklungsstand des Kindes kennen. Sie möchten die sozialen Beziehungen der Kinder untereinander verstehen und Gruppenprozesse erkennen. Dafür brauchen sie Kriterien, um ihr eigenes Verhalten reflektieren zu können.

Leitfragen für die Beobachtung bei Jampert

In ihrer in Kürze als Buch erscheinenden Dissertation mit dem Titel *„Schlüsselsituation Sprache“* zieht Jampert (2000) Schlussfolgerungen aus den Forschungsergebnissen und gibt Anregungen für die Praxis. Zu den Themen *„Förderung der kommunikativen Kompetenz“*, *„Förderung der Kinder bei der Bedeutungsentwicklung“* und *„Förderung der Kinder bei der Ablösung der Sprache aus dem situativen Kontext“* entwickelte sie Beobachtungsleitfragen, die Erzieherinnen helfen sollen, den jeweiligen Förderbereich einzuschätzen. Sie gibt zu jeder Frage Interpretationshilfen, damit die Beobachterinnen einschätzen können, welche Relevanz die gestellte Frage besitzt, z. B.:

> „Verwendet das Kind Sprache in Situationen, in denen es sich alleine beschäftigt? Welche Sprachen verwendet es […]? Wofür ist diese Information wichtig? Die sprachliche Begleitung von Aktivitäten und Handlungen ist ein wichtiger Entwicklungsschritt beim Spracherwerb. Die Kinder erweitern und ergänzen ihre Erfahrungshandlung um die Sprachbegleitung, wodurch die Handlung intellektuell präsent ist. In der Anfangszeit kann für viele Kinder nur die Muttersprache diese Funktion übernehmen.“ (Jampert 2000, S. 141)

Mit diesem Vorgehen liefert Jampert nicht nur eine Beobachtungshilfe im Sinne eines Fragenrasters, sie gibt mit ihren Erklärungen gleichzeitig eine „Fortbildung“ zu den Themen. In der jetzigen Form sind die Fragen jedoch zu umfangreich, um im Alltag eingesetzt zu werden. Sie berücksichtigen zu viele Einzelaspekte, sodass es für die Beobachtenden sehr schwierig wird, die Ergebnisse zu gewichten und wieder zu einem Gesamtbild zusammenzufügen. Auch hier besteht die Gefahr, dass man „den Wald vor lauter Bäumen nicht mehr sieht“.

Beobachtungshilfen von Kolonko und Krämer

Kolonko (2001) weist in ihrem Konzept zur sprachpädagogischen Arbeit auf die Schwierigkeit hin, klare Grenzen zwischen Sprachauffälligkeiten und „normaler“ Sprache zu ziehen.

> „Den Maßstab für die Bewertung bilden kulturell determinierte Vorstellungen darüber, was als ‚normal‘ gilt. Gestörte (Kinder-)Sprache ist somit keine konstante Größe, sondern bestimmt durch relative gesellschaftliche Normen, Altersnormen und subjektive Erwartungshaltungen.“ (Kolonko 2001, S. 96)

Als Grundlage für eine gezielte und theoriegeleitete Beobachtung entwickelte sie „Beobachtungshilfen zur Beschreibung von Kommunikation in Kindergarten und Schule“ (Kolonko/Krämer 1993).

Sie betont, dass diese Beobachtungshilfe kein Mittel zur Diagnostik darstellt, sondern Erzieherinnen Hinweise geben soll, was sie wann wie beobachten können. Sie bietet eine Strukturierungshilfe und nennt Themenschwerpunkte für die Beobachtung wie bevorzugte Sprechsituation, kommunikative Absichten oder Dialogfähigkeit. Die Beobachtenden sollten selbst auswählen, welche Situationen sich im Alltag für die Wahrnehmung der jeweiligen Fähigkeit am besten eignen. Dabei sollten sie ihr Augenmerk nicht nur oder nicht in erster Linie auf Defizite werfen, sondern vor allem auf die Fähigkeiten des Kindes. Die Beobachtungen sollten der Hypothesenbildung dienen, das heißt, Überprüfungen der gewonnenen Schlussfolgerungen zulassen. Erst mithilfe der Interpretation der Ergebnisse und der Reflexion der Situation lassen sich im Team geeignete Angebote oder Raumveränderungen oder Interaktionsformen entwickeln. Kolonko verweist in diesem Zusammenhang auf die Bedeutung der Selbstreflexion.

Eine wichtige Grundlage für eine qualitätsvolle Sprachförderung liefern die Beobachtungen von Erwachsenen-Kind-Interaktionen in den Einrichtungen. In vielen Konzepten wurden die Erzieherinnen nicht nur fachlich „von außen" begleitet, sondern auch in ihrer Arbeit mithilfe von Beobachtungen beurteilt. Diese Fremdbeobachtungen führten häufig zu Konflikten. Obwohl die Erzieherinnen den Wert der Beobachtung für ihre Arbeit mit den Kindern erleben konnten, lösten Fremdbeobachtungen eher gemischte Gefühle aus.

In der Fortbildung „*Aktives Beobachten in der Kindergruppe anhand der Entwicklungstabelle von Prof. Dr. E. K. Beller*" für Erzieherinnen in Kinderkrippen und Kooperationseinrichtungen der Stadt München (Landeshauptstadt München 2000) stellten die Referentinnen folgende Frage: „Versetzen Sie sich bitte in eine Situation, in der Sie selbst beobachtet wurden. Erinnern Sie sich bitte sowohl an eine angenehme Situation wie an eine unangenehme. Warum war die Situation angenehm, warum unangenehm?" Die Antworten spiegeln individuelle Erfahrungen wider. Angenehme Situationen waren z. B.: „Ich habe auf der Hochzeit meiner Schwester vorgetanzt. Ich wusste, dass mich alle anschauen und denken: Das hätten wir der gar nicht zugetraut", „Ich hatte eine total schicke neue Frisur und habe es richtig genossen, dass sich die Leute nach mir umgedreht haben", „Ich habe gemerkt, dass mich meine Anleiterin bei dem Angebot heimlich beobachtet. Und ich konnte ihr zeigen, dass ich das kann."

Unangenehme Situationen waren: „In der U-Bahn saß so ein Typ mir gegenüber, der hat mich mit seinen Blicken ausgezogen", „Der Lehrer schlich bei Schulaufgaben immer hinter uns 'rum, ich dachte immer: Der sieht nur, was du falsch machst", „In der Mensa kam mal einer auf mich zu und hat gesagt: Ich beobachte dich schon die ganze Zeit, du scheinst sehr interessant zu sein. Ich fand das total unseriös. Wie kann der mich nur vom Anschauen so einschätzen."

Die Antworten zeigen, dass Erwachsene mit Beobachtung nicht nur positive Situationen verbinden. Diese Vorerfahrungen prägen die Einstellungen sowohl zur Selbst- und Fremdbeobachtung als auch zur Beobachtung von Kindern. Beobachtung ist kein wertfreies pädagogisches Instrument. Beobachtung empfinden wir dann als angenehm, wenn unsere Stärken beobachtet werden, wenn wir den Beobachter einschätzen können, wenn wir die Beobachtungsmethode als seriös empfinden und wenn wir sicher sind, dass die Ergebnisse nicht gegen unsere Interessen benutzt werden. Kinder besitzen meist noch keine unangenehmen Erfahrungen mit Beobachtung. Sie sehen vor allem das echte Interesse der Erwachsenen an ihnen. Fachkräfte, die Beobachtung als Methode einsetzen, sollten sich bewusst sein, dass durch die Beobachtung nicht ein objektives Bild vom gegenwärtigen Entwicklungsstand des Kindes gezeichnet wird. Durch die Beobachtung entsteht immer auch eine Beziehung zwischen dem Beobachter und dem Beobachteten.

Sprachförderung in Vorschuleinrichtungen, die von Erzieherinnen und Erziehern im Gruppenalltag geleistet werden soll, setzt immer eine intensive und vertrauensvolle Beziehung zwischen den Kindern und den Betreuerinnen voraus. Der Erfolg von Maßnahmen beruht auf einer gesteigerten Engagiertheit und einem persönlichen Interesse für das individuelle Kind. Beobachtungsmethoden sind dann hilfreich, wenn sie den Erzieherinnen nicht nur zeigen, wo das Kind im Moment Defizite aufweist, sondern ihnen auch Hinweise geben, wo das Kind Kompetenzen besitzt.

> „Gezielte und differenzierte Beobachtung bedeutet zunächst bewusste Beschränkung, das heißt Fokussierung auf einen bestimmten Beobachtungsausschnitt. Dieses Vorhaben ist für viele Praktiker und auch in Fachdiskussionen ein wenig suspekt – man würde dann ja nicht dem ganzen Kind in seiner fortwährenden Entwicklung gerecht, man würde es einseitig ‚festnageln'." (Ulich/Mayr 1999, S. 6).

Diese Bedenken sind berechtigt, wenn Kinder auf Defizite festgelegt werden. Die Fokussierung auf den Entwicklungsbereich Sprache kann auch zu Fehleinschätzungen führen.

Erzieherinnen sollten deshalb bei ihren Beobachtungen nicht nur den Entwicklungsbereich Sprache auswählen. Für die Entwicklung individueller Förderangebote sollten deshalb in jedem Fall weitere Beobachtungshilfen, die auch andere Aspekte berücksichtigen, eingesetzt werden.

Beobachtungshilfen zur Einschätzung der Allgemeinentwicklung des Kindes

Beller (2000) erarbeitete für die ersten sechs Lebensjahre eine Entwicklungstabelle zur Beobachtung individueller Entwicklungsverläufe.

Diese Entwicklungstabelle ist ein aufwändiges, aber auch sehr effektives Beobachtungsinstrument. Insgesamt werden 649 Items abgefragt. Die Entwicklungstabelle ist in acht Verhaltensbereiche, in Körperpflege, Umgebungsbewusstsein, sozialemotionale Entwicklung, Spieltätigkeit, Sprache, Kognition sowie in Grob- und Feinmotorik unterteilt. Alle Verhaltensbereiche umfassen 14 Entwicklungsphasen, die das Altersspektrum null bis sechs Jahre umfassen. In jeder Entwicklungsphase werden Fragen zu Tätigkeiten gestellt, die die Erzieherinnen im Alltag beobachten können. Gefragt wird nicht, ob ein Kind diese Tätigkeit kann, sondern ob es sie tut. Das Tun enthält drei Dimensionen: Hat das Kind überhaupt die Möglichkeit, das zu tun, ist es motiviert, das zu tun und hat es die notwendigen körperlichen und geistigen Fähigkeiten, das zu tun. Die Entwicklungstabelle misst also nicht, wie ein Kind ist, sondern wie es sich im Moment in der Einrichtung verhält. Die erhobenen Daten ergeben ein individuelles Entwicklungsprofil, das zeigt, in welchen Verhaltensbereichen das Kind im Moment seine Stärken und wo es seine Schwächen besitzt. Darüber hinaus wird der Entwicklungsbereich deutlich: Welche Phasen gehören zum Sicherheitsbereich, welche zum Anregungsbereich und welche würden das Kind überfordern? Durch die Erstellung des Entwicklungsprofils wird vermieden, die Kinder nur noch als „Sprachwesen" zu betrachten. Er ermöglicht, folgende Motivationsprinzipien einzuhalten: Die Erwachsenen können die „Lieblingsverhaltensweisen" der Kinder mit schwächeren Bereichen verbinden und so das Selbstvertrauen der Kinder und die Beziehung zur Erzieherin stärken.

Eine weitere Möglichkeit zur Beobachtung individueller Kinder bietet die „Beobachtung von Engagiertheit". Die Ideen und dazugehörigen Materialien wurden in Belgien maßgeblich von Ferre Laevers (Laevers 1993) entwickelt. Mayr und Ulich erprobten diese Methode in deutschen Kindergärten. Ihr Motiv war, „dass mit diesem Ansatz nicht bestimmte Fertigkeiten eines Kindes, sondern seine aktuelle Lernbereitschaft erfasst werden soll. Es geht nicht darum, was ein Kind schon alles kann oder wie weit es in diesem oder jenem Bereich (z.B. Motorik, Sprache) entwickelt ist, sondern darum, wie es sich mit einer bestimmten Aufgabe oder Herausforderung auseinandersetzt" (Mayr/Ulich 1999, S. 104). Mit dieser Methode können bestimmte Situationen im Gruppenalltag beobachtet und kritisch hinterfragt werden. So könnte z.B. das Verhalten eines Kindes beim Kneten, Matschen im Sand oder bei einer Bilderbuchbetrachtung festgehalten werden. Die Engagiertheit des Kindes wird in fünf Abstufungen betrachtet. Der Umgang mit der Entwicklungstabelle von Beller und der Einsatz der Engagiertheitsskala müssen gelernt werden.

Eine sehr gute Anregung für die Beobachtung von Gruppenprozessen liefert der „Beobachtungsbogen Eigenaktivität" (Unteregger-Mattenberger 1994). Dieser Bogen wurde von Schweizer Erzieherinnen im Rahmen eines Projekts entwickelt. Es werden vor allem Spielsituationen berücksichtigt. Gefragt wird nach dem Umgang des Kindes mit Material sowie seinem Verhalten gegenüber anderen Kindern und Bezugspersonen. Bewusst wird die Beobachtende auch durch Fragen auf die körpersprachlichen und (laut-)sprachlichen Äußerungen des Kindes aufmerksam gemacht, die wörtlich notiert werden sollen. In der Kopiervorlage ist bereits Platz für Reflexion und Interpretation vorgesehen sowie für Input, Anregung und Hilfestellung.

Weitere Anregungen zu dem Thema „Beobachtung" finden sich in einer Expertise im Rahmen des Projekts *„Konfliktverhalten von Kindern in Kindertagesstätten"* des Deutschen Jugendinstituts. (Rohrmann 1996)

7 Zusammenfassung und Schlussfolgerungen

In der Einleitung wurde bereits erwähnt, dass sich viele pädagogische Institutionen und Fachkräfte engagieren, um den neuen gesellschaftlichen Anforderungen auf dem Gebiet der Sprachförderung auch unter schwierigen Rahmenbedingungen gerecht zu werden. Eine quantitative Erhebung über die bundesweite Verteilung von Sprachförderangeboten konnte im Rahmen dieser Arbeit nicht erstellt werden. Die regionalen Beispiele machen aber deutlich, dass Sprachförderung zu einem bedeutsamen Thema der Sozialpädagogik geworden ist, dass Probleme, Fragen und Chancen aber auch verschieden bewertet werden, dass unterschiedliche Konsequenzen gezogen und vielfältige Lösungsstrategien entwickelt werden.

Die Suche nach geeigneten Ansätzen und Konzepten beginnt an unterschiedlichen Ausgangspunkten. Sprachförderung wird zum Gegenstand und zum Bindeglied verschiedener Fachrichtungen und Aufgabengebiete wie z. B. der interkulturellen Pädagogik, der Psychomotorik, der Sprachheilpädagogik, der Psychologie, der Medizin, der Bildungspolitik, der Schulpädagogik, der Psycholinguistik, der Sozialpädagogik oder der Integrationspädagogik. Gerade weil viele Fachgebiete Wissen, Erfahrung und Angebote für eine pädagogische Praxis einbringen, muss Sprachförderung in ein pädagogisches Gesamtkonzept eingebettet sein, um in Kindertagesstätten wirksam zu sein.

Kinderbetreuungseinrichtungen können nicht wie Franchiseunternehmen organisiert werden mit unterschiedlichen und voneinander unabhängigen Marktständen wie „Suchtprävention", „Kariesprophylaxe", „Sprachförderung" oder „Rückenschule" und Erzieherinnen und Erziehern, die je nach Nachfrage flexibel Aufträge für die einzelnen „Subunternehmen" ausführen. Die Angebote und Konzepte zeigen, dass Sprachförderung in Kindertagesstätten von den pädagogischen Fachkräften dann erfolgreich durchgeführt werden kann, wenn sich die pädagogischen Fachkräfte ihrer spezifischen Fähigkeiten bewusst werden. Zu diesen Fähigkeiten gehört einerseits, den Kindern eine vertrauensvolle und tragfähige Beziehung anzubieten, um Neugier und unbeschwertes Lernen zu ermöglichen, und ihnen zum anderen geeignete Materialien, Raum und Zeit zur Verfügung zu stellen, um ihren Selbstbildungsprozess zu unterstützen und die Entwicklung ihrer Gesamtpersönlichkeit zu fördern. Nur in Kombination dieser beiden Fähigkeiten entwickelt sich qualitätsvolle pädagogische Praxis. Darüber hinaus gehört es zu den Aufgaben von Erzieherinnen und Erziehern, die Interessen von Kindern und auch Eltern wahrzunehmen und zu artikulieren. Die Notwendigkeit, Eltern als Experten für ihre Kinder partnerschaftlich mit einzubeziehen, wurde in vielen Konzepten deutlich. Projekte wie *„Rucksack"*, *„Griffbereit"* oder *„Hippy"* sind wichtige Bausteine für eine interkulturelle Pädagogik und Sprachförderung.

Wie in anderen Themenbereichen der Pädagogik wird auch in mehreren Konzepten zur Sprachförderung ein zweifacher „Perspektivenwechsel" gefordert und vorgenommen:

1. In Theorie und Praxis blickt man nun nicht mehr in erster Linie auf Defizite, sondern sucht bei den Betroffenen die Kompetenzen.
2. Die Kinder werden nicht mehr mit einem „erwachsenenzentrierten" Blick betrachtet, Angebote und Projekte sollen aus Sicht der Kinder gestaltet und bewertet werden.

Zu 1: Unabhängig von den wissenschaftlichen Disziplinen und Praxisbereichen erkennen die Fachkräfte, dass die „Betroffenen" über vielfältige Fähigkeiten verfügen, die als Ressourcen genutzt werden sollten. Ausländische Eltern sprechen eben nicht in erster Linie schlecht Deutsch, sondern gut Türkisch, Russisch, Libanesisch etc. Mehrsprachig aufwachsende Kinder setzen die unterschiedlichen Sprachen funktional und flexibel ein und verfügen nicht nur über eine doppelte Halbsprachigkeit. Am deutlichsten markierte diese neue Sichtweise die „Aktion Sorgenkind" mit ihrer Umbenennung in „Aktion Mensch". Auch auf diesem Gebiet erweist sich Wygotski als Vordenker, der bereits 1924 schrieb:

> „In unseren Händen liegt es, so zu handeln, dass das gehörlose, das blinde und das schwachsinnige Kind nicht defektiv sind. Dann wird auch das Wort selbst verschwinden, das wahrhafte Zeichen für unseren eigenen Defekt." (1997, S. 113)

Zu 2: Die Perspektive der Kinder einnehmen bedeutet nicht, wieder wie Kinder zu werden, sondern die Erwachsenenfähigkeiten und Erfahrungen zu nutzen, um sich in die kindlichen Entwicklungsprozesse einzudenken, die Kindern selbst unbewusst bleiben. Die unterschiedlichen Vorstellungen und Bedeutungen, die mit linguistischen Begriffen verknüpft werden, zeigen die Notwendigkeit und Schwierigkeit, diesen Blickwinkel zu verändern. Die Vorstellung, Erwachsene beherrschten eine Sprache, scheint es auf diesem Gebiet besonders schwer zu machen. Es scheint leichter zu sein, den Wert des Krabbelns, des Matschens und des Experimentierens mit Gegenständen zu sehen, als die Bedeutung des Plapperns, der Kindworte und der generationenspezifischen Codes. „Förderung wohin?" war eine elementare Frage, die sich viele Fachkräfte in den pädagogischen Konzepten stellten. Gilt Bildung als eine Voraussetzung, damit Kinder ihre Gegenwart qualitätsvoll und damit kindgerecht gestalten können, oder wird Bildung zur Ausbildung für spätere Zwecke?

Um diese neuen Sichtweisen in die Arbeit einbeziehen zu können und um den gewachsenen Anforderungen gerecht werden zu können, sehen die pädagogischen Fachkräfte folgende Notwendigkeiten. Erzieherinnen und Erzieher brauchen, um die Aufgaben erfüllen zu können:

- Qualifizierung und fachliche Unterstützung und Begleitung von außen,
- Kooperation von Forschung, Ausbildung, Fortbildung und Praxis,
- Vernetzung und Erfahrungsaustausch der Fachkräfte untereinander,
- Veränderungen in der Ausbildung, da sie bisher den Anforderungen auf diesem Gebiet nicht gerecht wurden,
- angemessene Rahmenbedingungen an ihren Arbeitsplätzen.

Viele Erzieherinnen und Erzieher fühlen sich durch die Ausbildung nicht ausreichend auf die neuen Aufgaben vorbereitet. Sie brauchen Qualifizierungsmaßnahmen, die „über den Rahmen normaler Fortbildungen" hinausgehen. Bewährt haben sich langfristige Qualifizierungsmaßnahmen und Praxisberatung oder Weiterbildung am Arbeitsplatz.

Die Kooperation von Forschung, Ausbildung, Fortbildung und Praxis ist notwendig, da auch in der Forschung ein Perspektivenwechsel stattgefunden hat und viele Forschungsfragen ohne die Unterstützung aus der Praxis nicht bearbeitet werden können. In vielen Fällen werden deshalb Formen eines „forschenden Lernens“ und Kooperationen auf der Grundlage unterschiedlicher Kompetenzen entwickelt.

Erzieherinnen und Erzieher erkennen zunehmend die Bedeutung von Vernetzung. Es gibt eine Vielzahl von Praxisbeispielen, die füreinander transparent gemacht werden können. Interkulturelle Erzieherinnen oder Erzieherinnen mit eigenem Migrationshintergrund betreten oft ein neues Gebiet und stehen mit ihren Erfahrungen und Aufgaben im Team allein. Sie brauchen den einrichtungsübergreifenden Erfahrungsaustausch und die Möglichkeit, in Arbeitskreisen Methoden und Angebote weiterzuentwickeln. Pädagogische Fachkräfte brauchen den Erfahrungsaustausch untereinander, um ihre spezifischen Fähigkeiten in einem interdisziplinären Arbeitsfeld nicht zu verlieren und den Austausch mit Kolleginnen und Kollegen aus anderen Fachgebieten, um durch deren „Brille“ ihren Arbeitsbereich zu betrachten und gegebenenfalls zu verändern.

Die Fachkräfte erwarten, dass auch in ihrer Ausbildung ein Perspektivenwechsel stattfindet. Themen wie interkulturelle Pädagogik, Sprachbildung und Sprachförderung müssten mehr Gewicht erlangen. Es müssten in der Ausbildung auch die Kompetenzen von mehrsprachigen Studierenden stärker anerkannt werden, indem z. B. Leistungsnachweise diese Fähigkeiten bewerten.

Die Rahmenbedingungen hinken den pädagogischen Erkenntnissen weiter hinterher. Die Kinder mit den „besonderen“ Bedürfnissen und dem „besonderen“ Förderbedarf sind nicht die Ausnahme, sie sind die Regel. Die Kinderwelten sind individuell sehr unterschiedlich, Kinder brauchen individuelle Betreuung, Bildung und Erziehung auch in der Gruppe.

> „Alle zusammen ist noch lange nicht gemeinsam.“ (Lill 1996)

Diese Erkenntnis aus der Integrationsbewegung für behinderte und nichtbehinderte Kinder trifft auf alle Kindergärten zu. Wer Kinder mit besonderen individuellen Bedürfnissen aufnimmt, sie aber nicht fördert, der integriert nicht, sondern grenzt aus. Eine wichtige Grundlage für Bildung besteht darin, dass alle Kinder die Förderangebote von Kindertagesstätten nutzen können. Dies erfordert zum einen ein flächendeckendes Platzangebot, aber auch Gruppengrößen und Personalbesetzungen, die ein qualitätsvolles Arbeiten ermöglichen. Dafür sind Arbeits- und Vorbereitungszeiten für Erzieherinnen und Erzieher notwendig, die eine professionelle Weiterentwicklung im Beruf ermöglichen.

Vor allem in Konzepten zur interkulturellen Pädagogik und in politischen Beschlüssen zur Integration ausländischer Mitbürgerinnen und Mitbürger wird der „Sprache“ eine Schlüsselrolle für Integration und berufliche Entwicklung zugemessen. Dies darf nicht dazu führen, dass unmenschliche Anforderungen an Kinder gestellt werden, auch wenn dies in bester Absicht geschieht. Niemand würde von einem Erwachsenen verlangen, dass er in einem halben Jahr eine Fremdsprache so gut lernt, dass er in dieser Sprache dann Philosophie studieren könnte. Von Kindern wird dies nicht selten erwartet.

Die hier vorgestellten Beispiele zeigen, dass Sprachförderung für Kinder auf vielen Wegen geschehen kann. Eines wird aber vor allem deutlich: Damit Kinder Sprache als Werkzeug der Kommunikation und des Denkens entdecken, nutzen und weiterentwickeln können, brauchen sie vor allem Erwachsene, die ihnen zuhören, die sich wirklich für das interessieren, was Kinder denken und sagen, und die selber Freude an sprachlicher Kommunikation empfinden.

Literatur

Beauftragte der Bundesregierung für Ausländerfragen (Hrsg.). Militzer, R./Demandewitz, H./Fuchs, R.: Hallo, Hola, Ola. Sprachförderung in Kindertagesstätten. Berlin, Bonn September 2000

Becker-Textor, I./Michelfeit, G.: Was Kindergeschichten erzählen. Kindern zuhören – Kinder verstehen lernen. München 2000

Beller, E. K.: Modellprojekt Frühförderung von Kleinstkindern durch Unterstützung junger Familien bei der Erziehungsaufgabe und durch pädagogische Qualifizierung von Krippen, Abschlußbericht Projektteil B. Landeshauptstadt München (Hrsg.), München 1994

Beller, E. K.: Ergebnisse der internationalen Krippenforschung. In: Fuchs, D. (Hrsg.): Das Tor zur Welt – Krippenerziehung in der Diskussion. Freiburg 1995, S. 102–114

Beller, E. K./Beller, S.: Kuno Bellers Entwicklungstabelle. FU Berlin. Modifizierte Fassung. Juli 2000

Beyersmann, I.: Sprache fängt nicht erst beim Sprechen an. In: Freie und Hansestadt Bremen (Hrsg.): Spielräume. 7. Jg. 4/2000

Bruner, J.: Wie das Kind sprechen lernt. 3. Auflage. Bern 1997

Deutsches Jugendinstitut e.V. (Hrsg.): Mehrsprachigkeit im multikulturellen Kinderleben. München 1999

Deutsches Jugendinstitut e.V. (Hrsg.): Spracherwerb und Schriftspracherwerb. Vom Sprechen und Verstehen zum Schreiben und Lesen. Probleme bei Kindern und Jugendlichen. Dokumentation des Expertengesprächs vom 31.3.2000. München 2000

Fiedler, A./Kunstmann, D./Leschinski, S.: Aufwachsen in einer Grenzregion. Mehrsprachigkeit ist eine Chance. In: Colberg-Schrader, H. u.a. (Hrsg.): Kinder in Tageseinrichtungen. Ein Handbuch für Erzieherinnen 1.13. Seelze 1998

Freie und Hansestadt Bremen (Hrsg.): Spielräume. 7. Jg. 4/2000

Freie und Hansestadt Hamburg (Hrsg.). Dirim, I. et al.: Gutachterliche Stellungnahme im Auftrag der Behörde für Schule, Jugend und Berufsbildung. „Zum Stand der nationalen und internationalen Forschung zum Spracherwerb zweisprachig aufwachsender Kinder und Jugendlicher". Hamburg 2001

Freie und Hansestadt Hamburg (Hrsg.): Hamburger Erhebung zum Sprachstand und zur Sprachentwicklung türkisch deutscher Schulanfänger des Schuljahres 1999/2000. Hamburg 2001

Freie und Hansestadt Hamburg, Behörde für Schule, Jugend und Berufsbildung: Beobachtung und Förderung der Sprachentwicklung zweisprachiger Kinder im Elementarbereich. Projektkonzeption. Manuskript. Januar 2001

Friedrich, G.: Hat die Wende den Kindern die Sprache verschlagen? In: Psychologie heute 6/1994

Fuchs, R: Kommunikatives Handeln in situationsorientierten Ansätzen. In: Colberg-Schrader, H. u.a. (Hrsg.): Kinder in Tageseinrichtungen. Ein Handbuch für Erzieherinnen 2.6. Seelze 1998

Gopnik, A./Kuhl, P./Meltzoff, A.: Forschergeist in Windeln. Kreuzlingen/München 2000

Hörmann, H.: Meinen und Verstehen. Frankfurt a.M. 1978

Holste, U.: Entwurf für ein Qualifizierungsangebot für Erzieherinnen im Bereich „Spracherziehung für Kinder im Kindergarten". Manuskript. Bremen 1999

Holste, U.: Förderung sprachlicher und kommunikativer Basiskompetenzen. In: Freie und Hansestadt Bremen (Hrsg.): Spielräume. 7. Jg. 4/2000

Jampert, K.: Schlüsselsituation Sprache. Spracherwerb im Kindergarten unter besonderer Berücksichtigung des Spracherwerbs bei mehrsprachigen Kindern. Inauguraldissertation zur Erlangung des Grades eines Doktors der Philosophie im Fachbereich Erziehungswissenschaften der Johann Wolfgang Goethe-Universität Frankfurt am Main. Frankfurt a.M., Oktober 2000

Katz-Bernstein, N./Bahrfeck, K.: Die Sprache der Kinder im Vorschulalter. Sprachentwicklung, Sprachstörungen und Sprachförderung. In: Colberg-Schrader, H., u.a. (Hrsg.): Kinder in Tageseinrichtungen. Ein Handbuch für Erzieherinnen 1.14. Seelze 1998

Katz-Bernstein, N./Bahrfeck, K.: Spiele zur Sprachförderung im Vorschulalter. In: Colberg-Schrader, H. u.a. (Hrsg.): Kinder in Tageseinrichtungen. Ein Handbuch für Erzieherinnen 1.15. Seelze 1998

Kegel, G./Tramitz, Ch.: Olaf – Kind ohne Sprache. Opladen 1991

Kohl, E. M.: Spielzeug Sprache. Neuwied, Kriftel, Berlin 1995

Kolonko B./Krämer I.: Beobachtungshilfe zur Beschreibung von Sprache und Kommunikation in Kindergarten und Schule. Hinterdenkental 1993

Kolonko B.: Wie Erzieherinnen Kinder im Dialog sprachpädagogisch unterstützen können. In: klein & groß 10/98

Kolonko B.: Spracherwerb im Kindergarten. 2. Auflage. Herbolzheim 2001

Küspert, P.: Möglichkeiten der frühen Prävention von Lese-Rechtschreibproblemen: Das Würzburger Trainingsprogramm zur Förderung der phonologischen Bewusstheit bei Kindergartenkindern. In: Deutsches Jugendinstitut e.V. (Hrsg.): Dokumentation des Expertengesprächs vom 31.3.2000. München 2000

Kurtenbach, Th.: „Höchste Priorität muss die Sprache haben." Interview mit dem renommierten Informatiker Joseph Weizenbaum. In: Kindergarten heute 1/2001

Laevers, F.: Die Leuvener Engagiertheitsskala für Kinder (LES-K). Handbuch zum Videoband. Leuven: Centre for Experiential Education. Leuven 1993

Lesemann, S.: „Kemal, kau!" Ein Arbeitsbericht. Verein ausländische Kinder und Mütter e.V. (Hrsg.). Gelsenkirchen 1998

LH München Schulreferat (Hrsg.). Kunz, D./Summerer, L./Tetik, Ö.: Qualität für Kinder. Interkulturelle Pädagogik. München, Februar 2000

LH München Sozialreferat (Hrsg.): Die pädagogische Rahmenkonzeption für Kinderkrippen der Landeshauptstadt München. 2. Auflage. München 1997

LH Stuttgart, Jugendamt (Hrsg.): Friedrich, A./Karidis, C./Peters, M.: „Hör mir zu und sprich mit mir!" Entwicklung eines pädagogischen Konzepts zur Sprachentwicklung und Sprachförderung. Zwischenbericht. Stuttgart o.J. (a)

LH Stuttgart, Jugendamt (Hrsg.): Friedrich, A./Karidis, C./Maier, A./Peters, M./Pavkovic, G.: Leitsätze zur ganzheitlichen Sprachförderung. Stuttgart o.J. (b)

Lill, G. (Hrsg.): Alle zusammen ist noch lange nicht gemeinsam. Kritische Rückschau auf 15 Jahre Integration. Berlin 1996

Losche, H.: Interkulturelle Kommunikation. Sammlung praktischer Spiele und Übungen. Augsburg 2000

Maier, W. (Hrsg.): Neue Wege der Sprachförderung 1–4. München 1995

Maier, W.: Deutsch lernen in Kindergarten und Grundschule. München 1999

Mayer, S.: Eia und Popeia ist nicht genug. In: klein & groß 5/2001

Mayr, T.: Sonderpädagogische Förderung sprachauffälliger Kinder im Kindergarten – das Passauer Modell. In: KiTa aktuell BY, 7/8/1992

Mayr, T.: Problemkinder im Kindergarten – ein neues Aufgabenfeld für die Frühförderung. Epidemiologische Grundlagen. In: Frühförderung interdisziplinär. 16. Jg. 4/1997, S. 145–159

Mayr, T./Ulich, M.: Kinder gezielt beobachten – Teil 1: Der Stellenwert von Beobachtung im Alltag. In: KiTa aktuell BY 10/1998

Mayr, T./Ulich, M.: Kinder gezielt beobachten – Teil 3: Die Engagiertheit von Kindern in Tageseinrichtungen. In: KiTa aktuell BY 5/1999

Militzer, R.: Überlegungen zur Mehrsprachigkeit von Kindern aus zugewanderten Familien im Kindergarten. In: KiTa aktuell BY 1/2001

Oberhuemer, P./Ulich, M./Soltendieck M.: Kulturenvielfalt in Kindertageseinrichtungen – Empfehlungen an Träger und Trägerorganisationen. In: KiTa aktuell BY 4/1999

Oers, B. van: Sprachliche Bildung. Pädagogische Verantwortung für frühe Lernprozesse. Colberg-Schrader, H. u.a. (Hrsg.): Kinder in Tageseinrichtungen. Ein Handbuch für Erzieherinnen 1.55. Seelze 2001

Oerter, R.: Psychologie des Spiels. München 1993

Papoušek, M.: Vom ersten Schrei zum ersten Wort. 3. Auflage. Bern 1998

Petersson, K.: Multi-kulti in der Kita – Überforderung oder Herausforderung? In: klein & groß 6/2001

Piaget, J.: Sprache und Denken des Kindes. Düsseldorf 1972

Prang, Ch.: Sprache ist mehr als Sprechen. 1–3 In: Kindergarten heute 10/2000–1/2001

RAA (Regionale Arbeitsstelle zur Förderung ausländischer Kinder und Jugendlicher in NRW): Interkulturelle Erziehung – (k)ein Kinderspiel? Praxis und Theorie im Elementarbereich. Essen 1997

Reggio Children: Die Kinder vom Stummfilm. Fantasiespiele zwischen Fischen und Kindern in der Krippe. Neuwied 1998

Resch, R.: Je früher, desto wirksamer. Früherkennung und Frühförderung im Kindergarten. In: KiTa aktuell BY 7/8/2000

Riebau, H.: Mit der Zunge schnalzen. In: Freie und Hansestadt Bremen (Hrsg.): Spielräume. 7. Jg. 4/2000

Rohrmann, T.: Beobachtungsverfahren und Befragungsmöglichkeiten von Kindern im Kleinkindalter. Deutsches Jugendinstitut e.V. (Hrsg.). München 1996

Rooyackers, P.: 100 Spiele mit Sprache. Seelze 1998

Rose, H.: Sprachförderung im Kindergarten. In: Freie und Hansestadt Bremen (Hrsg.): Spielräume. 7. Jg. 4/2000

Schäfer, G. E.: Bildungsprozesse im Kindesalter. Weinheim/München 1995

Schäfer, G. E.: Frühkindliche Bildung. Zehn Thesen. In: klein & groß 9/2001

Schlösser, E.: Wir verstehen uns gut. Spielerisch Deutsch lernen im Kindergarten. Münster 2001

Schmeizl, G.: Erfahrungsbericht aus der Praxis zum Passauer Modell. In: KiTa aktuell BY 7/8/1992

Schröder, E.: Alien mit hundert Sprachen. In: Freie und Hansestadt Bremen (Hrsg.): Spielräume. 7. Jg. 4/2000

Seifert, Ch./Salzsäuler, R.: Es geht auch ohne Worte. In: klein & groß 1112/2000

Stadt Gelsenkirchen (Hrsg.): Sprachförderung als Chance interkultureller Erziehung. Gelsenkirchen o. J.

Stadt Krefeld, Fachbereich Jugendhilfe und Beschäftigungsförderung (Hrsg.): Kommunales Handlungskonzept zur interkulturellen Pädagogik in Tageseinrichtungen, Schulen, Jugendeinrichtungen und Erwachsenenbildung. Krefeld 2001

Szagun, G.: Sprachentwicklung beim Kind. München 1991

Tolle Ideen Sprachentwicklung. Mülheim an der Ruhr 1992

Ulich, M.: Sprachförderung in mehrsprachigen Kindergartengruppen – Fachkräfte zwischen Anspruch und Wirklichkeit. In: KiTa aktuell BY 4/1999

Ulich, M./Mayr, T.: Engagiertheit und emotionales Wohlbefinden von Kindern in Tageseinrichtungen. Eine neue Perspektive für die pädagogische Arbeit? In: Kindergarten heute 26/1996

Ulich, M./Mayr, T.: Kinder gezielt beobachten (2). Was macht das Beobachten so schwer? In: KiTa aktuell BY 11/1999

Ulich, M./Oberhuemer, P./Reidelhuber, A. (Hrsg.): Der Fuchs geht um … auch anderswo. Ein multikulturelles Spiel- und Arbeitsbuch. Weinheim und Basel 1995

Ulich, M./Oberhuemer, P./Soltendieck M.: Die Welt trifft sich im Kindergarten. Interkulturelle Arbeit und Sprachförderung. Neuwied, Kriftel, Berlin 2001

Unteregger-Mattenberger, J.: Eigenaktivität im Kindergarten. An der Quelle lauschen. Zürich 1994

Utz, K.: Über den pädagogischen Umgang mit Vielfalt und Unterschiedlichkeit in Kindertageseinrichtungen. Formen der Planung personeller Ressourcen und ihre Folgen für die Betreuungsqualität entwicklungsgefährdeter Kinder. In: Frühförderung interdisziplinär, 16. Jg. 4/1997, S. 160–174

Verband katholischer Tageseinrichtungen für Kinder: Vielfalt bereichert. Interkulturelles Engagement katholischer Tageseinrichtungen für Kinder. Freiburg 1999

Vereinigung Hamburger Kindertagesstätten e.V. (Hrsg.): Jahresbericht 2000/2001

Wagner, P.: Den Dialog eröffnen. Das Projekt „Zweisprachige Erziehung in einer mehrsprachigen Kindergruppe“. Ergebnisse und Überlegungen. Berlin, Oktober 1999

Wagner, P.: Kinderwelten oder interkulturelle Erziehung neu gedacht. In: klein & groß 1/2001

Weigl, I.: Untersuchungen zum handlungsbezogenen Sprachverstehen im Kleinkindalter. In: Osnabrücker Beiträge zur Sprachtheorie. Heft 20/1981, S. 158–181

Wendlandt, W.: Zum Beispiel Stottern. München 1984

Wendlandt, W.: Grundkenntnisse und Handlungshilfen für den Umgang mit zweisprachig aufwachsenden Kindern in der sprachtherapeutischen Praxis. In: Sprache, Stimme und Gehör 3/1992

Wendlandt, W.: Störungen des Sprechens und der Sprache – (k)ein Thema für die Sozialarbeit/Sozialpädagogik? In: Soziale Arbeit 8/93

Wendlandt, W.: Sprachstörungen im Kindesalter. Stuttgart/New York 2000

Winner, A.: Stichwort: Sprachförderung. In: klein & groß 2/1996, S. 18–19

Winner, A.: Kinder haben etwas zu sagen! Sprachförderung in der Kinderkrippe. In: Colberg-Schrader, H. u. a. (Hrsg.): Kinder in Tageseinrichtungen. Ein Handbuch für Erzieherinnen 1.40. Seelze 2000

Winner, A.: Sprachförderung im Kindergartenalltag. In: Colberg-Schrader, H. u. a. (Hrsg.): Kinder in Tageseinrichtungen. Ein Handbuch für Erzieherinnen 1.52. Seelze 2001a

Winner, A.: Sprachförderung von Kindern in Kooperationseinrichtungen durch Qualifizierung der Mitarbeiterinnen und Mitarbeiter. Projektbericht, Manuskript 9/2001b, München o. J.

Wolfram, W.-W.: Präventive Kindergartenpädagogik. Grundlagen und Praxishilfen für die Arbeit mit auffälligen Kindern. Weinheim und München 1995

Wygotski, L.: Denken und Sprechen. 5. Auflage. Frankfurt 1979

Wygotski, L.: Ausgewählte Schriften. Bd. II. Köln 1987

Wygotski, L.: Zur Psychologie und Pädagogik der kindlichen Defektivität. In: „Gemeinsam leben“ 5/1997

Zegin, O.: Zweisprachig aufwachsen – eine Chance oder doch nur Verwirrung im Kinderkopf. In: Freie und Hansestadt Bremen (Hrsg.): Spielräume. 7. Jg. 4/2000

Doris Holler

Außerschulische Förderung von Sprache und kommunikativen Fähigkeiten im Grundschulalter

		Seite
1	Einleitung	112
2	Bildungsbenachteiligung durch Armut	113
3	Über den Zusammenhang zwischen sprachlichen Fähigkeiten und Schulerfolg	119
4	Teilkompetenzen im Bereich Spracherwerb und kommunikative Fähigkeit	124
5	Förderung sprachlicher Kompetenzen durch außerschulische Angebote	128
5.1	Temporäre Angebote	133
5.2	Durative Angebote	141
5.2.1	Fakultative Angebote	142
5.2.2	Obligatorische Angebote	155
6	Fazit und Ausblick	162
	Literatur	168

1 Einleitung

Die Bedeutung von Sprache und kommunikativen Fähigkeiten für die Teilhabe am sozialen, politischen und kulturellen Leben einer Gesellschaft steht außer Zweifel. Mit zunehmender Komplexität der zu bewältigenden Aufgaben steigen auch die Anforderungen an die Mitglieder und wächst gleichzeitig das Risiko des Scheiterns. Die Chancen individueller Lebensgestaltung und Selbstentfaltung in modernen Gesellschaften werden konterkariert durch wachsende Risiken wie z.B. strukturelle Arbeitslosigkeit, Armut oder Obdachlosigkeit. Über selektiv fungierende Abschlüsse nimmt die Bedeutung von Erziehung und Bildung weiter zu.

Für Bildung ist in erster Linie das Schulsystem zuständig. Es hat aber den Anschein, als gelänge es ihm nicht in ausreichender Weise, alle Kinder und Jugendlichen so zu fördern, dass ihr persönliches Risiko, zu scheitern, sinkt. Nach wie vor verlassen zu viele Jugendliche die Schule ohne jeden Abschluss.

Bildungsprozesse sind in hohem Maß auf Sprache und auf Kommunikation angewiesen. Sie sind sozusagen ihr Vehikel. Dieser Arbeit liegt die Annahme zugrunde, dass eine Förderung sprachlicher und kommunikativer Kompetenzen sich positiv (förderlich) auf die individuellen Bildungsprozesse auswirkt. Der Blick wird hier nur auf außerschulische Möglichkeiten gerichtet, was die Schule keinesfalls aus ihrer Verantwortung entlassen soll.

Der Beitrag ist wie folgt aufgebaut:

Das *erste Kapitel* zeigt den strukturellen Zusammenhang zwischen Bildungsbenachteiligung und Armut auf. Dabei wird deutlich, wie komplex dieses Verhältnis ist und wie schwierig es sein muss, aus dieser Benachteiligung herauszukommen.

Das *zweite Kapitel* ist explizit dem Zusammenhang zwischen sprachlichen Fähigkeiten und dem Schulerfolg gewidmet. Da Schulerfolg in hohem Maße von den kognitiven Fähigkeiten abhängt, stellt sich entsprechend auch die Frage nach deren Verhältnis zur Sprache und zur Kommunikation.

Das *dritte Kapitel* geht noch einen Schritt weiter. Es differenziert die kommunikativen Fähigkeiten in einzelne Teilfähigkeiten und stellt die Frage nach deren Bedeutung.

Im folgenden, *vierten* und umfangreichsten *Kapitel* richtet sich der Blick konkret darauf, wie Sprache und kommunikative Fähigkeiten allgemein und die angesprochenen Teilfähigkeiten speziell gefördert werden können. Im landläufigen Sinne werden meist solche Angebote als sprachfördernd eingestuft, die erst beim Auftreten von Schwierigkeiten einsetzen, wie z. B. logopädische Kurse, Nachhilfestudios und spezielle Kurse für Legastheniker. Diese Angebote lassen sich unter dem Begriff „interventive Maßnahmen" zusammenfassen und kommen in dieser Arbeit nicht zur Sprache. Hier werden vielmehr Angebote aufgegriffen, die als primärpräventiv – also Leistungsstörungen vorbeugend – angesehen werden können.

Die Fokussierung auf die Primärprävention wird deshalb gewählt, da im Rahmen einer Primärprävention nicht nur dem Auftreten des Sprachdefizits vorgebeugt werden kann, sondern auch den sich evtl. daraus ergebenden Sekundärerscheinungen. In diesem Kapitel soll daher der Frage nachgegangen werden, ob, und wenn ja, welchen Beitrag frei verfügbare, also für alle Kinder zugängliche außerschulische Angebote zur Vorbeugung sprachlicher Defizite leisten können. Vielfältige Angebote aus dem kinderkulturellen Bereich kommen dabei zur Sprache. Da sich die Angebote stark voneinander unterscheiden, ist versucht worden, sie ihrer Angebotsstruktur nach zu gliedern. Wo es möglich war, sind Einzelbeispiele aufgeführt, um in besonders plastischer Weise ihr Förderpotenzial aufzuzeigen.

Der Binsenweisheit folgend, dass Angebote nur dann eine fördernde Wirkung aufweisen, wenn sie genutzt werden, wird ein Blick auf das Freizeitverhalten von Grundschulkindern geworfen, um Rückschlusse uber den möglichen Beitrag dieser außerschulischen Angebote zur Sprachförderung ziehen zu können (*Fazit*) und die Diskussion um andere geeignete Alternativen zur präventiven Sprachförderung anzuregen (*Ausblick*).

2 Bildungsbenachteiligung durch Armut

Spätestens seit dem Erscheinen des *Zehnten Kinder- und Jugendberichts* (1998) und des *Ersten Armuts- und Reichtumsberichts* (Lebenslagen in Deutschland 2001) ist das Thema der Bildungsbenachteiligung durch Armut wieder ins Blickfeld der Öffentlichkeit gerückt. Vor etwa 35 Jahren löste die Ausrufung einer „Bildungskatastrophe" (Picht 1964) erhöhte Anstrengungen aus, um so genannte „Bildungsreserven" zu mobilisieren, die nach Vermutung der Bildungspolitiker vor allem in sozial benachteiligten Bevölkerungsgruppen zu finden waren. Deren Defizite suchte man u.a. durch „kompensatorische Erziehung" auszugleichen. Heute muss man feststellen, dass nur Teilerfolge erzielt werden konnten. Gleichzeitig aber sind die Anforderungen an Qualifikationen gestiegen. Es gibt in unserem Bildungssystem nach wie vor eine zu große Gruppe von „Verlierern". Das Risiko der Bildungsbenachteiligung trifft vor allem die Gruppe der Armen, von der man bisher glaubte, es gäbe sie in einem der wohlhabendsten Länder der Welt nicht mehr. Besonders brisant wird die Problematik dadurch, dass von der Armut in Deutschland so viele Kinder betroffen sind.

Kinderarmut. Der Anteil armer Kinder (unter 16 Jahren) in der Bundesrepublik Deutschland hat in den letzten Jahren stetig zugenommen, in den alten Bundesländern weist der *Zehnte Kinder- und Jugendbericht* 11,8%, in den neuen Ländern 21,9% der Kinder als in Armut[1] lebend aus. Zudem liegt das Risiko von Kindern, in Armut zu geraten, um das Anderthalb- bis Zweifache höher als bei Erwachsenen (vgl. Bericht über die Lebenssituation von Kindern und die Leistungen der Kinderhilfen in Deutschland 1998, S. 90). Das *Statistische Bundesamt* ermittelt jedes fünfte Kind unter 15 Jahren als in Einkommensarmut lebend, mit steigender Tendenz in der Altersgruppe der Sechs- bis Zwölfjährigen (vgl. Toppe 2001, S. 16f.). Dass es sich dabei „nur" um eine „relative Armut" handelt, mit der Benachteiligungen in gesellschaftlicher und sozialer Hinsicht einhergehen, und meist nicht um äußerlich sichtbare Armut, sollte den Blick auf die möglichen Auswirkungen der Armut auf die Lebenssituation und die Entwicklungschancen der betroffenen Kinder nicht trüben. Heinz Hilger, Präsident des Deutschen Kinderschutzbundes, vertritt nicht zu Unrecht die Meinung, dass Armut dort beginnt, wo Eltern ihren Kindern keine adäquate (Aus-)Bildung ermöglichen können (a.a.O., S. 16). Insgesamt gesehen besteht – so Hauser und Hübinger – ein äußerst bedenklicher Trend zu einer Infantilisierung der Armut in Deutschland (vgl. Kürner 1994, S. 15).

In der Armutsforschung versucht man den vielfältigen Erscheinungsformen von Kinderarmut mit einem mehrdimensionalen Lebenslagenkonzept gerecht zu werden, das Armut als gehäufte Unterversorgung in verschiedenen relevanten Lebensbereichen wie (Aus-)Bildung, Wohnen, Versorgung mit sozialen und gesundheit-

---

[1] „Von Armut bedroht" bezeichnet man Haushalte, in denen das Pro-Kopf-Einkommen zwischen 50 und 60% des durchschnittlichen Einkommens liegt, „als in (strenger) Armut lebend", wenn das Pro-Kopf-Einkommen unter 50% (bzw. 40%) liegt.

lichen Diensten oder auch Teilhabe am gesellschaftlichen, kulturellen und politischen Leben begreift (vgl. Toppe 2001, S. 16f.). Auch Hock (1999) verweist in diesem Zusammenhang auf die Notwendigkeit einer differenzierten Betrachtungsweise von Kinderarmut mit ihren verschiedenen Dimensionen, als da wären die materielle Versorgung des Kindes, die Versorgung im kulturellen Bereich, die Situation im sozialen Bereich sowie die psychische und physische Lage des Kindes. Dem gegenüberzustellen sind nach Hock Ressourcen aus verschiedensten Bereichen (so z.B. [positives] soziales Umfeld, Angebotsstruktur außerschulischer Kinder- und Jugendarbeit) sowie Bewältigungsstrategien und -handeln der Betroffenen (vgl. Hock 1999, S. 25f.).

Bildungsbenachteiligung durch Armut. Welchen Einfluss übt nun Armut auf die Lebenschancen und Entwicklungsmöglichkeiten von Kindern aus? Grundsätzlich gilt, dass Armut nicht notwendigerweise die Erfahrungs-, Entwicklungs- und Lernmöglichkeiten der Kinder beeinträchtigen muss, eine Kumulation belastender Faktoren über einen längeren Zeitraum hinweg jedoch das Risiko enorm erhöht. Am Gravierendsten sind dabei sicherlich die Auswirkungen Generationen übergreifender, ‚vererbter' Armut anzusehen.[2]

Wie sehr der sozioökonomische Status einer Familie mit den Bildungsperspektiven eines Kindes zusammenhängt, weisen Lauterbach und Lange 1998 nach: Ärmere Kinder schaffen deutlich seltener den Übergang an höhere Schulen als Kinder aus wohlhabenden Familien. Die Chance eines Arbeiterkindes, ein Gymnasium zu besuchen, war Ende der Achtzigerjahre zwölfmal geringer als die eines Beamtenkindes (zit. nach Hock/Holz 1999, S. 22f.). Auch der *Erste Armuts- und Reichtumsbericht* belegt, dass Herkunft, Bildungsstand und berufliche Stellung der Eltern entscheidend über den Zugang zu höherwertigen Schul-, Ausbildungs- und Berufsabschlüssen mitbestimmen (Lebenslagen in Deutschland 2001, S. 17). Arme Eltern treffen für ihre Kinder andere Bildungsentscheidungen als reichere (Hock/Holz 1999, S. 24). Finanzielle Erwägungen, fehlende Unterstützung und mangelnde Überwachung bildungsbezogener Aktivitäten sind kennzeichnend dafür. Die daraus resultierende wachsende Chancenungleichheit zeigt sich daher nicht nur darin, dass der Zugang zu Bildungseinrichtungen und die Chancen einer erfolgreichen Teilnahme mit eigenen finanziellen Aufwendungen verbunden sind, sondern vor allem darin, dass die für eine erfolgreiche Nutzung dieser Bildungsangebote notwendige Entwicklung persönlicher Voraussetzun-

[2] Hauser/Hübinger, zit. in: Buhr, in: Klocke/Hurrelmann (Hrsg.) 2001, S. 79.

gen bei Kindern in Armut blockiert wird: „Es kommt zu einer sich selbst verstärkenden Bildungsexklusion“ (Beisenherz 2000, S. 91). Daneben entscheidet der erworbene Bildungsabschluss und die daraus resultierende höhere berufliche Stellung der Eltern nicht nur über die Bildungswege der Kinder, sondern auch über die Wohngegend, in der die Familie lebt, und die sich daraus ergebenden Möglichkeiten zur Freizeitgestaltung (vgl. Grundmann/Huinink/Krappmann 1994, S. 70). Dies ist insofern von großer Bedeutung, als die neurophysiologische Forschung nachdrücklich auf die Wechselwirkung mit der Umwelt bei der Ausbildung kognitiver Funktionen hinweist und die Abhängigkeit der Entwicklung der Gehirnstrukturen von der jeweiligen Umwelt und ihren Angeboten belegt.[3]

Es zeigt sich, dass die Aussage Schelskys von 1957 auch heute noch ihre Gültigkeit besitzt:

> „In einer solchen Gesellschaft wird die Schule leicht zur ersten und damit entscheidenden zentralen Dirigierungsstelle für die künftige soziale Sicherheit, für den künftigen sozialen Rang und für das Ausmaß künftiger Konsummöglichkeiten, weil sowohl die Wünsche des sozialen Aufstiegs wie die Bewahrung eines sozialen Ranges primär über die durch die Schulbildung vermittelte Chance jeweils höherer Berufsausbildungen und Berufseintritte gehen.“ (Schelsky 1980, S. 121)

Die deprivierte Situation in Familien kann Kindern die Zukunft verengen und zubauen (vgl. Kürner 1994, S. 18). Analysen zeigen, dass Kinder aus relativ deprivierten sozialen Lagen gegenüber Kindern aus anderen sozialen Lagen in ihrer kognitiven, ihrer schulischen Leistungsentwicklung und ihrem Bildungsverlauf benachteiligt sind (vgl. Grundmann 2001, S. 226). Dass auch die Schule in ihrer jetzigen Form dazu beiträgt, diese Chancenungerechtigkeit für Kinder aus soziokulturell deprivierten Familien nicht aufzulösen, zeigt sich darin, „dass Kinder aus unteren sozialen Lagen, trotz eigener Handlungskompetenzen, den sozial-normierten Leistungserwartungen im mittelschicht-orientierten Bildungssystem nicht entsprechen können und so die Selbstwirksamkeitserfahrungen das Kind negativ beeinflussen und Gefühle relativer Hilflosigkeit zur Folge haben. Das dürfte in besonderer Weise für Kinder aus Armutsfamilien zutreffen, da weder die Bildungsaspirationen noch die Leistungsorientierungen der Eltern den Anforderungen des Bildungssystems genügen“ (ebd. S. 214f.). Dies bestätigt auch Helsper 1992 in Zusammenschau der Ergebnisse mehrerer Untersuchungen der Achtzigerjahre:

---

[3] Klein, in: Opp/Peterander (Hrsg.) 1996, S. 144. Im Übrigen sei auf Singers Thesen im folgenden Kapitel verwiesen.

„Schule ist trotz aller Veränderungen seit den 60er Jahren eine Institution der Reproduktion sozialer Ungleichheit geblieben; eine Instanz sozialer Schließungsprozesse vor allem für Jugendliche aus Arbeitermilieus." (Klein 1996, S. 142)

Mayr (2000) fasst die Effekte von (langfristiger) Armut auf schulische Leistungen wie folgt zusammen:

„Sozial benachteiligte Kinder haben im Schnitt schlechtere Noten, schneiden bei Leistungstests schlechter ab, fallen häufiger durch, verlassen häufiger die Schule ohne Abschluss und weisen ein erhöhtes Risiko für die Zuweisung zu einer Sonderschule auf." (Mayr 2000, S. 143)

Neben gesundheitlichen Beeinträchtigungen aus der Kleinkindzeit sowie mangelnden Anregungen im Kleinkind- und Vorschulalter sieht Mayr die Gründe für diese schulischen Defizite bei den Eltern und ihrer Einstellung zu Schule, Leistung und Lernen (mangelndes Interesse, fehlende Unterstützung, niedrige Erwartungen, negatives Rollenmodell). Zudem besteht oftmals ein Mangel an materiellen Ressourcen wie Büchern oder Computern (vgl. ebd. S. 143).

Einige weitere Daten verdeutlichen den Zusammenhang zwischen sprachlichen Kompetenzen, Schulabschluss und Armutsrisiko: Seit 1986 ist ein stetiger Anstieg von Eltern ohne beruflichen Bildungsabschluss zu verzeichnen (vgl. Lebenslagen in Deutschland 2001, S. 93); nach Schätzung von Ring (Stiftung Lesen) sind etwa 14 % der Deutschen (funktionale) Analphabeten (vgl. Breuer/Weuffen 1998, S. 429); 7,8 % der Schülerinnen und Schüler in den alten sowie 9,5 % in den neuen Ländern bleiben ohne Hauptschulabschluss (vgl. Lebenslagen in Deutschland 2001, S. 95) und der Anteil derjenigen ohne Berufsausbildung ist in der Dauerarbeitslosigkeitsstatistik relativ hoch. All dies legt folgenden Schluss nahe: Fehlende schulische und berufliche Qualifikationen insbesondere junger Menschen erhöhen das Armutsrisiko, Bildung hingegen hat präventive Funktion gegenüber Armut und instabilen Lebenslagen (vgl. ebd. S. 17).

Um den sozialen Ungleichheiten in Bezug auf (Schul-)Bildung zu begegnen, bedarf es daher gezielter Hilfsangebote, um die bei soziokulturell deprivierten Familien nicht selten vorkommende „intergenerationelle Weitergabe von Armut" (Buhr 2001, S. 87) und Bildungsferne zu durchbrechen. Man spricht in diesem Zusammenhang auch von einem „intergenerationalen Deprivationszirkel" (Grundmann 2001, S. 209). Lompe (1987) nennt dies den „Circulus vitiosus von Sozialhilfebedürftigkeit respektive Armut und ungünstigen Sozialisationsbedingungen"[4]. Verdeutlicht wird dies am Beispiel eines 25-jährigen Vaters, der da sagt:

[4] Lompe, zit. in: Hock/Holz 1999, S. 24.

„Und was nachher mit der Ausbildung wird, hab ich schon gesagt, Janina, wenn du nachher keine Arbeit hast, gehst'e zum Sozialamt." (ebd. S. 24)

Kinder ausländischer Familien. Besondere Erwähnung sollen an dieser Stelle Kinder aus Familien ausländischer Herkunft finden, da sie oftmals zu den im Bildungssystem sehr ungünstig Platzierten zählen. So wurde ermittelt, dass etwa jede/r sechste Ausländerin bzw. Ausländer die Schule ohne Hauptschulabschluss verlässt (vgl. Hock/ Holz 1999, S. 22), dass Kinder ausländischer Herkunft nach wie vor vergleichsweise geringerwertige Abschlüsse erreichen (vgl. Lebenslagen in Deutschland 2001, S. 94) und dass der Anteil ausländischer Azubis aufgrund ihrer schlechteren Schulabschlüsse und ihrer deutlichen Sprachdefizite sinkt (vgl. ebd. S. 138). Nicht übersehen werden darf dabei die Tatsache, dass auch innerhalb der Gruppe „ausländischer Kinder" eine hohe Heterogenität besteht (schließlich erzielen immerhin 10% der ausländischen Jugendlichen einen Hochschul- oder damit vergleichbaren Abschluss). Besorgnis erregend ist aber, dass die Zahl der benachteiligten Kinder in dieser Gruppe anzusteigen scheint (vgl. Opp/Speck-Hamdan 2001, S. 181). Bommes und Radtke sprechen 1993 in diesem Zusammenhang von einer „Unterschichtung" der Bildungspyramide des deutschen Bildungssystems durch Migrantenkinder (vgl. ebd. S. 181).

Neben allgemeinen Faktoren (Sprachprobleme, unsicherer Aufenthaltsstatus, „Minderheitenstress", „biografische Brüche"), so Opp und Speck-Hamdan (2001), belastet Migrantenkinder, dass ihre Eltern ihnen die für den Schulerfolg notwendige, im deutschen Schulwesen immer stillschweigend vorausgesetzte häusliche Unterstützung vielfach nicht geben können. Ihre Lernvoraussetzungen und -bedingungen sind daher zum großen Teil als suboptimal anzusehen. Insgesamt stellt daher ein Migrationshintergrund ein Bildungsrisiko dar (vgl. ebd. S. 181f.). Als besonders wesentlich für den Schulerfolg ausländischer Kinder kristallisieren sich ihre eigene sprachliche sowie die sprachliche und berufliche Bildung der Eltern heraus. Umfassende Bildung scheint daher ein Schlüsselbegriff zur Integration ausländischer Familien in die Gesellschaft zu sein (vgl. Lebenslagen in Deutschland 2001, S. 85).

Die Bedeutung schulischer Bildung und beruflicher Qualifikation für erfolgreiche gesellschaftliche Integration und gleichberechtigte Teilhabe an der Kultur – für deutsche wie für ausländische Kinder – ist deutlich geworden. Es stellt sich nun die Frage, ob *einem* Aspekt besondere Bedeutung hinsichtlich eines erfolgreichen Schulabschlusses zukommt. Wie oben bereits angeklungen scheinen es gerade die sprachlichen Fähigkeiten zu sein, die eine Art Schlüsselrolle spielen.

Dies ist auch nicht verwunderlich, da Transport, Vermittlung und Abfrage von Informationen und Wissen in der Schule vornehmlich durch Sprache – schriftlich wie mündlich – erfolgen. Im Folgenden wird der Zusammenhang zwischen sprachlichen Fähigkeiten und Schulerfolg näher erläutert.

3 Über den Zusammenhang zwischen sprachlichen Fähigkeiten und Schulerfolg

Die Bedeutung der sprachlichen Fähigkeiten eines Schülers im Hinblick auf seinen schulischen Erfolg wird in der pädagogischen Fachwelt nicht bestritten. Zu evident ist die Tatsache, dass das wichtigste Medium schulischen Lernens die Sprache ist (vgl. Breuer/Weuffen 1998, S. 418), dass schulische Wissensvermittlung vorrangig über sprachliche Informationen erfolgt. Zudem werden Leistungen in der Schule überwiegend in sprachlicher Form (schriftlich wie mündlich) abgerufen. Dass daher bei Vorliegen sprachlicher Defizite bzw. Sprachentwicklungsstörungen allgemeine schulische Probleme auftreten, lässt sich beinah zwingend daraus ableiten.

Nicht umsonst zählen also Lesen und Schreiben zu den elementaren Kulturtechniken unserer Gesellschaft. Scheitern Kinder aber bereits an diesen, bleibt ihnen der Einstieg in diese Gesellschaft verwehrt (vgl. Patzlaff 1999, S. 1129).

Während in der Blütezeit der „kompensatorischen Erziehungs"-Debatte zumindest einige wenige Untersuchungen zu diesem Thema vorgenommen wurden, gibt es dazu kaum aktuelle Studien aus dem deutschsprachigen Raum. Kühn (1983) verweist mit Bedauern darauf, dass nur vereinzelt empirische Untersuchungen vorliegen, die den bedeutsamen Zusammenhang zwischen sprachlichem Vermögen von Schülern und ihren Schulnoten thematisieren (vgl. Kühn 1983, S. 36f.). So konnte Kemmler (1975) nachweisen, dass Leseverständnis, Rechtschreibleistung und Wortschatz sowie Genauigkeit des Arbeitens in der Grundschule eine weitaus bedeutsamere Rolle im Hinblick auf Schulversagen spielen als Zahlenverständnis, rechnerische Fähigkeiten und Einfallsfülle (vgl. Kemmler 1975, S. 60). Im sprachlichen Bereich trennten bei konstanter Intelligenz Lesefähigkeit, Wortschatz, Wortgedächtnis sowie Gestalterfassung die Schulerfolgreichen von den Schulversagern (vgl. ebd. S. 113f.). Zudem weist Tiedemann (1978) auf die große Bedeutung der Rechtschreibleistung für den schulischen Erfolg hin (vgl. Tiedemann 1978, S. 29). Weiter lässt die Qualität der bereits zu Schuleintritt vorhandenen Phonemanalysefähigkeit (phonologische Bewusstheit) eines Kindes sehr präzise Schlüsse auf die Lese- und Schreibleistungen der folgenden Schuljahre zu (vgl. Scheerer-Neumann 1996, S. 1159).

Bedeutsam erweist sich im Hinblick auf eine nachteilsausgleichende Erziehung die Tatsache, dass Lese- und Rechtschreibleistungen im Schulverlauf relativ stabil bleiben, also äußerst persistent sind. So konnten Klicpera und Gasteiger-Klicpera (1995) in ihrer Wiener Längsschnittuntersuchung nachweisen, dass Kinder, die nach Abschluss des ersten Schuljahres noch erhebliche Schwierigkeiten im Lesen hatten, diese Schwierigkeiten auch bis zum Ende der achten Klasse kaum zu überwinden vermochten (vgl. Klicpera/Gasteiger-Klicpera 1995, S. 224).

Vor diesem Hintergrund bekommen die folgenden Zahlen eine höhere Bedeutung. So schätzt die *Stiftung Lesen* die Zahl der vierjährigen Kinder mit Sprachauffälligkeiten auf etwa 25 %; nach Breuer sind etwa 15 % jedes Einschulungsjahrgangs (davon zwei Drittel Jungen und ein Drittel Mädchen) der Gruppe mit möglicherweise nachhaltigen Lese- und Schreibschwierigkeiten zuzurechnen (vgl. Patzlaff 1999, S. 1129). Zwischen 10 und 15 % aller Schulanfänger weisen, so Breuer, Schwierigkeiten bei bedeutsamen elementaren Fähigkeiten wie optische, phonematische, sprech-kinästhetische und melodische Differenzierung sowie rhythmische Differenzierung auf (vgl. ebd. S. 1130ff.). Breuer und Weuffen (1998) konnten nachweisen, dass Kinder mit gutem Schulerfolg neben einem guten Wortschatz im Vorschulalter auch gute Leistungen auf der Satzebene (im Sprachverstehen und Sprachgedächtnis) zeigten, hingegen Kinder mit Lese- und Schreibproblemen bereits vor Schuleintritt einen nicht mehr altersgemäßen Wortschatzumfang aufwiesen (vgl. Breuer/Weuffen 1998, S. 422). Auch hier lassen sich bereits deutliche Unterschiede zwischen Kindern aus sozial ungünstigeren und sozial günstigeren Verhältnissen ausmachen: Kinder aus sozial schwächeren Familien weisen zu Schuleintritt eine geringere Sprachbewusstheit sowie einen Mangel an phonologischer Bewusstheit auf. Zurückführen lässt sich dies vielfach auf den reduzierten oder gänzlich fehlenden Umgang mit Schrift und Sprache in der Familie (z.B. Vorlesen, ein lesendes Vorbild sein) sowie auf fehlende bildungsfördernde kognitive Anregungen vonseiten der Eltern (z.B. gemeinsame bildungsorientierte Freizeitaktivitäten wie Museumsbesuch) (Klicpera/Gasteiger-Klicpera 1995, S. 238).

Es zeigt sich also, dass Sprachentwicklungsstörungen keine plötzlich und unerwartet auftretenden Phänomene sind, sondern dass es sich um einen Prozess handelt, der seinen Anfang bereits im frühen Kindesalter nimmt und sich kumulativ entwickelt. Grimm und Wilde (1998) konnten diese These anhand so genannter *„late talkers“* erhärten: Nach einer anfänglichen Verzögerung der Wortschatzentwicklung konnten 50% ihren Sprachrückstand aufholen, bei den anderen 50% entwickelte sich ein verfestigtes Sprachstörungsbild mit Auswirkungen auch auf andere schulische Leistungserfolge (vgl. Grimm/Wilde 1998, S. 465). So haben viele der Kinder mit Lese- und Rechtschreibschwierigkeiten bereits im Grundschulalter erhebliche Schwierigkeiten in anderen Fächern, besonders in der Mathematik, die sich über die Jahre hinweg eher noch steigern, sodass rund zwei Drittel dieser Kinder mit 14 Jahren auch in Mathematik zu den schwächsten Schülern zählen (vgl. Klicpera/Gasteiger-Klicpera 1995, S. 226).

Sprachliche Fähigkeiten zeigen sich allerdings nicht nur in den Fähigkeiten Lesen oder Schreiben. Die bereits in den Fünfzigerjahren entwickelte Hypothese, dass Sprache nicht nur Gedanken ausdrückt, sondern an ihrer Entstehung beteiligt ist, verdeutlicht die enge Verbindung zwischen sprachlicher und kognitiver Entwicklung (vgl. Füssenich 1997, S. 58). Die Erfassung einer differenzierten Sprache als ein System und der übende Umgang damit fördert höhere kognitive Leistungen, z.B. abstrakte Konstrukte zu denken und sich vorzustellen. Fehlen diese Anregungen oder lässt eine Sprache diese Erfahrungen nicht zu (z.B. mimetische Zeichensprachen), erschwert dies, logische Zusammenhänge höherer Ordnung zu erkennen und zu verstehen (vgl. Singer 2001a, S. 6).

Sprachliches Wissen steht aber nicht nur in enger Verbindung zu kognitiven Fähigkeiten, sondern auch zu sozialen und zu Verhaltensregulationen. Störungen der rezeptiven wie produktiven Sprachkompetenz haben daher auch stets Auswirkungen auf diese nicht-sprachlichen Bereiche. So können bereits zu Schulbeginn vorhandene Sprachstörungen und daraus resultierende schulische Misserfolgserlebnisse vorzeitige Schulabbrüche, Verhaltensauffälligkeiten und soziale Auffälligkeiten nach sich ziehen. Auch aus diesem Grund ist eine primärpräventive Förderung sprachlicher Fähigkeiten besonders bei benachteiligten Kindern dringend anzuraten.

Die Bedeutsamkeit der Kommunikation für die Entwicklung des Gehirns betont auch Singer. Das Konzept der „Zeitfenster“ für bestimmte Lernprozesse hebt die Wichtigkeit frühzeitiger und umfassender Kommunikations- und Interaktionserfahrungen zur Entwicklungsförderung von Kindern hervor. „Falsches oder fehlendes Verständnis von Lernprozessen in frühen Lebensphasen kann zu Versäumnissen führen, die später kaum durch Bildungssysteme wettgemacht werden können, wie optimiert sie auch immer sein mögen" (Singer 2001b), verdeutlicht Singer die eingeschränkten Möglichkeiten der Schule, nachteilsausgleichend wirken zu können. Wesentlich ist daher schon im Vorfeld ein aktivitätsförderndes und kommunikationsreiches Umfeld der Kinder, damit die jeweils für ihre augenblickliche sensible Entwicklungsphase benötigten Erfahrungsreize verfügbar sind. Ist dies nicht gewährleistet, führt dies zu suboptimaler Ausbildung neuronaler Strukturen. Die differenzierte Entwicklung kognitiver Funktionen ist – so zeigt sich – in hohem Maße abhängig von den Kommunikationsmöglichkeiten und -fähigkeiten der Kinder. So wird die Erstsprache dann mühelos erlernt, wenn die Interaktionen in einer sprachanregenden Umwelt im richtigen Zeitfenster erfolgen. Dabei werden neuronale Strukturen ausgebildet, die sich später nicht mehr ändern lassen und auf denen alle anderen Lernprozesse aufbauen. Werden allerdings diese neuronalen Systeme nicht im richtigen Zeitfenster aktiviert, kann ein „normaler" Sprachlernprozess nicht stattfinden. Besonders verwiesen sei in diesem Zusammenhang auf die Situation benachteiligter Kinder, denen aufgrund ihres soziokulturell deprivierten Umfelds oftmals nur ein sehr eingeschränkter Zugang zu den notwendigen Sprachdaten geboten wird (vgl. Grimm/Wilde 1998, S. 457). Es ist davon auszugehen, dass zum ‚normalen' Spracherwerb die internalen Fähigkeiten eines Kindes und die äußeren sprachlichen Lernbedingungen in einer optimalen Passung stehen müssen (vgl. ebd. S. 459). Sind die äußeren Lernbedingungen suboptimal, hat dies unweigerlich Auswirkungen auf die sprachlichen Fähigkeiten, unabhängig vom Intellekt eines Kindes.

Schulisches Versagen von Kindern aus sozial benachteiligten Familien lässt sich aus dem Zusammenhang „Erfahrungsarmut" und „suboptimaler Ausbildung neuronaler Strukturen" besonders klar verdeutlichen. Die lebenslagenspezifische Sozialisationsforschung vertritt die Annahme, dass die soziale und materielle Lebenslage einer Familie sich in den innerfamilialen Interaktions- und Kommunikationsstrukturen niederschlägt. Als Mitglied einer benachteiligten Familie erwirbt das Kind als Teil dieses Familiensystems die in seiner Familie vorhandenen sozialen, kognitiven, emotionalen, sprachlichen und motivationalen Fähigkeiten. Die Fähigkeiten und Handlungskompetenzen benachteiligter Kinder entsprechen aber meist nicht den in der Schule geforderten. Gerade solche Kinder erleben daher den Schulanfang als äußerst belastend und fremdartig (vgl. Hurrelmann/Jaumann 1986, S. 93ff.). Erklären lässt sich dieses andere Anforderungsprofil der Schule aus der Tatsache, dass die Mehrzahl der Grundschullehrerinnen und -lehrer nach einer Untersuchung von Schumacher (2000) selbst dem liberal-intellektuellen Milieu angehört, was deren „pädagogischen Habitus" entscheidend prägt (vgl. Schumacher 2000, S. 118). Das *SINUS*-Modell aber geht in seiner Gesamtverteilung davon aus, dass nur rund 10 % der Gesamtbevölkerung diesem Milieu zuzurechnen sind. So ist es nicht verwunderlich, dass das Anforderungsprofil der Schule mit den aktuell zur Verfügung stehenden Fähigkeiten der Kinder nicht immer in Einklang steht. Besonders belastend mag dies für Kinder aus sozial benachteiligten Familien sein, da ihr Selbstwirksamkeitskonzept dadurch im besonderen Maße gestört wird.

Die aus der *Scholastik*-Studie von Weinert und Helmke (1997) gewonnene Erkenntnis, dass die Grundschule zwar den Erfolg vorweisen kann, die zu Schulbeginn vorhandenen sehr heterogenen interindividuellen Lernvoraussetzungen der Kinder während der Schulzeit nicht größer werden zu lassen, gleichzeitig aber die Schwächeren nicht näher heranführen kann (vgl. Schneider/Stefanek/Dotzler 1997, S. 128), wirft die Frage auf, wie unter Berücksichtigung der Erkenntnisse der Hirnforschung diesem Problem vor- und außerschulisch wirksam begegnet werden kann.

Um der großen Bedeutung kommunikativer Prozesse für die Hirnentwicklung genügend Rechnung zu tragen, fordert Singer neben dem Einsatz der rationalen Sprache gerade bei Kindern auch den Einsatz nicht-rationaler Kommunikations- und Ausdrucksmittel wie Mimik, Gestik, Intonation, Bildlichkeit, Musik und Tanz zum Transport von Informationen (vgl. Singer 2001a, S. 10).

Die große Bedeutsamkeit der sprachlichen Fähigkeiten für einen gelingenden Schulverlauf ist nun deutlich geworden. Zur Erfassung der Qualität sprachlicher und kommunikativer Fähigkeiten ist es notwendig, diese in ihre einzelnen Teilkompetenzen zu zerlegen. Das folgende Kapitel schlüsselt diese Teilkompetenzen auf und erläutert sie näher.

4 Teilkompetenzen im Bereich Spracherwerb und kommunikative Fähigkeit

> „Kommunikative Fähigkeit ist die Fähigkeit, situations- und intentionsangemessen sprachliche Mittel nach den bestehenden Verwendungskonventionen einzusetzen, um bestimmte Wirkungen zu erzielen. Diese Fähigkeit ist bezogen sowohl auf mündliche als auch auf schriftliche Kommunikationsformen, denn beide sind grundsätzliche Interaktionen, auch wenn sie dies zu je unterschiedlichen Ablösungsgraden von der aktuellen Kommunikationssituation sind. Dies beinhaltet: eine altersgemäße Beherrschung phonologischer bzw. graphemischer, sodann lexikalischer und syntaktischer Mittel, und zieht nach sich: kognitive Fähigkeiten, Weltwissen sowie Sprachwissen. Damit ist die kommunikative Fähigkeit in ihrer entwickelten Form die Zusammenfassung sprachlicher und kognitiver Fertigkeiten." (Bertau 2001, S. 14)

Kommunikative Fähigkeit setzt sich aus mehreren Teilkompetenzen zusammen: sprachlich-soziales Handlungswissen, kognitives Handlungswissen, sprachliches Weltwissen und Sprachwissen (vgl. ebd. S. 8ff.), erweitert um so genannte „basale Vorläuferbedingungen" (in Anlehnung an Grimm und Wilde). Die einzelnen Teilkompetenzen sollen hier lediglich kurz dargestellt werden[5], die grafische Übersicht in Abbildung 1 vermittelt dazu einen Überblick.

Basale Vorläuferfähigkeiten und -fertigkeiten

Die „basalen Vorläuferfähigkeiten und -fertigkeiten" umfassen vielfältige Teilkompetenzen: sprechmotorisch-kinästhetische Differenzierung (Sprechmotorik), koordinative Grundfertigkeiten im Sinne der Integration sensorischer Wahrnehmungen (z.B. Gleichgewichtssinn, Raumorientierung u.a.), rhythmische und melodische Differenzierung sowie feinmotorische Grundfertigkeiten.

Diesen Fähigkeiten und Fertigkeiten kommt eine wichtige Grundlagenfunktion zu: Werden sie in ausreichendem Maße ausgebildet, ist eine grundsätzliche Hürde auf dem Weg zum erfolgreichen Spracherwerb gemeistert. Treten allerdings in Teilbereichen Probleme auf, die nicht erkannt bzw. nicht oder nur unzureichend berücksichtigt und behoben werden, können bereits an dieser Stelle erste Defizite im Spracherwerb entstehen. Wie bereits im dritten Kapitel erwähnt sind Sprachentwicklungsdefizite als ein kumulativer Prozess anzuse-

---

[5] Näheres ist dem Grundthesenpapier von Bertau (2001) zu entnehmen.

Abb. 1: Teilkompetenzen der kommunikativen Fähigkeit im Überblick

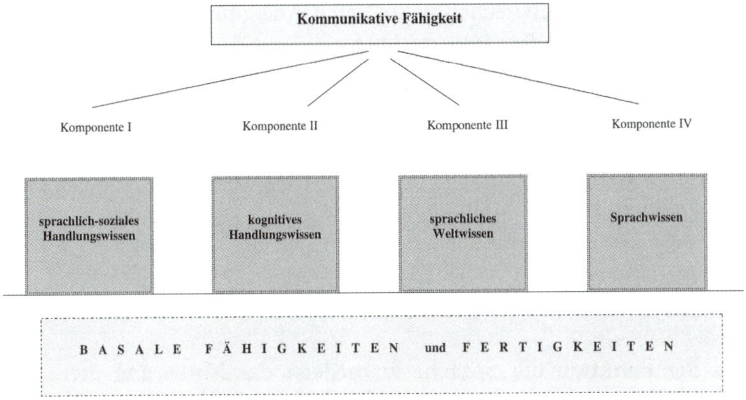

hen, dessen Ursprünge bereits in diesen basalen Fertigkeiten liegen und den weiteren Spracherwerb negativ beeinflussen können.

Nach Ayres (1992) kommt gerade der sensorischen Integration als Basis für einen gelingenden Spracherwerb eine wesentliche Bedeutung zu. Ein Entwicklungsrückstand in der Wahrnehmungsintegration könne zur Entstehung zahlreicher auffälliger Symptome (u.a. Langsamlerner, mangelnde Konzentrationsfähigkeit, Überaktivität) und weiterer Entwicklungsdefizite führen. Die These der sensorischen Integration basiert auf der Annahme, dass alle Wahrnehmungen eines Menschen über den ältesten und verzweigtesten Teil des Gehirns (dem Hirnstamm) aufgenommen und von dort aus weitergeleitet werden:

> „Integration der Sinne ist das Ordnen der Empfindungen, um sie gebrauchen zu können." (Ayres 1992, S. 6)

Wenn Empfindungen gut organisiert und integriert ins Gehirn gelangen, können sie von diesem zu Wahrnehmungen, Verhaltensweisen und Lernprozessen geformt werden (vgl. ebd. S. 6). Bei gestörter Wahrnehmungsverarbeitung trotz intakter Sinnesorgane liegt die eigentliche Ursache in der mangelhaften Verarbeitung der sensorischen Reize im Gehirn. Komplexe Anforderungen wie Sprechen oder kognitives Denken lassen mangelhafte Wahrnehmungsverarbeitung im Gehirn nach außen sichtbar werden (vgl. ebd. S. 12f.).

Neben dieser sensorischen Integration spielt die Sprech-Kinästhesie (Sprechmotorik) eine wichtige Rolle. Eine geordnete und präzise Zusammenarbeit der Sprechmuskeln ist notwendig zur genauen Artikulation des Kindes, aber auch für die unhörbaren Artikulationsbewegungen im Gehirn beim Leiselesen oder Zuhören. Zudem stellt eine gut ausgebildete Sprech-Kinästhesie eine wesentliche Grundlage der unverzichtbaren gedächtnismäßigen Aneignung sprachlicher Gebilde dar (vgl. Patzlaff 1999, S. 1131).

Die rhythmisch-melodische Differenzierung umfasst die Bereiche Stimmfärbung, Intonation, Satzmelodie und die Gliederung eines Satzes durch Betonungen und Pausen (vgl. ebd. S. 1132f.). Feinmotorische Fertigkeiten stellen eine wesentliche Grundlage des lesbaren und orthografisch richtigen Schreibens dar.

Sprachlich-soziales Handlungswissen (Komponente I)

Da die Funktion der Sprache zuvorderst der Mitteilung dient, ist diese Komponente als die ursprünglichste anzusehen. Dieses Handlungswissen umfasst Wissen über Verwendungsweisen von Sprache in verschiedenen Situationen mit unterschiedlichen Sprechern und Hörern mit jeweils eigenen Intentionen. Zu nennen ist in diesem Zusammenhang Wissen über verschiedene Interaktionsrahmen, über Gespräche und ihre Strukturen und Abläufe sowie über verschiedene Diskurseinheiten innerhalb eines Gesprächs. Besonders zu erwähnen sind hierbei die Zuhörerorientierung, die wesentlich zum Gelingen eines Dialogs beiträgt, und die Fähigkeit zur Perspektivenübernahme. Beide Fähigkeiten stellen auch einen wesentlichen Beitrag zur Entwicklung des kognitiven Handlungswissens dar (vgl. Bertau 2001, S. 8f.).

Kognitives Handlungswissen (Komponente II)

Hierbei handelt es sich um während sprachlicher Interaktionen erworbenes kognitives Wissen über verschiedene Aufgabenarten, die Vorgehensweisen in Abhängigkeit des Aufgabentypus, ihre spezifischen Anforderungen und Schwierigkeiten, aber auch Wissen über die eigenen Fähigkeiten und Schwächen hinsichtlich der Aufgabenarten sowie über grundsätzliche Phasen der Problemlösung (vgl. ebd. S. 9).

Da kognitives Handlungswissen in allen Interaktionsprozessen – auch in nicht-sprachlichen – erworben wird und werden kann, wird diese Komponente trotz ihrer großen Bedeutung im folgenden Kapitel nicht näher zur Untersuchung herangezogen.

Sprachliches Weltwissen (Komponente III)

Diese Komponente umfasst alles Wissen über Gegenstände, Ereignisse, Personen und Situationen der Welt, die entweder unmittelbar erfahren oder sprachlich vermittelt und jeweils begrifflich erfasst wurden. Personen mit schriftsprachlichen Problemen weisen nach Bertau ein geringer ausgebildetes Weltwissen auf (vgl. Bertau 2001, S. 9). Die Auswirkungen eines unzureichenden Weltwissens auf den schulischen Erfolg sind offensichtlich.

Sprachwissen (Komponente IV)

Sprachwisssen umfasst im Wesentlichen das, was gemeinhin als Metasprache bezeichnet wird. Sprache wird als System erfasst, das unabhängig vom sprachlichen Inhalt analysiert werden kann. Grundlegende Bedeutung wird gerade der „phonologischen Bewusstheit" zuteil, ganz allgemein als die „Fähigkeit, die Aufmerksamkeit auf den formalen Aspekt der Sprache lenken zu können" (Kammermeyer 2000, S. 48) verstanden. Scheerer-Neumann (1998) präzisiert dies und beschreibt „phonologische Bewusstheit" als die „Fähigkeit, Wörter in ihren lautlichen Eigenschaften wahrzunehmen und zu analysieren, [...] sie in Phoneme zu gliedern und mit Phonemen zu operieren" (Scheerer-Neumann 1998, S. 40). Erkennbar wird phonologische Bewusstheit z. B. an der Fähigkeit, Laute herauszuhören, Reime zu erkennen und selbst anzuwenden, mit der Sprache „spielen" zu können durch Anlautaustausch (M-aus, H-aus, L-aus) oder der Fähigkeit, Wörter in Silben zu gliedern.

Phonologische Bewusstheit muss – um verantwortungsvoll mit seiner Bedeutsamkeit umzugehen – in eine phonologische Bewusstheit im weiteren und im engeren Sinne unterteilt werden. Erstere umfasst den Sprachrhythmus (Silben klatschen, reimen) und ist zu den basalen Vorläuferfertigkeiten zu zählen. Letztere bezieht sich auf das Bewusstsein für Einzellaute (An- und Endlaut heraushören) und wird besonders durch den Schriftspracherwerb verstärkt gefördert. Da der Qualität der phonologischen Bewusstheit zu Schuleintritt für einen erfolgreichen Verlauf des Schriftspracherwerbs ein hoher prognostischer Wert zukommt und – wie zahlreiche Studien belegen – zudem diese Fähigkeit durch gezielte Trainingsprogramme vorschulisch[6] sowie zu Schulanfang[7] gut gefördert werden kann[8], kommt der phonologischen Bewusstheit eine zentrale Stellung im Schriftspracherwerb zu.

Generell bleibt anzumerken, dass die Leistung eines Menschen beim Spracherwerb nicht nur das Wissen um Regeln und Konzepte dieser einzelnen Komponenten umfasst, sondern auch das Wissen um ihr Zusammenspiel zueinander. Die einzelne Komponente steht also nicht für sich, sondern begreift sich als Teil eines Ganzen mit Verbindungen zu den anderen Komponenten. Bei der Entwicklung der kommunikativen Fähigkeit handelt es sich um einen dynamischen Prozess, den alle Menschen durchlaufen müssen, wobei sie sich jedoch stark in der Qualität ihrer individuellen Teilkompetenzen unterscheiden. Diese Komponenten werden aber nicht „theoretisch" erworben, sondern stets in konkreten Interaktionserfahrungen. Daraus lässt sich zwingend die Notwendigkeit des Angebots vielfältiger und differenzierter Interaktionsgelegenheiten zur Entwicklung dieser Teilkompetenzen von klein auf ableiten.

Im folgenden Kapitel richtet sich daher das Augenmerk auf die Fragestellung, wo Grundschulkinder außerschulisch Anregungen zum schulergänzenden Aufbau derartigen Wissens finden und konkret in Handlungssituationen „üben" können.

5 Förderung sprachlicher Kompetenzen durch außerschulische Angebote

Umfassende und individuelle Förderung eines jeden Kindes im Rahmen der Schule als zentrale Bildungsinstitution – diesem Anspruch kann die (Grund-)Schule nicht gerecht werden. Neben zahlreichen Problemen wie großen Klassen, zunehmender Heterogenität in den Lernausgangslagen der Kinder und das durch den Bildungsauftrag entstandene Spannungsfeld zwischen Integration und Segregation stellt die Organisation der (Grund-)Schule als Halbtagsschule mit einem täglichen Unterrichtsrahmen von maximal fünf Zeitstunden

6 S. Trainingsprogramm Küspert/Schneider 1999.

7 S. Trainingsprogramm Forster/Martschinke 2001.

8 Zusammenfassend s. Marx, in: Weinert/Helmke (Hrsg.) 1997, S. 85–111.

ein erhebliches Hindernis dar, erfolgreich nachteilsausgleichend wirken zu können. Dass es der Grundschule immerhin gelingt, die Unterschiede in diesen vier Schuljahren nicht größer werden zu lassen, werten Schneider/Stefanek/Dotzler im Rahmen der *Scholastik*-Studie von Weinert und Helmke (1997) bereits als Erfolg.

Da die Schule aus vielerlei Gründen dem Anspruch der umfassenden nachteilsausgleichenden Erziehung nicht ausreichend nachkommen kann, drängt sich geradezu zwingend die Frage auf, ob und inwieweit die von zahlreichen Institutionen und Trägern angebotenen (bildungsorientierten) außerschulischen Freizeitaktivitäten einen Beitrag dazu leisten können. Wie Thole (1996) zurecht darauf hinweist, ist die Schule heute nicht mehr die einzige Institution, die Kindern und Jugendlichen in einem pädagogisch professionellen Milieu zu mehr Bildung(serfahrungen) verhelfen will (vgl. Thole 1996, S. 253). Eine Vielzahl an Lernerfahrungen werden zwangsläufig – bedingt durch die freien Nachmittage (übrigens fast einzigartig in Europa) – auch außerhalb der Schule gemacht; durch Angebote aus unterschiedlichsten Bereichen können vielfältigste Erfahrungs- und Erprobungsmöglichkeiten wahrgenommen werden. Dass die Nutzung einiger dieser außerschulischen Lernangebote mit Kosten verbunden ist und sie daher als „käufliche Dienstleistungen“ (Fölling-Albers 1992, S. 12) angesehen werden können, soll dabei nicht verheimlicht werden. Die Rede ist hier aber nicht von gezielt *interventiv* agierenden Angeboten wie etwa Nachhilfestudios oder rein gewinnorientierten Angeboten, sondern von Freizeitangeboten, die außerhalb und unabhängig von der Schule den Kindern vielfältige, aber dennoch wohlorganisierte Bildungsprozesse ermöglichen.

In diesem Zusammenhang eine gedankliche Verbindung mit der Kinder- und Jugendkulturarbeit herzustellen, fällt nicht schwer. Kinder- und Jugendkultur(-arbeit) wird hierbei nicht in rein rechtlichem Sinn oder auf bestimmte Träger bezogen verstanden; es soll vielmehr deutlich gemacht werden, dass diese hier angeführten Freizeitangebote einen Beitrag zur kulturellen Bildung eines Kindes leisten (können).

> „Kinder- und Jugendkulturarbeit ist insofern Bildungsarbeit, als dass sie sich auf eine außerschulische, kulturelle Praxis bezieht, sich von genuin sozialarbeiterischen oder -pädagogischen Zugängen abgrenzt respektive diese erweitert, mehr als kulturelle Geselligkeit oder Unterhaltung intendiert. Dieses Mehr, bloße konsumtive Affirmation Sprengende, trägt einen pädagogisch-handelnden, auf Bildung und Förderung, Anregung und Gestaltung ausgerichteten Impuls.“ (Thole 1996, S. 246)

Kulturelle Kinder- und Jugendarbeit „benennt und umgrenzt diejenigen Erfahrungsfelder kultureller Bildung von Kindern und Jugendlichen, die in bewusster Absicht kulturelle Bildung vermitteln oder/

und zu kulturellen Bildungsprozessen anregen: Kulturelle Kinder- und Jugendarbeit ist demnach ein ausdifferenziertes Handlungsfeld, in dem Kindern und Jugendlichen, in einem organisierten Kontext zu kultureller Bildung angeregt, neue kulturelle Erfahrungs- und Aneignungsformen angeboten werden." (ebd.)

Zur Konkretisierung dieser sehr allgemein gehaltenen Beschreibung von Kinder- und Jugendkulturarbeit werden an dieser Stelle auszugsweise vier im Hinblick auf die Förderung der kommunikativen Fähigkeit bedeutsame Leitlinien zur Kinderkulturarbeit der *Bundesvereinigung Kultureller Jugendbildung (BKJ)* angeführt (Schorn 1999, 144f.):

- „Kulturelle Bildung stärkt das Selbstbewusstsein von Kindern. Die aktive und reflektierende Beschäftigung mit Musik, Tanz, Theater, Literatur, Bildender Kunst, Rhythmik, Spiel, Film, Video, Radio oder Computer knüpft an vorhandene Fähigkeiten an und erweitert das Spektrum ihrer individuellen und gemeinschaftlichen Darstellungsmöglichkeiten.
- Kulturelle Bildung unterstützt Kinder bei ihrer Suche nach Lebenssinn. Sie eröffnet ihnen neue Welten des Wahrnehmens, Denkens und Handelns, und sie hilft ihnen praktisch bei der Bewältigung von Krisen und schwierigen Entwicklungsstufen.
- Kulturelle Bildung mischt sich in den öffentlichen Diskurs ein, befähigt Kinder zur kreativen und selbstbewussten Mitgestaltung des kulturellen Lebens und sorgt für eigenständige Öffentlichkeiten zur Artikulation und Inszenierung kindlicher Ausdrucksformen.
- Kulturelle Bildung schafft neue soziale Beziehungen auf der Basis künstlerischer und medienpraktischer Gruppenprozesse. Sie wirkt der Auflösung traditioneller Bindungen und sozialer Milieus durch verbindliche Arbeitsformen und interessengeleitete Gemeinschaften entgegen. Kinder lernen, aktiv an der Gestaltung eines lebenswerten Umfelds mitzuwirken."

Zwingend wirft sich nun die Frage auf, inwieweit die den Kindern in ihrer verbleibenden freien Zeit angebotenen bildungsorientierten oder kulturellen Freizeitaktivitäten Möglichkeiten eröffnen, sprachliche Kompetenzen zu erwerben, zu stärken und anzuwenden.

Bevor jedoch konkrete kulturelle Freizeitangebote zur Sprache gebracht werden, soll an dieser Stelle die im Weiteren vorgenommene Einteilung dieser Angebote kurz dargestellt werden (vgl. Abbildung 2, S. 131).

Abb. 2: Außerschulische Angebote

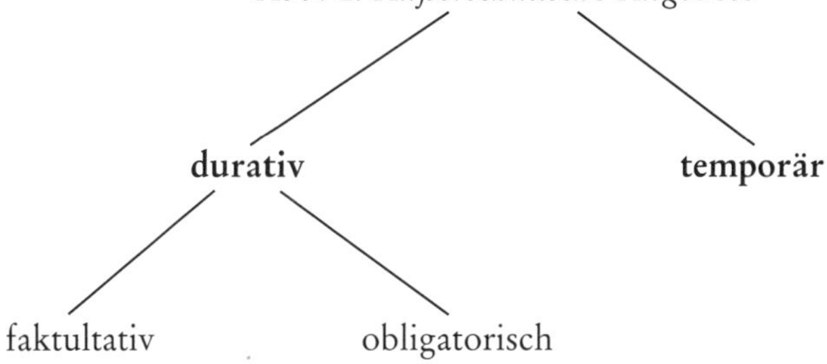

Unter *durativ* werden hier all jene Angebote zusammengefasst, die eine ständige Einrichtung darstellen und prinzipiell für jeden unbeschränkt zugänglich sind, z.B. organisierte Hausaufgabenbetreuungen, Bibliotheken, Fernsehen u.v.m. Weiter unterteilen lassen sich durative Angebote in fakultative und obligatorische. Als *fakultative* Angebote werden diejenigen bezeichnet, die einen freiwilligen Charakter beinhalten, die also jedem offen stehen, aus denen aber für den Teilnehmenden keinerlei Verpflichtungen erwachsen. Als solche sind beispielsweise das Fernsehen, Bibliotheken u.a. anzusehen. Die Vorteile solcher Angebote liegen

- in ihrer Offenheit, d.h. in der freien Zugänglichkeit für alle Kinder,
- in der Chance für jedes Kind, zunächst das Angebot nur kennen zu lernen und dann informiert die Entscheidung für oder gegen eine dauerhaftere Teilhabe an diesen Angeboten zu treffen (höhere Motivation),
- in ihrem steten Vorhandensein, d.h. dass das Kind spontan – und daher motivationsgeleitet – über die Teilnahme entscheiden kann und aus diesem Grund mit größerem Engagement zu rechnen ist,
- in der trotz der Offenheit vorhandenen Möglichkeit, engere Beziehungen und Kontakte zu knüpfen, die positive Auswirkungen auf das aktive Engagement des Kindes haben und damit langfristig auch die kommunikativen Kompetenzen steigern kann,
- in der niedrigen Eintrittsschwelle aufgrund ihres zu nichts verpflichtenden Charakters.

Nachteilig kann sich hingegen auswirken, dass

- keine Verpflichtungen daraus erwachsen, d.h. die Kinder nicht mehr wiederkommen müssen und dann auch keine nachhaltigen

positiven Einflüsse auf die kommunikative Fähigkeit zu erwarten sind,
- die Bindung zu lose ist und die Kinder sich deshalb nicht öffnen, was das Engagement und somit den Lerneffekt hemmen kann.

Die Wahrnehmung *obligatorischer* Angebote verpflichtet hingegen zu einer regelmäßigen Teilnahme über einen festgelegten längeren Zeitraum und ist meist mit regelmäßigen Kosten verbunden (z.B. Horte, organisierte Hausaufgabenbetreuungen, Musikschulen). Der große Vorteil dieser Angebotsstruktur liegt eindeutig

- in ihrer Dauerhaftigkeit mit einem festen Personenkreis, sodass eine gezielte und individuelle Arbeit über einen längeren Zeitraum möglich wird und im Hinblick auf Entwicklungsförderung hier das größte Potenzial zu vermuten ist,
- in der aufgrund des gleich bleibenden Personenkreises bestehenden Möglichkeit des Aufbaus positiver, engerer Bindungen, die ein günstiges Umfeld zur Entwicklungsförderung der sprachlichen Kompetenzen darstellen können.

Als Nachteile müssen angesehen werden, dass

- die Eintrittsschwelle nicht selten relativ hoch ist,
- die Angebote meist mit regelmäßigen Kosten verbunden sind und dies u.U. eine soziale Barriere darstellt,
- die Motivation nachlassen kann, wenn die Freude an diesem Angebot verflogen ist und die daraus resultierende negative Einstellung möglicherweise die Lernchancen verringert.

Unter *temporär* werden solche Angebote zusammengefasst, die zeitlich befristet sind, den Charakter der Einmaligkeit besitzen oder aber eine Art „Kennenlernangebot“ darstellen. Die Teilnahme an solchen Angeboten kann, muss aber nicht mit Kosten verbunden sein. Die Vor- und Nachteile dieser Angebote sind den durativ-fakultativen ähnlich, ergänzt aber um die Tatsache, dass bei den temporären Angeboten die Eintrittsschwelle vielleicht noch niedriger ist, die erwarteten Lerneffekte vermutlich aber ebenfalls niedriger anzusetzen sind.

Die Einteilung aller unten angeführten Angebote wurde zwar sorgsam vorgenommen, aufgrund der Besonderheiten und Eigenheiten mancher sehr spezieller Angebote sind – je nach Betrachtungsschwerpunkt – teilweise aber auch andere Zuordnungen denkbar.

Die durchgeführte Literaturrecherche brachte das Ergebnis, dass das Thema „Präventive Sprachförderung von Grundschulkindern durch außerschulische Angebote" bisher kein Gegenstand von wissenschaftlichem Interesse war. Aus diesem Grund wurden die unten angeführten außerschulischen Angebote, wenn möglich, mit praktischen Realisierungsangeboten ergänzt und konkretisiert, um einen Einblick in das vielfältige Angebotsspektrum zu vermitteln. Da hier in der Regel keine statistischen Erhebungen vorgenommen wurden, können lediglich aus den Informationen konkreter Praxisfälle Vermutungen über Frequentation und Wirksamkeit der außerschulischen Angebote angestellt werden.

5.1 Temporäre Angebote

Kinderpolitische Beteiligung als einmalige, themenzentrierte Aktion

In der Bundesrepublik Deutschland führt die zunehmende „Politikverdrossenheit" auch schon junger Wähler zu der immer stärker vertretenen Ansicht, bei Kindern müsse schon sehr früh durch lebensweltbezogene und handlungsorientierte Formen Lust auf politische Beteiligung geweckt und Einblick in Chancen politischer Beteiligung ermöglicht werden. Die Rede ist hier von Politik mit und durch Kinder. Eine Fülle vielfältiger Partizipationsformen steht dabei zur Verfügung[9], an dieser Stelle sollen jedoch nur punktuelle Beteiligungsformen zur Sprache kommen (durative s. unter 5.2). Solche punktuellen Beteiligungen mit dem Charakter der Einmaligkeit sind z.B. einfache Informationserhebungen, Kinder- und Jugendsprechstunden, Projekte zu einem konkreten, zeitlich begrenzten Thema, komplexe Beteiligungsformen wie Zukunftswerkstätten u.a. Eine Fülle verschiedenster Praxisbeispiele haben Brunsemann/Stange/Tiemann (1997) in ihrem Buch „mitreden – mitplanen – mitmachen" zusammengetragen.

Derartige politische Aktionen mit Kindern bieten aber nicht nur Gelegenheit zur Förderung demokratischer und sozialer Kompetenzen, sondern eröffnen Chancen zur sprachlichen Förderung der teilnehmenden Kinder. Wird zum Beispiel eine Aktion „Wir setzen uns für einen Spielplatz ein und gestalten ihn" durchgeführt, sind zahlreiche sprachfördernde Momente in den Handlungsschritten enthal-

[9] S. hierzu Brunsemann/Stange/Tiemann 1997 und Stange 1998.

ten: Ein Plan zur Vorgehensweise muss gefasst, Verantwortliche müssen angeschrieben bzw. gesprochen, das Anliegen muss präzise formuliert und vorgetragen, es müssen unterschiedliche Meinungen ausgetauscht, besprochen und bewertet werden u. a. m. Es können dabei also Fähigkeiten des *sprachlich-sozialen Handlungswissens* (z. B. Zuhörerorientierung, Interaktionsrahmen, Perspektivenübernahme u. a.), des *sprachlichen Weltwissens* und des *Sprachwissens* erworben, gestärkt und angewendet werden.

Grundsätzlich stellt sich hinsichtlich der Wirksamkeit solcher Aktionen bezüglich der Sprachförderung die Frage, ob tatsächlich Kinder mit unterschiedlichem sozialen Status, unterschiedlichen Nationalitäten, unterschiedlichem Artikulationsvermögen und unterschiedlichem Alter (hier 6 bis 10 Jahre) diese Angebote wahrnehmen. Andernfalls bestünde die Gefahr, lediglich Kinder sozial privilegierter Familien und Familien mit höheren Bildungsaspirationen zu erreichen.

Spielstadt Mini-München

Eine besondere Erwähnung soll an dieser Stelle das Konzept der Spielstadt Mini-München (Träger: *Kultur & Spielraum e. V.*) finden. Diese alle zwei Jahre stattfindende Spezialausprägung einer kinderpolitischen Partizipationsform bietet vier Wochen lang Kindern im Alter von 7 bis 15 Jahren die Möglichkeit, in einer eigens für sie geschaffenen Stadt (mit Häusern, Straßen und Plätzen) – inszeniert als komplexe Lebenswelt – zu arbeiten, Geld zu verdienen, zu konsumieren, Dienstleistungen in Anspruch zu nehmen, zu studieren, Kunst zu machen und Kultur zu erleben, Feste zu feiern, Politik zu betreiben, zu planen, zu bauen und zu wohnen, ganz wie in einer richtigen Stadt. Diese Spielstadt ermöglicht sowohl die technisch-instrumentelle Aneignung von Handwerkzeug bis zur Arbeit in den Medien als auch die Thematisierung kommunikativ-sozialer Zusammenhänge (vgl. Kultur & Spielraum e.V. 2000a, S. 19). Es gibt Einwohnermeldeamt, Arbeitsamt, Bank, Rathaus und Stadtverwaltung, Bürgerbüro, Gericht, Hochschule, Standesamt, Umweltbüro, Gärtnerei, Forschungsstadt, Stadtzeitung, Fernsehstudio, Stadttheater, Post, Kinderradio, Taxistand, Telefonzentrale, Kunstakademie, Bücherei u. v. a. m., gestaltet und geleitet von Kindern (vgl. Kultur & Spielraum e.V. 2000b, S. 24ff.).

Die Kinder schlüpfen in verschiedenste berufliche Rollen, erproben sich und ihre Fähigkeiten, sammeln Erfahrungen vielfältigster Art – und befinden sich dabei stets an Orten der Kommunikation.

Folgende Beispiele lassen erahnen, wie vielfältig die Möglichkeiten der Förderung kommunikativer Kompetenzen in einem solchen Projekt sind: Für die einmal pro Woche stattfindende Stadtratswahl kann sich jeder aufstellen lassen, muss sich und seine Ziele jedoch mit einer Wahlrede öffentlich präsentieren. Anschläge (z.B. Werbung, Wahlplakate u.Ä.) dienen zur Information der Öffentlichkeit und bieten zudem Anlässe für Gespräche und Diskussionen. Die Arbeit bei Zeitung, Fernsehen und Radio lässt Einblicke darüber zu, was man wie sagen bzw. schreiben kann, wie Interviews, Diskussionen, kritische Gespräche, Recherchen u.Ä. zu führen sind (*sprachlich-soziales Handlungswissen, Sprachwissen*). In Berufen und an der Hochschule kann fachliches Wissen verbreitet oder erworben werden (*sprachliches Weltwissen*). Der Besuch von Erwachsenen aus den verschiedensten Berufen ermöglicht Wissens-, Meinungs- und Gedankenaustausch zum Beruf und vielem mehr.

Das große sprachfördernde Potenzial, das in Mini-München stecken kann, wird deutlich, wenn z.B. ein Kind mit Feuereifer als Reporter arbeitet, obwohl es Legastheniker ist. Nicht verhehlt werden soll an dieser Stelle aber auch, dass es natürlich Kinder gibt, die lediglich dort arbeiten, Geld verdienen und wieder ausgeben wollen und deshalb schon seit mehreren Jahren immer stets als Taxifahrer arbeiten. Ob dabei kommunikative Kompetenzen gefördert werden, darf stark bezweifelt werden. Da keine statistischen Erhebungen zu Mini-München gemacht werden (welche Kinder nehmen welche Angebote wahr), ist nicht auszuschließen, dass vorrangig Kinder aus bildungsnahen Familien kommunikativ anspruchsvollere Berufe, hingegen Kinder bildungsferner Familien weniger kommunikative Berufe ergreifen (können oder wollen). Die Vorteile der Kostenfreiheit, des offenen Zugangs für alle Kinder und der Freiwilligkeit bzgl. der Teilnahme wögen diesen Nachteil dann nicht mehr auf.

Der große Erfolg der Spielstadt München (rund 2000 Kinder kommen pro Tag)[10] fand auch überregional regen Anklang und ließ bereits in über 30 Städten im In- und Ausland solche Spielstädte entstehen. Die Auszeichnung Mini-Münchens mit dem Kinderkulturpreis 1999 bestätigt auch offiziell dieses beachtenswerte Projekt.

[10] Vgl. Kultur & Spielraum e.V. 2000a, S. 37.

„Museen als Lernorte und Bildungsstätten" sind keine Schlagworte jüngst vergangener Zeiten, sondern werden vielmehr schon seit Alfred Lichtwark (1886) als „ein Institut, das tätig in die künstlerische Erziehung unserer Bevölkerung eingreift"[11] verstanden. Der Begriff „künstlerische Erziehung" reduziert das Aufgabenspektrum der Museen zu stark, daher bietet es sich an, besser von der „Bildungsfunktion" eines Museums zu sprechen. Vordringliches Ziel aller Museen ist es, „mit ihren Exponaten eine unmittelbare Verbindung zwischen Vergangenheit, Gegenwart und Zukunft herzustellen" (Rump 1998, S. 12). Museumspädagogische Angebote für Kinder beinhalten deshalb nicht eine Gesamtbesichtigung einer Sammlung, sondern greifen einen Themenkomplex heraus und versuchen durch unmittelbare Anschauung Kinder an historische und kulturelle Zusammenhänge heranzuführen (vgl. ebd. S. 7), indem sie, an museale Objekte anknüpfend, konkrete Wissensinhalte, aber auch andere Inhalte und Tätigkeiten verbinden, um so persönlichkeitsfördernd wirken zu können (vgl. ebd. S. 17f.). Museumspädagogik zielt also darauf ab, „zu bestimmten Themen Kompetenzen, Einstellungen und Bewusstsein zu bilden, bestehende Sichtweisen zu überprüfen und gegebenenfalls durch Kenntniszuwachs und Reflexion zu verändern" (ebd. S. 18).

In vielen Museen gehören spezielle Kurse, Workshops oder „Führungen" sowie Freizeitveranstaltungen wie Wochenend- und Ferienaktionen für Kinder bereits zum museumspädagogischen Alltag[12]. Viele Kurse präsentieren das Museum als spannenden Lern- und Erlebnisort, indem sie die Kinder zur aktiven Auseinandersetzung mit den Exponaten, ihrer Bedeutung im Zusammenhang mit ihrer kulturhistorischen Zeit, den eigenen Emotionen und Intentionen sowie die der anderen Kinder anregen. Kinder sprechen über die Exponate, versuchen ihre persönlichen Eindrücke in Worte zu fassen, beschreiben, vergleichen mit anderen Exponaten, studieren Texttafeln und Beschriftungen, vollziehen Handlungen gedanklich nach, spielen historische Ereignisse szenisch nach, ordnen sie in größere Zusammenhänge ein oder versuchen, sich evtl. in die Perspektive des Künstlers hineinzuversetzen. Derlei Beispiele könnten noch zahlreich angeführt werden, dieser kurze Ausschnitt möchte jedoch nur einen

---

[11] Zit. in: Vieregg, in: Museumspädagogisches Zentrum München (Hrsg.) 1998, S. 32.

[12] S. Museumspädagogisches Zentrum München: MPZ-Museumsdienst. Museum für alle. Kurse, Workshops, Führungen. 2001.

Einblick vermitteln, wie groß die Vielfalt kommunikativer Möglichkeiten – und damit ihrer Förderung – ist. Neben Kompetenzen aus dem *sprachlich-sozialen Handlungswissen* können *sprachliches Weltwissen* ebenso wie *Sprachwissen* gefördert werden. Und nicht zuletzt – um Singer und seinem Wunsch nach stärkerer Betonung nichtsprachlicher Kommunikationsmittel Rechnung zu tragen – die Erkenntnis, dass mit gesprochener Sprache nicht immer alles so ausgedrückt werden kann, wie man es möchte. Am Ende von museumspädagogischen Kursen steht oftmals die praktische Auseinandersetzung (z. B. Gestalten mit Farben, plastische Nachbildungen, Schreiben mit historischen Geräten) mit dem gerade Erlebten. Dies vermittelt den Kindern den Einblick, dass Gefühle, Eindrücke und Emotionen nicht nur verbal, sondern manchmal sogar besser nonverbal ausgedrückt werden können.

Ein gewisses Hindernis für Kinder aus bildungsfernen Familien stellt sicherlich die relativ hohe Hemmschwelle, ein Museum zu besuchen, dar. Darüber hinaus sind nahezu alle diese Angebote mit Kosten verbunden, manche sind zudem konkret als Gruppenveranstaltung ausgewiesen. Und nicht zuletzt ist eine Teilnahme schließlich vom Vorhandensein von Museen im individuellen Wohnumfeld abhängig. „Stadtkindern" bieten sich daher in der Regel viel größere und vielfältigere Angebote als Kindern einer nur wenig besiedelten und strukturell wenig erschlossenen Wohngegend.

Kinder machen Radio (Einzelangebote)

Trotz der Tatsache, dass 1992 etwa zwei Drittel der 8- bis 13-Jährigen einen eigenen Radiorekorder und ein weiteres Drittel ein Radio bzw. ein Taschenradio besaßen (vgl. Paus-Haase/Hoffmann 1996, S. 73) – die Zahlen dürften jetzt noch höher sein – und das alltägliche Radiohören bei Kindern unabhängig von ihrem sozialen Status selbstverständlich ist, sind Radioprogramme noch viel zu wenig an den Bedürfnissen der Kinder ausgerichtet und behandeln sie geradezu stiefmütterlich. Und das, obwohl Possehn (1992) feststellen konnte, dass vor allem in der Grundschulzeit der Hörfunk bei Kindern von besonderer Bedeutung zu sein scheint (vgl. Paus-Haase/Hoffmann 1996, S. 56).

Die Motive zum Radiohören sind vielschichtig, neben der reinen Unterhaltung spielt auch die Befriedigung kognitiver Bedürfnisse eine wesentliche Rolle (vgl. ebd. S. 79). Neben „Radio für Kinder" (also Radioprogramme gestaltet von Erwachsenen für Kinder) zeigen Grundschulkinder aber auch Interesse an „Radio von Kindern", befürworten also ausdrücklich die aktive Beteiligung von Kindern (Maschke 1990, Possehn 1992) (vgl. Paus-Haase/Hoffmann 1996, S. 74).

Bei einer Befragung von Grundschulkindern zum Radiomagazin „Lilipuz“ kristallisierte sich deutlich der Wunsch der Kinder nach Mitwirkung heraus: Ihre Wünsche reichten vom einmaligen Sprechen im Radio, dem Interviewen von Leuten und Kindern bis hin zu konkreten Programmvorstellungen, Vorlesen einer Geschichte, Vorspielen sowie der gesamten Moderation der Sendung (vgl. ebd. S. 70). Auch die *Studie Kinder und Medien (KIM 1999)* kommt zu dem Ergebnis, dass etwa 20 % der Kinder gerne einmal Radiobeiträge erstellen würden und 2 % bereits über Erfahrungen verfügen (vgl. Feierabend/Klingler 2000, S. 58).

Die vorhandene Bereitschaft der Kinder zur (Mit-)Gestaltung einer Radiosendung von Kindern (unter Anleitung) für Kinder (und Erwachsene) könnte gerade im Hinblick auf Sprachförderung eine große Chance sein. Eine große Bandbreite kommunikativer Kompetenzen werden bei der Radioarbeit angesprochen: richtige Fragetechnik bei Interviews entwickeln (präzise Fragestellung, genaues Zuhören und evtl. Nachfragen), sich am Adressaten orientieren (*sprachlich-soziales Handlungswissen*), ein Hörspiel dramaturgisch sinnvoll inszenieren, die Bedeutung der Stimme als Ausdrucksmittel erkennen (*basale Fähigkeiten*), ein Thema umfassend recherchieren und knapp, aber verständlich zusammenfassen, Wesentliches aus einer Fülle von Informationen herausfiltern, Meinungen austauschen, gemeinsam eine Vorgehensstrategie entwickeln und den Handlungsablauf gedanklich vorausplanen, die Bedeutung nonverbaler Kommunikationsmittel erkennen (z.B. wann der Einsatz musikalischer Mittel sinnvoll ist), zuhören können, Inhalte sprachlich ansprechend gestalten (*Sprachwissen*) u.v.a.m.

Die Vorteile des Angebots „Kinder machen Radio“ liegen eindeutig in ihrer freien Zugänglichkeit für alle Kinder, der großen intrinsischen Motivation der Kinder zur Teilnahme und der Faszination der Veröffentlichung ihrer Beiträge. Als nachteilig erwähnt Dillmann, dass offen ausgeschriebene Aktionen oft sehr ehrgeizige Kinder anziehen, die sich gerne in den Vordergrund spielen, oder Kinder von ihren ehrgeizigen Eltern[13] zur Teilnahme angehalten werden in der Hoffnung auf eine journalistische Karriere ihres Kindes (vgl. Dillmann 2001, S. 129). Darüber hinaus wirken sich sprachliche und kognitive Defizite von Kindern aus benachteiligten Familien gerade

[13] S. hierzu „Freizeitkarrieren“ in Fazit und Ausblick.

im konventionellen journalistischen Bereich besonders aus und können dazu führen, dass diesen Kindern ihre Defizite während dieser Aktion besonders bewusst werden (sie vielleicht sogar von anderen Kindern darauf angesprochen werden), ihr Selbstwertgefühl darunter leiden kann und sie solche Angebote in Zukunft meiden. Ein weiterer Nachteil liegt sicherlich in der Begrenztheit solcher Kinder-Radioworkshops hinsichtlich der Zahl der Angebote als auch der Zahl der möglichen Teilnehmerinnen und Teilnehmer.

Der *Bayerische Rundfunk* bietet in Zusammenarbeit mit Kooperationspartnern (z.B. *Kinderkulturwerkstatt Seidlvilla*, *Verein Spielratz* oder *Jugendbildungsstätte Waldmünchen*) Aktionen zu „Kinder machen Radio“ an. Da Radioarbeit sehr betreuungsintensiv ist, benötigt eine Gruppe von 12–15 Kindern etwa 3–4 Betreuungspersonen. Dies entspricht etwa der Anzahl Kinder pro Gruppe, manchmal sind es aber auch bis zu 30 Kinder, die mitarbeiten. Ein Teil der Angebote ist so konzipiert, dass Kinder an einem Ort zusammengefasst werden und dort auch übernachten, sodass Kinder aus ganz Bayern teilnehmen können. Andere Angebote können hingegen nur von Kindern aus dem jeweiligen Wohnort und der näheren Umgebung wahrgenommen werden. Teilweise sind diese Angebote auch mit Kosten verbunden, besonders wenn die Aktionen mit außerhäusigen Übernachtungen verbunden sind. Erfahrungsgemäß nutzen eher Kinder aus bildungsorientierten Familien Angebote zur Radioarbeit; unter den Teilnehmenden von im Rahmen kostengünstiger Ferienaktionen (z.B. des Vereins Spielratz mit Unterstützung des Münchener Stadtjugendamtes) angebotenen Aktionen finden sich auch Kinder aus sozial schwächeren Familien.

Projekt Hör-Koffer des Jugendamtes der Stadt Nürnberg

Eine besondere Erwähnung soll das folgende praktische Beispiel finden, da es gerade hinsichtlich der Förderung kommunikativer Kompetenzen einen wertvollen Beitrag leisten konnte.

Das Projekt „Hör-Koffer“ zur Förderung der Zuhörfähigkeit an einem Hort im sozialen Brennpunkt wurde von Januar bis März 2001 in Nürnberg durchgeführt. Es wurde von der Projektstelle der Abteilung Kindertagesstätten des Jugendamtes der Stadt Nürnberg initiiert und von der Medienpädagogin Heike Zimmermann geleitet. Rund 40 Kinder waren daran beteiligt, die Mehrzahl aus sozial schwachen Familien. Der Anteil ausländischer Kinder lag bei 80 %, etwa 40 % der Kinder besuchten eine Förderschule. Aufgabe der Kinder war es, mit Unterstützung von Fachleuten (Medienpädagoginnen und -pädagogen sowie Künstlern) einen Hör-Koffer zu entwickeln und dabei auf spielerische Art die eigene Fähigkeit und Bereitschaft zum Zuhören zu stärken. Entworfen wurden zum Anhören ein selbst entwickelter Hörkrimi und zwei weitere Hörspiele sowie Klanglandschaften („So hört sich unser Hort an", „GeräuschSchnitzeljagd"). Zum Spielen wurden eine Hör-Spiel-Sammlung („Spiele-TÜV" und selbst entworfene Spiele), Reim- und Klatschspiele verschiedener Sprachen/Kulturen sowie selbst entwickelte Spielmaterialien zur Klang- und Geräuscherzeugung vorgestellt und erklärt. Zum Basteln und Musikmachen gab es selbst gebaute Percussioninstrumente sowie Anleitungen zum Instrumentenbau.

Während dieses Projekts, so lässt sich klar ersehen, konnten die Kinder nicht nur ihre Zuhörfähigkeit stärken, sondern ebenso weitere Fähigkeiten aus dem Bereich *sprachlich-soziales Handlungswissen*, *sprachliches Weltwissen*, *Sprachwissen* sowie *basale Fähigkeiten* wie melodische und rhythmische Differenzierung.

Die Einzigartigkeit dieses Projekts wird aber erst deutlich mit dem Wissen, dass die Mitarbeiterinnen dieses Hortes z. T. beachtliche individuelle Fortschritte kommunikativer Kompetenzen bei den sechs- bis zehnjährigen Kindern feststellen konnten (z. B. stellte ein türkischer Junge, der zuvor kaum bereit war, deutsch zu sprechen oder an gemeinsamen Aktivitäten teilzunehmen, den Hör-Koffer in seiner Klasse vor). Nicht verhehlt werden soll an dieser Stelle, dass manche Kinder die Arbeit an dem Hör-Koffer durchaus als sehr anstrengend und arbeitsintensiv empfunden haben und teilweise wieder abgesprungen sind oder sich nur mehr oder weniger aktiv daran beteiligt haben.

Seit April 2001 ist dieser Hör-Koffer von anderen Horten oder Schulen ausleihbar, und seitdem ist er auch ständig unterwegs. Geplant ist deshalb seine Vervielfältigung und Weiterentwicklung.

Dieses Projekt ist eines der wenigen Angebote, die gerade benachteiligte Kinder, für die die Förderung kommunikativer Kompetenzen besonders hilfreich wäre, erreicht. Gelungen ist dies wegen der Ansiedlung des Projekts an einem Hort im sozialen Brennpunkt. Ob diese Kinder an einem außerhalb des Hortes angebotenen Projekt dieser Art teilgenommen hätten, ist ungewiss. Vermuten lässt sich allerdings, dass Kinder aus sozial benachteiligten Familien bzw. bildungsfernen Familien weniger über völlig frei zugängliche Projekte dieser Art zu erreichen sind.

Zusammenfassung

Temporäre Angebote stehen nur über einen kurzen Zeitraum zur Verfügung. Hierzu zählen kinderpolitische Projekte, Mini-München, museumspädagogische Angebote, offene Aktionen wie „Kinder machen Radio“ u. a. Die Vorteile dieser Angebote liegen zum einen in ihrer offenen Zugänglichkeit für alle Kinder, gleich welchen Bildungsgrades oder welchen sozialen Status, zum anderen darin, dass keinerlei längerfristige Verpflichtungen eingegangen werden müssen und somit die Eintrittsschwelle vermutlich niedriger ist. Ein weiterer Vorteil: Kinder können diese Angebote interessengeleitet wahrnehmen und somit ihre Motivation erhöhen und ihr Engagement bei diesen Aktionen steigern. Diese Vorteile finden allerdings ihre Einschränkung in folgenden Nachteilen: Die Angebote sind zum einen vielfach kultureller Natur, und es ist fraglich, ob Kinder aus sozial deprivierten oder bildungsfernen Familien solche Angebote überhaupt wahrnehmen. Der zweite Nachteil ist, dass diese Angebote nur einmalig sind und deshalb ein größerer dauerhafter Lernzuwachs hinsichtlich kommunikativer Kompetenzen weniger zu erwarten sein dürfte.

Es lässt sich daher vermuten, dass durative Angebote einen größeren Beitrag zur Förderung kommunikativer Kompetenzen leisten können.

5.2 Durative Angebote

Als „durative Angebote“ werden ständig vorhandene Angebote bezeichnet. Diese lassen sich zusätzlich unterteilen in Angebote mit (obligatorisch) und ohne (fakultativ) verpflichtendem Charakter. Im Folgenden werden einige wesentliche Angebote vorgestellt und hinsichtlich ihres möglichen Beitrags zur Förderung kommunikativer Kompetenzen näher beleuchtet.

5.2.1 Fakultative Angebote

Bibliothekspädagogische Angebote

Bibliotheken und Büchereien leisten einen wichtigen Beitrag zur freien Zugänglichkeit aller zum Buch und zum Lesen. Derzeit existieren bundesweit 12.134 öffentliche Bibliotheken (ohne Zweigstellen).[14] Dabei leisten einige Bibliotheken in ihren Kinder- und Jugendabteilungen bereits mehr als reinen Informations- und Ausleihservice: Hier etablieren sich zunehmend Lesestunden und kreative Aktivitäten für Kinder rund um das Buch und andere Medien. Die Orientierung der Bibliotheken an der Zielgruppe Kinder ist dringend notwendig, schließlich sind rund 15 % aller Einwohner Deutschlands Kinder (vgl. Kommission des Deutschen Bibliotheksinstituts für Kinder- und Jugendbibliotheken 1997, S. 7). Die Kommission des Deutschen Bibliotheksinstituts für Kinder- und Jugendbibliotheken fasst den „Beitragskatalog" der Bibliotheksarbeit für Kinder folgendermaßen zusammen:

> „Bibliotheksarbeit für Kinder ...
> ... leistet einen besonderen Beitrag zur Leseförderung und Vermittlung von Medienkompetenz, sie fördert Sprachfähigkeit und Kreativität.
> ... leistet Hilfestellung bei der Einübung neuer Kulturtechniken der Informationsnutzung und -bearbeitung.
> ... ist mit ihren literatur- und medienbezogenen Veranstaltungen Teil der kommunalen Kinderkultur und hat Einfluss auf deren Qualität.
> ... bietet ungehinderten Zugang zu geeigneten Informationsquellen und dient der freien Meinungsbildung sowie der Orientierung in der demokratischen Gesellschaft.
> ... fördert durch ihr breites und frei zugängliches Angebot die Bereitschaft zu lebenslangem Lesen und Lernen sowie zur Beteiligung an Kultur. Keine andere außerschulische Bildungseinrichtung erreicht mit ihren Angeboten einen so hohen Bevölkerungsanteil wie die Bibliothek." (vgl. ebd. S. 57)

Es stellt sich die Frage, ob die o. a. Ziele alle Kinder erreichen. 1979 kam Steinbronn zu dem Ergebnis, dass der Bibliotheksbesuch mit der sozialen Herkunft korreliert, dass „gut 60 % der bundesdeutschen Kinder und Jugendlichen – überwiegend aus den unteren Straten der Bevölkerung – Nicht-Benutzer sind" (zit. nach König in: Grees 1990, S. 11). Unter Umständen erbrächte eine neuerliche Untersuchung zum jetzigen Zeitpunkt auch keine günstigeren Ergebnisse. Zweierlei Tatsachen leiteten ein Umdenken in der kinderbibliothekarischen Arbeit ein: zum einen die Tatsache, dass buchferne Kinder zumeist auch bibliotheksferne Kinder sind, zum anderen die Tatsache, dass

---

[14] Lt. telefonischer Auskunft des Deutschen Bibliotheksverbandes e.V. vom 12.10.2001.

öffentliche Bibliotheken für Kinder und Jugendliche vielfach einen Treffpunkt bzw. einen Aufenthaltsort darstellten, unabhängig von deren eigentlichem Sinn. Um auch diese bislang bibliotheksfremden Kinder zu erreichen und ihre Schwellenängste abzubauen, wurde die Konzeption der sozialen Bibliotheksarbeit entwickelt. Ihr Motto „Treffpunkt Bibliothek“ charakterisiert das Anliegen.

Ein besonders eindrucksvolles Beispiel einer solchen sozialen Bibliotheksarbeit für Kinder und Jugendliche findet sich an der *Zentralen Kinder- und Jugendbibliothek („KiBi“)* der Stadtbücherei Frankfurt am Main. Wohl wissend, dass die folgende Beschreibung sicherlich nicht die allgemein gültige Realität der Kinderbibliotheken widerspiegelt, soll dieses Beispiel das große sprachfördernde Potenzial der Bibliotheksarbeit mit Kindern aufzeigen.[15]

Die Angebote der KiBi in Frankfurt am Main lassen sich grob in folgende Bereiche gliedern: Veranstaltungen in der KiBi, Kinder erzählen aus ihrem Land, Vorlesen und Spielen, Umsetzung von Texten und Bildern, jährliche Ausstellungen, Hausaufgabenhilfe und KiBi als „Marktplatz“. Bei allen Veranstaltungen in der KiBi, die unter dem Motto „Äktschen in der KiBi“ stehen, rücken die Medienangebote der KiBi in den Mittelpunkt. Mal sind es die Spiele, die gemeinsam gespielt werden, mal zum Thema „Zauberlehrling“ die Zauberbücher, mal erzählen Autoren und Illustratoren über ihr Buch. Darüber hinaus findet jährlich eine Mitmachaktion für Kinder („Lesezauber“) in allen Stadtteilbüchereien Frankfurts, die Angebote für Kinder machen, statt: Kinder malen, basteln und schreiben zu von ihnen gelesenen Büchern zu einem bestimmten Motto. Regelmäßig erzählen Kinder aus ihrem Heimatland, präsentieren Wissenswertes und Informatives (z.B. Landkarten, Früchte, besondere Kunstgegenstände) und informieren sich nicht selten selbst vorab genauer in Büchern der Bibliothek über ihr Heimatland. In den Bereichen „Vorlesen und Spielen“ sowie „Umsetzung von Texten und Büchern“ wird mit Texten und Bilderbüchern gearbeitet, die nicht nur kognitiv, sondern auch mit anderen Sinnesorganen „begriffen“ werden: Malen, Kleben, Collagen entwerfen, aus Draht oder Pappmaché basteln. Texte werden besprochen, szenisch umgesetzt, Geschichten und Gedichte selbst erfunden und zu Büchern gestaltet, Fühlbücher hergestellt, die dann von

[15] Sämtliche Informationen wurden entnommen aus: de Vos/Knust, in: Grundschule 7–8/1994, de Vos, in: buch und bibliothek 6,7/1993 und de Vos, in: buch und bibliothek 6/1997.

Kindern wie jedes andere Medium ausgeliehen werden können. Die Hausaufgabenhilfe nehmen ausschließlich ausländische Kinder wahr, vielen von ihnen können ihre Eltern meist aufgrund mangelnder Sprachkenntnisse selbst nicht helfen. Ziel ist dabei die Heranführung der Kinder an die in einer Bibliothek vorhandenen Medien zur selbstständigen Informationsgewinnung. Dass währenddessen mit den kleineren Geschwistern gelesen wird (oder diese „lesen“ selbst ein Bilderbuch vor), ist dabei keine Seltenheit. Die KiBi als Marktplatz bietet durch ihre großzügigen räumlichen Gegebenheiten anderen Einrichtungen (z. B. Klassen, Kindertagesstätten) die Möglichkeit, sie als Ausstellungs- bzw. Darstellungsraum zu nutzen. Eine Kinder-Talk-Show in Zusammenarbeit mit örtlichen Politikern wurde ins Leben gerufen, bei der die Kinder ihre Ansichten, Forderungen und Sorgen vortrugen, im Übrigen gut informiert und vorbereitet durch eigene Recherchen und Aktionen (Fotoreportagen, eigene Videofilme u. a.).

Ein weiteres eindrucksvolles Beispiel stellt die *Kinderbücherei KIM* im Wilhelmspalais der Stadtbücherei Stuttgart dar, die in ihren Räumen ebenso facettenreiche Aktionen anbietet. Ihr Veranstaltungsprofil für Kinder umfasst folgende Angebote: *KreARTiv WORKSHOP*, Erzählspiel, Internetreporter, Bilderbuchshow und Medienrallye.[16] Viele neue Ideen und Anregungen zu Angeboten für Kinder im Rahmen der Bibliotheksarbeit finden sich ständig in der Zeitschrift „buch und bibliothek“.

Dass solch umfassende Angebote einen wesentlichen Beitrag zur Förderung aller Komponenten der kommunikativen Fähigkeit leisten (*basale Fähigkeiten*, *sprachlich-soziales Handlungswissen*, *sprachliches Weltwissen* und *Sprachwissen*), ist evident. Die besonderen Vorteile liegen in der Offenheit und freien Zugänglichkeit für alle Kinder, in der Vielfalt der Angebote, in der Einbeziehung neuer Medien, was auch buchfernen Kindern den Gang zur Bibliothek schmackhaft macht, ganz allgemein in der Präsentation der Bibliothek als Erlebnis- und Lebensraum: Lesen, Bücher und neue Medien werden mit Spaß und Freude, mit Gemeinschaftserleben, Lebenszusammenhang und Informationsgewinnung verbunden. Einen wertvollen Beitrag zur Sprachförderung liefert das Beispiel der KiBi in Frankfurt a. M. gerade deshalb, weil ihre Angebote auch – und manchmal gerade

[16] Näheres hierzu s. www.stuttgart.de/stadtbuecherei/kinderbuecherei.

besonders – Kinder aus bildungsbenachteiligten Familien wahrnehmen.

In diesen Bibliotheksangeboten steckt ein ungeheures sprachförderndes Potenzial, das es im Auge zu behalten gilt.

Fernsehen

Rund zwei Drittel aller Grundschulkinder tun es, und das durchschnittlich 96 Minuten pro Tag: Fernsehen. Dies ergab eine Studie von Feierabend und Simon zur Fernsehnutzung der Kinder von 3 bis 13 Jahren im Jahr 2000 (vgl. Feierabend/Simon 2001, S. 176–188). Diese Zahlen bleiben trotz steigenden Programmangebots für diese Altersstufe schon seit etwa zehn Jahren stabil. Nahezu jeder Haushalt (99 %) verfügt über mindestens ein Fernsehgerät, etwa ein Drittel aller Kinder zwischen 6 und 13 Jahren besitzt bereits ein eigenes Fernsehgerät (bemerkenswert: West: 25 %, Ost: 48 %) (Feierabend/Klingler 2000, S. 55ff.).

Bei einer derart großen Reichweite des Fernsehens stellt sich daher die Frage, ob und inwieweit das Fernsehen zur Förderung kommunikativer Kompetenzen beitragen kann. Wünschenswert wäre dies gerade im Hinblick auf die Förderung benachteiligter sowie ausländischer Kinder, da ihr Fernsehkonsum höher ist als im Durchschnitt.[17] Problematisch erscheint auch die Tendenz – besonders in Familien türkischer Herkunft – zur verstärkten Nutzung muttersprachlicher Sender, was für den Erwerb der deutschen Sprache gerade bei den kleinen Kindern eher kontraproduktiv wirkt, zumal auch das Kinderprogramm türkischer Sender fast ausschließlich Zeichentrickfilme umfasst (vgl. Bericht über die Lebenssituation von Kindern und die Leistungen der Kinderhilfen in Deutschland 1998, S. 72f.).

An dieser Stelle werden nur explizite Kinderprogramme (a) der öffentlich-rechtlichen sowie (b) der privaten Fernsehsender hinsichtlich ihres Beitrags zur Sprachförderung näher beleuchtet.

a) Öffentlich-rechtliche Sender

Möglichkeiten zur Förderung kommunikativer Kompetenzen bieten beliebte Kindersendungen mit pädagogischem Hintergrund, in der ARD die *„Sendung mit der Maus“* sowie Teile des *„Tigerenten Clubs“*, im ZDF *„Löwenzahn“*, Teile aus *„Tabaluga tivi“* oder die

[17] Vgl. Fischer 2000, S. 33f. und 46 sowie Bericht über die Lebenssituation von Kindern und die Leistungen der Kinderhilfen in Deutschland 1998, S. 72f.

Kinderspielshow *„1, 2 oder 3"*. Der Kinderkanal *KiKa* (Sendezeit von 6–19 Uhr) von ARD/ZDF, dem einzigen Free-TV-Programm nur für Kinder (Feierabend/Simon 2001, S. 176), bietet neben diesen oben erwähnten Sendungen auch Dokumentationen, Informationssendungen, Magazinprogramme, Abenteuerserien und Serien aus dem Alltag (Fischer 2000, S. 37) und seit Mai 2001 das 90-minütige Format *„Kikania – Der Live-Treffpunkt"* für Acht- bis Elfjährige an. Über Inhalte wie virtuelle Spiele mit Kindern, Real- und Zeichentrickserien sowie Informationen, Tipps und Wissenswertes lädt Kikania die Kinder dazu ein, sich direkt an der Sendung zu beteiligen, „ihre Meinung zu sagen, per Fax, Brief, E-Mail oder Telefon miteinander ins Gespräch zu kommen, zusammen zu spielen und über Themen zu reden, die sie interessieren"[18].

b) Private Sender

Im privaten Fernsehen sind es vor allem SuperRTL und RTL II, die explizit Programme für Kinder anbieten. Nachmittags werden dabei vorrangig Zeichentrickserien geboten, vor allem aus den Genres Action, Lustiges und Abenteuer (vgl. Fischer 2000, S. 38).

Weitere private Sender sollen hier nicht erwähnt werden, da diese beiden Sender die meisten Marktanteile in dieser Altergruppe verzeichnen (vgl. Feierabend/Simon 2001, S. 182f.).

Dass Kindersendungen wie *„Die Sendung mit der Maus"* oder *„Löwenzahn"* oder auch Teile aus Clubmagazinen (*„Käpt'n Blaubär Club"*, *„Tabaluga tivi"*, u. Ä.) in mehr oder weniger großem Umfang einen Beitrag zur Förderung des *sprachlichen Weltwissens* leisten können, ist anzunehmen. Ansätze eines umfassenderen Beitrags (also auch hinsichtlich des *sprachlich-sozialen Handlungswissens*) lassen sich hinter *„Kikania – Der Live-Treffpunkt"* vermuten. Ob Zeichentrickserien, TV-Vorabendserien oder Daily Soaps die sprachlichen Kompetenzen zu stärken vermögen, erscheint eher fraglich. Da aber die Präferenz der Grundschulkinder deutlich auf Zeichentrickfilmen[19] liegt (ebd. S. 185f.), kommt dem Fernsehen in seiner jetzigen Form nur wenig Bedeutung zur Sprachförderung zu. Ebenso erwähnenswert ist der Anstieg der Fernsehzeiten von Kindern im Vorabendprogramm, der deutlich macht, dass Kinder eben nicht nur Sendungen aus dem Kinderprogramm konsumieren (vgl. ebd. S. 181).

---

[18] Kinderkanal Pressemappe. Hauptrolle spielen die Kinder. Kikania. Inhalt und Struktur des Formats.

[19] Echte Quotenhits sind dabei Sailor Moon, Pokémon oder Digimon.

Interessant erscheint in diesem Zusammenhang auch die Erkenntnis, dass es eine Korrelation zwischen Programmpräferenz und sozialem Status gibt. Während Kinder aus sozial schwächeren Familien eher private Sender bevorzugen, nutzen Kinder mit höherem sozialen Status private wie öffentlich-rechtliche Sender gleichermaßen (vgl. Fischer 2000, S. 47).

Insgesamt führt dies zur Einschätzung, dass aufgrund der Programmpräferenzen von Grundschulkindern (Kindersendungen und Zeichentrickfilme) (Feierabend/Klingler 2000, S. 17) und den dazu angebotenen Sendungen nur im Genre Kindersendung mit pädagogischem Hintergrund (z. B. „*Sendung mit der Maus*", „*Löwenzahn*" u.s.w.) kommunikationsstärkende Momente vermutet werden können.

Der Frage, „inwiefern ein über einen längeren Zeitraum hinweg erhöhter Fernsehkonsum mit schwächeren Lesekompetenzen bzw. mit schwächeren spezifischen Vorläuferfertigkeiten des Schriftspracherwerbs einhergeht" (Ennemoser/Schiffer/Schneider 2001, S. 2), geht gerade Schneider im Rahmen einer vierjährigen Studie des Lehrstuhls für Psychologie IV der Universität Würzburg nach.

> „Die längsschnittliche Analyse sollte ermöglichen zu überprüfen, ob der Schriftspracherwerb bei Vor- und Grundschulkindern mit überdurchschnittlichem Fernsehkonsum (2–3 Stunden und mehr pro Tag) einem möglicherweise ungünstigeren Entwicklungsverlauf unterliegt."[20]

Untersucht wurden dabei über einen Zeitraum von zwei Jahren zwei verschiedene Altersgruppen (jüngere Gruppe: Ende des letzten Kindergartenjahres bis Ende 2. Klasse; ältere Gruppe: 2. Klasse bis Ende 4. Klasse). Zusammenfassend lässt sich für die jüngere Gruppe sagen, dass Effekte der Sehergruppe bereits bei Schulanfängern auftreten. Diese Effekte beschränken sich allerdings im Wesentlichen auf spezifische Vorläuferfertigkeiten des Schriftspracherwerbs (Buchstabenkenntnis, Reime), während sich noch keine klaren Effekte auf die Leseleistungen zu Beginn der Schulzeit nachweisen lassen (vgl. ebd. S. 8). Für die Gruppe der älteren Kinder zeigte sich, dass Kinder mit einem erhöhten Fernsehkonsum sowohl in der Lesegeschwindigkeit als auch im Leseverständnis durchgehend schwächere Leistungen erbrachten als ihre Altersgenossen mit geringerem Fernsehkonsum (vgl. ebd. S. 10). Um die richtigen Konsequenzen aus diesen Ergebnissen ziehen zu können, wäre es notwendig zu eruieren, ob die Ursachen für die schlechteren Leseleistungen bei Vielsehern im hohen Fernsehkonsum selbst liegen oder ob bereits vorher vorhandene

[20] Verändert nach: Ennemoser/Schiffer/Schneider 2001, S. 3.

sprachliche Defizite das Kind auf das leichter zu konsumierende Medium Fernseher zurückgreifen lassen.

Insgesamt aber legt die Studie nahe, dass das Medium Fernsehen in seiner jetzigen Form nicht zur nachteilausgleichenden Erziehung hinsichtlich kommunikativer Kompetenzen beiträgt.

Computer

Computer und Internet sind immer mehr auf dem Vormarsch bei den Sechs- bis Dreizehnjährigen. Zu diesem Ergebnis kam die Studie *„Kinder und Medien 2000. PC und Internet (KIM 2000)“* von Feierabend und Klingler.[21] Etwa 57 % der Haushalte mit Kindern besitzen einen Computer, gut ein Viertel verfügt über einen Internetzugang. Die Ausstattung der Haushalte mit Computern weist einen starken Zusammenhang mit der Einkommens- und Bildungslage der Familie auf: In Haushalten mit einem Nettoeinkommen bis zu 3000 DM besitzen 38 % einen Computer, bei 5000 DM und mehr sind es schon 80 %. Rund 10 % der Grundschulkinder besitzen einen eigenen PC. Etwa 12 % sind fast tägliche PC-Nutzer, knapp die Hälfte der Grundschulkinder zumindest selten. Die regelmäßige Nutzung des Internets ist für Grundschulkinder noch von geringer Bedeutung (6–7 Jahre: 1 %, 8–9 Jahre: 9 %), aber immerhin etwa 25% nutzen das Internet zumindest selten, 40 % surfen gemeinsam mit ihren Eltern.

Diese Zahlen zeigen, welch große Bedeutung Computer und Internet bereits zukommt, vermutlich mit steigender Tendenz.

Wozu aber nutzen Kinder diese neuen Medien, und können dadurch kommunikative Kompetenzen gestärkt werden? Die Spitzenplätze der Aktivitäten am Computer belegen bei Grundschulkindern das „Computerspielen allein oder in Gesellschaft“, gefolgt von „Lernprogramme benutzen“, „Texte schreiben“ oder auch im „PC-Lexikon nachschlagen“ und „Internetnutzung“.[22] Im Dickicht der unzähligen Computerspiele intelligente und ansprechend gestaltete herauszufinden, ist nicht leicht. Sind solche gefunden (s. hierzu Bergmann 2000), können sie spielerisch zur Verbesserung von Konzentrationsfähigkeit und Wahrnehmungsfähigkeit (*basale Vorläuferfertigkeiten*) beitragen. Qualitativ hochwertige Lernprogramme (Edutainment-Software) können ebenfalls kommunikative Kompetenzen

---

[21] Sämtliche Daten dieses Abschnitts sind entnommen: Feierabend/Klingler, in: Media Perspektiven 7/2001, S. 346–355.

[22] Hier werden nur Tätigkeiten genannt, die potenziell kommunikationsfördernd wirken.

stärken, z.B. zum Fach Deutsch *Sprachwissen* oder zu bestimmten Themenkomplexen *sprachliches Weltwissen*. Ob und wie groß der einzelne Beitrag eines Programms ist, muss jeweils programmspezifisch untersucht werden. Texte mit dem Computer schreiben bietet vor allem schreibmotorisch defizitären Kindern die Chance, sich vorrangig auf den Inhalt ihrer Texte konzentrieren zu können und nicht entmutigt vorzeitig aufzugeben. Generell verlangt jede Art von Software den Kindern die Fähigkeit ab, Anweisungen entnehmen, verstehen und umsetzen zu können.

Im Internet selbst finden sich für Kinder spezielle Angebote wie z.B. unter www.kindernetz.de, wo Kinder chatten, eine eigene Homepage erstellen[23], E-Mails versenden und empfangen, Wissenswertes entnehmen u.v.a.m. können. Hier kann neben den oben genannten Komponenten zudem das *sprachlich-soziale Handlungswissen* (z.B. Perspektivenübernahme, „Homepage-Leser"-Orientierung) gestärkt werden. Computerkurse für Kinder wie z.B. die „Futurekids" ermöglichen den Kindern einen Einblick in die vielfältigen Möglichkeiten der Nutzung des Computers und bieten ihnen somit die Chance, gezielter mit den Vorzügen (aber auch Nachteilen) dieses Mediums umgehen zu lernen. Allerdings sind diese Kurse aufgrund der hohen Teilnahmegebühr für viele Familien nicht erschwinglich.

Welchen Beitrag das Medium Computer zur Förderung sprachlicher Kompetenzen leisten kann, muss offen bleiben, da dazu keinerlei Untersuchungen existieren. Aufgrund der vielfältigen Angebote im Zusammenhang mit Computer und Internet wären positive Auswirkungen möglich, gerade aber die kaum mehr zu überblickende Zahl an Angeboten erschwert das Finden geeigneter Angebote. Problematisch erscheint, dass die Zugangsmöglichkeiten zu Computer und Internet vermutlich gerade für Kinder aus sozial schwachen oder ausländischen Familien beschränkt sind, was zu einer weiteren Bildungsexklusion dieser Kinder führen kann.

Leseclubs

Angeregt durch die positiven praktischen Erfahrungen in den von Dr. Ilie Stanciu entwickelten Leseclubs für sozial benachteiligte Jugendliche begann die *Deutsche Lesegesellschaft* (Nachfolgeorganisation: *Stiftung Lesen*) 1979 modifiziert und in Zusammenarbeit mit Kooperationspartnern wie Schulen, Bibliotheken, Jugendämtern und Kul-

---

[23] Die Studie Kinder und Medien KIM '99 ermittelte, dass 12 % der Kinder gerne eine Hompage erstellen würden, nur 1 % hatte dies bereits einmal getan (vgl. Feierabend/Klingler 2000, S. 58).

turvereinen in Deutschland Leseclubs zu installieren. Ziel dieser Leseclubs war und ist es auch heute noch, Kindern und Jugendlichen vor allem aus benachteiligten und buchfernen Familien Lese- und Sprachförderung zukommen zu lassen sowie ihnen zu ermöglichen, durch vielfältigen praktischen Umgang mit Büchern eine grundsätzliche positive Haltung zu Buch und Lesen zu entwickeln (vgl. Stiftung Lesen 1993, S. 26). Gerade Kindern aus un„belesenen" Familien muss die Chance geboten werden, aus dem Teufelskreis von Leseschwierigkeiten – Leseunlust – sinkende Lesehäufigkeit – geringe Lesefertigkeit – etc. ausbrechen zu können, um Lesen bzw. den Umgang mit Buch und Sprache als etwas Spannendes und Bereicherndes erfahren zu können. Nur zehn Minuten lesen täglich steigert dabei die Lesekompetenz enorm (vgl. Klicpera/Gasteiger-Klicpera 1995, S. 242). Wohl erkennend, dass allein das Vorhandensein von Kinder- und Jugendbüchern z. B. in einer Bibliothek nicht genügt, um gerade die Kinder zu erreichen, bei denen die Familie kein leseförderliches Anregungsumfeld bietet, versuchen Leseclubs die Kinder dort zu erreichen, wo sie sich in ihrer Freizeit aufhalten (Freizeitheime o. Ä.), um ihnen – besonders in sozial schwierigen Gegenden – das Angebot einer sinnvollen und kreativen Freizeitgestaltung zu unterbreiten (vgl. Stiftung Lesen 1993, S. 25). Dementsprechend handelt es sich bei Leseclubs auch selten um reine „Lese"-Clubs, es wird vielmehr versucht, Lesen in einen persönlichen Erlebnis- und Erfahrungszusammenhang zu bringen, getreu dem Motto „Ein Blick ins Buch und zwei ins Leben" (ebd. S. 21).

Da jeder Leseclub quasi ein „Unikat" darstellt und keiner dem anderen gleicht, wird beispielhaft ein fiktiver durchschnittlicher Leseclub skizziert[24]: Etwa einmal pro Woche ist der Leseclub geöffnet. Zugänglich ist er prinzipiell für alle Kinder jeglicher Nationalität, über eine Clubmitgliedschaft (evtl. gegen geringe Gebühr) erwerben die Kinder jedoch die Möglichkeit, Medien nach Hause auszuleihen und evtl. Vergünstigungen (z. B. Clubzeitschrift, Preisnachlass bei Angeboten etc.) zu erhalten. Diese Mitgliedschaft schafft eine gewisse Bindung an den Club und vermittelt ein Zugehörigkeitsgefühl, verpflichtet die Kinder aber nicht zu einer regelmäßigen Teilnahme. Neben der Ausleihmöglichkeit gibt es u. a. folgende Angebote: Vorlesen (von Erwachsenen wie von den Kindern selbst), Diskutieren,

[24] Einen Einblick in die Vielfalt und Kreativität der Leseclubgestaltung geben praktische Beispiele in der Broschüre „Leseclubs für deutsche und ausländische Kinder und Jugendliche", S. 35–69 der Stiftung Lesen sowie Anregungen und Tipps in der Zeitschrift „Leseclub für ausländische Kinder und Jugendliche" Info November 2000.

Buchbesprechungen, Spielen oder Basteln, Buchausstellungen, Autorenlesungen, Umsetzung in Theater und Hörspiel, Nutzung der Bücher als Informationsquelle zu einem Themengebiet (z. B. nach Ausflügen), Verlagsbesuche, Anregungen zum Selberschreiben (auch Musiktexte, Gedichte u. a.), Projekte (z. B. Ausstellungen zu einem von Kindern gewünschten Thema), Lese-, Schreib-, Mal- und Erzählwettbewerbe, Drucken, Bücher oder Leseclubzeitung herstellen, gemeinsam ein Buch lesen, ein Buch vorstellen (auch von Seiten der Kinder) u. v. w. m.

Diese Angebotsauswahl lässt deutlich erkennen, wie vielfältig in einem Leseclub die spielerischen, kreativen und produktiven Auseinandersetzungen der Kinder mit Buch und Sprache sein können und wie umfassend Sprachförderung (es werden alle Komponenten der kommunikativen Fähigkeit angesprochen, inklusive des Zuhörens) hier stattfinden kann.

Die Leseclubs bieten viele Vorteile:

- Durch ihre Unterbringung in öffentlichen Räumen (z. B. Schulen, Jugend- oder Freizeitheimen, Gemeindebüchereien) erreichen sie dort auch Kinder aus buchfernen Familien (niedrige Hemmschwelle).
- Auch das Konzept der Offenheit und der Unverbindlichkeit der Leseclubs kommt besonders diesen Kindern zugute.
- Die vielfältigen Zugangs- und Umgangsmöglichkeiten für Kinder mit Büchern ermöglichen auch leseunwilligen Kindern positive Erfahrungen mit Büchern und Sprache.
- Leseclubs verstehen sich nicht als „Aktionisten“ gegen die neuen Medien (wie Fernsehen, Video und Computer), sondern als Hilfestellung für Kinder zur Befriedigung ihrer kommunikativen Bedürfnisse mit besonderer Berücksichtigung des Lesens; eine Umfrage (1980–91) der *Stiftung Lesen* ergab, dass etwa 30 % der Leseclubbesucher zu Anfang nicht, im weiteren Verlauf aber immerhin 54 % von ihnen lesen (vgl. Stiftung Lesen 1993, S. 79).
- Leseclubs können prinzipiell überall entstehen, unabhängig von der strukturellen oder finanziellen Situation der Region.

Derzeit gibt es bundesweit immerhin bereits 580 Leseclubs (vgl. Stiftung Lesen 2001, S. 27) in großen Städten wie in kleinen Orten mit einer durchschnittlichen Teilnehmerzahl von ca. 15–20, sodass es sich zwar qualitativ um einen sehr guten, quantitativ aber um einen durchaus noch steigerungsfähigen Beitrag zur Sprachförderung handelt.

Kinderpolitische Beteiligungsformen als offenes und zugleich dauerhaftes Angebot

Darunter lassen sich all jene kinderpolitischen Beteiligungsformen subsumieren, die Brunsemann/Stange/Tiemann (1997) als „offene Versammlungsformen“ (ebd. S. 16) bezeichnen. Dabei handelt es sich um nicht-repräsentative Veranstaltungsformen, an denen jedes Kind auch ohne Wahl teilnehmen kann. Dazu zählen z.B. Kinder- und Jugendforen, Kinderversammlungen sowie die Teilnahme von Kindern an Erwachsenentreffen und Gremien ohne repräsentative Grundlagen (vgl. Stange/Tiemann 1999, S. 249).

Der Beitrag zur Sprachförderung liegt hier vornehmlich auf Komponente I (*sprachlich-soziales Handlungswissen*) und III (*sprachliches Weltwissen*).

Fraglich bleibt allerdings auch hier, ob trotz der offenen Zugänglichkeit dieser Versammlungen für alle Kinder nicht vornehmlich Kinder aus bildungsnahen Familien an diesen Versammlungen teilnehmen bzw. durch ihre größere sprachliche Geschicktheit solche Versammlungen dominieren.

Kinder machen Radio (Beispiel: *Die Mikrowellen*)

Ein ständiges, für alle Kinder offenes Angebot zur Kinderradioarbeit stellen die „*Mikrowellen*“ dar, eine regelmäßige Kinder-Redaktionsgruppe unter der Anleitung der Journalistin und Medienpädagogin Heike Zimmermann.

> Eine weitgehend feste Gruppe (prinzipiell ist dieses Angebot jedoch offen für alle Kinder) von etwa zehn Kindern im Alter zwischen neun und zwölf Jahren trifft sich jeden zweiten Samstag im Monat zur Redaktionssitzung. Dabei entwerfen die Kinder ihre eigenen Themenvorschläge, diskutieren und erarbeiten sie gemeinsam. Darüber hinaus werden dann die zu bearbeitenden Aufgaben und Verantwortungsbereiche untereinander verteilt. Die jeweiligen Ergebnisse und Beiträge werden in den weiteren Redaktionssitzungen im Plenum vorgestellt, diskutiert und weiterbearbeitet. Durchschnittlich entsteht so etwa ein Radiobeitrag pro Monat, der im Kinderfunk im zweiten Programm des Bayerischen Rundfunks gesendet wird (Dillmann 2001, S. 121).

Prinzipiell beinhaltet dieses ständige, aber mit keinerlei Verpflichtung zur regelmäßigen Teilnahme verbundene Angebot der Kinderradioarbeit dieselben Vor- und Nachteile wie die temporären Angebote der Kinderradioarbeit[25]. Ergänzt werden soll an dieser Stelle, dass das ständige Vorhandensein dieses Angebots den Kindern bei Gefallen die Möglichkeit einer dauerhaften Teilnahme und damit einer stärkeren Förderung kommunikativer Kompetenzen bietet. Wie groß das Interesse der Grundschulkinder am Medium Radio ist, zeigt die Studie *Kinder und Medien KIM '99*, die ergab, dass ein Fünftel der Kinder Interesse an der Erstellung von Radiobeiträgen signalisierte (vgl. Feierabend/Klingler 2000, S. 58).

Theater mit Kindern

Die grundlegende Erfahrung, dass Kinder noch eine enge und unverbildete Einstellung zum Spielen haben, ist Grundlage jedes Theaterspielangebots für Kinder.

> „Das theaterspielende Kind bestätigt sich in einer der Grundbegabungen des Menschen, und es bringt Erlebnisse, Eindrücke, Kenntnisse zum Ausdruck, die von anderswoher nicht zu bekommen sind. Es lernt sein gestisches, verbales, imaginierendes Vermögen kennen und wirkt damit im Wesentlichen auf sich selbst und seine Partner. Solches Theater ist nicht immer zum Vorzeigen, aber es ist elementar für die eigene Entwicklung." (Hoffmann 1996, S. 12)

Derlei Angebote – so das Kinder- und Jugendtheaterzentrum in der Bundesrepublik Deutschland (KJTZ) – sind bundesweit vorhanden. Beim Aufbau des kindlichen Theaterspiels im Freizeitbereich sind die Initiatoren aber oft mangels einschlägiger Ansprechpartner auf sich gestellt. Das KJTZ möchte mit seinem Projekt „Theater mit Kindern – Verbesserung von Infrastrukturen im Freizeitbereich" dazu beitragen, neben Leistungen bestehender Interessenverbände eine Vernetzung und Verbesserung der Infrastruktur des Spiels und Theaters mit Kindern im (außerschulischen) Freizeitbereich in Deutschland zu ermöglichen.[26] Ziel ist es, einmal allen Kindern jeder Region die Möglichkeit zur Teilhabe an theaterpädagogischen Aktivitäten zu bieten. Nach Abschluss dieses Projekts (Dauer: ca. zwei Jahre) wird sicher ein guter Überblick über Ausbaustand und Umfang theaterpädagogischer Angebote vorhanden sein.

Da die Theaterpädagogik einen sehr heterogenen und vielfältigen Bereich darstellt, ist es nur schwer möglich, einen Gesamtüberblick darüber zu geben. Aus diesem Grund beschränkt sich die Untersuchung des Beitrags theaterpädagogischer Aktivitäten zur Sprachförderung auf praktische Erfahrungen einer Münchener Grundschullehrerin auch mit Kindern an sozialen Brennpunktschulen.

---

[25] S. hierzu unter „Kinder machen Radio" in Kapitel 5.1.

[26] S. unter www.jugendtheater.net.

Auch „Theater mit Kindern“ könnte einen Beitrag zur Förderung kommunikativer Kompetenzen leisten, ein interessanter Ansatz ist dabei das Bewegungstheater. Hier wird sehr stark der Zusammenhang zwischen Ausdruck des Körpers und Ausdruck der Sprache thematisiert. Ausgegangen wird dabei nicht von einem fertigen Stück, das es einzuüben gilt, sondern von den Kindern und ihren Bedürfnissen. Die Wortbeiträge kommen dabei von den Kindern selbst, was die Darstellung und Sprache viel ausdrucksstärker wirken lässt als fremde, auswendig gelernte Texte. Wichtig ist dabei also weniger das fertige Produkt als vielmehr der Prozess und die darin stattfindende individuelle Entwicklung jedes einzelnen Kindes. Oftmals sind daher auch keine „richtigen Aufführungen“ oder Ähnliches möglich. Gefördert wird bei dieser Art von Theater die Artikulation, Intonation, Stimmlage und der Ausdruck sowie der Zusammenhang zwischen Körperhaltung, Mimik und Sprache. Auf diese Weise können auch der Sprachwortschatz erweitert und nebenbei grammatikalische Schwierigkeiten ausländischer Kinder angesprochen werden. Dabei kommen insbesondere soziale Unterschiede hinsichtlich der vorhandenen Begrifflichkeit zutage. Erfahrungen in Arbeitsgemeinschaften „Bewegungstheater“ zeigten an Grundschulen in sozialen Brennpunkten merkbare sprachliche Verbesserungen der Kinder.

Insgesamt stellt sich eine solche Theaterarbeit als eine gute Möglichkeit zur Förderung sprachlicher Kompetenzen wie *sprachlich-sozialem Handlungswissen*, *sprachlichem Weltwissen*, *Sprachwissen* und *basalen Fähigkeiten* dar. Dazu wird hier gerade non-verbalen Kommunikationsformen, wie von Singer gefordert, breiter Raum geboten (Singer 2001a, 2001b).

Genauere Aufschlüsse hinsichtlich Quantität und Qualität des Beitrags theaterpädagogischer Aktivitäten zur Sprachförderung könnte nach Abschluss das oben erwähnte Projekt des KJTZ liefern.

Zusammenfassung

Als durativ-fakultative Angebote werden alle Angebote bezeichnet, die dauerhaft vorhanden und für alle Kinder frei zugänglich sind. Solche Angebote sind z.B. kinderpolitische Versammlungen, theaterpädagogische Angebote, Computer, Fernsehen, Angebote zu „Kinder machen Radio“, Leseclubs und bibliothekspädagogische Angebote. Teilweise sind diese Angebote mit Kosten verbunden.

Für Kinder ergeben sich durch einen einmaligen Besuch keine Verpflichtungen zur weiteren Teilnahme. Diese Angebote eröffnen aber die Möglichkeit, bei Gefallen regelmäßig teilzunehmen. Vermutlich ist daher die Hemmschwelle bei den Kindern zur Teilnahme geringer, die Motivation dafür umso höher, da die Kinder interessengeleitet diese Angebote wahrnehmen. Die Offenheit kann sich allerdings auch nachteilig auswirken (die Kinder erscheinen nur sehr unregelmäßig oder nicht mehr), sodass ein nachhaltiger Effekt für die Sprachförderung dann nicht mehr wahrscheinlich sein dürfte.

5.2.2 Obligatorische Angebote

Hörclubs[27]

Ein interessantes, wenngleich noch sehr neues und daher noch nicht umfassend evaluiertes Freizeitangebot stellen die an Grundschulen eingerichteten Hörclubs dar. 1999 startete – auf Initiative des *Hessischen Rundfunks* und mithilfe des *Vereins Zuhören e. V.* – ein Modellversuch an zehn hessischen Grundschulen[28], mittlerweile sind es ca. 30, im Münchener Raum existieren Hörclubs bisher an sieben Grundschulen (ins Leben gerufen durch das Projekt „*GanzOhrSein*" des Lehrstuhls für Grundschulpädagogik und -didaktik der Ludwig-Maximilians-Universität München unter Leitung von Joachim Kahlert). In Thüringen existieren Hörclubs an ca. zehn Grundschulen.

Hörclubs sind außerschulische Freizeitangebote in einer Grundschule, an denen ausschließlich Kinder dieser Grundschule (im Übrigen freiwillig und kostenlos) teilnehmen können. Die Schule stellt einen geeigneten Raum, Betreuung findet meist durch Lehrerinnen und Lehrer statt, das benötigte, speziell entwickelte Audio- und Begleitmaterial sowie u. U. auch technische Ausstattung stellt der *Verein Zuhören e. V.* bereit. Ein Clubraum weist etwa folgende Ausstattung auf: dicke Matten oder Kissen, Hör-Regal für Karteikasten,

---

[27] Sämtliche Informationen sind entnommen: www.paed.uni-muenchen.de/~gos/ganz_ohr_sein/praxis/Baustein_Hoerclub.html und www.hr-online.de/zuhoeren/projekte/clubs.html.

[28] Auf die Ausschreibung des Modellversuchs meldeten sich weit über 100 interessierte Grundschulen.

Kassetten vielfältigster Art[29], CDs, Bücher, Klanginstrumente, Leerkassetten zum Selbstaufnehmen, Material zum Basteln oder Malen, Klangkoffer mit Geräuscherzeuger vielfältigster Art, Verkleidungsutensilien, Plakat zum Sinnesorgan Ohr und zum Hörvorgang, Stereoanlage, Mikrofon und Aufnahmegeräte, Computer mit Schneideprogramm. Durch gemeinsame Hör-Abenteuer, Hör-Spiele, spezielle Hör-Geschichten, Erzählen zu dem Gehörten und seinen Empfindungen und Eindrücken, Schreiben eines Hörspiels, Ausdenken von Geschichten, die fortgeführt werden können, Malen zu Musik oder Klängen sowie – in Bayern – aktives „Hörenmachen" in Zusammenarbeit mit dem *Bayerischen Rundfunk* sollen Kinder zu einem bewussten, aber auch lustvollen Zuhören angeregt werden. Folgende Ziele der Hörclubs stehen in Verbindung mit der Möglichkeit zur Sprachförderung: Förderung der Aufmerksamkeitsspanne und der Konzentrationsfähigkeit, Aufbau einer bewussten und gezielten Zuhörfähigkeit, Förderung der Fähigkeit, Wichtiges von Unwichtigem zu trennen, Aufbau eines „akustischen Gedächtnisses", Förderung der Fähigkeit, sich in eine Geschichte, einen Sachverhalt oder andere Personen hineinzuversetzen. Es können hier neben den Komponenten *sprachlich-soziales Handlungswissen*, *sprachliches Weltwissen* und *Sprachwissen* auch die *grundlegenden Fähigkeiten* wie Konzentrationsfähigkeit sowie melodische und rhythmische Differenzierungsfähigkeit gefördert werden. Und auch den von Singer angemahnten non-verbalen Kommunikations- und Ausdrucksmitteln wie z.B. Tanz, Musik oder Malerei wird hier breiter Raum geboten (Singer 2001a, 2001b). Ausländische Kinder und Kinder mit Sprachdefiziten können im Hörclub spielerisch die deutsche Sprache erlernen.

Obwohl es noch keine Langzeitstudien zum Erfolg von Hörclubs gibt, lässt sich vermuten, dass sie einen wesentlichen Beitrag zur Sprachförderung leisten können. Die Ansiedlung der Hörclubs im Rahmen betreuter Freizeitangebote an Grundschulen könnte Kindern aus soziokulturell benachteiligten Familien den Zugang erleichtern. Der Erwerb der Clubmitgliedschaft und eines Clubausweises lässt eine Art „Gemeinschaftsgefühl" entstehen und erhöht die Wahrscheinlichkeit einer regelmäßigen Teilnahme (da es sich hier um eine Arbeitsgemeinschaft handelt, sind diese Hörclubs zwar prinzipiell offen für alle Kinder, die Kinder müssen sich jedoch verbindlich für

---

[29] Zum Beispiel empfohlene Hörkassetten, Klangkassetten, z.B. Buckelwale, Welthören etc., Kassetten mit Musik und Geräuschen zum Entspannen, mit Gedichten, mit Liedern zum Tanzen oder Singen usw.

ein Schuljahr anmelden). Die Gruppenstärke variiert von 10 bis 25 Kindern.

Aufgrund der noch sehr geringen Zahl an Hörclubs handelt es sich derzeit um einen eher bescheidenen Beitrag zur Sprachförderung, bei einem weiteren Ausbau könnte ihnen jedoch eine wichtige Rolle zukommen. Derzeit allerdings sind es oftmals eher Kinder aus bildungsnahen Familien, die das Angebot der Hörclubs wahrnehmen.

Interessant erscheint in diesem Zusammenhang das Ergebnis der Studie *Kinder und Medien KIM '99*, bei der ein Fünftel der Kinder Interesse an der Produktion eines Hörspiels signalisierte, 4 % hatten bereits praktische Erfahrung (Feierabend/Klingler 2000, S. 58). Ein Ausbau der Hörclub-Idee an Schulen käme diesen interessierten Kindern wohl am ehesten entgegen.

Musikalische Angebote mit dem Charakter der Regelmäßigkeit

Hierbei sind in erster Linie Musikschulen und musikschulähnliche Angebote (z. B. durch selbstständig arbeitende Musikerzieherinnen und -erzieher, Musikschulen privater oder kommerzieller Trägerschaft) angesprochen. Derzeit gibt es rund 1000 Musikschulen mit über einer Million Schülerinnen und Schüler, davon ca. 40 % unter 15 Jahren.[30] Die Angebote für Grundschulkinder umfassen musikalische Früherziehung (für Vier- bis Siebenjährige) und musikalische Grundausbildung (für Sechs- bis Neunjährige), Instrumental- und Vokalunterricht in Einzel- oder Kleingruppen, Kinderchor, Musiktheater, Tanzwerkstatt u. a. m.

Diese Angebote sind offen für alle Kinder, allerdings mit regelmäßigen Kosten sowie einer verpflichtenden Teilnahme über einen festgelegten Zeitraum verbunden. Die nicht zu unterschätzenden Beträge sind gerade für sozial schwache Familien nicht unbedingt einfach aufzubringen, was auch die geringere Teilnahme solcher Kinder erklärt. An Musikschulen gibt es allerdings so genannte Sozialermäßigungsanträge, die von etwa 5–10 % der Schüler gestellt werden.

Teilweise kommen Musikschulen auch direkt in die Grundschulen und bieten dort Kurse an. Dies kann für manche Kinder vorteilhaft sein, d. h. dieses Freizeitangebot in der Schule weist für sie eine niedrigere Beitrittsschwelle auf. Für manche Kinder mag dies aber auch abhaltend wirken, da sie nicht auch noch ihre Freizeit in der

[30] Daten entnommen aus: www.musikschulen.de.

Schule verbringen möchten, gerade wenn die Schule für sie ein Ort des Misserfolges und des Versagens darstellt.

Welchen Beitrag aber leisten nun musikalische Angebote zur Sprachförderung? Die Langzeitstudie an Berliner Grundschulen unter Leitung von Hans Günther Bastian[31] kommt dahingehend zu keinen sehr deutlichen Erkenntnissen. So konnte zwar festgestellt werden, dass zum einen sozial benachteiligte und in ihrer kognitiven Entwicklung weniger geförderte Kinder von einer erweiterten Musikerziehung profitieren – im Gegensatz zu solchen Kindern ohne Musiktreatment – (vgl. Bastian 2001, S. 81) und zum anderen Musizieren das strukturelle, abstrakte und komplexe Denken, die Psychomotorik, akustische Fähigkeiten sowie die sensorische Integration der Kinder fördert (vgl. ebd. S. 89), insgesamt allerdings weisen verstärkt musikalisch unterrichtete Kinder keine deutlichen Vorteile hinsichtlich ihrer Leistung im Fach Deutsch auf (vgl. ebd. S. 94). Bezüglich des Rechtschreibens allerdings konnten zu bestimmten Zeitpunkten signifikant bessere Leistungen der Modellgruppen ermittelt werden (vgl. ebd. S. 97). Dies lässt vermuten, dass die durch das Musizieren erworbenen akustischen Fähigkeiten (Differenzierung, akustisches Gedächtnis) einen Beitrag leisten können zur Rechtschreibsicherheit der Kinder. Erinnert sei in diesem Zusammenhang an die große Bedeutung der *phonologischen Bewusstheit* bereits zu Schuleintritt für den weiteren Verlauf des Schriftspracherwerbs. So können auch die von Keller – in Anlehnung an Carl Orff – entwickelten (rhythmischen) Sprachspiele, unsinnigen Sprachklangbildungen und Sprachklangverwandlungen (vgl. Keller 2001, S. 18) einen Beitrag zur *phonologischen Bewusstheit*, zur *sprechmotorisch-kinästhetischen* sowie zur *melodischen und rhythmischen Differenzierungsfähigkeit* leisten. Die Bedeutung der musikalischen Erziehung zur Ausbildung einer „klingenden Stimme“ (z. B. Stimmklang, Intonation, sprachliche Präsentation) lässt sich am besten mit Drebingers Worten zusammenfassen:

> „Denn nur wer gelernt hat mit den Inhalten wie den Klängen der Sprache sensibel umzugehen, ist in der Lage, den Worten Geist und Seele einzuhauchen.“ (Drebinger 2001, S. 16)

Daneben sei wiederum an Singer erinnert, der den non-verbalen Kommunikationsformen wie z. B. Musik (universelle Weltsprache!) und Tanz eine größere Bedeutung zukommen lassen möchte (Singer 2001a, 2001b).

---

[31] Die Ergebnisse der Studie wurden in Buchform veröffentlicht: Bastian, H. G.: Musik(erziehung) und ihre Wirkung. Eine Langzeitstudie an Berliner Grundschulen. Schott Verlag 2001.

Insgesamt also kann musikalische Erziehung durchaus einen Beitrag zur Förderung kommunikativer Kompetenzen leisten, wohl vornehmlich hinsichtlich der *phonologischen Bewusstheit* und *basaler Fähigkeiten.* Fraglich bleibt allerdings auch hier, ob Kinder aus materiell deprivierten oder bildungsfernen Familien diese Angebote wahrnehmen (können), oder ob auch hier der soziale Status und die höhere Affinität zu kulturellen Werten über die Teilhabe bestimmen.

Kinderpolitische Beteiligung durch repräsentative Formen

Repräsentative Formen der Kinderbeteiligung umfassen Kinderparlamente, Kinderbeiräte, verbands- und gruppenbezogene Repräsentationsformen der Beteiligung oder auch Beteiligung an repräsentativen Erwachsenenorganisationen und -gremien (vgl. Stange/Tiemann 1999, S. 248). Meist sind diese Angebote zunächst frei zugänglich, eine weitere Teilnahme bedarf aber dann eines Wahlverfahrens. Mit dieser Wahl geht eine Verpflichtung zur Teilnahme und Mitgestaltung über einen festgelegten Zeitraum einher.

Ebenso wie bei temporären und durativ-fakultativen kinderpolitischen Angeboten liegen die Möglichkeiten zur Unterstützung der kommunikativen Kompetenzen vornehmlich im *sprachlich-sozialen Handlungswissen* sowie im *sprachlichen Weltwissen.*

Der Vorteil der Dauerhaftigkeit und daher die höhere Erwartungschance einer Langzeitwirkung hinsichtlich der Sprachförderung wird hier jedoch durch mehrere Nachteile wieder aufgewogen. So kann nur ein vergleichsweise geringer Teil von Kindern an diesen Angeboten teilnehmen und daher nur eine Minderheit in den Genuss ihrer sprachfördernden Wirkung kommen. Darüber hinaus ist zu befürchten, dass nur – wie Schröder (1995) sie nennt – „Elitekinder" (Schröder 1995, S. 15) daran teilnehmen und sich somit die Sprachentwicklungsdifferenzen eher vergrößern denn ausgleichen.

Organisierte Hausaufgabenbetreuung

Zur Sprache kommen hier nicht Hausaufgabenbetreuungen im Sinne von Nachhilfeunterricht oder derartige Angebote im Rahmen der Hortbetreuung[32].

---

[32] Siehe hierzu eine eigene Expertise (Beitrag Winner in diesem Band).

Angebote der Hausaufgabenbetreuung nutzen vor allem Kinder, denen von Zuhause aus zeitlichen oder fachlichen Gründen nicht genügend Unterstützung zur Erledigung ihrer Hausaufgaben gegeben werden kann.

Die Angebote bundesweit sind sehr divergent und nicht selten von Eigeninitiativen ins Leben gerufen, eine umfassende Darstellung der Angebote kann daher nicht gelingen. Beispielhaft wird hier die seit 30 Jahren existierende *Initiativgruppe – Interkulturelle Begegnung und Bildung e.V.*[33] aus München dargestellt, die bereits für einige ihrer Angebote und Aktionen mit namhaften Preisen ausgezeichnet wurde.

1971 gründeten Münchener Bürger die *Initiativgruppe (IG)* mit dem Ziel, zur gesellschaftlichen Integration von ausländischen Mitbürgern beizutragen. Einen wesentlichen Beitrag dazu sah die Initiativgruppe darin, ausländischen Kindern betreuend bei der Erledigung ihrer Hausaufgaben beizustehen, um ihnen so einerseits die Möglichkeit zur Erweiterung ihrer sprachlichen Fähigkeiten zu bieten, ihnen andererseits zu einem guten Schulabschluss zu verhelfen. Ihr vordringliches Ziel war und ist es auch heute noch, zum Abbau der Bildungsbenachteiligung ausländischer Kinder (sie sind an Haupt- und Förderschulen überrepräsentiert) beizutragen. Neben vielen anderen Aktivitäten bietet die Initiative auch Hausaufgabenbetreuung – heute allerdings für deutsche und ausländische Kinder – an. Die Anmeldung eines Kindes zur Hausaufgabenbetreuung verpflichtet zur regelmäßigen Teilnahme über ein Schuljahr und ist mit festen monatlichen Kosten verbunden. Im Schuljahr 1998/99 betreuten 83 ehrenamtliche Mitarbeiterinnen und Mitarbeiter des Vereins insgesamt 194 Schulkinder.

Ein spezielles Angebot stellt die Hausaufgabenbetreuung des interkulturellen Jugendhilfeprojekts *Feuerwache (Träger IG)* dar: Für einen festen monatlichen Beitrag werden von Montag bis Donnerstag in einem Rahmen von drei Stunden ein Mittagstisch, Hausaufgabenbetreuung mit qualifiziertem Personal sowie Freizeitaktivitäten angeboten. Die Teilnehmerzahl pro Kurs ist allerdings auf ca. 15 Kinder beschränkt. Der Anteil ausländischer Kinder an diesem Angebot beträgt rund 60 %. Insgesamt werden etwa 50 Kinder von drei Mitarbeiterinnen bzw. Mitarbeitern betreut.

[33] Siehe hierzu unter www.initiativgruppe.de und www.ig-feuerwache.de.

Aufgrund der Verbindlichkeit der angemeldeten Kinder zur Teilnahme an dieser Hausaufgabenbetreuung über ein Schuljahr ist zu vermuten, dass hier ausländischen Kindern sowie Kindern aus deprivierten Familien eine viel versprechende Möglichkeit zum Ausbau ihrer sprachlichen Fähigkeiten (*sprachlich-soziales Handlungswissen*, *sprachliches Weltwissen* und *Sprachwissen*) geboten wird. Gerade wenn das Elternhaus als unterstützender Faktor hinsichtlich schulischer Belange ausfällt, kann durch Initiativen wie diese die Möglichkeit geboten werden, schulischem Versagen oder Verlassen der Schule ohne Schulabschluss vorzubeugen. Nicht zu vernachlässigen ist darüber hinaus der Beitrag des Familienklimas sowie der Empathie der Eltern zur Entwicklung einer positiven Haltung der Kinder zum Lernen und zur Schule (vgl. Stecher 1996, S. 287). Auch hier kann im Rahmen eines umfassenden Programms (Mittagstisch, Hausaufgabenhilfe und Freizeitangebote) dazu beigetragen werden, die fehlende elterliche Unterstützung außerhäusig zu kompensieren. Dies ist allerdings nicht zuletzt von der Qualität jedes einzelnen Hausaufgabenbetreuungsangebots abhängig. Die Zahl der betreuten Kinder von insgesamt 194 zeigt, dass es sich wiederum um einen quantitativ kleinen Beitrag zur Sprachförderung handelt. Näher zu untersuchen wäre auch hier, aus welchen Bildungslagen die teilnehmenden Kinder stammen.

Zusammenfassung

Durative Angebote mit obligatorischem Charakter umfassen dauerhafte, meist mit Kosten verbundene Angebote, zu denen sich Kinder durch Anmeldung über einen längeren Zeitraum zur Teilnahme verpflichten. Zu nennen sind dabei Hortangebote, Hausaufgabenbetreuung, einige kinderpolitische Gremien, Hörclubs sowie musikalische Angebote. All diese Angebote haben den Vorteil, dass sie mit den gleichen Kindern über einen längeren Zeitraum zusammenarbeiten und daher eine längerfristige sprachfördernde Wirkung zu erwarten ist. Die Zusammenarbeit des immer gleichen Personenkreises über einen längeren Zeitraum schafft eine gewisse Sicherheit bzw. ein Vertrauensverhältnis der Kinder untereinander und zu den Betreuerinnen und Betreuern, was sich auch vorteilhaft auf die Offenheit und damit die Zugänglichkeit der Kinder auswirken kann. Die Verpflichtung über einen langen Zeitraum birgt allerdings auch die Gefahr, dass die Motivation der Kinder sinkt und damit sich die sprachfördernde Wirkung nicht einstellen kann. Darüber hinaus ist sicherlich die Hemmschwelle der Kinder zur Teilnahme aufgrund der langfristigen Verpflichtung relativ hoch. Auch die nicht zu unterschätzenden monatlichen Kosten und Beiträge können ein Hemmnis darstellen, besonders für sozial schwache Familien. Insgesamt lässt sich jedoch vermuten, dass hier qualitativ und quantitativ der größte dauerhafte Beitrag zur Förderung kommunikativer Kompetenzen liegt.

Die Frage, die sich nun stellt, ist, inwieweit die oben angeführten außerschulischen Angebote mit den Freizeitaktivitäten und -präferenzen der Kinder übereinstimmen. Sollten sie stark divergieren, würde dies bedeuten, dass trotz vielfältiger und teilweise auch sehr ansprechender Angebote ein umfassender Beitrag zur Förderung sprachlicher Kompetenzen und somit zur Vorbeugung schulischen Misserfolges (gerade im Hinblick auf Armutsprävention) durch diese außerschulischen Angebote nicht geleistet werden kann.

6 Fazit und Ausblick

Der Blick auf außerschulische Angebote ist aus vielerlei Gründen notwendig. Zwar obliegt die Förderung der kommunikativen Fähigkeit zunächst sicherlich vorrangig der Familie als primärer und der Schule als sekundärer Bildungsinstitution. Aber – so Fritzsche (1996) – „ein über die Anfangsgründe hinausgehender Erwerb der Lese- und Schreibfähigkeit bedarf der außerschulischen Unterstützung" (Fritzsche 1996, S. 1318), und diese Aussage lässt sich ebenso auf alle anderen kommunikativen Kompetenzen übertragen. Wie bereits angesprochen verfügen die Schülerinnen und Schüler zu Schuleintritt über sehr heterogene Lernvoraussetzungen, deutlich erkennbar an den Sprachunterschieden, die die Grundschule trotz vielfältiger und erfreulicher pädagogischer und didaktischer Neuerungen bis zum Ende der Grundschulzeit nicht aufzuheben vermag (vgl. Schneider/Stefanek/Dotzler 1997, S. 128). Diese großen Sprachentwicklungsunterschiede zu Schulbeginn lassen sich jedoch nicht allein darauf zurückführen, welche Rolle bisher Sprache in der Familie des Kindes gespielt hat, vielmehr weisen diese Unterschiede auch auf die sozioökonomische Situation der Familie und die elterlichen Bildungsaspirationen für das Kind hin. Deutlich zeigt sich dies an der veränderten

Sichtweise von Lernen und Bildung in der Gesellschaft. Schule wird heute nicht mehr als einzige Institution gesehen, die Kindern zu mehr Bildung verhelfen kann (vgl. Thole 1996, S. 253). Der frühzeitige und umfassende Bildungswunsch vieler Eltern lässt sie gezielt außerschulische Bildungsangebote wahrnehmen. Die entstandene bildungsorientierte Angebotskultur trägt dazu bei, dass Kinder vor und neben der Schule Lernerfahrungen machen, die ihren Vorsprung gegenüber anderen Kindern noch ausbauen und das Aufgehen der Entwicklungsschere eher noch verstärken (vgl. Fölling-Albers 1992, S. 12).

So entscheidet auch hinsichtlich der Wahrnehmung außerschulischer Bildungsangebote weitgehend die sozioökonomische und bildungsspezifische Lage der Familien. Büchner und Fuhs (1994) konnten in ihren Studien einen Zusammenhang zwischen sozialer Herkunft und bildungsorientiertem Freizeitverhalten der Kinder nachweisen. Eltern mit einem höheren sozialen Status zeigen sich gegenüber kulturellen Werten aufgeschlossener und ermöglichen ihren Kindern eher die Teilnahme (vgl. Bericht über die Lebenssituation von Kindern und die Leistungen der Kinderhilfen in Deutschland 1998, S. 66). Im Zuge der gesellschaftlichen Forderung nach umfassender Bildung der Menschen einerseits und einer frühzeitigen Profilierung von Fähigkeiten andererseits wird zunehmend der Erwerb von kulturellem und sozialem Kapital außerhalb der Schule wichtig. Begriffe wie „außerschulische Karrieren", „Freizeitkarrieren" und „Professionalisierung des außerschulischen Lernens" werden hier geprägt (vgl. ebd. S. 63). Der soziale Status einer Familie sowie ihre Bildungsaspirationen sind allerdings wiederum die über die kindliche Teilhabe bestimmenden Faktoren. Da die sozioökonomische Lage einer Familie wesentlich über die Wohngegend der Familie bestimmt, erfahren Kinder aus sozial schwachen Familien oftmals durch eine ungünstigere Angebotsstruktur für Bildung, Freizeit und Kultur in ihrem Wohnumfeld eine zusätzliche Benachteiligung.

Da die Wirksamkeit kinderkultureller Angebote zur Sprachförderung immer davon abhängt, wie umfangreich und von wem sie genutzt werden, soll der Blick auf einige Studien zum Thema „Freizeitaktivitäten von Kindern" gerichtet werden.

Die Antwort auf die Frage, welche Freizeitaktivitäten Kinder vornehmlich ausüben, fällt nicht leicht. Dabei mangelt es nicht an Studien und Untersuchungen zu diesem Thema, doch aufgrund ihrer verschiedenen Ansätze, Fragestellungen oder (Nicht-)Berücksichtigung sozialer und regionaler Unterschiede kommen sie zu unterschiedlichen Ergebnissen. Dennoch soll versucht werden, Wesentliches aus den verschiedenen Studien zusammenzufassen.

Die neuesten Ergebnisse zu Freizeitaktivitäten der 6- bis 13-Jährigen liefert die Studie *Kinder und Medien KIM 2000*. Abb. 3 (S. 165) vermittelt einen Einblick in die Freizeitvorlieben der Kinder.[34]

Leider liefert die Studie keinerlei Aufschlüsselungen der präferierten Aktivitäten in Abhängigkeit vom sozialen Status und Bildungsstand der Eltern.

Deutlich zeigt sich aber daraus, dass kinderkulturelle Angebote in den Freizeitaktivitäten der Kinder keine große Rolle zu spielen scheinen. Bereits die Studie *„Was tun Kinder am Nachmittag?"* (1992) des *Deutschen Jugendinstituts e. V.* ermittelte, dass nur 26 % der Kinder an kinderkulturellen Angeboten teilnehmen, die Mehrzahl von ihnen stammt aus bildungsnahen Familien mit höherem sozialen Status (vgl. Deutsches Jugendinstitut 1992, S. 58). Es lässt sich vermuten, dass sozial schwache Eltern zum einen die damit verbundenen Kosten nicht tragen können oder wollen, zum anderen eine geringere Aufgeschlossenheit gegenüber kulturellen Werten zeigen oder aber über die Angebote nur unzureichend informiert sind und somit den Zugang ihrer Kinder zur Teilhabe nicht positiv unterstützen oder fördern (vgl. Bericht über die Lebenssituation von Kindern und die Leistungen der Kinderhilfen in Deutschland 1998, S. 66). Allerdings relativiert sich diese Erkenntnis ein wenig, denn in Regionen mit einem breiten kinderkulturellen Angebotsspektrum (v. a. in Städten) unterscheiden sich sozial schwache Kinder vom Durchschnitt hinsichtlich ihrer Teilhabe an Kinderkulturangeboten kaum, lediglich Kinder mit hohem sozialem Status heben sich davon ab (vgl. Deutsches Jugendinstitut 1992, S. 58f.). Die Nutzung von kinderkulturellen Angeboten ist zudem abhängig vom Geschlecht des Kindes und der Bildungsorientierung der Eltern (vgl. ebd. S. 61). Die Studie *„Kinderwelten 2000"*[35] des *Instituts für Jugendforschung München (IJF)* im Auftrag von *SuperRTL* bezeichnet die Nutzer von kinderkulturellen Angeboten als die „Intellektuellen" (15 %), zu denen vornehmlich die Mädchen zu zählen sind. Ihre Präferenzen liegen in Aktivitäten im musisch-kreativen Bereich (Lesen, Musizieren u. a.).

---

[34] Entnommen: Feierabend/Klingler, in: Media Perspektiven 7/2001, S. 346.

[35] Quelle: www.teachersnews.net/newsletter/000601_09.htm.

Abb. 3

Freizeitaktivität der 6- bis 13-Jährigen jeden Tag/fast jeden Tag in %	2000 Gesamt	Mädchen	Jungen	6–7 Jahre	8–9 Jahre	10–11 Jahre
Hausaufgabe/Lernen	81	81	82	74	84	87
Fernsehen	80	79	81	76	81	80
Drinnen spielen	56	58	55	70	66	54
Freunde treffen	53	50	56	41	51	59
Draußen spielen	51	46	56	60	55	52
Radio	35	37	34	27	35	39
Musikkassetten	32	34	30	20	29	39
Mit Tier beschäftigen	26	31	22	26	28	28
Ausruhen	19	21	17	21	21	17
Telefonieren	18	20	17	5	15	20
Malen/Zeichnen/ Basteln	18	24	13	33	24	9
Computer	16	12	19	6	12	18
Buch	14	20	9	10	16	16
Hörspielkassetten	14	16	12	18	17	14
Gameboy	12	8	16	11	14	15
Familie/Eltern	12	14	10	16	15	9
Sport treiben	10	7	14	5	8	14
Zeitschrift	10	10	10	7	8	11
Videospiele/ Spielekonsole	8	4	11	5	7	10
Video	5	4	6	4	5	6
Zeitung	5	5	4	1	4	4
Musizieren	5	6	3	3	5	3
Comic	4	3	5	3	5	6
Jugendgruppe	2	2	2	0	1	2
Briefe	1	1	0	–	0	1
Bücherei/Bibliothek	0	0	0	–	0	–

Der *Zehnte Kinder- und Jugendbericht* kommt darüber hinaus zu der Erkenntnis, dass „Kinder, die nachmittags weder zu Hause noch in einer Einrichtung betreut werden, zwar Kontakt zu Gleichaltrigen haben, aber kaum kinderkulturelle Angebote wahrnehmen. Sie weichen relativ oft auf Medienkonsum aus“ (Bericht über die Lebenssituation von Kindern und die Leistungen der Kinderhilfen in Deutschland 1998, S. 68). „*Kinderwelten 2000*“ rechnet solche Kinder zu den „Passiven“ (22%). Bedeutsam erscheint in diesem Zusammenhang die Erkenntnis von Büchner und Krüger (1996), dass aktive Freizeitgestaltung und Schulerfolg sich gegenseitig positiv stimulieren (vgl. Bericht über die Lebenssituation von Kindern und die Leistungen der Kinderhilfen in Deutschland 1998, S. 149).

Über die derzeit vorhandene Angebotsstruktur scheinen aber gerade Kinder aus soziokulturell deprivierten Familien und solchen mit geringen Bildungsaspirationen nur schwer erreichbar. Die Bedeutung außerschulischer Angebote für die Förderung kommunikativer Fähigkeiten liegt sicherlich in ihrer Vielfalt und ihrem spielerischen Umgang mit Sprache. Trotzdem ist zu befürchten, dass diese außerschulischen Angebote die Entwicklungsunterschiede der Kinder eher noch verstärken und somit indirekt zur Verstärkung der Bildungsexklusion benachteiligter Kinder beitragen. Andere Wege müssen daher beschritten werden, um einen wesentlichen Beitrag zur nachteilsausgleichenden Erziehung leisten zu können.

Die größten sprachfördernden Wirkungen – so lässt sich aus dem Vorangegangenen entnehmen – versprechen daher Angebote, die eine niedrige Eintrittsschwelle aufweisen, die weitgehend überall zugänglich sind, von Kindern direkt vor Ort genutzt und gut an bisher vorhandene Strukturen und Formen angeschlossen werden können. Die drei folgenden Konzepte kristallisieren sich dabei als die geeignetsten zur Umsetzung heraus.

Horte

Horte besitzen den großen Vorteil, dass sie zum einen in einem festen Zeitrahmen sowohl Mittagstisch, Hausaufgabenhilfe als auch Freizeitgestaltung anbieten und zum anderen durch ihren verpflichtenden Charakter regelmäßig und kontinuierlich mit einer festen Kindergruppe agieren können. Daher scheinen sie eine gute Möglichkeit zu beinhalten, gezielt und effektiv einen Beitrag zur Förderung kommunikativer Kompetenzen leisten zu können.

Verzahnung schulischer und außerschulischer Bildungsarbeit

Auch eine Verzahnung schulischer und außerschulischer Bildungsarbeit wäre eine denkbare Einrichtung zur Förderung kommunikativer Kompetenzen. Eine Öffnung der Schule im Sinne eines Lern- und Lebensraumes, die dabei ihre Räumlichkeiten am Nachmittag für Freizeitangebote zur Verfügung stellt, bietet eine gute Chance, Kindern in ländlichen Regionen – mit nur wenigen kinderkulturellen Angeboten – und Kindern aus sozial schwachen Familien die Nutzung vielfältiger kommunikationsfördernder Freizeitaktivitäten zu ermöglichen.

Ganztagsschulen

Eine weitere Alternative, wenngleich die Realisierung einer größeren Neuorganisation bedürfte, stellen Ganztagsschulen dar, die derzeit intensiv im Rahmen bildungspolitischer Debatten diskutiert werden. Ganztagsschulen sind nicht zu verwechseln mit Halbtagsschulen, die das Konzept einer Stundenschule mit anschließendem *Betreuungsangebot* über einen festen Zeitraum beinhalten. Ganztagsschulen bieten durch eine erweiterte Schulzeit und flexiblere Zeitstrukturen (sie verfügen insgesamt gesehen also über ein größeres Zeitbudget) mehr Möglichkeiten, auf Kinder individuell eingehen zu können.

Bedarfsgerecht und vor allem für Kinder aus deprivierten Familien könnten diese Ganztagsschulen einen wertvollen, wenn nicht sogar vielleicht den entscheidenden Beitrag im Rahmen der Vorbeugung schulischen Versagens und der damit einhergehenden Armutsprävention darstellen. In diesem Zusammenhang soll auch nicht unerwähnt bleiben, dass sich die frühe Auslese in der Grundschule besonders für ausländische und soziokulturell benachteiligte Kinder ungünstig auswirkt (vgl. Bericht über die Lebenssituation von Kindern und die Leistungen der Kinderhilfen in Deutschland 1998, S. 138).

Dies erfordert von allen beteiligten Berufsgruppen, die diese Arbeit leisten sollen, eine neue Bereitschaft zur veränderten Zusammenarbeit in neuen Bahnen. Der Erfolg hängt dabei weitgehend davon ab, ob und wie es gelingt, die daraus u. U. entstehenden konzeptionellen und personellen Schwierigkeiten zu lösen. Nur dann ist ein entscheidender Beitrag zur nachteilsausgleichenden Erziehung zum Wohle der Kinder im Sinne der Armutsprävention zu leisten.

Literatur

Ayres, A. J.: Bausteine der kindlichen Entwicklung. 2. Auflage. Berlin, Heidelberg, New York 1992

Bachmair, B./Topp, C./Lambrecht, C./Seipold, J./Rummler, K.: Ein pädagogischer Blick auf das Fernsehen und die Nutzung durch die Kinder. Bestandsaufnahme zum Kinderfernsehen 2000, 2001. www.br-online.de/jugend/izi/bestand/ergebnis.htm

Bastian, H. G.: Kinder optimal fördern – mit Musik. Intelligenz, Sozialverhalten und gute Schulleistungen durch Musikerziehung. 2001

Beisenherz, H. G.: Kinderarmut global und lokal: Armut als Exklusionsrisiko. In: Butterwegge, Ch. (Hrsg.): Kinderarmut in Deutschland. Ursachen, Erscheinungsformen und Gegenmaßnahmen. 2. Auflage. Frankfurt a. M., New York 2000, S. 78–98

Bergmann, W.: Computer machen Kinder schlau. Was Kinder beim Computerspielen sehen, fühlen, denken und lernen. München 2000

Bericht über die Lebenssituation von Kindern und die Leistungen der Kinderhilfen in Deutschland – Zehnter Kinder- und Jugendbericht. Bonn 1998

Bertau, M.-C.: Strategien der Alphabetisierung als Beitrag zur Armutsprävention. Grundlagenpapier zum Bereich der kommunikativen Fähigkeit. 2001

Breuer, H./Weuffen, M.: Zum Schereneffekt in der Wortschatzentwicklung. In: Die neue Sonderschule. 43. Jg., 6/1998, S. 418–432

Brunsemann, C./Stange, W./Tiemann, D.: mitreden – mitplanen – mitmachen. Kinder und Jugendliche in der Kommune. Berlin und Kiel 1997

Büchner, P.: (Schul-)Kindsein heute zwischen Familie, Schule und außerschulischen Freizeiteinrichtungen. In: Büchner, P. u. a.: Kindliche Lebenswelten, Bildung und innerfamiliale Beziehungen. Materialien zum 5. Familienbericht/Band 4. Weinheim und München 1994, S. 9–40

Buhr, P.: Übergangsphase oder Teufelskreis? Dauer und Folgen von Armut bei Kindern. In: Klocke, A./Hurrelmann, K. (Hrsg.): Kinder und Jugendliche in Armut. Umfang, Auswirkungen und Konsequenzen. 2. Auflage. Wiesbaden 2001, S. 78–92

Butterwegge, Ch. (Hrsg.): Kinderarmut in Deutschland. Ursachen, Erscheinungsformen und Gegenmaßnahmen. 2. Auflage. Frankfurt a. M., New York 2000

Deutsches Jugendinstitut (Hrsg.): Was tun Kinder am Nachmittag? Ergebnisse einer empirischen Studie zur mittleren Kindheit. München 1992

Dillmann, E.: Hören lernen durch „Hören machen“. Das Projekt „Kinder machen Radio“ des Bayerischen Rundfunks. In: Kahlert, J./Schröder, M./Schwanebeck, A. (Hrsg.): Hören. Ein Abenteuer. München 2001, S. 119–132

Drebinger, N.: Worte sind der Seele Bild – Ein Beitrag zur Sprachverarmungsdiskussion unter besonderer Berücksichtigung der gesprochenen Sprache. In: Orff-Schulwerk-Informationen. Nr. 66, Sommer 2001, S. 11–17

Ennemoser, M./Schiffer, K./Schneider, W.: Die Rolle des Fernsehkonsums bei der Entwicklung von Lesekompetenzen. 2001 (Teilergebnisse einer Studie)

Feierabend, S./Klingler, W.: Kinder und Medien KIM ’99. Basisuntersuchung zum Medienumgang 6- bis 13-Jähriger in Deutschland. Baden-Baden 2000

Feierabend, S./Klingler, W.: Kinder und Medien 2000: PC/Internet gewinnen an Bedeutung. Ergebnisse der Studie KIM 2000 zur Mediennutzung von Kindern. In: Media Perspektiven 7/2001, S. 345–357

Feierabend, S./Simon, E.: Was Kinder sehen. Eine Analyse der Fernsehnutzung 2000 von Drei- bis Dreizehnjährigen. In: Media Perspektiven 4/2001, S. 176–188

Fischer, G.: Fernsehmotive und Fernsehkonsum von Kindern. Eine qualitative Untersuchung zum Fernsehalltag von Kindern im Alter von 8 bis 11 Jahren. München 2000

Fölling-Albers, M.: Schulkinder heute. Auswirkungen veränderter Kindheit auf Unterricht und Schulleben. Weinheim und Basel 1992

Forster, M./Martschinke, S.: Leichter lesen und schreiben mit der Hexe Susi. Übungen zur Förderung der phonologischen Bewusstheit. Donauwörth 2001

Fritzsche, J.: Der außerschulische Erwerb der Schriftlichkeit. In: Günther, H./Ludwig, O. (Hrsg.): Schrift und Schriftlichkeit. Halbband 2. Berlin, New York 1996, S. 1318–1329

Füssenich, I.: Was hat Grundbildung mit Lesen- und Schreibenlernen zu tun? In: Stark, W./Fitzner, T./Schubert Ch. (Hrsg.): Grundbildung für alle in Schule und Erwachsenenbildung. Stuttgart, München 1997, S. 58–68

Grees, A.: Bibliotheksarbeit mit Kindern. Unter Berücksichtigung sozialpädagogischer Aspekte. Bad Honnef 1990

Grimm, H./Wilde, S.: Im Zentrum steht das Wort. In: Keller, H. (Hrsg.): Lehrbuch Entwicklungspsychologie. Bern 1998. S. 445–473

Grundmann M./Huinink, J./Krappmann, L.: Familie und Bildung. In: Büchner, P. u. a.: Kindliche Lebenswelten, Bildung und innerfamiliale Beziehungen. Materialien zum 5. Familienbericht/Band 4. Weinheim und München 1994, S. 41–104

Grundmann, M.: Milieuspezifische Einflüsse familialer Sozialisation auf die kognitive Entwicklung und den Bildungserfolg. In: Klocke, A./Hurrelmann, K. (Hrsg.): Kinder und Jugendliche in Armut. Umfang, Auswirkungen und Konsequenzen. 2. Auflage. Wiesbaden 2001, S. 209–229

Hengst, H.: Kinderkultur – Kulturarbeit mit Kindern. In: Hengst, H. (Hrsg.): Von für und mit Kids. Kinderkultur in europäischer Perspektive. München 1993, S. 13–34

Hock, B./Holz, G.: Arm dran?! Lebenslagen und Lebenschancen von Kindern und Jugendlichen. 2. Auflage. Frankfurt a. M. 1999

Hock, B.: Armut von Kindern und Jugendlichen: Von der Definition zur Bedeutung von Armut. In: Hock, B./Holz, G. (Hrsg.): Armut von Kindern und Jugendlichen – Bedeutung, Folgen und Bewältigung. Frankfurt a. M. 1999, S. 19–28

Hoffmann, C.: Einleitung. In: Israel, A./Riemann, S. (Hrsg.): Das andere Publikum. Deutsches Kinder- und Jugendtheater. Berlin 1996, S. 12

Huber, L./Kegel, G./Speck-Hamdan, A. (Hrsg.): Einblicke in den Schriftspracherwerb. Braunschweig 1998

Hurrelmann, B./Hammer, M./Nieß, F.: Leseklima in der Familie. Eine Studie der Bertelsmann-Stiftung. Gütersloh 1993

Hurrelmann, K./Jaumann, O.: Zur pädagogischen Prävention von frühem Schulversagen. Ein Überblick zum Stand der Forschung und Modellentwicklung. In: Bildung und Erziehung. 39. Jg., 1/1986, S. 91–103

Infostelle Kinderpolitik: www.kinderpolitik.de

Initiativgruppe – Interkulturelle Begegnung und Bildung e. V.: www.initiativgruppe.de und www.ig-feuerwache.de

Jaumann-Graumann, O.: Die Schule tradiert Ungleichheit. In: Grundschule. 32. Jg., 10/2000, S. 42–44

Kammermeyer, G.: Schulanfang als Beginn grundlegender Bildung. In: Grundschule. 32. Jg., 10/2000, S. 48f.

Keller, W.: Sprache – Musik – Spiel. In: Orff-Schulwerk-Informationen. 66. Jg., Sommer 2001, S. 18f.

Kemmler, L.: Erfolg und Versagen in der Grundschule. Empirische Untersuchungen. 3. Auflage. Göttingen 1975

Kinderkanal KiKa: Pressemappe zu Kikania – Der Live-Treffpunkt

Kinder- und Jugendtheaterzentrum in der Bundesrepublik Deutschland: www.kjtz.de sowie www.jugendtheater.net

Klein, G.: Soziale Benachteiligung: Zur Aktualität eines verdrängten Begriffs. In: Opp, G./Peterander, F. (Hrsg.): Focus Heilpädagogik. Projekt Zukunft. München 1996, S. 140–149

Klicpera, Ch./Gasteiger-Klicpera, B.: Psychologie der Lese- und Schreibschwierigkeiten. Entwicklung, Ursachen, Förderung. Weinheim 1995

Klocke, A./Hurrelmann, K. (Hrsg.): Kinder und Jugendliche in Armut. Umfang, Auswirkungen und Konsequenzen. 2. Auflage. Wiesbaden 2001

Kommission des Deutschen Bibliotheksinstituts für Kinder- und Jugendbibliotheken: Bibliotheksarbeit für Kinder. Ein Positionspapier. Berlin 1997

Krüsmann, B.: Kinder und Medien. Ideen für eine am Kind orientierte Medienerziehung in Primar- und Orientierungsstufe. Mülheim a. d. Ruhr 1998, S. 40–49

Kühn, R.: Bedingungen für Schulerfolg. Zusammenhänge zwischen Schülermerkmalen, häuslicher Umwelt und Schulnoten. Göttingen, Toronto, Zürich 1983

Kürner, P.: Die vergessenen Kinder. Armut – Vernachlässigung – Kinderschutz. In: Kürner, P./Nafroth, R./Dt. Kinderschutzbund LV NRW (Hrsg.): Die vergessenen Kinder. Vernachlässigung und Armut in Deutschland. Köln 1994, S. 10–20

Küspert, P./Schneider, W.: Hören, lauschen, lernen. Sprachspiele für Kinder im Vorschulalter. Göttingen 1999

Kultur & Spielraum e. V.: Mini-München International. Dokumentation – Presseschau. 2000a

Kultur & Spielraum e. V.: 10x Mini-München. 20 Jahre Spielstadt 1979–2000. München 2000b

Lebenslagen in Deutschland. Erster Armuts- und Reichtumsbericht. 2001

Ledig, M.: Vielfalt oder Einfalt – Das Aktivitätenspektrum von Kindern. In: Deutsches Jugendinstitut e. V. (Hrsg.): Was tun Kinder am Nachmittag? Ergebnisse einer empirischen Studie zur mittleren Kindheit. München 1992, S. 31–74

Marx, H.: Erwerb des Lesens und des Rechtschreibens: Literaturüberblick. In: Weinert F. E./Helmke, A. (Hrsg.): Entwicklung im Grundschulalter. Weinheim 1997, S. 85–111

Mayr, T.: Entwicklungsrisiken bei armen und sozial benachteiligten Kindern und die Wirksamkeit früher Hilfen. In: Weiß, H. (Hrsg.): Frühförderung mit Kindern und Familien in Armutslagen. München, Basel 2000, S. 142–163

Museumspädagogisches Zentrum München (Hrsg.): Museumspädagogik für die Schule. Grundlagen, Inhalte und Methoden. München 1998

Museumspädagogisches Zentrum München: MPZ-Museumsdienst. Museum für alle. Kurse, Workshops, Führungen. München 2001

Opp, G./Speck-Hamdan, A.: Heterogenität der Schulanfänger – Herausforderung für die Schule. In: Faust-Siehl, G./Speck-Hamdan, A. (Hrsg.): Schulanfang ohne Umwege – Mehr Flexibilität im Bildungswesen. Frankfurt a.M. 2001, S. 175–192

Patzlaff, R.: Sprachwahrnehmung und schulische Leistung. Aktuelle Forschungsergebnisse zur Legasthenie und Vorschulpädagogik. In: Erziehungskunst. 63. Jg., 10/1999, S. 1129–1134

Paus-Haase, I./Hoffmann, S.: Radio: Für Grundschulkinder kein Medium „von gestern". In: Schill, W./Baacke, D. (Hrsg.): Kinder und Radio: Zur medienpädagogischen Theorie und Praxis der auditiven Medien. Frankfurt a.M. 1996, S. 56–76

Picht, G.: Die deutsche Bildungskatastrophe. Analyse und Dokumentation. Freiburg i. Br. 1994

Rump, H.-U.: Im Dienst von Schule und Museum: 25 Jahre Museumspädagogisches Zentrum München. In: Museumspädagogisches Zentrum München (Hrsg.): Museumspädagogik für die Schule. Grundlagen, Inhalte und Methoden. München 1998, S. 7–10

Rump, H.-U.: Museumspädagogik zum Nutzen von Schule und Museum. In: Museumspädagogisches Zentrum München (Hrsg.): Museumspädagogik für die Schule. Grundlagen, Inhalte und Methoden. München 1998, S. 12–29

Scheerer-Neumann, G.: Der Erwerb der basalen Lese- und Schreibfähigkeiten. In: Günther, H./Ludwig, O. (Hrsg.): Schrift und Schriftlichkeit. Halbband 2. Berlin, New York 1996, S. 1153–1169

Scheerer-Neumann, G.: Schriftspracherwerb: „The State oft the Art" aus psychologischer Sicht. In: Huber, L./Kegel, G./Speck-Hamdan, A. (Hrsg.): Einblicke in den Schriftspracherwerb. Braunschweig 1998, S. 31–46

Schelsky, H.: Soziologische Bemerkungen zur Rolle der Schule in unserer Gesellschaftsverfassung. In: Brinkmann, W. (Hrsg.): Erziehung, Schule, Gesellschaft. Bad Heilbrunn 1980, S. 118–126

Schill, W./Baacke, D. (Hrsg.): Kinder und Radio: Zur medienpädagogischen Theorie und Praxis der auditiven Medien. Frankfurt a.M. 1996

Schneider, W./Stefanek, J./Dotzler, H.: Erwerb des Lesens und des Rechtschreibens: Ergebnisse aus dem SCHOLASTIK-Projekt. In: Weinert, F. E./Helmke, A. (Hrsg.): Entwicklung im Grundschulalter. Weinheim 1997, S. 113–130

Schorn, B.: Übersicht über die Kinderkulturarbeit und ihre Angebote. In: Glinka, H.-J./Neuberger, C./Schorn, B./Stange, W./Tiemann, D. u.a.: Kulturelle und politische Partizipation von Kindern. Interessenvertretung und Kulturarbeit für und durch Kinder. Opladen 1999, S. 139–210

Schröder, R.: Kinder reden mit! Beteiligung an Politik, Stadtplanung und -gestaltung. Weinheim, Basel 1995

Schult, Th. J.: Kinder und Computer – eine verhängnisvolle Affäre? In: c't 11/97, S. 154

Schumacher, E.: Soziales Milieu von Grundschulpädagoginnen und -pädagogen. In: Jaumann-Graumann, O./Köhnlein, W. (Hrsg.): Lehrerprofessionalität – Lehrerprofessionalisierung. Bad Heilbrunn 2000, S. 110–121

Singer, W.: Was kann ein Mensch wann lernen? Vortrag anlässlich des ersten Werkstattgespräches der Initiative McKinsey bildet in der Deutschen Bibliothek. Frankfurt a. M. am 12. Juni 2001a, www.mpih-frankfurt.mpg.de/global/np/mckinsey.htm

Singer, W.: Lernen, bevor es zu spät ist. Das Gehirn und seine Zeitfenster: Warum es so wichtig ist, Kindern das Richtige zum richtigen Zeitpunkt beizubringen. In: Süddeutsche Zeitung am Wochenende. 28. Juli 2001b

Stadtbücherei Stuttgart: www.stuttgart.de/stadtbuecherei/kinderbuecherei

Stange, W.: Planen mit Phantasie. Zukunftswerkstatt und Planungszirkel für Kinder und Jugendliche. 3. Auflage. Berlin und Kiel 1998

Stange, W./Tiemann, D.: Alltagsdemokratie und Partizipation: Kinder vertreten ihre Interessen in Kindertagesstätte, Schule, Jugendarbeit und Kommune. In: Glinka, H.-J. u. a.: Kulturelle und politische Partizipation von Kindern. Interessenvertretung und Kulturarbeit für und durch Kinder. Opladen 1999, S. 211–332

Stecher, L.: Schulhabitus und soziales Kapital in der Familie. In: Zinnecker, J./Silbereisen, R. K.: Kindheit in Deutschland. Aktueller Survey über Kinder und ihre Eltern. Weinheim und München 1996, S. 267–289

Stiftung Lesen: Leseclubs für deutsche und ausländische Kinder und Jugendliche. Konzeption, Erfahrungen, Praxisberichte. Nördlingen 1993 s.: www.stiftung-lesen.de

Stiftung Lesen (Hrsg.): 10. Tätigkeitsbericht 2001 der Stiftung Lesen. Mainz 2001

Thole, W.: Bildung in außerschulischen Handlungsfeldern – oder: „Wo kann man noch schöpferisch tätig sein?“ In: Sozialpädagogik Zeitschrift für Mitarbeiter. 38. Jg., 6/1996, S. 242–254

Tiedemann, J.: Leistungsversagen in der Schule. München, Basel 1978

Toppe, S.: Kinderarmut in Deutschland. In: Grundschule. 33. Jg., 1/2001, S. 16–18

Verband Deutscher Musikschulen: www.musikschulen.dc

Vieregg, H.: Positionen museumspädagogischer Arbeit. In: Museumspädagogisches Zentrum München (Hrsg.): Museumspädagogik für die Schule. Grundlagen, Inhalte und Methoden. München 1998, S. 30–46

de Vos, L.: Frankfurt am Main: Als Bibliothekspädagogin in der KiBi. In: buch und bibliothek. 45. Jg., 6/7/1993, S. 558–565

de Vos, L.: Sieben wilde Watze. Interkulturelle Beziehungsarbeit am Beispiel von Kindercliquen in der Bibliothek. In: buch und bibliothek. 48. Jg., 6/7/1996, S. 542–546

de Vos, L.: Die Bücherei als Arbeitsbibliothek. Hilfe bei den Hausaufgaben in der Bibliothek zur Vermittlung von Medienkompetenz. In: buch und bibliothek. 49. Jg., 6/1997, S. 394–401

de Vos, L./Knust, B.: Die KiBi oder Angebote rund ums Lesen. Eine Kinder- und Jugendbibliothek stellt ihre Arbeit vor. In: Grundschule. 26. Jg., 7–8/1994, S. 21–23

Weinert, F. E./Helmke, A. (Hrsg.): Entwicklung im Grundschulalter. Weinheim 1997

Weiß, H. (Hrsg.): Frühförderung mit Kindern und Familien in Armutslagen. München, Basel 2000

www.kindernetz.de

Zimmermann, G. E.: Formen von Armut und Unterversorgung im Kindes- und Jugendalter. In: Klocke, A./Hurrelmann, K. (Hrsg.): Kinder und Jugendliche in Armut. Umfang, Auswirkungen und Konsequenzen. 2. Auflage. Wiesbaden 2001, S. 55–77

Bodo Franzmann
in Zusammenarbeit mit Sigrid Strecker und Kristina Pfarr

Sprach- und elementare Leseförderung in Familie und Familienbildung

		Seite
1	Bildungsbenachteiligung durch Armut	174
2	Familie als Entwicklungsraum für Sprach- und Lesekompetenz, Familienbildung	176
3	Sprachentwicklung, Sprachförderung, Einfluss von Medien auf den Sprachlernprozess	178
4	Forschungs- und Praxisprojekte	182
4.1	Projekte zur Unterstützung der Erziehungskompetenz von Eltern	182
4.2	Kinder wollen Bücher – Modellprojekt der Leseförderung in Kindertagesstätten zur Prävention von Analphabetismus	187
5	Vermittlung von Medien- und Lesekompetenz in der Familie, Elternbildung	207
6	Sprach- und elementare Leseförderung in der Familienbildung und im Expertenurteil	215
	Literatur	222
	Anhang: Fragebögen	226

1 Bildungsbenachteiligung durch Armut

Die Diskussion über frühkindliche Sprachförderung und über geeignete Formen der Vorbereitung auf das Lesen und den Schriftspracherwerb („elementare Leseförderung") hat in den letzten Jahren insbesondere durch Ergebnisse der modernen Hirnforschung neue Nahrung erhalten. Mit den Worten des Münchener Neurowissenschaftlers Ernst Pöppel:

> „Entdeckt wurde in diesem Zusammenhang, was für die Pädagogik von großer Bedeutung ist, dass unser Gehirn in der frühen Phase unserer Biografie durch ein hohes Maß von neuronaler Funktionsplastizität gekennzeichnet ist. Genetisch vorgegebene Strukturen, d. h. Verbindungen zwischen Nervenzellen, müssen in sensiblen Phasen der individuellen Entwicklung durch Nutzung bestätigt werden, um dann für die Informationsbearbeitung bereit zu stehen; entfällt die Bestätigung durch Nutzung, gehen die angelegten neuronalen Möglichkeiten verloren." (Pöppel 1997, S. 94)

Und sein Frankfurter Kollege Wolf Singer zieht für die Pädagogik die weitere Schlussfolgerung, dass wegen der durchaus individuellen Entwicklung des kindlichen Gehirns und unterschiedlicher „Hirnreife" bei gleichem Alter „Förderung in hohem Maße auf die individuellen Bedingungen abgestimmt sein muss. Wegen unterschiedlicher Anlagen und Entwicklungsgeschwindigkeiten ist kaum damit zu rechnen, dass Kinder gleichen Alters gleiche Bedürfnisse und Fähigkeiten haben. Dies stellt das ausschließlich altersorientierte Klassensystem in Frage." (Singer 2001, S. 8)

Wie wenig die in verschiedenen europäischen Staaten, Australien und den USA praktizierten Konzepte der Früherziehung bereits auf diese Erkenntnisse eingestellt sind, zeigt die soeben von der *Organisation für Wirtschaftliche Zusammenarbeit und Entwicklung (OECD)* veröffentlichte vergleichende Studie *„Starting Strong. Early Childhood Education and Care"*. Bezüglich der Methoden und Zielsetzungen in den Bereichen Schriftsprachlichkeit (*„literacy"*) und Rechnen (*„numeracy"*) identifiziert der internationale Vergleich zwei Zugangsweisen:

Dem die Literalität spielerisch entwickelnden Konzept – praktiziert etwa von Australien, den skandinavischen Ländern, Dänemark, Holland, Portugal und der Tschechischen Republik – stehen stärker formalisierende, auf Beherrschung und Überprüfung von schriftsprachlichen Fähigkeiten bei Vorschulkindern gerichtete Methoden gegenüber. Darauf setzen die Erziehungssysteme in Belgien, England und den USA. In England beginnt diese Vorschule mit dem 3. Lebensjahr; in den *Early Learning Goals* ist detailliert aufgeführt, was die meisten Kinder bis zum Schuleintritt können sollten. Dazu gehören u.a. die Beherrschung des Alphabets und die Fähigkeit, gebräuchliche Wörter und einfache Sätze selbstständig zu lesen (OECD 2001, S. 114 ff.).

Über – unterschiedliche oder gleiche – Erfolge der beiden Konzepte spricht der OECD-Bericht nicht, möchte damit aber eine „wichtige, unentschiedene Debatte über geeignete Wege und Möglichkeiten der Hilfestellung in der frühen Kindheit zur Stärkung für lebenslanges Lernen" anstoßen (a.a.O.).

Eine solche Debatte erscheint nicht zuletzt vor dem Hintergrund des seit Beginn der Achtzigerjahre zunehmend international diskutierten Problems des funktionalen Analphabetismus notwendig, zumal einschlägige Studien auf die Wurzeln dieses für die betroffenen Menschen besonders einschneidenden Defizits ihres gesamten alltäglichen Lebens in der Familie und in der frühen Kindheit hinweisen (hierzu zusammenfassend Nuissl, Stiftung Lesen 1999).

1994 hat die internationale Presse über OECD-Untersuchungen berichtet, wonach das Bildungssystem in vielen Industrieländern nicht so wirkungsvoll ist, wie man es erwartet, „und nicht in ausreichendem Maße Erwachsene hervorbringt, deren Lese- und Schreibfertigkeiten den Anforderungen der heutigen Gesellschaft und insbesondere denen der Arbeitswelt entsprechen. Viele junge Erwachsene, die in das Berufsleben eintreten, verfügen über unzureichende Grundfertigkeiten in Lesen, Schreiben und Mathematik. Laut OECD ist der funktionale Analphabetismus ein wachsendes Problem unter den Arbeitskräften vieler Industriestaaten" (Sticht 1995, S. 31).

Dieser Beitrag hat nicht die Aufgabe, den Stellenwert von und das Problembewusstsein für das Thema Sprach- und elementare Leseförderung in Deutschland generell zu untersuchen. Er konzentriert sich vielmehr auf den Sektor Familienbildung und bezieht Ergebnisse des Modellprojekts „Kinder wollen Bücher" der Stiftung Lesen ein. Im Zentrum dieser Untersuchung steht die Auswertung einer Befragung von Familienbildungsstätten und Experten der Familienbildung nach Stellenwert und Akzeptanz von einschlägigen Bildungsangeboten. Diese Ergebnisdarstellung erscheint umso aussagekräftiger, als anderweitige Dokumentationen zum Stellenwert von Sprach- und elementarer Leseförderung in der Familienbildung nicht zur Verfügung stehen.

2 Familie als Entwicklungsraum für Sprach- und Lesekompetenz, Familienbildung

Anlässlich der Konstituierung der *Deutschen Nationalkommission für das Internationale Jahr der Familie 1994* stellte die damalige Familienministerin Hannelore Rönsch unter dem programmatischen Titel „*Für mehr Solidarität mit der Familie*“ die Frage, „wovon es denn abhängt, ob wir in unserer individuellen Lebenskarriere die wie nie zuvor lebensbedeutsame Fähigkeit zur selbstbestimmten Lebensfähigkeit auszubilden vermögen oder auch nicht“. Und sie verweist auf unser aller Erfahrung, „dass die Familie, im gelungenen Fall, die mit Abstand wichtigste Bedingung unserer Heranbildung zu der uns im modernen Lebenszusammenhang abverlangten Selbstbestimmungsfähigkeit darstellt“ (Geschäftsstelle der Deutschen Nationalkommission für das Internationale Jahr der Familie o.J., S. 49).

Diese heutzutage weithin unbestrittene zentrale Rolle der Familie für die Sozialisation der Heranwachsenden war aber keineswegs zu allen Zeiten Allgemeingut. So stellt das Standardwerk „*Handbuch der Familien- und Jugendforschung*“ fest, dass „in der Entwicklungspsychologie erst seit Beginn der 80er Jahre die Familie als etwas konzeptuell anderes als eine von mehreren beliebigen Umweltbedingungen ins Bewusstsein gehoben worden“ ist (Nave-Herz/Markefka 1989, S. 290).

In der ursprünglichen Erziehungsstilforschung und noch in den Sechzigerjahren wurde die Rolle der Familie als eher untergeordnet eingestuft (z.B. bei Eduard Spranger). Erst Ende der Siebziger- und Anfang der Achtzigerjahre führten Konzepte aus der Familientheorie, die das gesamte Beziehungsgefüge der Familie einzubeziehen versuchten, einen Paradigmenwechsel in der Pädagogischen und Entwicklungspsychologie herbei. Damit „wurde die Familie als komplexes Netzwerk in die Überlegungen bei der Beschreibung frühkindlicher Entwicklungsprozesse einbezogen“ (a.a.O., S. 291).

Damit ist der Weg frei zu der in dem Standardwerk von Tietze und Roßbach „*Erfahrungsfelder der frühen Kindheit*“ formulierten Position, dass für die kognitive Entwicklung der Kinder dem Verhalten der Eltern eine „besondere Bedeutung“ zukomme:

> „Sie beeinflussen die kognitive Entwicklung der Kinder positiv, wenn sie leistungsorientiert sind, mit ihren Kindern intellektuell ansprechende Aktivitäten durchführen, ihnen stimulierende Erfahrungen (z.B. durch Ausflüge) bieten und am Spiel der Kinder teilnehmen. Eine ganz wichtige Rolle spielt ihr verbales Verhalten

– ob sie zu oder mit ihren Kindern sprechen, inwieweit sie deren Fragen beantworten und neue Erfahrungen interpretieren, ob sie ihre Kinder bei neuen Entwicklungsaufgaben ermutigen oder eher zurückhalten." (Tietze/Roßbach 1993, S. 30)

Wenn hier für die Entwicklung der Sprachfähigkeit bereits auf die zentrale Rolle der Familie hingewiesen wird, so gilt dies analog für die Lesefähigkeit und ihre Vorläuferkompetenzen, wie noch im Einzelnen darzustellen ist. Auch in der Leserforschung ist mit den Achtzigerjahren eine Hinwendung zur „Sozialisationsperspektive" zu konstatieren. Beginnend mit der empirischen Studie *„Familie und Lesen"* (Köcher 1988) zieht sich die Familienperspektive wie ein roter Faden bis heute durch alle bemerkenswerten Arbeiten der Leserforschung. Als jüngstes Beispiel sei hier auf die Repräsentativstudie der *Stiftung Lesen „Leseverhalten in Deutschland im neuen Jahrtausend"* verwiesen, in der erneut festgestellt wurde, dass von allen Einflüssen auf stabile, lebenslange Lesegewohnheiten die familiären – Buchumgebung zu Hause, lesende Eltern, Vorlesen und Erzählen in der frühen Kindheit, regelmäßige Gespräche über das Gelesene usw. – am prägendsten sind und noch stärker wirken als eine hohe Formalbildung, von der schon seit je bekannt ist, dass sie das Verhältnis zu Büchern und die Leseintensität begünstigt (Stiftung Lesen 2001).

Da die Lesesozialisation demnach nur in der Familie optimal geleistet und von keiner bislang bekannten Institution übernommen werden kann, gibt folgendes Ergebnis der Lesestudie Anlass zur Sorge: Im Vergleich zu den 1992 erhobenen Daten weisen alle sozialisationsbezogenen Statements rückläufige Werte zwischen 9 und 20 % auf. Das gilt für das Vorhandensein von Büchern zu Hause ebenso wie für Gespräche mit Eltern über Bücher, für das Interesse der Eltern an der Lektüre der Kinder und an anregendem Deutschunterricht oder für die Buchausleihe in der Bibliothek (a. a. O., S. 25).

Was kann gegen diesen in einem bedenklichen Ausmaß schwindenden Familieneinfluss auf die Lesesozialisation getan werden? Kann es eine Aufgabe der Familienbildung sein, mit einschlägigen Angeboten Eltern auf die zentrale Bedeutung von Sprach- und elementarer Leseförderung aufmerksam zu machen und ihnen das nötige „Know-how" zu vermitteln?

Nicht zuletzt um dies in Erfahrung zu bringen und die nicht sehr zahlreichen allgemein zugänglichen Informationen über Problembewusstsein und Veranstaltungspraxis der Familienbildungsstätten im Bereich Sprach- und elementare Leseförderung aktuell zu erheben, führten wir im Rahmen dieser Arbeit eine Befragung bei Familienbildungsstätten durch, ergänzt durch eine Expertenbefragung, deren Ergebnisse am Ende dargestellt sind.

Zweifellos gehört der Aufgabenbereich Sprach- und elementare Leseförderung ins Zentrum der Familienbildung, über deren Aktivitätsfelder es in dem das Internationale Jahr der Familie abschließenden *„Familienreport 1994"* programmatisch heißt:

> „Familienbildung begleitet und unterstützt Familien als Ganzes und Familienmitglieder als Einzelne in phasenspezifischen Lebens- und Konfliktsituationen. Ziel ist es, Kompetenzen für eine eigenständige und selbstverantwortende Lebensführung zu fördern. Der innere Entwicklungsprozess der einzelnen Familie mit neuen Lebenssituationen einerseits sowie die Veränderung der gesellschaftlichen und kulturellen Umwelt der Familie erfordern immer neue Lernprozesse. Familienbildung unterstützt diese Lernprozesse durch institutionalisierte Organisation, Kontinuität, Professionalität und interdisziplinäre Zusammenarbeit, Familienarbeit leistet präventive Arbeit." (Familienreport 1994 o.J., S. 51)

Aber ganz offensichtlich ist die Familienbildung in der Praxis nur unzureichend in der Lage, dieser Zielsetzung gerecht zu werden: Heißt es doch im selben „Familienreport", die Familienbildungsstätten arbeiteten „immer noch im Spannungsfeld von ‚permanent kreativer Ideenwerkstatt' und andererseits als ‚Meister der Mängelverwaltung'". Diese Situation müsse sich „grundlegend ändern", wenn die Familienbildung ihren bedeutenden Platz in der Bildungslandschaft behaupten und ausbauen wolle (a.a.O., S. 205).

Programmatisch wird festgestellt:

> „Grundsätzlich ist eine Neubewertung des Stellenwerts von Familienbildung zu fordern, um die ‚Randständigkeit' von Familienbildung aufzuheben. Die Notwendigkeit der umfassenden staatlichen Förderung von Familienbildung ist bislang nur ungenügend anerkannt und abgesichert." (a.a.O., S. 59)

3 Sprachentwicklung, Sprachförderung, Einfluss von Medien auf den Sprachlernprozess

In einem Bericht über sprachpädagogische Arbeit im Kindergarten schreibt die Sprachbehindertenpädagogin Beate Kolonko, dass Eltern und Pädagogen heute offenbar sensibler geworden seien für Sprachstörungen und diese bei Kindern häufiger feststellten (Kolonko 1998, S. 33). In einem neuen Handbuch zur Sprachförderung heißt es, das Wissen über die Zusammenhänge von Wahrnehmung und Sprache und die Diskussion darüber hätten sich in den letzten 25 Jahren

„drastisch erhöht". Veränderungen der Kindheit äußerten sich unter anderem darin, „dass Sprachstörungen in ihrem quantitativen Ausmaß enorm angestiegen sind und zudem eine ganz andere Qualität dieser Störungen zu registrieren ist. Der Trend weist eindeutig in die Richtung umfassender Sprachentwicklungsverzögerungen" (Wiedemann 2000, S. 36).

1996 hatte der Direktor der *Mainzer Universitätsklinik für Kommunikationsstörungen*, Manfred Heinemann, erstmals mit der alarmierenden Zahl von 25 % der untersuchten Kinder eines Jahrgangs Aufsehen erregt, die in Screening-Studien als sprachentwicklungsgestört diagnostiziert worden waren – gegenüber einer Quote von etwa 4 % in der Vergangenheit. Selbst wenn man die rund 50 % leichteren Störungen außer Betracht ließe, „ergäbe sich in den letzen 20 Jahren immer noch eine Steigerungsrate der Kinder mit gravierenden Sprachentwicklungsverzögerungen von 4 auf 12,5 %" (Heinemann 1997, S. 106).

Mit der erhöhten Sensibilität bei Eltern, Erziehern und Lehrern ist auch die Aufmerksamkeit für die Stufen der kindlichen Sprachentwicklung und die bereits eingangs zitierten Ergebnisse der modernen Hirnforschung über „Entwicklungsfenster" und „sensible Phasen" der Hirnentwicklung gewachsen. Insbesondere bis zur Pubertät ist unser Gehirn „ungemein lernfähig und bereit zur Sprachaufnahme." Neue Erfahrungen finden ihren Niederschlag in der Feinverschaltung der Gehirnstruktur.

> „In sensiblen Phasen können bei entsprechenden Erfahrungen bestimmte Feinverschaltungen zwischen Zellgruppen geradezu wuchern, während sie später viel spärlicher oder überhaupt nicht mehr wachsen. Jedenfalls bilden Sinnesreize das Lebenselixier der Nervenzellen. Frühe Spracherfahrungen verstärken die von ihnen erregten Nervenbahnen, schreiben sich in unser Gehirn ein, bewirken dort Veränderungen. Nervenzellen, die kräftige Signale abgeben, noch dazu im Chor mit anderen verbundenen Zellen, haben einen Vorteil gegenüber denen, die nicht synchron oder weniger stark feuern. So wird bei jedem ein individuelles Vernetzungsmuster und damit eine eigene Könnensstruktur herausmodelliert." (Butzkamm 1999, S. 295)

Programmatisch heißt es dazu in dem vom *Deutschen Komitee für UNICEF* herausgegebenen Bericht zur Situation der Kinder in der Welt:

> „Ein guter Start ins Leben ist entscheidend für die spätere Entwicklung eines Kindes. In den ersten Monaten und Jahren wird jede Berührung, jede Bewegung oder Gefühlsregung explosionsartig in Aktivitäten des Gehirns umgesetzt. In dieser Zeit bieten sich die besten Chancen, anregend auf die Entwicklung eines jungen Menschen einzuwirken und Kindern das wichtigste Rüstzeug zur Bewältigung des Alltags mitzugeben." (Deutsches Komitee 2001, S. 2)

Aufgrund von amerikanischen Studien beginnt die sensible Phase des Gehirns für die Sprachentwicklung mit ca. sechs Monaten und schwächt sich gegen Ende des zweiten Lebensjahres ab.

Unter dem Motto „Der richtige Zeitpunkt ist entscheidend“ heißt es im UNICEF-Bericht:

> „Es gibt Abschnitte im Leben, in denen das Gehirn für neue Erfahrungen besonders offen ist und diese besonders gut verwerten kann. Wenn das Gehirn in diesen kritischen Phasen nicht die Anregungen erhält, für die es vorbereitet ist, können die Chancen für spätere Lernerfolge beträchtlich sinken. Wie wichtig diese kritischen Phasen wirklich sind und wie lange die Zeitfenster für bestimmte Entwicklungsprozesse offen bleiben, wird durchaus kontrovers diskutiert. Es ist bekannt, dass das menschliche Gehirn formbar ist. Seine Fähigkeit zur Reorganisation hält das ganze Leben hindurch an und kann durch geeignete Maßnahmen verstärkt werden, aber es besteht auch weithin Einigkeit darüber, dass sich das Gehirn in der frühen Kindheit in einem Tempo ausbildet, das später nie wieder erreicht wird.“ (a. a. O., S. 20)

Die Kenntnis dieser Zusammenhänge bedeutet nicht nur einen bedeutenden Zuwachs an Verantwortung für Eltern, Erzieher, Lehrer und alle, die auf Heranwachsende Einfluss nehmen, sie bedeutet auch eine Herausforderung an die „Regierungen, der frühkindlichen Förderung höchste Priorität einzuräumen. Tatsächlich sind dies jedoch die Jahre, die am wenigsten berücksichtigt werden. Für die Entwicklung von Kindern und Nationen hat dies tragische Folgen“ (a. a. O., S. 15).

Frühzeitigen Einfluss auf kindliche Wahrnehmung, kindliches Verhalten und auf den Sprachlernprozess nehmen in wachsendem Maße die Medien, allen voran das Fernsehen. Die Psycholinguistin und Medienwissenschaftlerin Karin Böhme-Dürr hat den aktuellen Forschungsstand über Medienwirkungen auf den Sprachlernprozess in einem 139 Studien auswertenden Forschungsbericht umfassend dargestellt (Böhme-Dürr 2000, S. 433–459). Die folgende Zusammenfassung folgt diesem Forschungsbericht.

Die ausgewerteten Forschungsarbeiten beziehen sich überwiegend auf das Fernsehen. Über die Wirkung von Printmedien oder interaktiven Technologien, die Kinder nutzen, liegen nur wenige Untersuchungen vor. Zur Fernsehwirkung werden drei Positionen vertreten: „Kein Effekt“, „Negativ-Effekt“ und „Positiv-Effekt“.

In einer Reihe von Untersuchungen wurde festgestellt, dass Häufigkeit und Dauer des Fernsehkonsums von Kindern mit schlechten Sprachleistungen korrelieren. Dabei ist allerdings zu bedenken, dass nicht zuletzt mangelnde elterliche Zuwendung bewirkt, dass Kinder einen reduzierten Sprachinput haben und dass sie Anregungen durch bunte Fernsehbilder suchen.

Beim Vergleich von Radio- und Fernseheffekten, bei denen die Kinder die gehörten bzw. gesehenen Geschichten nacherzählen sollten, ergaben die Radioversionen bessere Sprachleistungen. Ohne die zusätzlichen Bildinformationen wählen die Kinder häufiger Metaphern, drücken sich präziser aus und können Dialoge genauer wiedergeben.

Obwohl die Dominanz der Fernsehbilder für den Spracherwerb offenbar weniger hilfreich ist, kann konventionelles Fernsehen den Sprachlernprozess in beschränktem Umfang anregen, allerdings nur auf der Ebene der Wiederholung einzelner Wörter bzw. Redewendungen und des Erwerbs neuer Wörter. Grammatikalische und kommunikative Aspekte der Sprache werden hingegen nicht gefördert.

Eine Vermehrung des Wortschatzes von Zwei- bis Vierjährigen können sprachlich variationsreiche Kinder- und Bildungsprogramme von nichtkommerziellen Sendern bewirken (z. B. Sesamstraße). Dialektgewohnte Kinder können sich durch Fernsehsendungen Standardsprache aneignen (z. B. in der Deutschen Schweiz).

Vorlesen von Bilderbüchern (hierzu auch Böhme-Dürr 1994, S. 213–215) hat vor allem wegen des kommunikativen Austauschs, der in der Regel zwischen Mutter und Kind stattfindet, positive Auswirkungen auf die kindliche Sprachproduktion; Erwachsenenfragen und -erklärungen zu Bilderbüchern regen diese an. Vorlesen verbessert den aktiven und passiven Wortschatz. Generell gibt es eine deutliche Korrelation zwischen frühem Bilderbuch(vor)lesen und späteren Sprach-, Lese- und Schulleistungen.

Nicht der Bilderbuchtext allein, sondern die intensive Kommunikation zwischen Bezugsperson und Kind über die Bilderbuchinhalte regt die Wortproduktion und die Redefreude von Kindern an. Zudem werden ihre Lesefähigkeiten durch den (metasprachlichen) Austausch begünstigt.

Über den Einfluss des Fernsehens auf das Lesen (hierzu auch Böhme-Dürr 1990, S. 218–243) werden unterschiedliche, teils wiedersprechende Thesen vertreten. Dass „gute“ (nicht kommerzielle) Kinderprogramme die Leseleistung von Fünfjährigen verbessern und dass Kinder, die zusammen mit ihren Eltern und nicht allein vor dem Bildschirm sitzen, ebenfalls besser lesen, wurde in den USA nachgewiesen. Auch können Kindersendungen das Ausleihen von Büchern stimulieren.

Andererseits wurde bestätigt, dass Kinder, die lange vor dem Bildschirm sitzen, entsprechend weniger Zeit für Lesen aufwenden, und dass Kinder mehr lesen, wenn sie keine Möglichkeit haben fernzusehen. In einer Langzeituntersuchung wurde festgestellt, dass hoher

Fernsehkonsum dazu führt, dass Fernsehen als befriedigender erlebt wird als Bücherlesen und die Leselust entsprechend abnimmt.

Zusammenfassend stellt Böhme-Dürr fest:

> „Obwohl alle Hypothesen zum Einfluss des Fernsehens auf den Erwerb der Lesefähigkeiten bzw. auf das Lesen mehr oder minder klar belegt sind, kristallisiert sich aus der Fülle der Forschungsarbeiten immer mehr heraus, dass es sich dabei nicht um eine monokausale, sondern um eine vielschichtige Beziehung handelt, bei der sich hoher TV-Konsum und geringere Lesemotivation wechselseitig bedingen."

Zudem ist das von Vorschulkindern am meisten genutzte Medium Fernsehen „kein optimaler Sprachlieferant", Bilderbücher fördern die Sprach- und Leseentwicklung offensichtlich generell mehr als Fernsehsendungen, weil Bilderbücher den zwischenmenschlichen Austausch stärker herausfordern.

> „Es ist ein Irrtum zu glauben, dass konventionelles Fernsehen als ‚sprechendes Bilderbuch' ideal für den kindliche Sprachlernprozess von Kindern sei."

Als bester Garant für die kindliche Sprachentwicklung gilt der direkte kommunikative Austausch zwischen Mutter und Kind.

Zudem mindert laut Böhme-Dürr „die frühe Prägung auf die ‚Bildsprache' des Fernsehens nicht nur die Sprachfähigkeit und die Kreativität von Kindern, sondern hat auch Einfluss auf ihre Konzentrationsfähigkeit. Es gibt klare Belege, dass das Fernsehen die Beharrlichkeit und Zähigkeit beim Lösen schwieriger Probleme beeinträchtigt. Möglicherweise übertragen sich die Effekte auf das Alltagsverhalten, also beispielsweise auf partnerschaftliche oder berufliche Beziehungen" (Mundzek 1999).

4 Forschungs- und Praxisprojekte

4.1 Projekte zur Unterstützung der Erziehungskompetenz von Eltern

Von Ende 1991 bis Ende 1994 lief HIPPY als Modellversuch in Nürnberg und Bremen. An dem vom Bundesministerium für Frauen und Jugend sowie den Städten Nürnberg und Bremen geförderten Projekt nahmen insgesamt 232 Familien teil. Das in Israel entwickelte und in mehreren Ländern verbreitete Programm *HIPPY* (*Home Instruction Program for Preschool Youngsters*) ist ein Kindergarten ergänzendes Hausbesuchsprogramm für vier- bis sechsjährige benachteiligte Vorschulkinder. Dazu gehören häufig auch Kinder aus Einwandererfamilien, also junge Aussiedler, Arbeitsmigranten und Asylbewerber, die es vor allem wegen mangelnder Sprachkenntnisse in der Schule schwerer haben als einheimische Kinder.

HIPPY setzt auf die Mutter als erste und wichtigste Erzieherin. Es werden u.a. Bilderbücher, Mal- und Arbeitsblätter zur Verfügung gestellt, mit deren Hilfe die Kinder – und mit ihnen die Mütter – sich „gleichsam spielend in die deutsche Sprache einüben und dabei erfahren, dass Lernen auch Spaß machen kann" (Deutsches Jugendinstitut 1997a, S. 9). Anhand der Bilderbücher und Arbeitsmaterialien „arbeitet die Mutter im Idealfall täglich 15–20 Minuten mit dem Kind und übt damit die deutsche Sprache ein" (a.a.O., S. 11).

Die Mutter – und nicht eine außerhalb der Familie stehende Person – übernimmt also bei HIPPY die Funktion der Lehrkraft. Sie „erfährt aber Anleitung und Unterstützung durch eine Laienhelferin bzw. Hausbesucherin, die ihr das Arbeitsmaterial (Bücher, Übungsblätter) aushändigt und mit ihr die verschiedenen Aufgaben bespricht, und die auch an den zum Programm gehörenden Gruppentreffen mitwirkt. Anleitung, Schulung und Unterstützung der Hausbesucherin erfolgt durch eine Koordinatorin, d.h. eine festangestellte sozialpädagogische Fachkraft, der auch die Organisation der Programmdurchführung obliegt" (Deutsches Jugendinstitut 1997a, S. 9f.).

Schaubild 1 (Quelle: Deutsches Jugendinstitut 1997a)

HIPPY-Organisationsstruktur

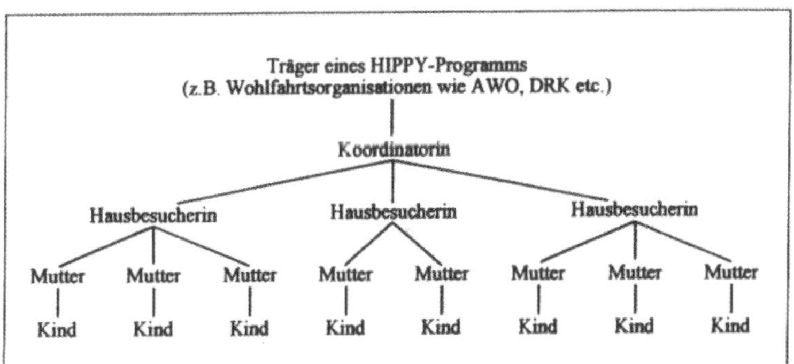

Die zentrale Rolle im HIPPY-Konzept spielt die Hausbesucherin bzw. Laienhelferin. Sie ist zuständig für die Verteilung und Einübung der Materialien, die Motivation der Mütter und die Unterstützung der Familien (z.B. Begleitung der noch sprachunkundigen Mutter zum Arzt). Die Hausbesucherin sucht die Mutter jede zweite Woche auf und leitet sie in der Benutzung der Materialien an. Hausbesucherinnen sind schon länger in Deutschland lebende Frauen, die aus demselben Kulturkreis kommen wie die von ihnen betreuten Mütter und „die bereits weitgehend integriert sind und über gute Deutschkenntnisse verfügen“ (a. a. O., S. 21). Zwar bietet die Arbeit als HIPPY-Hausbesucherin „keine längerfristige Berufsperspektive“, aber „für einen Großteil der bisherigen Hausbesucherinnen – insbesondere für solche, die ohnehin im pädagogischen Bereich tätig werden wollten – war die HIPPY-Arbeit jedoch ein guter Einstieg ins Berufsleben“ (a. a. O., S. 22).

Die Initiatoren des Programms stellen als ein wesentliches Ziel von HIPPY „die Stärkung der erzieherischen Fähigkeit der Eltern“ heraus:

> „HIPPY leistet Elternbildungsarbeit, indem es Eltern an Aktivitäten heranführt, die für eine gesunde Entwicklung des Kindes förderlich sind [...] Gleichzeitig wird durch die vielen gemeinsamen Aktivitäten von Mutter bzw. Eltern und Kind die Mutter- bzw. die Eltern-Kind-Beziehung gestärkt.“ (a. a. O., S. 51)

Wie die vom *Deutschen Jugendinstitut* durchgeführte Begleitforschung zu HIPPY dokumentiert, hilft dieses Programm Kindern und Müttern gleichermaßen, Deutsch zu lernen und fördert zudem die Integration:

> „Das Schwierigkeitsniveau von HIPPY wird überwiegend als ‚gerade richtig' beurteilt. Schwierigkeiten zeigen sich eigentlich nur in sprachlicher Hinsicht. Aufgrund der fehlenden bzw. mangelhaften Deutschkenntnisse vieler Mütter ergeben sich nicht nur Schwierigkeiten, die Teilnahmemotivation von Müttern und Kindern aufrechtzuerhalten, sondern auch erhebliche Mehrbelastungen für die Hausbesucherinnen. So liegt es nahe, Müttern ohne Deutschkenntnisse Bücher und Materialien in der Sprache des Herkunftslandes anzubieten. Da es sich bei HIPPY nicht um ein Sprachlernprogramm handelt, sondern in erster Linie um ein Programm zur kognitiven Förderung des Kindes, würde auch die Arbeit in der Muttersprache der Chancenverbesserung in der Schule (und damit letztlich auch der Integration) dienen.“ (a. a. O., S. 27)

Zusammenfassend halten die HIPPY-Initiatoren fest, dass das Programm „bei den teilnehmenden Familien viel Zustimmung gefunden hat bzw. findet und mittelbare und unmittelbare Effekte (hohe Programmakzeptanz, Verringerung der Abbrecherquoten, optimistische Einstellungen zum Schulbesuch, Verbesserungen der Deutschkenntnisse, Zunahme der deutschen Freunde und Bekannten) zeigt. HIPPY setzt mittels der Stärkung elterlicher Interessen und Kompetenzen und der Vermittlung von Erfolgserlebnissen Prozesse in Gang, die einen wichtigen Beitrag zur Integration der Zuwanderer leisten können“ (a. a. O., S. 30).

Ebenfalls auf Hausbesuche setzt das Frühförderprogramm „Opstapje“, d.h. „Schritt für Schritt“. Sein Ziel ist die Förderung der Erziehungskompetenz von Eltern von zwei- bis vierjährigen Kindern. Das Programm wurde in Holland entwickelt und für Deutschland adaptiert. Es ist vor allem gedacht für Eltern aus benachteiligten Schichten, die durch traditionelle Formen der Elternbildung nicht erreicht werden können. Das Programm arbeitet mit semiprofessionellen Fachkräften, „Hausbesuchsmüttern“ mit Lebenserfahrung, die in Fortbildungen geschult und fachlich begleitet werden. Bei ihren regelmäßigen Hausbesuchen in den Familien bringen sie Spiel- und Lernmaterial mit, beschäftigen sich mit dem Kind und führen Gespräche mit dem zuständigen Elternteil, in der Regel der Mutter. Parallel dazu finden vierzehntägig Gruppentreffen mit anderen Eltern statt, die dieses Programm in Anspruch nehmen. Wichtige Ziele dieser Treffen sind die Vermittlung neuer Kontakte und der Austausch von Erfahrungen und Informationen. Das Programm verfolgt Ziele sowohl für Eltern als auch Kinder. Ziele mit Blick auf die Eltern sind die Stärkung der Eltern-Kind-Beziehung, die Steigerung der Erziehungskompetenzen, Sensibilisierung, Mobilisierung der Familienressourcen und Entlastung und verbesserte Integration der Familien. Ziele mit Blick auf die Kinder sind eine sichere Bindung, Förderung von Autonomie und Selbstbestimmung, Stimulierung der Spielentwicklung, Anregung der sprachlichen und kognitiven Entwicklung, Lernerfahrungen im Bereich von Motorik, Sensomotorik und Wahrnehmung und vielfältige Erfahrungen im Umgang mit Materialien. Zurzeit wird im DJI eine Evaluationsstudie durchgeführt, mit der an zwei Standorten bei jeweils 45 Projekt-Familien und 15 Kontrollgruppen-Familien die Wirksamkeit dieses Konzepts überprüft wird.

Aus Anlass des *Internationalen UNO-Jahres der Familie 1994* berichteten Thomas Sticht und John Ryan über Erfahrungen mit Programmen zur Verbesserung der Lese- und Schreibkompetenz von Kindern und Erwachsenen aus sozialen Brennpunkten in den USA und Großbritannien. Sticht hatte als Forscher zahlreiche Begleitstudien zu solchen Programmen geleitet, Ryan war als Abteilungsleiter bei der UNESCO für das Aufgabengebiet „Alphabetisierung“ zuständig. Die Experten berichteten u.a. über das unter Präsident Lyndon B. Johnson unter dem Motto *„War on Poverty“* (Kampf der Armut) initiierte und unter fünf folgenden US-Präsidenten weiterentwickelte *„Head Start“*-Programm, wonach gefährdete Kinder so früh wie möglich aus ihrer häuslichen Umgebung herausgenommen wurden, um ihnen Lernprogramme anzubieten.

Trotz des enormen Aufwands waren die Ergebnisse „weithin enttäuschend. Schon nach einem zweijährigen Grundschulbesuch waren viele der durch *Head Start* erzielten Verbesserungen nicht mehr zu erkennen“ (Ryan 1995, S. 45). Wirksamer sind offenbar Konzepte, die die Eltern bzw. die Familie insgesamt einbeziehen – ein Ansatz der auch durch die Erfahrungen und Erfolge von HIPPY bestätigt wird. „Die Eltern unterrichten und die Kinder erreichen“ ist demnach der zurzeit Erfolg versprechendste Ansatz zur Verbesserung der Lese- und Schreibkompetenz in breiten, sozial benachteiligten Bevölkerungsschichten.

Zusammenfassend stellt Ryan fest:

> „Die Ergebnisse von Leistungstests bei Kindern scheinen parallel zu Verbesserungen bei der Bildung ihrer Eltern zu steigen. Darüber hinaus scheinen solche Verbesserungen dauerhaft zu sein. Die erzieherische Wirkung von Lese- und Schreibfähigkeit in der Familie geht auf die Tatsache zurück, dass die Familie die dauerhafteste und am weitesten verbreitete gesellschaftliche Institution ist. Die Familie kann, wenn sie richtig ausgestattet ist, sowohl die Mittel als auch die Motivation zum Lernen liefern.“ (Ryan 1995, S. 46)

Auf die Einbeziehung der Eltern setzt auch ein Programm aus dem Londoner Stadtteil Haringey, über das Butzkamm berichtet. Es setzt an der bekannten Benachteiligung von Kindern aus der sozialen Unterschicht an, die kaum vorgelesen bekommen und die über einen geringen Wortschatz verfügen. Studien aus diesem Londoner Stadtteil, einem typischen Arbeiterviertel mit hohem Ausländeranteil, zeigen, wie viel es bewirkt, wenn Eltern sich von ihren Grundschulkindern regelmäßig vorlesen lassen:

> „Die Schulen stellten kostenlos geeignete Bücher zur Verfügung. Die Forscher verlangten von den Eltern nichts weiter, als dass sie sich von ihren Kindern aus den mitgebrachten Büchern regelmäßig vorlesen ließen und darüber auch Buch führten (Eintrag auf einer *report card*). Die Eltern wurden nicht belehrt, geschweige denn besonders geschult. Selbst wenn Eltern kaum Englisch sprachen oder nicht lesen konnten, machten die Kinder, die zu Hause vorlasen, immer noch größere Fortschritte als eine Kontrollgruppe, der in Förderstunden besondere schulische Nachhilfe erteilt wurde. Die Forschungsarbeiten in Haringey und Manchester zeigen eindeutig: *Wer den Kindern helfen will, muss zunächst den Eltern helfen!*“ (Butzkamm 1999, S. 328)

4.2 Kinder wollen Bücher – Modellprojekt der Leseförderung in Kindertagesstätten zur Prävention von Analphabetismus (Sigrid Strecker/Kristina Pfarr)

Konzeption

Aus internationalen Studien, z. B. aus Dänemark, Schweden und den USA, wird bestätigt, dass die grundlegende Motivation zur Beschäftigung mit schriftlichen Informationen bereits in der frühen Kindheit gelegt wird. Impulse aus dem Elternhaus und das Erziehungs- und Vorbildverhalten der Eltern prägen die späteren Lese- und Mediengewohnheiten der Kinder in hohem Maße. Folgerichtig treten die größten Defizite in sozial schwachen Familien auf, wo Kindern kaum Interesse an Büchern vermittelt wird und der sprachliche Austausch zwischen Eltern und Kindern oft unterentwickelt ist (Hurrelmann 1995, S. 24, zum Thema u. a.: Köcher 1988; Saxer u. a. 1989). Erwiesen ist auch, dass gerade Eltern aus „sozialen Brennpunkten" eher zu intensivem Fernsehkonsum bei geringem Leseinteresse neigen. Die Lebenswelt dieser Familien wird bestimmt durch hohe Arbeitslosigkeit, geringe Bildung, kulturelle Unterversorgung und schlechte Wohnverhältnisse. Dieses Milieu begünstigt die Entstehung und die Verfestigung von funktionalem Analphabetismus: Eltern, die selbst nur rudimentär lesen und schreiben können, können auch ihren Kindern zu Hause kein lesefreundliches Klima vermitteln. Die Kinder erfahren keine direkte, familiäre Motivationsförderung zum Lesen, eine wesentliche primäre Sozialisationsinstanz fehlt (vgl. Wieler 1997).[1]

Bisherige Maßnahmen zur Bekämpfung des funktionalen Analphabetismus in westlichen Industriestaaten wenden sich an Erwachsene bzw. Schulkinder. Im Prinzip versucht man also, bereits vorhandene Defizite zu verringern. Das hier im Überblick dargestellte Modellprojekt hingegen hat einen anderen Ansatz verfolgt: die Entwicklung, Erprobung und Evaluation von Maßnahmen, die der *Prävention* von funktionalem Analphabetismus dienen. Besonderes Augenmerk galt Vorschulkindern aus leseungewohnten Familien. Elf Kindertagesstätten aus sozialen Brennpunkten in Mainz und Wiesbaden, mehr als 500 Kinder und ihre Eltern sowie rund 100 Erzieherinnen und Erzieher haben an dem dreijährigen Modellprojekt der

[1] Vgl. hierzu ausführlicher den Abschnitt „Vermittlung von Medien- und Lesekompetenz in der Familie".

Stiftung Lesen, das vom Bundesministerium für Bildung und Forschung gefördert und von einem Projektbeirat beratend unterstützt wurde, teilgenommen.[2] Erprobung und Evaluation vielfältiger Angebote zur Lesemotivation und Sprachvermittlung in Kindergärten sollten dazu beitragen,

- Erzieherinnen und Erzieher in Kindergärten für die Aufgabe der Medienerziehung zu sensibilisieren;
- Vorschulkindern mehr Freude am Umgang mit Büchern zu vermitteln: Der Umgang mit dem Buch soll zur selbstverständlichen Gewohnheit werden;
- den Erziehungsstil der Eltern langfristig im Sinne eines bewussteren Medienumgangs zu beeinflussen.

Die methodisch-didaktischen Maßnahmen zielten zum einen auf regelmäßigen, kontinuierlichen und vielfältigen Einsatz von Kinderbüchern im Kindergartenalltag, zum anderen auf besondere Aktionen zur Leseförderung unter Einbezug von Eltern und Experten. Die wesentlichen Elemente, bewusst als eine Mischung aus der Vermittlung theoretischen Wissens und praktischer Umsetzungsmöglichkeit konzipiert, sind

- Fortbildungsseminare für Erzieherinnen und Erzieher zum Thema Lesemotivation und Medienerziehung der Kinder (mehrfach),
- alternative Möglichkeiten der Elternarbeit (z. B. Erzählcafé),
- Autorenlesungen,
- Vermittlung von Vorlesepatenschaften,
- Organisation von Buchausstellungen,
- Vermittlung bzw. Intensivierung von Kontakten zu Bibliotheken, Volkshochschulen, sprachpädagogischen Beratungsstellen, Grundschulen etc.,
- Organisation eines Austauschforums der Kindertagesstätten untereinander,

---

[2] Dem Projektbeirat gehörten an: Prof. Dr. Stefan Aufenanger (Universität Hamburg); Dipl.-Soz. Christine Feil (Deutsches Jugendinstitut e. V., München); Prof. Dr. Franz Hamburger (Universität Mainz); Prof. Dr. Dr. Rainer Lehmann (Humboldt-Universität Berlin). – Zur Arbeitsgruppe von Stiftung Lesen gehörten außer den Autorinnen Dipl.-Päd. Heinrich Kreibich (Geschäftsführer Stiftung Lesen), Bodo Franzmann (Leseforschung, Stiftung Lesen); die Arbeit mit dem „Mainzer Unterrichtsspiel“ wurde von Dipl.-Psych. Carl Anton von Gleichenstein koordiniert; Simone Schinz M. A. arbeitete bei der Verkodung der Daten, der Datenerfassung und der Auswertung der Leitfadeninterviews mit.

- Hinweise für themenbezogene und weiterführende Einsatzmöglichkeiten von Büchern.

Das Modellprojekt wurde wissenschaftlich begleitet. Dabei sollte in *qualitativer* Hinsicht gewährleistet sein, dass möglichst viele projektrelevante Einflüsse berücksichtigt werden. Aus *quantitativer* Sicht wollte man eine möglichst große, empirisch relevante Anzahl von Personen/Daten erfassen. *Chronologisch* betrachtet ging es darum, Ausgangspunkt, Verlauf und Ergebnisse des Modellprojekts zu dokumentieren. Unter diesen Vorgaben hat die Arbeitsgruppe folgendes Untersuchungsdesign entwickelt (vgl. Tabelle 1):

- Bestandsaufnahme projektrelevanter Daten der mitwirkenden Kinderbetreuungseinrichtungen (1995 und 1997),
- standardisierte, schriftliche Befragung der Erzieherinnen und Erzieher (1995 und 1997),
- themenzentrierte Interviews mit den Erzieherinnen und Erziehern (1997),
- tägliche Dokumentation der von Erzieherinnen und Erziehern in den Kinderbetreuungseinrichtungen durchgeführten leseförderlichen Maßnahmen auf tagebuchartigen Protokollblättern (kontinuierlich über zwei Jahre hinweg),
- standardisierte, schriftliche Befragung der Eltern der jeweils künftigen Schulanfänger (1995, 1996, 1997),
- Durchführung des „Mainzer Unterrichtsspiels" mit den jeweils künftigen Schulanfängern der Kinderbetreuungseinrichtungen (1995, 1996, 1997).

Das so genannte *„Mainzer Unterrichtsspiel"* ist ein vom Schulpsychologischen Dienst Rheinland-Pfalz konzipierter, nicht normierter Schuleignungstest, der für die Anforderungen des Projekts modifiziert wurde: In sechs verschiedenen Spielsituationen (z.B. Spiele wie „Mein rechter Platz ist leer" oder „Kofferpacken") werden einerseits Verhalten und allgemeine Fähigkeiten der Kinder wie Spielbeteiligung, Aufmerksamkeit, Aufgabenverständnis, Merkfähigkeit und Erkennen von Farben und Mengen festgehalten, andererseits sprachliche Fähigkeiten wie Aussprache (Verständlichkeit), Nachsprechen, Benennung von Gegenständen, Erzählstruktur, Wortschatz, Grammatik und Satzbau protokolliert. Während ein Spielleiter bzw. eine Spielleiterin die Spiele durchführt, notiert eine weitere Person entsprechende Punktwerte für die „Leistungen" der Kinder. Wichtig dabei ist der durchgehende Spielcharakter des Tests in gewohnter Umgebung (Kindergarten) sowie die Durchführung in kleinen Gruppen (5–6 Kinder).

Tabelle 1

Bezugsebene	**Ausgangslage 1995**	**„Input“ während der Laufzeit des Modellprojekts 1995–1997**		**Was hat sich verändert? 1997**
Einrichtungen	Basisdaten der Einrichtungen (n = 11)	Optimierung der Ausstattung: Kinderbücher und Fachliteratur; Informationsmaterial; Beratung		Basisdaten der Einrichtungen (n = 11)
Erzieherinnen und Erzieher	1. Befragung der Erzieherinnen und Erzieher (n = 67)	Verschiedene Fortbildungsveranstaltungen für Erzieherinnen und Erziehern		2. Befragung Erzieherinnen und Erzieher (n = 74) Gruppeninterviews mit Erzieherinnen und Erziehern
Kinder	Unterrichtsspiel Schulanfänger 1995 (n = 152)	Regelmäßige leseförderliche Maßnahmen innerhalb des täglichen Ablaufs (n = 15.103)	Unterrichtsspiel Schulanfänger 1996 (n = 200)	Unterrichtsspiel Schulanfänger 1997 (n = 204)
Eltern	Elternbefragung der Schulanfänger 1995 (n = 134)	Einzelveranstaltungen für Kinder und/ oder Eltern (n = 597)	Elternbefragung der Schulanfänger 1996 (n = 133)	Elternbefragung der Schulanfänger 1997 (n = 164)

Ausgangslage 1995

Die am Modellprojekt beteiligten elf Kindertagesstätten wurden nach dem Hauptkriterium „Einzugsbereich sozialer Brennpunkt“ unter Berücksichtigung unterschiedlicher öffentlicher Träger ausgewählt.[3] Die Gesamtanzahl der betreuten Kinder pro Einrichtung reicht von 30 bis zu 120 Kindern. Die Nationalitäten sind breit gestreut; insgesamt besuchen Kinder aus 36 Nationen die Einrichtungen im Modellprojekt. Aufgrund der starken Diversifizierung erschien die besondere Förderung *einer* Nationalitätengruppe nicht möglich. Dennoch war die Vielfalt unterschiedlicher Nationalitäten in verschiedenerlei Hinsicht im Projekt zu berücksichtigen.

Die Medienausstattung der Einrichtungen ist – größtenteils bedingt durch die Größe der Einrichtung selbst – unterschiedlich. Nicht alle Kindergärten konnten Angaben darüber machen, wie viele Kinderbücher sie zur Verfügung haben, aber überall war man sich einig, dass es zu wenig sind. Die angegebenen Zahlen (Gesamtbestand an Kinderbüchern der Einrichtung) schwanken zwischen 120 und 570 Exemplaren. In der Regel besitzt jede Gruppe einen Kassettenrekorder, ein Videorekorder ist in vier Einrichtungen vorhanden, nur eine einzige Einrichtung verfügt über ein TV-Gerät.

Die Erzieherinnen und Erzieher der beteiligten Einrichtungen wurden im September 1995 erstmals schriftlich befragt. Diese Befragung bestätigte, was zum Teil bereits schon in der Planungsphase in Einzelgesprächen deutlich geworden war:[4] Erzieherinnen und Erzieher messen der Leseförderung in ihrer täglichen Arbeit einen hohen Stellenwert bei; Probleme und Unsicherheiten gibt es aber bei der praktischen Umsetzung, was sich im deutlichen Informations- bzw. Fortbildungsbedarf äußert: Fast jeder bzw. jede zweite Befragte hat die Ausbildung ohne hinreichende Informationen zum Themenkreis „Buch und Leseförderung im Kindergarten“ abgeschlossen. Praxisnahe Fortbildungen zum Thema „Wie kann ich Kinder am besten mit Büchern vertraut machen?“ stehen ganz oben auf der Wunschliste. Nur jede siebte Erzieherin bzw. Erzieher hat überhaupt schon einmal an einer Fortbildung zum Thema „Kinderbücher“ teilgenommen.

Die Kinder, die bereits 1995 eingeschult wurden, haben an der eigentlichen Aktionsphase des Modellprojekts nicht mehr teilnehmen können. Sie bilden, wie auch ihre Eltern, eine Quasi-Kontrollgruppe für den Vergleich mit später erhobenen Daten. Die erste Elternbefragung lieferte aber auch Hinweise auf Erfolg versprechen-

---

3 In der Planungsphase des Projekts waren 70 Kinderbetreuungseinrichtungen öffentlicher Träger im Rhein-Main-Gebiet kontaktiert worden, die Kinder aus sozialen Brennpunkten (vgl. Definition des Deutschen Städtetages) betreuen. Nach ausführlichen Vorbereitungsgesprächen mit den jeweiligen Teams haben sich elf Einrichtungen bereit erklärt, das Projekt mit zu gestalten.

4 Aus Umfangsgründen können hier wie im Folgenden nur wenige zentrale empirische Befunde präsentiert werden; ausführlicher dazu Strecker/Pfarr (1999).

de Projektangebote: Was wünschen sich z.B. Eltern zum Thema „Kind und Medien" im Kindergarten? Aus einer Reihe von Vorgaben kreuzten die meisten Eltern „Buchempfehlungen für Kinder" an, weniger gefragt waren „Eltern-Kind-Nachmittage im Kindergarten" und „Hinweise zu Videospielen, Computerspielen". Sozial schwächere Familien waren in geringerem Maße an Buchempfehlungen und an Ausstellungen neuer Kinderbücher interessiert; auch Vorlesestunden für Kinder reizten sie weniger. An erster Stelle stand bei ihnen der Wunsch nach einer kostenlosen Buchausleihe im Kindergarten (vgl. Schaubild 2).

Schaubild 2

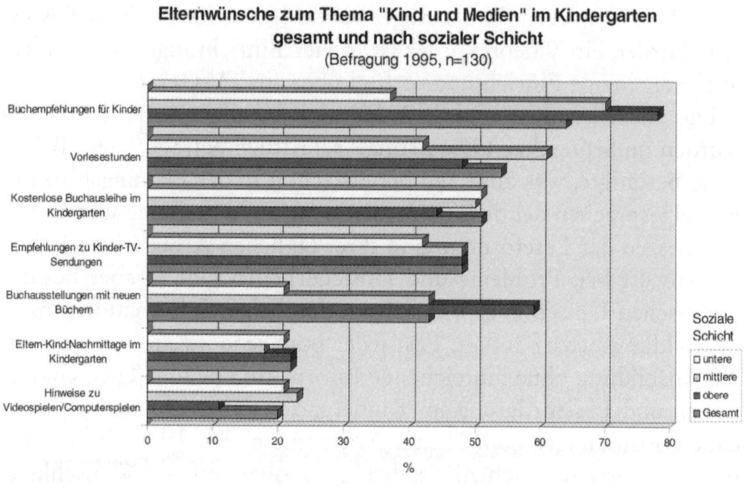

Die Daten aus dieser Elternbefragung belegen insgesamt erneut die hohe Schichtgebundenheit der Buchnutzung von Erwachsenen und Kindern und die Bedeutung der Vorbildfunktion von Eltern für die Lesesozialisation ihrer Kinder: Kindern aus sozial schwächeren Familien wird zu Hause seltener vorgelesen, sie besitzen weniger Bücher, sie nutzen Bücher seltener, kurz: Sie wachsen in einem ungünstigen „Leseklima" auf.[5] Auch der ebenfalls aus anderen Untersu-

[5] Der Sozialindex (Punktsummenindex) wurde aus den Variablen Schulabschluss der Mutter, Berufsausbildung der Mutter und Haushalts-Nettoeinkommen gebildet (vgl. auch Hurrelmann/Hammer/Nieß 1993, S. 353–355). Der Punktsummenindex „Leseklima" setzt sich zusammen aus den Variablen Buchbesitz des Kindes, Vorlesefrequenz im Elternhaus, Frequenz des Buchkaufs/Buchausleihens, Zustimmung zum Erziehungsziel „Freude an Büchern haben, gern lesen", Leseintensität der

chungen bekannte Zusammenhang zwischen Mediengebrauch und Leseerziehung im Elternhaus einerseits und kindlicher Sprachkompetenz andererseits kann hier gefunden werden: Das *„Mainzer Unterrichtsspiel"* hat bei den Kindern die individuelle Ausprägung von zahlreichen, meist sprachbezogenen Variablen gemessen. Kinder aus Elternhäusern mit ungünstigem Leseklima sprechen danach im Vergleich zu Kindern aus Elternhäusern mit günstigem Leseklima weniger deutlich, sie tendieren zu einfachen Erzählstrukturen und einfachem Satzbau und sie machen beim Sprechen mehr Grammatik- und Semantikfehler (vgl. Schaubild 3).

Schaubild 3

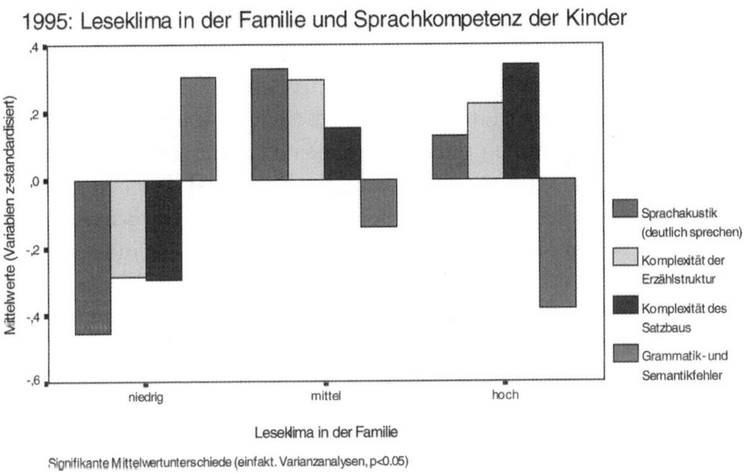

Aktionsphase 1995–1997

Ausstattung der beteiligten Kinderbetreuungseinrichtungen

Zu Beginn der eigentlichen Projektphase wurden die beteiligten Einrichtungen zunächst materiell in die Lage versetzt, konstruktiv am Projekt mitzuwirken: Alle elf Kindertagesstätten erhielten jeweils die

Mutter, Grad der Zustimmung zum Statement „Ich unterhalte mich öfter mit meinem Kind über das Buch, das es gerade liest oder betrachtet". Beide Indizes sind annähernd normalverteilt und korrelieren positiv miteinander (Pearson's $r = 0.62$; $p < 0.01$).

gleichen 30 Bilder- und Vorlesebücher und hatten außerdem die Gelegenheit, 20 weitere Buchtitel aus einer vorgegebenen Sortierung auszusuchen. Darüber hinaus wurden laufend aktuelle Buchtitel und – auf Anfrage der Kindertagesstätten – weitere Bücher angeschafft, sodass die Kindertagesstätten individuell unterschiedlich über 70 bis 400 Bücher aus dem Projekt zur Verfügung hatten. Weiterhin konnten die Einrichtungen über die gesamte Projektdauer auch ihren Bestand an Fachliteratur und Fachzeitschriften fortlaufend ergänzen. Zusätzlich wurde ein Ausleihservice der *Stiftung Lesen* eingerichtet: Bei Bedarf konnten die Einrichtungen mit Bilderbüchern auf Dias, Tonkassetten, wahrnehmungsfördernden Spielen und mit einer Videokamera arbeiten.

Zur Schaffung einer lesefreundlichen Atmosphäre in den Kindertagesstätten wurden von Erzieherinnen, Erziehern und Kindern gemeinsam Leseecken bzw. Lesezimmer eingerichtet. Der Kreativität waren keine Grenzen gesetzt: In manchen Einrichtungen reichte ein großer Flur, um eine Matratze auf den Boden zu legen, ein Moskitonetz darüber zu spannen, damit Basteleien der Kinder passend zu den Büchern aufgehängt werden können, ein Buchregal daneben zu stellen – und schon lud die fertige Leseecke Kinder und Erwachsene zum Lesen ein. Andere Einrichtungen waren so großzügig bemessen, dass sie ein ganzes Lesezimmer mit Buchregalen und einer Sitzecke zum Vorlesen einrichten konnten. Entscheidend bei allen Lösungen ist der freie Zugang zu den Leseecken und Büchern für alle Kinder.

Methodisch-didaktische Maßnahmen im Überblick

Die nachfolgende Übersicht zeigt die methodisch-didaktischen Maßnahmen, die während der Aktionsphase des Modellprojekts umgesetzt wurden (vgl. Tabelle 2).

Teaming und Fortbildung der Erzieherinnen und Erzieher

Ein zentrales Element des Modellprojekts war die Arbeit mit den Erzieherinnen und Erziehern. Ihre regelmäßigen Treffen unter Leitung von *Stiftung Lesen* wurden zu einem festen Bestandteil der Projektbetreuung, da großer Beratungs- und Austauschbedarf deutlich geworden war.

Der Aufbau der thematischen Fortbildungen ist so konzipiert, dass sie den Voraussetzungen der Erzieherinnen und Erzieher in Bezug auf Kenntnis und Vermittlung von Kinderliteratur entsprochen haben: beginnend mit der Erweiterung und Vertiefung der eigenen Fähigkeiten und Möglichkeiten vom „Kreativen Schreiben" hin

Tabelle 2

Veranstaltung	Teilnehmer und Teilnehmerinnen
Eltern-Kind-Nachmittage	1000
Autorenlesung/Illustratorinnenveranstaltung (30x)	800
Thematische Fortbildungen (26x)	650
Thematische Fortbildungen für Erzieherinnen und Erzieher in der Ausbildung (3x)	60
Austauschtreffen für Erzieherinnen und Erzieher (7x)	154
Interview mit Erzieherinnen und Erziehern aus 10 Kitas	15
Medienarbeitsgruppe (6x)	40
Gründung eines interdisziplinären Arbeitskreises (Treffen 5x)	50
Erzählcafés/Elterncafés (1x/Monat)	
Vermittlung von vorlesenden Senioren und Seniorinnen/Eltern (11)	

zum „Freien Erzählen“ und dem Bucheinsatz bei Kindern unterschiedlicher Nationalitäten. Dieser Ansatz steigerte bei den Erzieherinnen und Erziehern allmählich das Selbstvertrauen und ermutigte sie, neue Ansätze in der Kindergartenarbeit zu verwirklichen. Die Seminare im Rahmen des Modellprojekts zeichnete sich zudem durch eine große Praxisnähe aus; die Impulse konnten direkt in der Arbeit mit den Kindern umgesetzt werden. Das Angebot umfasste folgende thematische Fortbildungen:

- Praktische Übungen zum Vorlesen
- Kreatives Schreiben
- Praktische Übungen zum Erzählenlernen
- Bedeutung von Büchern für die Sprachentwicklung von Kindern
- Vergleich und Beurteilung von Videos und Bilderbüchern
- Anleitungen für Medienprojekte mit Kindern
- Mehrsprachigkeit in der Kita: Probleme und Lösungsansätze.

Aktionen zur Lesemotivation und Leseförderung im Kindergarten

Im Verlauf der Aktionsphase des Modellprojekts haben die Erzieherinnen und Erzieher aus 36 Kindergartengruppen zusammen 15.103 einzelne leseförderliche Maßnahmen in den Tagebüchern festgehalten. Zusammen bilden diese Aktionen – bei einer durchschnittlichen Dauer von 21 Minuten – einen „Input“ von rund 5.300 Stunden

Leseförderung. Es handelt sich hier ausschließlich um leseförderliche Maßnahmen wie Vorlesen, Bilderbuchbetrachtung, Gespräche über Lesestoff, Malen oder Basteln in Bezug zu Lesestoff, die vormittags in unterschiedlichen pädagogischen und thematischen Zusammenhängen durchgeführt wurden.[6] Dabei wurden insgesamt über 400 verschiedene Kinderbücher eingesetzt. Dieser großen Bandbreite verwendeter Bücher steht eine „Hitliste“ von rund 50 Büchern bzw. Buchserien gegenüber, mit denen zusammengenommen rund die Hälfte aller leseförderlichen Aktionen bestritten wurde. Hier sind auch traditionelle Werke wie *Grimms Märchen* vertreten, verstärkt wurden aber „moderne Klassiker“ der Kinderliteratur wie *Die kleine Raupe Nimmersatt* von Eric Carle und (in den Jahren 1996/1997) aktuelle, neue Kinderbücher wie z.B. *Der Regenbogenfisch* von Marcus Pfister genutzt.

Von allen dokumentierten Maßnahmen entfällt rund ein Drittel auf die Bilderbuchbetrachtung, rund ein Viertel auf das Vorlesen. Gespräch und Mal- bzw. Bastelaktionen in Zusammenhang mit Lesestoff nehmen den zweiten Rang ein, Rollenspiele und „Sonstiges“ (meist Arbeit mit Hörkassetten in Zusammenhang mit Lesestoff) finden insgesamt am seltensten statt.

Im Vergleich der einzelnen Einrichtungen und Gruppen wurde Leseförderung dabei unterschiedlich umgesetzt. Dies kann beobachtet werden in Bezug auf die

- Anzahl durchgeführter (bzw. protokollierter) Aktionen,
- durchschnittliche Zeitdauer leseförderlicher Maßnahmen,
- Verteilung auf unterschiedliche Aktionen,
- Verteilung auf unterschiedliche pädagogische Zusammenhänge,
- Entwicklung der genannten Aspekte im Zeitverlauf.

Daher wurden für die weitere Analyse die 36 Kindergartengruppen danach klassifiziert, ob jeweils eher wenige, eher durchschnittlich viele oder eher viele leseförderliche Aktionen stattgefunden haben (s.u.). Je geringer die Gruppenaktivität insgesamt, desto geringer waren auch die Schwankungen im Zeitverlauf, desto geringer haben

---

[6] Solche leseförderlichen Maßnahmen waren natürlich auch schon früher Bestandteil der pädagogischen Arbeit in den Kinderbetreuungseinrichtungen. Sie rückten aber durch das Modellprojekt stärker in den Mittelpunkt; Teaming und Fortbildung der Erzieherinnen und Erzieher bewirkten eine qualitative Veränderung, und das kurze Protokollieren jeder Aktion (Art der Maßnahme, Datum, Zeitdauer, formaler pädagogischer Zusammenhang, thematischer Zusammenhang, verwendete Bücher) ermöglichte eine genauere Analyse dieses „Inputs“.

sich offenbar im Verlauf des Modellprojekts auch jahreszeitliche bzw. Motivationseffekte auf die Intensität der Leseförderung ausgewirkt.

Neben der regelmäßigen, in den vormittäglichen Ablauf integrierten Leseförderung haben die Einrichtungen während der Projektlaufzeit etwa 600 größere Einzelveranstaltungen und -projekte, die z.T. gruppenübergreifend durchgeführt wurden, angeboten. Hier waren häufig auch die Eltern angesprochen. Im Einzelnen gab es

- 125 Vorlesestunden
- 98 Theater- und Filmaktionen mit Bezug zu Lesestoff
- 77 angeleitete Aktivitäten (Malen, Sing- und Kreisspiele etc.)
- 60 Aktionen „Kindergartenbücherei"
- 30 Autorenlesungen
- 29 interkulturelle Eltern-Kind-Veranstaltungen, z.B. Erzählcafés
- 26 Kooperationen mit Bibliotheken
- 25 Informationsveranstaltungen für Eltern
- 9 Buch-/Verkaufsausstellungen.

Bilanz 1997: Erfahrungen und Ergebnisse

Dauerhaft verbesserte Lese-Infrastruktur in den Einrichtungen, positive Effekte auf Team und Arbeitsklima

Die Einrichtungen weisen am Ende der Projektlaufzeit eine deutlich verbesserte Lese-Infrastruktur auf. Abgesehen von der Ausstattung mit Kinderbüchern und Fachliteratur aus Projektmitteln hat hierzu entscheidend das Engagement der Erzieherinnen und Erzieher beigetragen: Die Schaffung dauerhafter Lesezimmer bzw. Leseecken oder die Einrichtung von Kindergartenbüchereien mit Ausleihmöglichkeit, die vielfach neu initiiert worden sind, zeigt, dass in den am Projekt beteiligten Einrichtungen die dauerhafte Integration der Leseförderung in den Kindergartenalltag gelungen ist. Die Kinderbücher sind für die Kinder insgesamt besser zugänglich (d.h. sie befinden sich zunehmend in den Gruppenräumen und Lesezimmern und nicht in Personalzimmern).

Erzieherinnen und Erzieher berichteten von positiven Effekten auf Team und Arbeitsklima der Einrichtungen, beispielsweise erfahren sie stärkere Unterstützung des Fortbildungsbesuchs trotz personeller Engpässe oder diskutieren untereinander häufiger über Kinderbücher. Zum Teil kamen auch bisher verborgene (Vorlese- oder andere kreative) Talente zum Vorschein, die nun, auch im Austausch mit anderen Einrichtungen, allen zugute kommen.

Erzieherinnen und Erzieher setzen Kinderbücher häufiger, regelmäßiger und kreativer ein

Am hilfreichsten für die Erzieherinnen und Erzieher waren, so ein Ergebnis ihrer Befragung am Ende der Aktionsphase, die Zusatzausstattung mit Kinderbüchern und Fachliteratur sowie die Fortbildungen. Häufig wurde in diesem Zusammenhang Motivation und „kreativer Input" durch die Fortbildungen thematisiert:

> „Und das waren alles mal so neue Themen, die nicht in normalen Seminaren im Programm [...] angeboten werden. Und also ich war immer total begeistert, dass dabei als Ergebnis sehr viel rauskam. Ja, durch die Motivation, durch die Referenten, die bestellt waren, durch die Kleingruppenarbeit. Also es war immer spannend und es hat auch Spaß gemacht. Und ich habe sehr viel für die Einrichtung davon mitgenommen und auch von meiner Begeisterung sicherlich viel auf die Kollegen und die Kinder übertragen." (Erzieherin im Interview am Ende der Aktionsphase.)

Im Vergleich zu 1995 setzen die Erzieherinnen und Erzieher Kinderbücher häufiger und regelmäßiger in ihrer täglichen Arbeit ein (1995 gaben 21 % an, „ein- oder mehrmals täglich" vorzulesen; 1997: 34 %). Regelmäßiges Vorlesen spielt dabei in allen pädagogischen Situationen (Stuhlkreis, Freispiel, angeleitete Angebote, Kleingruppenarbeit) am Ende der Aktionsphase eine wichtigere Rolle als zu Beginn.

Die 1995 zu konstatierende große Unsicherheit in Bezug auf praktische Umsetzung von Leseförderung im Kindergartenalltag konnte abgebaut werden: Bücher werden am Ende des Modellprojekts vielfältiger im Kindergarten eingesetzt. Im Vergleich zu 1995 boten sie stärkere Impulse für Folgeaktivitäten wie Gespräche, Malen, Basteln, Spielen sowie Einführungen in gruppenübergreifende Aktivitäten (vgl. Schaubild 4).

Ein Beispiel: Das „Schweineprojekt"

Erzieherinnen und Erzieher aus fünf Kindertagesstätten in Wiesbaden haben sich während der Projektlaufzeit zu einer Medienarbeitsgruppe zusammengeschlossen, um Angebote zum kreativen Umgang mit Medien zu erarbeiten. Ein solches Angebot war das „Schweineprojekt". Eine Erzieherin berichtet:

> „Wir hatten mal ein größeres Projekt mit den Kindern gemacht, mit einem Teil der Gruppe, es waren die sechsjährigen Kinder. Es war das ‚Schweineprojekt'. Das lief also über ein halbes Jahr, die Kinder waren begeistert, die arbeiteten also dreimal die Woche an einem selbst gestalteten Bilderbuch. Innerhalb des Projekts fand auch noch ein Rollenspiel statt, das einige Male geprobt wurde, später auch von der Gesamtgruppe vorgeführt wurde. Es wurden für das Rollenspiel Masken gebastelt und Ausgangspunkt war ein bestimmtes Buch [Das Schweinebuch zum Abgewöhnen, B.F.], was die Kinder sofort ins Herz geschlossen hatten, das auch jetzt noch nach einem Jahr das Lieblingsbuch der Kinder ist. Sogar die anderen Kinder,

Schaubild 4

Vorlesen und Bilderbuchbetrachtung als häufiger Impuls für Anschlussaktivitäten 1995 und 1997 (Erzieher/innenbefragungen)

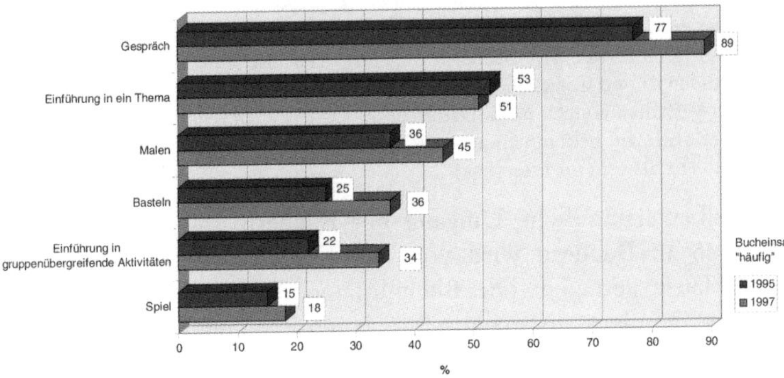

die das mitbekommen haben, fragen manchmal ‚Wann machen wir so ein Schweineprojekt?' Ja und dieses Projekt griff auch noch auf den Hort über, durch die Begeisterung der Kinder. Die Hortkinder haben dann ein Hörspiel hergestellt, und das Rollenspiel der Hortkinder in dem Zusammenhang wurde dann auch noch von einer Kollegin gefilmt. Dieser Film wurde wiederum den Kindergartenkindern vorgeführt. Also die Kindererzieher und auch Eltern haben den Film gesehen und waren begeistert. Dann kam auch noch an einem Tag ein Filmteam in die Einrichtung. Die haben beim Abschluss des Projekts die Kinder bei der Herstellung des Buches und beim Rollenspiel und bei der Herstellung der Masken gefilmt und auch die Kinder und Erzieherinnen interviewt. Also es war eine große Sache. Die Kinder legten erst mal ihre selbst gemalten Bücher im Kindergarten einige Wochen aus, die anderen Kinder und die Eltern konnten sich diese Bücher anschauen. Und die Begeisterung ging auf die Eltern über."

Kinder: Intensivere Buchnutzung der Kinder, tendenziell verbesserte Sprachkompetenz

Die Kinder gehen immer selbstverständlicher mit Büchern um und sind stärker als früher an Büchern interessiert (offene Frage in der ErzieherInnenbefragung 1997: 42% der Befragten äußerten diese Beobachtung). Neben der Schaffung von Leseatmosphäre durch Leseecken und Lesezimmer, der verbesserten Zugänglichkeit der Bücher und der regelmäßigen Arbeit mit dem Buch waren offenbar die größeren „Aktionen" rund ums Buch in besonderer Weise geeignet, das Interesse der Kinder zu wecken. Insbesondere Projekte, die Lesestoff zum Ausgangspunkt nahmen, aber dann auch über das Vorlesen und Erzählen hinaus gingen (wie im obigen Beispiel das „Schweineprojekt"), haben die Kinder angesprochen. Veränderte Verhaltensweisen, zu denen – wie mehrfach berichtet wurde – etwa auch ein sorgsamerer Umgang mit Büchern gehört, werden mühelos auch von neuen Kindern angenommen; der Input des Modellprojekts wird damit weitergetragen:

> „Also ich könnte jetzt eindeutig beantworten, dass sich alle Kinder für Bücher interessieren. Bei neuen Kindern ist es einfach so, dass die beobachten, wie die anderen Kinder mit den Büchern umgehen, dass also eine Bücherecke bei uns vorhanden ist, wo sie sich jederzeit bedienen können, und die neuen Kinder ahmen dieses Verhalten einfach nach. Dadurch, dass wir ja auch regelmäßig den Kindern Bücher vorlesen, bekommen auch die neuen Kinder schnell eine Beziehung zum Buch.“ (Erzieherin im Interview)

Der selbstverständliche Umgang mit Büchern und das gestiegene Interesse an Büchern wird von den Kindern offensichtlich auch nach Hause getragen: Die Buchnutzung der Kinder daheim, vor allem bei Kindern aus sozial schwächeren Familien, ist im Vergleich zu 1995 (bei gleicher Verteilung des Sozialindex) gestiegen: Während 1995 nur 27 % der Kindergartenkinder aus sozial schwächeren Familien nach Auskunft ihrer Eltern „täglich, fast täglich“ Bücher nutzten, tun dies 1997 mehr als die Hälfte, nämlich 54 %. Umgekehrt gab 1995 rund ein Drittel der sozial schwächer gestellten Eltern an, ihr Kind nutze Bücher „seltener als zweimal pro Woche“; 1997 sagten dies nur noch 17 % dieser Gruppe.

Selbstverständlichkeit im Umgang mit Büchern, gestiegenes Interesse und die intensivere Nutzung von Büchern sind wichtige Ergebnisse des Modellprojekts in Bezug auf Kinder aus sozialen Brennpunkten. Geht man von einem kompensatorischen Ansatz im Sinne Renate Köchers aus, nämlich dass „Buchferne des Elternhauses [...] durch Buchnähe einer anderen sozialen Bezugsgruppe teilweise ausgeglichen werden [kann]“ (Köcher 1988, S. 2313), so lässt intensive Leseförderung im Kindergarten positive Einflüsse auf die Sprachkompetenz auch bei Kindern erwarten, die zu Hause in einem weniger lesefreundlichen Klima leben. Entsprechende Einzelfallbeobachtungen wurden von den Erzieherinnen und Erziehern gemacht; dieser Zusammenhang kann auch auf breiterer empirischer Basis beschrieben werden.[7] Vergleicht man die Unterrichtsspiel-Ergebnisse

---

[7] Daten aus dem Unterrichtsspiel 1997, der Elternbefragung 1997 sowie aus den Protokollheften der Erzieherinnen und Erzieher wurden hierfür miteinander kombiniert. Maß für die Intensität der Leseförderung, die jedes Kind während der Projektlaufzeit in seiner jeweiligen Gruppe erfahren hat, ist dabei das Produkt aus der Summe leseförderlicher Aktionen der Gruppe und der durchschnittlichen Zeitdauer solcher Aktionen in der jeweiligen Gruppe. Dieser Wert wurde für jede der insgesamt 36 Kindergartengruppen berechnet und anschließend den Kindern (Teilnehmer Unterrichtsspiel 1997, n = 206) zugeschrieben, je nachdem, zu welcher

von Kindern, die während der Projektlaufzeit eher geringe, mittlere oder sehr intensive Leseförderung in ihren jeweiligen Kindergartengruppen erfahren haben, so ergeben sich signifikante Mittelwertunterschiede für die Dimensionen „Wortschatz" und „Basisfertigkeiten"[8] (vgl. Schaubild 5).

Schaubild 5

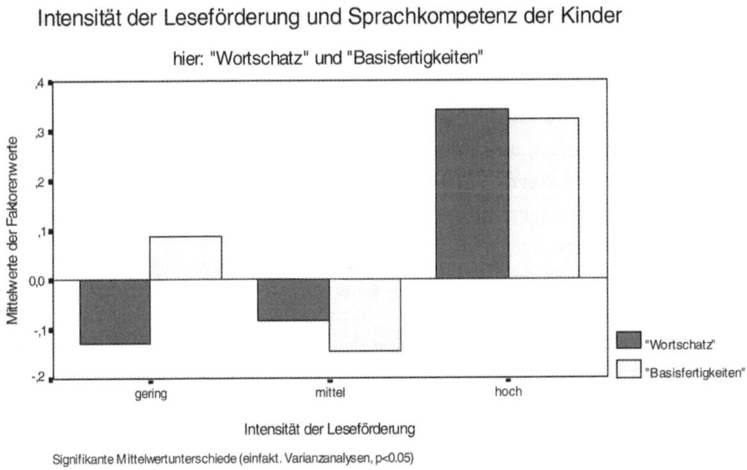

Kinder erziehen ihre Eltern zu Leseförderern

Der Input durch das Modellprojekt „sedimentierte" sich gleichsam über die Arbeit der Erzieherinnen und Erzieher zu den Kindern und schließlich zu den Eltern. Insofern ist von einer Hierarchie der beobachtbaren Effekte auszugehen und die Eltern sind die am schwierigsten zu erreichende Zielgruppe des Projekts gewesen. Die inten-

---

Gruppe sie zum Zeitpunkt des Unterrichtsspiels gehörten. Für die Analyse wurden die Kindergartengruppen je nach Intensität der Leseförderung in drei Gruppen eingeteilt. Um mögliche Effekte besser herausschälen zu können, wurde eine breite „mittlere" Gruppe gebildet (ihr gehören rund 60 % aller Kindergartengruppen an) sowie zwei „Extremgruppen" mit der geringsten und der höchsten Leseförderungsintensität (je rund 20 % der Kindergartengruppen).

[8] Die z-standardisierten Variablen des Unterrichtsspiels wurden faktorenanalytisch zusammengefasst (Hauptkomponentenanalyse, Kaiser-Kriterium, Anteil erklärter Varianz 61,9 %). Es ergaben sich folgende vier Dimensionen: 1. Wortschatz, 2. „Basisfertigkeiten" (hierzu gehören u. a. Spielbeteiligung, Nachsprechen von vollständigen Sätzen, richtiges Benennen von Gegenständen sowie Sprachakustik), 3. Erzählstruktur und Satzbau, 4. Grammatik- und Semantikfehler.

sive Leseförderung im Kindergarten hat aber auch dazu geführt, dass Kinder vielfach eine quasi erzieherische Rolle ihren Eltern gegenüber eingenommen haben. Es kam zu einem umgekehrten Intergenerationeneffekt, indem Kinder ihre Eltern, die teilweise über die Anstrengungen der Erzieherinnen und Erzieher in diesem Zusammenhang nicht zu erreichen waren, in die lesefördernden Maßnahmen des Kindergartens einbezogen haben. Dies wurde von ihnen beobachtet und schließlich auch bewusst eingesetzt.

Ein Beispiel hierfür sind die Kindergartenbüchereien, wo die Kinder sehr darauf geachtet haben, keinen Ausleihtermin zu „verpassen", die Eltern daran erinnerten, die vom Kind selbst gestaltete Buchausleihtasche an den Ausleihtagen auch mitzugeben und später zu Hause drängten, aus den ausgeliehenen Büchern auch vorgelesen zu bekommen. Eltern wurden von ihren Kindern auch „überredet", zu Buchausstellungen zu kommen oder die Leseecken im Kindergarten zu nutzen:

> „Wir haben im Eingangsbereich diese Leseecke mit Korbmöbeln, da können sich Eltern, wenn sie ihre Kinder abholen, ein Buch nehmen und mit ihren Kindern angucken oder vorlesen. Das wird von den Kindern sehr gern angenommen, die überreden dann die Mama schon mal, ein Buch vorzulesen, obwohl die eigentlich einkaufen gehen will." (Erzieherin im Interview)

Eine solche Wirkungskette hat wohl dazu beigetragen, dass am Ende des Modellprojekts Eltern ihren Kindern zu Hause mehr vorgelesen haben und dass sich das Leseklima, vor allem in sozial schwächeren Familien, 1997 gegenüber 1995 tendenziell verbessert hat. Sagten 1995 rund 25 % der Eltern, sie läsen „fast nie" ihrem Kind vor, so waren dies 1997 nur noch 15 %.

Insgesamt hat das Modellprojekt nachhaltig zu einer Verbesserung des Leseklimas in den Familien beigetragen: *Eltern nutzen den Kindergarten vermehrt als Möglichkeit, ihre Kinder mit Büchern in Kontakt zu bringen.*

Auf die Frage, woher die Bücher stammen, die ihr Kind liest – dabei waren Mehrfachnennungen möglich –, sagten 1995 nur 9 % der befragten Eltern, die Bücher stammten auch aus dem Kindergarten. 1997 nutzten 25 % der Eltern bereits regelmäßig Bücher aus der Kinderbetreuungseinrichtung (vgl. Schaubild 6).

Schaubild 6

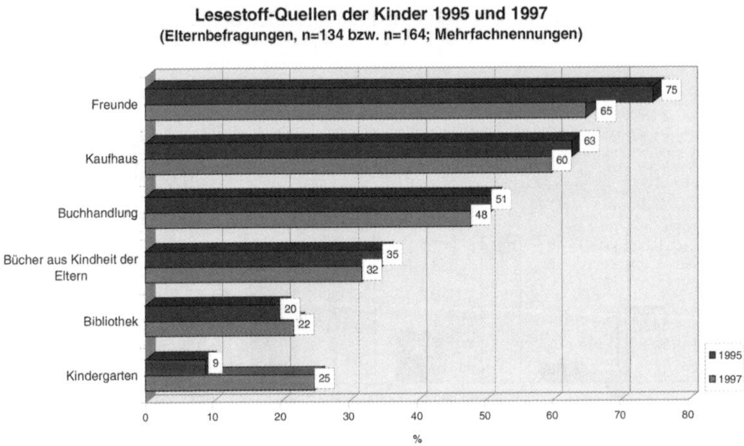

Insbesondere in sozial schwächeren Familien wird häufiger als früher vorgelesen

Im Vergleich der beiden Elternbefragungen 1995 und 1997 zeigt sich ein deutliches „Mehr" an Vorleseintensität in sozial schwächeren Familien. Sagten 1995 etwa noch mehr als ein Viertel der Eltern, sie läsen „fast nie" ihrem Kind zu Hause vor, so waren dies 1997 nur noch 15 % (vgl. Schaubilder 7 und 8).

Schaubild 7

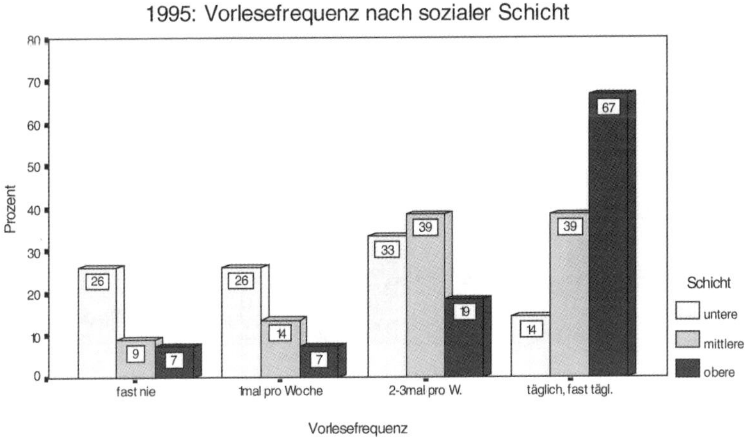

Schaubild 8

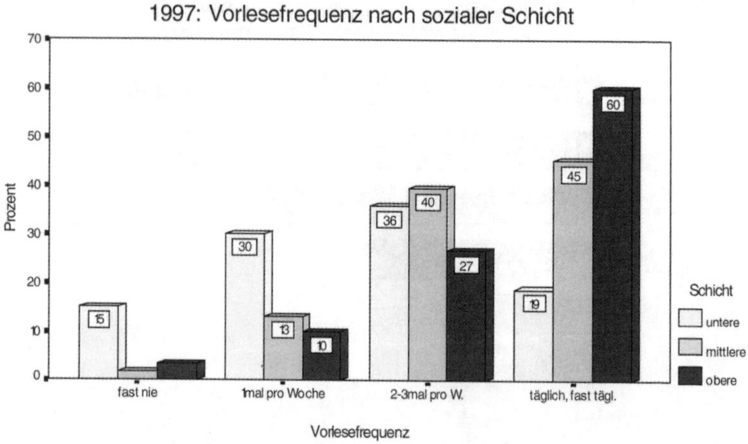

Veränderte Einstellungen zum Lesen

Eltern aus sozial schwächeren Familien redeten 1997 im Vergleich zu 1995 häufiger mit ihrem Kind über das, was es gerade „liest", waren tendenziell häufiger der Ansicht, dass Lesen die Fantasie anregt, nahmen ihr Kind häufiger in Buchhandlungen mit und „ermahnten" ihre Kinder dagegen weniger zum Lesen (vgl. Schaubild 9).

Schaubild 9

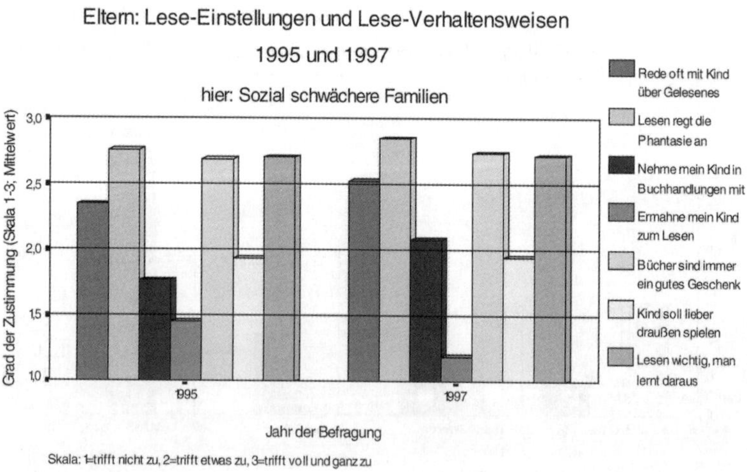

Tendenziell gestärktes Leseklima in sozial schwächeren Elternhäusern

Im Vergleich der Elternbefragungen 1995 und 1997 gibt es nahezu keine Unterschiede im Leseklima (Index-Mittelwert 1995: 12,9, 1997: 13,0; ebenso ist auch der Sozialindex, der zur Variable „Soziale Schicht“ gruppiert wurde und mit dem Index „Leseklima“ korreliert, in beiden Befragungen ähnlich verteilt: Mittelwert 1995: 9,3, 1997: 9,1). Betrachtet man das Leseklima aufgeschlüsselt nach Sozialindex im Vergleich 1995–1997, so zeigt sich jedoch, dass das Leseklima in sozial schwächeren Familien (Indexwerte 4 bis 8) 1997 tendenziell höher ist als 1995 (vgl. Schaubild 10).

Schaubild 10

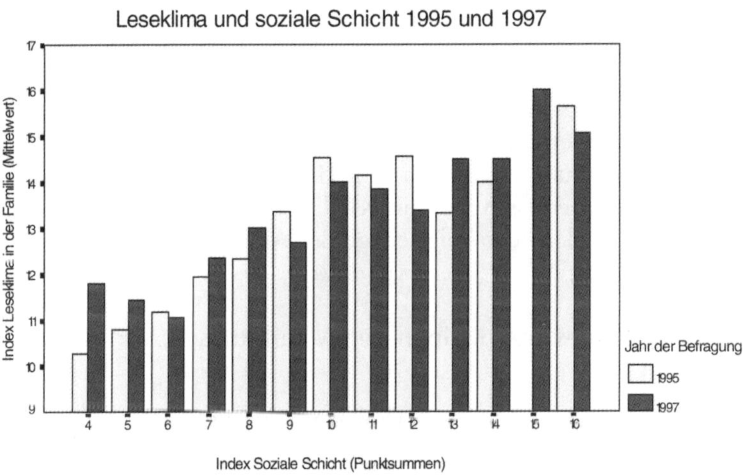

Von den im Rahmen des Modellprojekts angebotenen Aktionen mit und für Eltern haben – quantitativ gesehen – Buchausstellungen, Vorlesestunden und Informations- bzw. Elternabende zum Thema Lesen die größte Resonanz bei den Eltern hervorgerufen. Insbesondere Buchausstellungen und Vorlesestunden haben Eltern auch mehrfach „angelockt“ (Elternbefragung 1997, vgl. Schaubild 11).

Medienpaket „Kinder wollen Bücher"

Unter Mithilfe der Kinder, Erzieherinnen und Erzieher wurde am Ende des Modellprojekts ein Medienpaket „*Kinder wollen Bücher*“

Schaubild 11

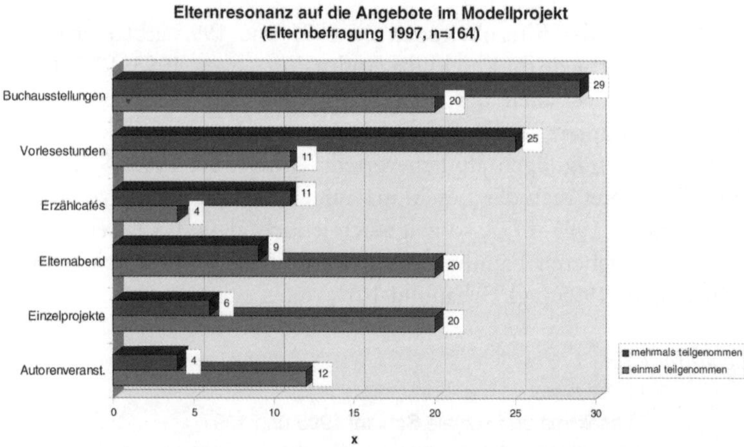

erarbeitet, das primär für den Einsatz bei Fortbildungen gedacht ist.[9] Ein Nachschlagewerk zur praktischen Leseförderung in Form einer Loseblattsammlung enthält von A–Z Hinweise und praktische Tipps für die lesefördernde Arbeit im Kindergarten und zu Hause. Das zugehörige Begleitvideo zeigt einige der Aktionen, die im Rahmen des Modellprojekts durchgeführt wurden.

Gründung eines interdisziplinären Arbeitskreises „Vorlesen und Erzählen"

Die Erfahrungen im Laufe der Projektarbeit und die Nachfrage verschiedener Personengruppen zum Thema *„Vermittlung von Kinderliteratur"* führten auf Initiative von *Stiftung Lesen* zur Gründung eines interdisziplinären Arbeitskreises *„Vorlesen und Erzählen"*, in dem Vertreterinnen und Vertreter z. B. von Kindergärten, Fachschulen für Sozialwesen, Jugendämtern, Grundschulen, öffentlichen Bibliotheken sowie Fachberaterinnen und -berater für Kindertagesstätten zusammenarbeiten. Ziel des Arbeitskreises ist es zum einen, Möglichkeiten der Zusammenarbeit unterschiedlicher lesefördernder Institutionen und Bereiche zu suchen, und zum anderen, den konkreten Bedarf gegenseitiger Unterstützung und Ergänzung auszuloten und – soweit möglich – zu decken. Auf Initiative des Arbeits-

[9] Das Medienpaket „Kinder wollen Bücher" kann bezogen werden bei der Stiftung Lesen, Fischtorplatz 23, 55116 Mainz.

kreises kamen z. B. drei Seminare für Erzieherinnen und Erzieher in der Ausbildung und deren Lehrkräften zustande.

Die bestehenden Kontakte sollen in der Zukunft weiter ausgebaut werden und die Zusammenarbeit wird kontinuierlich intensiviert. Das Modellprojekt hat bereits deutlich gemacht, wie notwendig eine solche Koordinierungsstelle für Leseförderung ist, die die Aktivitäten einzelner Leseförderer und lesefördernder Institutionen nicht nur untereinander abstimmt, sondern auch bündelt und vernetzt. Diese Aufgabe hat die *Stiftung Lesen* übernommen.

5 Vermittlung von Medien- und Lesekompetenz in der Familie, Elternbildung

Elternarbeit und Elternbildung waren zentrale Themen der pädagogischen Diskussion in den Siebzigerjahren. Unter ihren Zielen nennt der *Zweite Familienbericht des Bundesfamilienministeriums* 1975 u. a. die „Befähigung der Eltern, die vorschulische, schulische und berufliche Bildung ihrer Kinder verständig zu begleiten" (Burckhardt 2001, S. 138). Zusammenfassend stellte der Medienpädagoge Stefan Aufenanger in seinem unveröffentlichten Gutachten für das Bundesbildungsministerium „*Medien und Elternerziehung: Recherchen über vorhandene Ansätze in der Elternbildung*" (1995/96) fest, das Thema Elternbildung sei eines der Siebzigerjahre, das „kaum in die 80er und 90er Jahre übernommen wurde, obwohl die damals vorgebrachten Argumente für ihre Begründung […] eigentlich noch gelten müssten. Größtenteils wird dabei ein kompensatorischer Ansatz vertreten, nach dem die Familie einen Teil ihrer Erziehungsfunktion verloren hat und die Eltern aufgrund unterschiedlicher Bedingungen ihre Elternrolle nicht angemessen wahrnehmen können. Zwei Aufgaben werden zentral für die Elternbildung genannt: Vermittlung von Wissen und Anleitung zu angemessenem pädagogischen Handeln" (a. a. O.).

Für den Zeitraum nach 1980 konstatiert das Gutachten „wenig wissenschaftlich fundierte Auseinandersetzung" und sieht den Grund dafür in einer „Randständigkeit der Elternbildung […], die weder von der Erwachsenenbildung noch der Medienpädagogik zu ihren Schwerpunkten gezählt wird" (a. a. O., S. 372). Über Akzeptanz und Frequentierung von Elternbildungsveranstaltungen liegen kaum Forschungsarbeiten vor. Demgegenüber ist heute eine Fülle von einschlägiger Ratgeberliteratur, medienpädagogischen Erziehungshilfen oder Bewertungen einzelner Medienprodukte verfügbar. Nicht die mangelnde Verfügbarkeit – so Aufenanger – sei heute das Thema, sondern: „Das Problem ist in Bekanntheit, Zugang, Nutzung und Akzeptanz dieser Angebote zu sehen" (a.a.O., S. 374). Im Zusammenhang mit der medienpädagogischen Elternarbeit in Institutionen und Einrichtungen stellt das Gutachten fest:

> „Die (medien-)pädagogische Praxis bestätigt übereinstimmend die Schwierigkeiten, zu benachteiligten oder Problemfamilien vorzudringen." (a.a.O., S. 375)

Eine Antwort auf die Frage nach dem Umgang mit elektronischen und gedruckten Medien in der Familie bliebe unvollständig, klammerte man die Medienerziehung im Kindergarten und ihre Thematisierung in der Elternarbeit aus.

Das Verhältnis der Institution Kindergarten und der Erzieherinnen zu den Medien ist offenbar spannungsträchtig. Bei der Frage nach den Ursachen konstatiert der Kommunikationsforscher Heinz Bonfadelli:

> „Obwohl die Erzieherinnen heute – meist aus pragmatischen Gründen – dem familialen Medienkonsum der Kinder mit relativer Toleranz begegnen, herrscht ein Mangel an eigener Medienkompetenz [...] Nach wie vor geht eben ein Großteil der Erzieherinnen in den Kindergärten davon aus, dass man dem ‚Medienproblem' am besten durch einen strikt medienfreien Kindergartenraum begegne." (Bonfadelli 1990, S. 216)

Daran hat sich bis heute nichts geändert. In ihrer umfangreichen Studie *„Medienerziehung im Kindergarten"* fassen Six u.a. ihre Ergebnisse dahingehend zusammen, dass eine „weit verbreitete Unwilligkeit" bestehe, „elektronische Medien im Kindergarten einzusetzen" (Six/Frey/Gimmler 1998, S. 438). Bei Erzieherinnen konstatieren sie „ein mangel- oder lückenhaftes Verständnis von Medienerziehung", da sie „mehrheitlich offenbar nicht mit (entwicklungsbedingten) Defiziten von Vorschulkindern im Umgang mit dem Fernsehen vertraut sind und dementsprechend auch nur in eingeschränktem Maße auf diese Defizite gerichtete Fördermaßnahmen wenigstens benennen können."

Dementsprechend finde nur wenig Medienerziehung in den Einrichtungen statt, die als „relativ unwichtig" im Vergleich zu anderen Erziehungsbereichen angesehen werde. „Die Medien" würden von der Mehrheit der Erzieherinnen als „Kampfgegner" angesehen. Starke Überzeugungen von der Schädlichkeit der Medien korrespondierten nicht mit entsprechendem Wissen über die kindliche Mediennutzung (a. a. O., S. 438f.).

In qualitativen Interviews stießen die Forscher auf eine „weit verbreitete Resignation vieler Erzieherinnen“. Viele von ihnen betonten „die große Bedeutung der Eltern bzw. die Tatsache, dass angesichts deren mangelnder Kooperationsbereitschaft sowie des schlechten Vorbilds, das viele Eltern ihren Kindern böten, medienerzieherische Bemühungen seitens der Erzieherinnen von vornherein zum Scheitern verurteilt seien. Dazu passt auch die Tatsache, dass die Mehrheit der Befragten die Verantwortung für die Medienerziehung zum größeren Teil bei den Eltern und sehr viel weniger beim Kindergarten ansiedeln möchte. Resignation in Verbindung mit einem Weiterreichen der Verantwortung an die Eltern mag sehr wohl dazu führen, dass Medienerziehung im Kindergarten als nicht allzu wichtig eingeschätzt wird“ (a. a. O., S. 441).

Obwohl, wie das Projekt „Kinder wollen Bücher“ gezeigt hat, nicht unerhebliche Defizite bei der Bucherziehung im Kindergarten bestehen, trifft sicherlich zu, dass „Erzieherinnen [...] gegenwärtig oft erfolgreich Einfluss auf die Nutzung von Printmedien der Kinder in der Familie [nehmen]. Sie kennen sich auf dem Markt der angebotenen Bücher und Kinderbücher oft besser aus als die Eltern und können so Empfehlungen aussprechen, die die Eltern dankbar aufgreifen. Bei Hörkassetten und Fernsehsendungen lässt sich ein solcher professioneller Wissensvorsprung jedoch nicht feststellen“ (Barthelmes/Feil/Furtner-Kallmünzer 1991, S. 269). Und das repräsentative Handbuch Medienerziehung im Kindergarten des Deutschen Jugendinstituts bilanziert im gleichen Sinne, „dass praktisch alle Erzieherinnen den pädagogischen Einsatz des Buches/Bilderbuches erlernt haben, während sie in der Aus- und Fortbildung auf den pädagogischen Einsatz von Geräten in weitaus geringerem Maße vorbereitet wurden“ (Höltershinken 1994, S. 46).

Zwar spielen im Allgemeinen Printmedien, meist Bilderbücher, im Kindergarten eine größere Rolle als Hörkassetten, Fernsehen und neuerdings der Computer. Die Form der Präsentation dieser Medien lässt allerdings zu wünschen übrig:

> „Von den Erzieherinnen werden Bilderbücher zum Teil recht ‚verschult‘ dargeboten, mit der Betonung von kognitiven und sozialen Lernzielen. Die Kinder sollen lernen wahrzunehmen, zu sprechen, zuzuhören, zu warten, bis man dran ist. Das Vergnügen an einer Geschichte bleibt [...] auf diese Weise oft auf der Strecke, und vielleicht auch auf längere Sicht das Vergnügen am Buch.“ (Barthelmes/Feil/Furtner-Kallmünzer 1991, S. 270)

Dem Zusammenhang zwischen Fernsehen und der Beschäftigung von Vorschulkindern mit Druckmedien ist eine empirische Untersuchung von Holicki und Kepplinger nachgegangen (Holicki/Kepplinger 1991). Die Autoren identifizieren „zwei gegenläufige Muster, die man als Nutzung bildorientierter und textorientierter Medien charakterisieren kann“ (Holicki/Kepplinger 1991, S. 313). Der kategorische Unterschied zwischen beiden Nutzungsmustern wird wie folgt beschrieben:

> „Es soll nicht behauptet werden, dass Texte im Fernsehen, in Comics und Vorschulmagazinen bzw. Bilder in Kinderbüchern keine Rolle spielen. Kinderbücher, insbesondere solche für Vorschulkinder, besitzen in der Regel einen hohen Bildanteil. Der wesentliche Unterschied liegt jedoch darin, dass die Geschichte im einen Fall durch die Bilder, im anderen durch den Text vorangebracht wird.“ (ebd.)

Die Autoren werten „die illustrative Bebilderung von Kinderbüchern [als B.F.] eine Erinnerungshilfe an das, was [die Kinder B.F.] durch den Text erfahren haben. Deshalb kann man die Nutzung der Bücher als textorientiert auffassen, auch wenn die meisten Kinder im Vorschulalter noch nicht lesen können“ (ebd.).

Die neuere Leserforschung ist methodisch geprägt von der sich gegen Ende der Achtzigerjahre vollziehenden Hinwendung zur Sozialisationsperspektive in der Kommunikationsforschung (vgl. Themenheft Sozialisation durch Massenmedien der Zeitschrift Publizistik 1988, Heft 23). Gleichzeitig rückt damit die Familie als wesentliche Sozialisationsinstanz für das Lesen ins Zentrum des forscherischen Interesses, sodass mit Bettina Hurrelmann festzuhalten ist:

> „Alle neueren Studien, in denen Jugendliche oder Erwachsene über ihr aktuelles Leseverhalten und ihre frühere Sozialisation befragt wurden, weisen diese entscheidende Rolle der Familie für die spätere Lesekarriere aus.“ (Hurrelmann 1995, S. 24; zum Thema siehe u. a. Köcher 1988, Saxer u. a. 1989)

In ihrer Studie *„Leseklima in der Familie“* (Hurrelmann u. a. 1993), in der 200 Familien mit Kindern von 9 bis 11 Jahren befragt wurden, wird generell festgestellt, „dass es Kinder heute leichter haben, in den Gebrauch der elektronischen Medien hineinzuwachsen, als zu Lesern zu werden. Insbesondere das Fernsehen ist nach wie vor das Leitmedium im Familienalltag“ (Hurrelmann 1993, S. 23). Dieser Positionsnachteil des gedruckten Mediums gegenüber dem Fernsehen ist nicht zuletzt angesichts medienpsychologischer Forschungen vor allem aus den USA von Bedeutung, wonach Kinder im Vorschulalter, die unkontrolliert fernsehen und denen nicht vorgelesen wird, beim Spielen kaum Fantasie entwickeln (Singer/Singer 1988, Dorothy Singer 1995).

Die Psychologen Dorothy und Jerome Singer folgern aus eigenen langjährigen Untersuchungen, „dass häufiges Fernsehen kleine Kinder dem ernsthaften Risiko aussetzt, keine bedeutsamen Kenntnisse von der Welt zu erwerben und geringere Lesefähigkeit, geringere Fähigkeit, Wirklichkeit und Fantasie zu unterscheiden, geringere Vorstellungskraft, eine furchtsamere Weltsicht und größere Ruhelosigkeit bei mehr Aggression zu entwickeln“ (Singer/Singer 1988, S. 112).

Primärer literarischer Vermittlungsweg für Vorschulkinder ist das Vorlesen, in der Familie wie im Kindergarten. Hier „eröffnen Vorlesegespräche eine Perspektive zu problemorientierter Vermittlung sowohl zwischen realer und fiktiver Wirklichkeitserfahrung, als auch zwischen den Lebenswelten der Familie und des Kindergartens“ (Wieler 1997, S. 115).

Leseangebote erreichen Jungen und Mädchen, wie die Leseforschung immer aufs Neue bestätigt, sehr ungleichmäßig. Fiktionale Geschichten sprechen vor allem die Mädchen an, die viel stärker als Jungen bereit sind, in Geschichten „zu leben“, sich mit den Figuren zu identifizieren und emotional zu beteiligen:

> „Für sie ist das Lesen gleichsam eine Schule der Empathie, während sich Jungen distanzierter verhalten, kognitive Modi der Rezeption stärker betonen, aber auch weniger Gratifikationen aus der Lektüre beziehen.“ (Hurrelmann 1995, S. 25)

Von Bettina Hurrelmann wird vor allem die soziale Einbindung des Lesens hervorgehoben:

> „Kinder, die in Familien gemeinsame Lesesituationen erleben, die erfahren, dass es gemeinsame Buchinteressen gibt, und dass man sich über Bücher gesprächsweise austauschen kann […], und deren Eltern aus eigenem Interesse auch einmal Kinderbücher lesen, werden am stärksten gefördert.“ (Hurrelmann 1995, S. 24)

In welchem Maße das Interesse der Familie und der Freunde am Inhalt des Gelesenen oder Gesehenen die Möglichkeit eines Gesprächs über Bücher und Fernsehsendungen das Medienverhalten der Jugendlichen beeinflussen, zeigen Ergebnisse der Studie *Leselandschaft Schweiz* (1988). Generell ist das Fernsehen wesentlich häufiger Gesprächsgegenstand unter Gleichaltrigen als Bücher: 37 % der Schüler unterhalten sich oft über Fernsehsendungen, häufig über Bücher unterhalten sich nur 9 %.

Gleichwohl spielt bei den Leseanregungen der Büchertipp von Freunden eine wichtige Rolle. Bonfadelli spricht in diesem Zusammenhang von einer „hochsignifikanten Korrelation zwischen der lesebezogenen Ko-Orientierung an den Kameraden und der eigenen Buchlektüre“, die sich zweifach interpretieren lasse:

> „Einmal ist davon auszugehen, dass die Intensität des eigenen Leseverhaltens dazu führt, dass man mit den Kameraden über Bücher spricht und sich auch an deren Lektüre orientiert. Umgekehrt gilt aber sicher auch, dass das Leseverhalten der

Kameraden das eigene Lesen einerseits stabilisiert, andererseits auch stimuliert." (Leselandschaft Schweiz 1988, S. 68)

Anhand einer Regressionsanalyse wurde ermittelt, in welchem Maße die drei „Sozialisationsinstanzen des Lesens" – Familie, Freunde und Schule – sowie demografische Faktoren sich auf das Leseverhalten auswirken.

> „Bezogen auf die erklärte Varianz (= 100 %) erklären von den soziodemographischen Faktoren das Alter 25 %, das Geschlecht 18 % und der Schichthintergrund weitere 6 %, d.h. zusammen rund die Hälfte der erklärten Varianz. Die AV-Umwelt, in der das Kind heranwächst, hat mit einem Prozent praktisch keinen Einfluss im Vergleich zur Buchumwelt zu Hause, die 19% erklärt. Zusätzlich und unabhängig vom Buchbesitz erklärt das familiäre Lesemilieu weitere 13%." (Leselandschaft Schweiz 1988, S. 81)

Wie die im Folgenden referierten Studien von Hurrelmann und Köcher weist Bonfadelli wiederholt auf die stabilisierende und fördernde Funktion des Familienkontextes für das Lesen hin und merkt an, dass „nur relativ wenige der Eltern sich um das Leseverhalten ihrer Kinder kümmern" (Leselandschaft Schweiz 1988, S. 88). Aus der Sicht der Leseförderung muss dies als besonderer Mangel erscheinen, zumal festgestellt wurde, dass Leseförderung in der Familie „unabhängig vom sozialen Milieu […] ihre Spuren hinterlässt und solche Kinder dementsprechend auch häufiger lesen" (Leselandschaft Schweiz 1988, S. 88).

Die Auswirkungen des nach der Einführung des Privatfernsehens erweiterten Medienangebots auf die Mediennutzung im Familienkontext war Gegenstand einer von Bettina Hurrelmann und Mitarbeitern im Rahmen der Begleitforschung zum Kabelpilotprojekt Dortmund durchgeführten Familienuntersuchung (Hurrelmann u.a. 1988a, S. 152ff.). Gefragt wurde u.a., welche Auswirkungen eine Ausweitung des Angebots an Fernsehprogrammen auf das Mediennutzungsverhalten insbesondere der Kinder, vor allem auch auf ihren Umgang mit Büchern hat. Die Ergebnisse zeigten, dass sich die Fernsehdauer durch die Programmausweitung des Kabelfernsehens insbesondere bei Kindern drastisch erhöhte, und zwar umso deutlicher, je jünger diese waren.

Zusammenfassend stellen die Autoren fest, ihre Ergebnisse seien „eher dazu angetan, die Risiken als die Chancen der Veränderungen der kommunikativen Umwelt zu markieren […] Das Fernsehen rückt stärker in den Mittelpunkt der Familienkommunikation" (Hurrelmann u.a. 1988a, S. 163f.). Hurrelmann sieht vor allem für das Lesen und das Fernsehen eine wachsende Chancenungleichheit in der Familie, z.B. in der Weise, dass das Fernsehen im Unterschied zum Lesen „ein Verhaltensbereich [ist], in dem sich Erwachsenheit in zeitlich extensiver Nutzung zum Ausdruck bringt (Hurrelmann 1987, S. 2506). Kinder erleben ihre Eltern viel seltener als Lesevorbilder, während die Eltern, besonders viele Väter, extensiv fernsehen und über das Fernsehprogramm entscheiden.

In über 70 % der Lesesituationen sind Kinder allein, während in 62 % aller Fälle die Kinder entweder mit Eltern oder Geschwistern gemeinsam fernsehen. Gemeinsame Fernsehinteressen aller Familienmitglieder werden von über 77 % der Kinder genannt, gemeinsame Buchinteressen aber nur von 17 % (Hurrelmann 1987, S. 2509). Dem Vorlesen in der Familie werden zwar die Funktionen der Erzeugung emotionaler Nähe und der Bildung gemeinsamer Interessen und Kenntnisse häufiger zugeschrieben als dem Fernsehen, trotzdem verschafft das Fernsehen „*den meisten Befragten ähnliche Gratifikationen*" (Hurrelmann 1987, S. 2510).

Wenn man in Anlehnung an Medientheoretiker wie Marshall McLuhan, Neil Postman (1983) und Joshua Meyrowitz (1987) davon ausgeht, dass Fernsehen ein Medium ist, das Inhalte tendenziell entstrukturiert, vereinheitlicht und eher Orientierungswissen vermittelt, und dass demgegenüber Druckmedien durch die Schaffung verschiedener Informations- und Erfahrungswelten sowie durch ihre Fähigkeit zur Erzeugung strukturierten Wissens stärker gliedernd wirken und Zusammenhänge konstituieren, drängt sich aus dieser theoretischen Perspektive die Frage auf, ob sich „mit der Expansion des elektronischen Unterhaltungsangebots die Kluft zwischen den beiden Mediensystemen und ihren sozialen Voraussetzungen vergrößern wird" (Hurrelmann 1988b, S. 52).

Dass Leseförderung sich vor allem der sozialen Bezüge des Lesens versichert und die Entwicklung der Leserbiografie als einen Teil des Sozialisationsprozesses verstehen muss, darauf hat die im Herbst 1988 veröffentlichte Studie *Familie und Lesen* (Köcher 1988) erneut hingewiesen. Darin wurden insbesondere die Einflussfaktoren Elternhaus, Ausbildung und soziales Umfeld auf die Beziehung zu Büchern und das spätere Leseverhalten untersucht. Bestätigt wurden die Ergebnisse der Dortmunder Familienuntersuchungen zum ungleichgewichtigen Interesse der Eltern am Fernseh- und Leseverhalten ihrer Kinder:

> „57 % der Eltern von Kindern im Alter zwischen 6 und 16 Jahren möchten auf die Fernsehgewohnheiten ihrer Kinder Einfluss nehmen, nur 21 % auf die Lektüre." (Köcher 1988, S. 2277)

Eine im selben Zeitraum durchgeführte Allensbach-Befragung von acht- bis zwölfjährigen Kindern hatte einen engen Zusammenhang zwischen Fernsehkonsum und Lesefreude ergeben. Die weit überdurchschnittlich aus Arbeiterhaushalten stammende „Gruppe der Kinder mit intensivem Fernsehkonsum ohne wesentliche Ergänzung durch Lektüre umfasst insgesamt 25 % der 8- bis 12-Jährigen“ (Köcher 1988, S. 2282).

Lesefreude gilt zwar, so der Untersuchungsbericht, als sozial erwünscht und anerkannt, stellt aber einen eher abstrakten Wert und kein mit Anteilnahme verfolgtes Ziel der Kindererziehung dar. Demzufolge wundert es nicht, dass daheim nur „13 % der Bevölkerung eine intensive Leseerziehung und 53 % keinerlei nennenswerte Leseförderung“ erfuhren (Köcher 1988, S. 2287). Bei den 16- bis 29-Jährigen erfuhren zwar 16% eine intensive Leseerziehung, aber immer noch 41 % erinnern sich an keine nennenswerten Leseimpulse des Elternhauses.

Unter den von den Eltern praktizierten Methoden ist offenbar nur die „Verführung zum Lesen“ wirklich erfolgreich, während „Leseerziehung durch Ermahnung“ eher das Gegenteil bewirkt.

Bestätigt werden die Ergebnisse von Bonfadelli zum ungleichen Einfluss von Elternhaus und Schule auf die Leseintensität dahingehend, „dass eine höhere Schulbildung Unterschiede in der Leseerziehung des Elternhauses bei Jugendlichen nur begrenzt ausgleichen kann“ (Köcher 1988, S. 2291). Während nur 38 % der Absolventen einer höheren Schule mit geringer Leseerziehung zu den Viellesern gehören, sind dies bei den Absolventen einer einfachen Schulbildung, aber intensiver Leseerziehung mit 74 % etwa doppelt so viele (Köcher 1988, S. 2292).

Intensive Leseerziehung im Elternhaus, die durch die schulische Ausbildung phasenverschoben verstärkt werden kann, wirkt sich auch positiv auf die Vielseitigkeit der Leseinteressen auf Information und Unterhaltung aus (Köcher 1988, S. 2293).

In welchem Maße die verschiedenen Einflussfaktoren das spätere Leseverhalten prägen, wurde anhand einer Regressionsanalyse ermittelt. Danach steht bei Kindern und Jugendlichen das Leseverhalten der Eltern (Vorbildfunktion) deutlich an der Spitze, gefolgt von der Intensität der Leseerziehung und dem Einfluss der Schule.

Wie wichtig Lesen heutzutage ist, wird recht ambivalent beurteilt. Während 91 % der Bevölkerung darin einen wesentlichen Beitrag zur Allgemeinbildung sehen, meinen nur 46 %, dass Lesen für die Orientierung in der modernen Zeit wichtig sei. Fantasie und logische Intelligenz werden nach Meinung der Mehrheit zwar durch Lesen gefördert, nicht aber soziale Fähigkeiten wie Kontaktfreude, Durchsetzungsvermögen und Menschenkenntnis. Insofern repräsentiert das Buch „für weite Kreise der Bevölkerung in erster Linie irrelevante

Werte und leistet keinen Beitrag zu relevanten Werten" (Köcher 1988, S. 2308).

6 Sprach- und elementare Leseförderung in der Familienbildung und im Expertenurteil

Um den Stellenwert der Themen Sprach- und elementare Leseförderung im Veranstaltungsangebot der Familienbildung und das Problembewusstsein zu diesem Themenkreis zu ermitteln, führten wir im Rahmen dieser Arbeit eine schriftliche Befragung von Familienbildungsstätten und in diesem Arbeitsbereich tätigen Experten durch – dies nicht zuletzt deshalb, weil es an aktuellen Übersichten zu den Aktivitäten der Familienbildung generell mangelt.

Für das Jahr 1989 nennt das „*Handbuch der Familien- und Jugendforschung*" 111 katholische und 84 evangelische Familienbildungsstätten, wonach rund vier Fünftel dieser Einrichtungen in kirchlicher Trägerschaft sind. Das restliche Fünftel sind Familienbildungsstätten in freier Trägerschaft. Außerdem bieten Volkshochschulen Familienbildung an. Die Kursangebote beziehen sich zu 50 % auf die Themenkreise „Haushalt", „Gesundheit" und „Säuglingspflege", zu 25 % auf musische und handwerkliche Themen und zu 12 % auf Erziehungs- und Beziehungsfragen (Nave Herz/Markefka 1989).

Für unsere Befragung nutzen wir die von den *Bundesarbeitsgemeinschaften der kirchlichen Familienbildungsstätten und der freien Träger (AGEF)* bereitgestellten Adressen ihrer Mitglieder. Die Expertenadressen wählten wir aus dem Adresspool des beim *Bundesministerium für Familie, Senioren, Frauen und Jugend (BMFSFJ)* angesiedelten „*Bundesforum Familie*" aus.

Insgesamt haben wir in der zweiten Augusthälfte 2001 an den gesamten Adressatenkreis 324 Fragebögen versandt – mit der Bitte um Rücksendung bis 20. September. Die bis dahin eingegangenen 78 Antworten von Familienbildungsstätten und 26 von Experten wurden für die folgende statistische Übersicht ausgewertet. Der angestrebte Rücklauf von ca. 30% wurde damit erreicht.

Besonders wichtige Erziehungsziele (Fam1/Exp 1)

Die Eingangsfrage für Familienbildungsstätten und Experten gilt dem Stellenwert von mündlicher und schriftlicher Ausdrucksfähigkeit sowie Lesefreude im Kontext einer umfangreichen Liste von Erziehungszielen. Mit Ausnahme der mündlichen bzw. schriftlichen Ausdrucksfähigkeit war diese Statement-Batterie bereits in der Studie „*Familie und Lesen*" (Köcher 1988) benutzt worden – mit dem wenig befriedigenden Ergebnis, dass „Freude an Büchern haben, gern lesen" den 16. Platz und damit ziemlich das Ende der Wertigkeitsskala belegt hatte.

Unsere Befragung ergibt ein deutlich besseres Bild. Bei Familienbildungsstätten und bei Experten rangieren beide auf Sprache und Lesen bezogenen Statements in der oberen Hälfte des Feldes. Die Experten setzen die Ausdrucksfähigkeit an die 4., die Lesefreude an die 7. Stelle. Bei den Familienbildungsstätten landen diese beiden Erziehungsziele auf dem 5. und 10. Platz. Über zwei Drittel der Befragten sind jeweils der Meinung, dass sprach- und buchbezogene Aktivitäten mit Kindern besonders wichtig sind.

Künftige Bedeutung von Literalität, Druckmedien und Computer (Fam 2/Exp2)

Die Einschätzung des künftigen Gewichts vom mündlichen und schriftlichen Ausdruck, vom Lesen von gedruckten Medien und von Texten im Computer ist bei Familienbildungsstätten und Experten tendenziell gleich, wobei die Experten generell häufiger „in Zukunft wichtiger" angeben. Das gilt für den Computer (88 : 82 %), den mündlichen Ausdruck (50 : 38 %), den schriftlichen Ausdruck (38 : 20 %), das Lesen (35 : 27 %) und die gedruckten Medien (19 : 16 %).

Wie viele Veranstaltungsangebote zum Thema? (Fam 3)

Wir fragten die Familienbildungsstätten nach der Zahl ihrer Angebote zu Sprach- und elementarer Leseförderung in den vergangenen fünf Jahren. Nur 15 % hatten keine einschlägigen Veranstaltungen vorzuweisen, demgegenüber über 40 % mehr als fünf Angebote. Knapp ein Viertel der Einrichtungen nannte drei bis fünf Angebote, 18 % ein bis zwei Veranstaltungen.

Teilnehmer (Fam 4 und 5)

Je nach Größe der Familienbildungsstätten beträgt die Zahl der Teilnehmer der angebotenen Veranstaltungen zwischen 15 und mehreren Tausend. In den letzten fünf Jahren wurde jede Veranstaltung im Durchschnitt von 73 Teilnehmern besucht. Den überwiegenden Anteil der Besucher stellten Frauen, Männer zählten mit einem Besucheranteil von 5 % zur absoluten Minderheit. An jeder zweiten Veranstaltung nahmen auch Kinder teil.

Teilnehmerinteresse (Fam 6)

Das Interesse der Teilnehmer an Veranstaltungen zur Sprach- und elementaren Leseförderung lässt nach Einschätzung der Familienbildungsstätten eindeutig zu wünschen übrig. Nur ein knappes Drittel spricht von einem sehr großen Teilnehmerinteresse, über die Hälfte schätzt dieses Interesse als weniger groß ein. 16 % der Einrichtungen beobachten ein ausgesprochen geringes Teilnehmerinteresse an diesem Angebot.

Veranstaltungen (Fam 7)

Wir fragten die Familienbildungsstätten auch nach ihren Absichten, in den nächsten 24 Monaten Veranstaltungen zur Sprach- und elementaren Leseförderung anzubieten.

Anzahl geplanter Veranstaltungen

Mehr als die Hälfte der befragten Einrichtungen planen, in den nächsten 24 Monaten ein bis zwei, jede dritte mehr als zwei Veranstaltungen anzubieten. Die Einrichtungen, die keine derartigen Veranstaltungen planen, entsprechen mit 17 % dem Prozentsatz, der auch bisher zu unseren Themen keine Angebote im Programm hatte.

Veranstaltungsinhalte

Drei von vier Einrichtungen planen Veranstaltungen über Sprache, Sprachentwicklung und Legasthenie, jede zweite nennt die Themen „Bilderbuch“ bzw. „Buchauswahl“ oder plant eine Buchausstellung. Alle weiteren genannten Themen werden nur von einer Minderheit der Familienbildungsstätten angeboten, z. B. Lesen und Schreiben, Leselust oder Märchenerzählen.

Veranstaltungstypen

Unter den angebotenen Veranstaltungstypen dominieren die Eltern-Kind-Gruppen und Elternseminare bzw. -abende. 17 % der Einrichtungen planen die Einführung von Lesenächten, 11 % wollen Leseclubs in ihr Angebot aufnehmen.

Veranstaltungszielgruppen

Hauptadressaten der Einrichtungen sind Eltern, die allein bzw. zusammen mit ihren Kindern solche Angebote in Anspruch nehmen wollen. Doch auch für Kinder verschiedener Altersgruppen sind derartige Veranstaltungen geplant.

Anzahl Veranstaltungen und Teilnehmer pro Jahr

Um die Anzahl der einschlägigen Veranstaltungen in ein Verhältnis zum Angebot insgesamt setzen zu können, fragten wir nach der Zahl der Veranstaltungen pro Jahr und der Teilnehmerzahl. Im Durchschnitt bietet jede befragte Einrichtung im Jahr 450 Veranstaltungen für insgesamt 6.000 Teilnehmer an.

Kooperationen (Fam 8)

Mit ca. drei Viertel aller Kooperationen machen Kindergärten und Kirchen den größten Teil der Institutionen aus, mit denen Familienbildungsstätten bei ihren Bildungsangeboten zusammenarbeiten. Auch mit Schulen und Buchhandlungen wird oft kooperiert. Jede dritte befragte Einrichtung nennt auch die örtliche Bibliothek. Insgesamt wurden 38 verschiedene Kooperationspartner genannt, von unterschiedlichen Beratungsstellen und Bildungseinrichtungen über Selbsthilfegruppen bis hin zum Legasthenie-Verband. Insgesamt ergibt sich ein Bild lebhafter Zusammenarbeit zwischen Familienbildungsstätten und anderen Einrichtungen.

Thematische Schwerpunkte (Fam 9, Exp 6)

Wir fragten die Familienbildungsstätten nach den thematischen Schwerpunkten ihrer Arbeit und baten Experten um ihre Einschätzung darüber. Die Antworten ergeben, dass die Einrichtungen den Themen „Medienerziehung“ und „Auswahl von Kinderbüchern/Die ersten Bilderbücher“ einen hohen Stellenwert beimessen, während das Thema „Entwicklung der Sprachfähigkeit“ nur von einem Drittel und „Spielen mit Sprache“ nur von einem Fünftel der Familienbildungsstätten als wichtig erachtet wird. In den letzten beiden Fällen weicht die Expertenschätzung am stärksten von den Antworten der Institutionen ab. Jeweils rund 50 % der befragten Fachleute sind der Meinung, dass die sprachbezogenen Bildungsangebote einen hohen Stellenwert haben.

Zusammenfassend ist festzuhalten, dass die praktischen Angebote der Buch- und Leseerziehung (Buchauswahl, Vorlesen und Erzählen etc.) bei den Veranstaltungsangeboten der Familienbildungsstätten im Vordergrund stehen, dass aber schon bei den kommunikativen Seiten des Lesens („Mit Kindern über Bücher sprechen“) Defizite bestehen. Das Thema Sprachentwicklung scheint überhaupt erst in Ansätzen Eingang in die Arbeit der Familienbildungsstätten gefunden zu haben.

Förderprogramme im Kindergarten (Fam 10, Exp 7)

Unter Hinweis auf das Würzburger Trainingsprogramm „Hören, lauschen, lernen“ baten wir Einrichtungen und Experten um ihr Urteil über den Einsatz solcher Programme im Kindergarten. Jeder zweite Experte und vier von zehn Familienbildungsstätten befürworten solche Programme sehr, gleichzeitig aber äußerte jede vierte Einrichtung Vorbehalte. Rund einem Drittel der Befragten sind solche Programme nicht bekannt.

Angesichts der nachgewiesenen Leistungsfähigkeit des Förderprogramms „Hören, lauschen, lernen“ mit Sprachspielen für Kinder im letzten Kindergarten-Halbjahr können Zurückhaltung und Unkenntnis gegenüber einem solchen auf die Sprachenentwicklung äußerst wirksamen Instrument nur mit Bedauern zur Kenntnis genommen werden. Informations- und Aufklärungsarbeit bei allen mit Vorschulkindern befassten Institutionen wäre hier angezeigt.

Lesen und kindliche Entwicklung (Fam 12, Exp 10)

Bezüglich der Bedeutung des Lesens für die kindliche Entwicklung sind sich Einrichtungen und Experten einig: Jeweils 88 % sind der Meinung, dass Lesen für Kinder wichtig ist.

Künftige Bedeutung des Lesens (Fam 13)

Nur 4 % der Familienbildungsstätten meinen, dass dem Lesen in der Multimedia-Gesellschaft künftig weniger Bedeutung zukommt. Demgegenüber vertritt jede vierte Einrichtung die Auffassung, dass Gedrucktes in Zukunft eher wichtiger wird. 70 % sind der Überzeugung, dass die Bedeutung von Lesen und von Printmedien sich nicht verändern wird.

Sprach- und elementare Leseförderung in unterschiedlichen Bildungsbereichen (Exp 3, Exp 4)

Wir baten die Experten um ihre Einschätzung des Stellenwertes der uns interessierenden Themen in verschiedenen *Bildungsbereichen* – mit folgendem Ergebnis: Jeder Zweite glaubt, nur in der Grundschule hätten Sprach- und elementare Leseförderung einen hohen Stellenwert. Nur noch jeder dritte Experte vermutet in der Elternarbeit von Kindergärten und in der Aus- und Fortbildung von Sozialpädagogen einen hohen Stellenwert dieser Themen. Am niedrigsten wird hier die Familienbildung eingeschätzt: Nur noch jeder sechste Befragte rechnet hier mit einem hohen Stellenwert sprachbezogener Angebote.

Dementsprechend plädieren fast alle Experten für einen höheren Stellenwert des Themas *„Sprach- und elementare Leseförderung“* in den relevanten Bildungsbereichen.

Schließlich baten wir die Experten um ihre Einschätzung über die Auswirkungen des Lesens auf verschiedene *kommunikative Kompetenzen* der Kinder. Die Befragten zeigten sich vom weit reichenden Nutzen des Lesens auf der ganzen Linie überzeugt. Alle sagen, Lesen mache Kindern meistens Spaß, fördere den sprachlichen Ausdruck und die Konzentration.

Maßnahmen in der Grundschule zur Vermeidung von Lese- und Rechtschreibschwächen (Exp 8)

Gemäß der vorherrschenden Einschätzung, die bestehenden Maßnahmen zur Sprach- und elementaren Leseförderung seien unzureichend, vertreten zwei Drittel der befragten Experten die Meinung, dass die derzeitige Förderungspraxis der Grundschule verbessert werden müsse. Dabei favorisieren sie folgende Maßnahmen:

- Geschichten vorlesen, das Ende von Kindern fantasieren lassen

- Schlagertexte gemeinsam lernen und singen
- Schwerpunktmäßig am Problem arbeiten (evtl. mit Experten)
- Ist pauschal schwer zu beantworten; mathematische, naturwissenschaftliche und musische Fähigkeiten werden häufig ebenso wenig ausreichend beachtet
- Mehr Zeit und Ehrgeiz in der Spracherziehung
- Fördermaßnahmen in kleinen Gruppen
- Individualisiertes Lernen
- Gezielte Förderung von Kindern mit Lese- und Rechtschreibschwächen
- Kritische Auseinandersetzung mit dem, was Kinder ablenkt
- Individuelle Förderung: aktuelle Klassenlektüre, Lesewettbewerb
- Nutzung von Lesekisten, Autorenlesungen, Schreibwerkstätten, Förderunterricht in kleinen Gruppen
- Deutschkurse für türkische Kindergartenkinder
- Weniger Unterrichtsstoff, mehr Kontinuität = mehr Konzentration auf einzelne Lernvorgänge; Einsatz entsprechender Lehrmaterialien
- Lernmethoden überprüfen und analysieren
- Mehr Kreativangebote, weniger Frontalunterricht
- Ausreichende Diagnostik gewährleisten, Lehrer fortbilden
- Kleinere Klassen, keine Streichung von Stützkursen: Zusätzliche Programme sind nicht erforderlich, sondern mehr Lehrerstunden.

Statistik

Jeweils zwei Fünftel der Antworten kamen von katholischen und evangelischen Einrichtungen, ein Fünftel von Familienbildungsstätten freier Träger. Diese Verteilung entspricht in etwa dem Zahlenverhältnis der Familienbildungsstätten insgesamt.

Die Personen, die die Fragebögen (24 Experten, 68 Befragte aus Familienbildungseinrichtungen) ausgefüllt haben, waren zwischen 30 und 69 Jahre alt. Das Durchschnittsalter betrug 47 Jahre.

Die Fragen wurden überwiegend von Frauen beantwortet. Nur 24 % der Expertenantworten und 14 % der Antworten von Familienbildungsstätten kamen von Männern.

Die Frage nach den Tätigkeitsfeldern der Experten ergab – unter Berücksichtigung von Mehrfachnennungen – erwartungsgemäß eine Dominanz der Bereiche „Familie und Erziehung“ sowie „Soziales“.

Literatur

Barthelmes, J./Feil Ch./Furtner-Kallmünzer, M.: Medienerfahrungen von Kindern im Kindergarten. München 1991

Böhme-Dürr, K.: Die Rolle des Fernsehens für das Lesen von Kindern und Jugendlichen in den USA und in Kanada. In: Stiftung Lesen 1990, S. 218–243

Böhme-Dürr, K.: Einfluß von Medien auf den Sprachlernprozeß. In: Enzyklopädie der Psychologie, C. Theorie und Forschung. Band 3: Sprachentwicklung. Göttingen 2000, S. 433–459

Böhme-Dürr, K.: Medien, Sprachentwicklung und Alltagskommunikation. In: Deutsches Jugendinstitut 1994, S. 210–215

Bonfadelli, H.: Medien- und Medienerziehung im Kindergarten. In: Deutsches Jugendinstitut (Hrsg.): Medienerziehung bei Vorschulkindern. Weinheim und München 1990, S. 197–218

Burkhardt, W.: Förderung kindlicher Medienkompetenz durch die Eltern. Opladen 2001

Butzkamm, W.: Wie Kinder sprechen lernen: Kindliche Entwicklung und die Sprachlichkeit des Menschen. Tübingen/Basel 1999

Deutsches Jugendinstitut (Hrsg.): Handbuch Medienerziehung im Kindergarten, Teil I: Pädagogische Grundlagen. Opladen 1994

Deutsches Jugendinstitut (Hrsg.): Handbuch Medienerziehung im Kindergarten, Teil II: Praktische Handreichungen. Opladen 1995

Deutsches Jugendinstitut (Hrsg.): Medienerziehung bei Vorschulkindern. Weinheim und München 1990

Deutsches Jugendinstitut (Hrsg.): Integrationshilfe HIPPY. Ein vorschulisches Förderprogramm für kleine Aussiedler und deren Familien. München 1997a

Deutsches Jugendinstitut (Hrsg.): Integration braucht Hilfe. Ergebnisse einer Fachtagung zur sozialen Integration von Aussiedlerfamilien in Deutschland. München 1997b

Deutsches Komitee für UNICEF (Hrsg.): Der Start ins Leben. Zur Situation der Kinder in der Welt 2001. Frankfurt/M. 2001

Eicher, Th. (Hrsg.): Zwischen Leseanimation und literarischer Sozialisation. Konzepte der Lese(r)förderung. Oberhausen 1997

Familienreport 1994. Bericht der Deutschen Nationalkommission für das Internationale Jahr der Familie. Bonn o.J.

Franzmann, B.: Leseverhalten im Spiegel neuerer Untersuchungen. In: Stiftung Lesen (Hrsg.): Lesen im internationalen Vergleich. Teil I. Mainz 1990, S. 53–70

Franzmann, B.: Lesezapping und Portionslektüre – Veränderungen des Leseverhaltens besonders bei Jugendlichen. In: Media Perspektiven 2/2001, S. 90–98

Franzmann, B./Fröhlich W. D./Hoffmann H./Spörri B./Zitzlsperger R. (Hrsg.): Auf den Schultern von Gutenberg. Medienökologische Perspektiven der Fernsehgesellschaft. München 1995

Fröhlich, W. D./Zitzlsperger R./Franzmann B. (Hrsg.): Die verstellte Welt. Beiträge zur Medienökologie. Frankfurt/M. 1988

Geschäftsstelle der Deutschen Nationalkommission für das Internationale Jahr der Familie: Abschlußbericht zum Internationalen Jahr der Familie. Bonn o.J.

Heinemann, M.: Störungen der Sprachentwicklung als Alarmzeichen. In: Ring K. u.a. (Hrsg.): Lesen in der Informationsgesellschaft – Perspektiven der Medienkultur. Baden-Baden 1997, S. 104–110

Höltershinken, D.: Medienerziehung im Kindergarten – was Erzieherinnen davon halten. In: Deutsches Jugendinstitut (Hrsg.): Handbuch Medienerziehung im Kindergarten: Teil I. Opladen 1994, S. 37–50

Holicki, S./Kepplinger H. M.: Wochenend-Vielseher und Wochenend-Wenigseher unter Vorschulkindern. In: Medienpsychologie 4/1991, S. 300–315

Huber, L./Kegel H./Speck-Hamdan A. (Hrsg.): Einblicke in den Schriftspracherwerb. Braunschweig 1998

Hurrelmann, B.: Das Verschwinden der Erwachsenen aus der Leseerfahrung der Kinder. In: Börsenblatt für den Deutschen Buchhandel v. 22.9.1987, S. 2506–2513

Hurrelmann, B.: Über das Lesen-Lernen in einer sich verändernden Medienumwelt. In: Informationen des Arbeitskreises für Jugendliteratur 4/1988a, S. 43ff.

Hurrelmann, B.: Familie und Medien – Ergebnisse und Beiträge der Forschung. In: Baacke, D./Lauffer J. (Hrsg.): Familie im Mediennetz? Opladen 1988b, S. 20f.

Hurrelmann, B.: Familie und Schule als Instanzen der Lesesozialisation. In: Stiftung Lesen (Hrsg.): Kinder entdecken die Faszination des Lesens. Mainz 1995

Hurrelmann, B./Hammer M./Nieß F.: Lesesozialisation, Band 1: Leseklima in der Familie. Gütersloh 1993

Hurrelmann, B./Hammer M./Stelberg K.: Familienmitglied Fernsehen. Fernsehgebrauch und Probleme der Fernseherziehung in verschiedenen Familienformen. Opladen 1996

Hurrelmann, B./Nowitzki K./Possberg H.: Familie und erweitertes Medienangebot. Ergebnisse der ersten Erhebungswelle der Familien-Untersuchung im Kabelpilotprojekt Dortmund. In: Media Perspektiven 3/1988a, S. 152ff.

Hurrelmann, B./Nowitzki K./Possberg H.: Familie und erweitertes Medienangebot. Ergebnisse der ersten Erhebungswelle der Familien-Untersuchung im Kabelpilotprojekt Dortmund. Abschlußbericht. Universität Bielefeld, März 1988b

Köcher, R.: Familie und Lesen. Eine Untersuchung über den Einfluß des Elternhauses auf das Leseverhalten. In: Archiv für Soziologie und Wirtschaftsfragen des Buchhandels LXIII. Frankfurt a.M. 1988

Kolonko, B.: Wie Erzieherinnen Kinder im Dialog sprachpädagogisch unterstützen können. In: klein & groß 10/98, S. 33–35

Kreibich, H.: Lesesozialisation in Familie und Kindergarten. In: Deutsches Jugendinstitut, Teil 1, S. 461–473

Kreibich, H.: Leseförderung: Zur Kooperation von Kindergarten und Eltern. In: Deutsches Jugendinstitut, Teil 2, S. 385–391

Küspert, P./Schneider W.: Hören, lauschen, lernen. Sprachspiele für Kinder im Vorschulalter. Göttingen 2000

Landesregierung Nordrhein-Westfalen (Hrsg.): Medien im Alltag von Kindern im Kindergartenalter. Düsseldorf 1989 (Begleitforschung des Landes Nordrhein-Westfalen zum Kabelpilotprojekt Dortmund, Band 17)

Leselandschaft Schweiz. Eine Untersuchung über das Leseverhalten von Kindern und Jugendlichen unter dem Einfluß von Buchangebot und Leseförderung. Herausgegeben vom Schweizerischen Jugendbuch-Institut. Zürich 1988

Marx, H.: Vorhersage von Lese-Rechtschreibschwierigkeiten in Theorie und Anwendung. Habilitationsschrift. Bielefeld 1992

Meyrowitz, J.: Die Fernsehgesellschaft. Wirklichkeit und Identität im Medienzeitalter. Weinheim 1987

Mundzek, H.: Bilder faszinieren schon Babys. In: Frankfurter Rundschau, 2.3.1999

Nave-Herz, R./Markefka M. (Hrsg.): Handbuch der Familien- und Jugendforschung, Band 1. Familienforschung. Neuwied, Frankfurt a.M. 1989

Nuissl, E.: Lesen und Schreiben lernen in der Erwachsenenbildung. In: Stiftung Lesen u.a. 1999, S. 550–567

OECD: Starting Strong. Early Childhood Education and Care. Paris 2001

Pöppel, E.: Lesen als Sammeln und Sich-Sammeln. In: Ring u.a. 1997, S. 90–100

Postman, N.: Das Verschwinden der Kindheit. Frankfurt/M. 1983

Ring, K./von Trotha, K./Voß P. (Hrsg.): Lesen in der Informationsgesellschaft – Perspektiven der Medienkultur. Baden-Baden 1997

Ryan, J.: Ergänzende Bemerkungen zum Konzept „Die Eltern unterrichten und die Kinder erreichen“. In: Stiftung Lesen 1995, S. 45–47

Saxer, U./Langenbucher W. R./Fritz A.: Kommunikationsverhalten und Medien. Lesen in der modernen Gesellschaft. Gütersloh 1989

Scherer-Neumann, G.: Schriftspracherwerb: „The State of the Art“ aus psychologischer Sicht. In: Huber u.a. 1998, S. 31–46

Scherer-Neumann, G.: Stufenmodelle des Schriftspracherwerbs – Wo stehen wir heute? In: Milz, I.: Sprechen, Lesen, Schreiben. 4. Auflage. Heidelberg 1997, S. 54–62

Schneider, W.: Training der phonologischen Bewusstheit. In: Klauer, K. J.: Handbuch Kognitives Training. Göttingen 2001, S. 68–95

Schneider, W.: Lese-Rechtschreibforschung heute: Einführung. In: Zeitschrift für Pädagogische Psychologie. Bern 1994, S. 117–122

Schweizerisches Jugendbuchinstitut (Hrsg.): Siehst Du das? Die Wahrnehmung von Bildern in Kinderbüchern – Visual Literacy. Zürich 1997

Singer, D. G.: Fernsehen, Lesen und Fantasieentwicklung. In: Franzmann, B. u.a. (Hrsg.): Auf den Schultern von Gutenberg. München 1995, S. 118–131

Singer, J. L./Singer D. G.: Wider die Verkümmerung der Fantasie. Fernsehen, Lesen und die Entwicklung der Vorstellungskraft. In: Fröhlich, W. D. u.a. (Hrsg.): Die verstellte Welt. Frankfurt/M. 1988, S. 98–114

Singer, W.: Was kann der Mensch wann lernen? Vortrag anlässlich des ersten Werkstattgespräches der Initiative McKinsey am 12.6.2001, S. 1–10

Six, U./Frey Ch./Gimmler R.: Medienerziehung im Kindergarten. Theoretische Grundlagen und empirische Befunde. Opladen 1998

Sticht, Th. G.: Die Eltern unterrichten und die Kinder erreichen: Amerikanische und britische Projekte zur Förderung der Lernfähigkeit in der Familie. In: Stiftung Lesen 1995, S. 31–44

Stiftung Lesen (Hrsg.): Lesen im internationalen Vergleich, Teil I. Mainz 1990

Stiftung Lesen (Hrsg.): Kinder entdecken die Faszination des Lesens. Möglichkeiten und Chancen für Eltern, Erzieher und Lehrer. Mainz 1995

Stiftung Lesen (Hrsg.): Leseverhalten in Deutschland im neuen Jahrtausend. Mainz/ Hamburg 2001

Stiftung Lesen/Deutsche Literaturkonferenz (Hrsg.): Handbuch Lesen. München 1999

Strecker, S./Pfarr K.: Kinder wollen Bücher. Abschlußbericht zum Modellprojekt „Handlungsdefinierte Evaluation von Maßnahmen der Leseförderung zur Prävention von Analphabetismus". Unveröffentlichtes Manuskript. Mainz 1999

Textor, M. R.: Elternarbeit mit neuen Akzenten. Reflexion und Praxis. Freiburg/Br. 1994

Tietze, W./Roßbach H. G. (Hrsg.): Erfahrungsfelder in der frühen Kindheit. Bestandsaufnahme und Perspektiven. Freiburg i. Br. 1993

Wiedemann, M. (Hrsg.): Sprachförderung mit allen Sinnen. Weinheim/Basel 2000

Wieler, P.: Vorlesen in der Familie. Fallstudien zur literarisch-kulturellen Sozialisation von Vierjährigen. Weinheim und München 1997

Williams, W. M.: Lesemuffel und Leseratten. Wie Kinder Lust auf Bücher kriegen. München, Zürich 1998

Anhang

August 2001

Umfrage bei Familienbildungsstätten/Experten für Familien- und Bildungsfragen über Sprach- und elementare Leseförderung

Sehr geehrte Damen und Herren,

das Sprechenlernen, die Beherrschung der Schriftsprache und die Lesefähigkeit ihrer Kinder sind wichtige Erziehungsfragen für Eltern. Wenn hier Probleme auftreten – Störungen der Sprachentwicklung oder des Schriftspracherwerbs –, suchen Eltern oft Rat und Hilfe, z.B. in der Erziehungsberatung oder bei Angeboten von Familienbildungsstätten.

Im Rahmen einer bundesweiten Bestandsaufnahme möchten wir den Stellenwert der Themen Sprachförderung und elementare Leseförderung in der Familienbildung und im Expertenurteil ermitteln. Es geht uns dabei um alle Sprach- und Leseförderungsmaßnahmen vom Kleinkind- und Kindergartenalter bis zum Ende der Grundschule, also um alles, was das eigene Lesen vorbereitet (wie Vorlesen und Erzählen) bis zu Hilfen beim Leselernprozess.

Bitte füllen Sie den beigefügten Fragebogen vollständig aus und senden ihn möglichst gleich, **spätestens bis zum 20. September 2001**, zurück. Fügen Sie bitte ggf. Unterlagen zu einschlägigen Bildungsangeboten bei.

Wir danken Ihnen sehr für Ihre Mühe und grüßen Sie freundlich

Bodo Franzmann
Leserforschung

PS: Sie können den Fragebogen unfrei zurückschicken. **Anlage**

Bitte möglichst gleich, **spätestens bis 20. September 2001** zurück an:

Stiftung Lesen
z. H. Bodo Franzmann
Fischtorplatz 23

55116 Mainz   Fax: 0 61 31–23 03 33

Fragebogen für Familienbildungsstätten
Bitte vollständig ausfüllen und zurücksenden.

1. Hier ist eine Liste von Erziehungszielen und Werten, die Elternhaus, Kindergarten und Schule den Kindern vermitteln. Was davon halten Sie für *besonders wichtig*? (Bitte alles Zutreffende ankreuzen.)

☐ Höflichkeit und gutes Benehmen
☐ Gesunde Lebensweise
☐ Menschenkenntnis, sich die richtigen Freunde/Freundinnen aussuchen
☐ Freude an Büchern haben, gern lesen
☐ Sich in eine Ordnung einfügen, sich anpassen
☐ Seine Arbeit ordentlich und gewissenhaft tun
☐ Technisches Verständnis, mit der modernen Technik umgehen können
☐ Sparsam mit Geld umgehen
☐ Wissensdurst, seinen Horizont erweitern
☐ Interesse für Politik, Verständnis für politische Zusammenhänge
☐ An Kunst Gefallen finden
☐ Festen Glauben, feste religiöse Bindung
☐ Sich auf eine Sache konzentrieren, sich nicht ablenken lassen
☐ Sich durchsetzen, sich nicht so leicht unterkriegen lassen
☐ Etwas, das man angefangen hat, auch zu Ende führen
☐ Bescheiden und zurückhaltend sein
☐ Mit anderen teilen, etwas abgeben können
☐ Andersdenkende achten, tolerant sein
☐ Freude am Sport
☐ Zärtlichkeit
☐ Sich mündlich und schriftlich gut ausdrücken können

2. Es gibt unterschiedliche Meinungen darüber, wie wichtig gute mündliche und schriftliche Ausdrucksfähigkeit, Lesefähigkeit, gedruckte Medien (Bücher, Zeitungen, Zeitschriften) und der Computer in der Multimedia-Gesellschaft der Zukunft sein werden. Was meinen Sie? (Bitte in jeder Zeile einmal ankreuzen.)

	in Zukunft wichtiger	in Zukunft gleich wichtig	in Zukunft weniger wichtig
Mündlicher Ausdruck			
Schriftlicher Ausdruck			
Lesen			
Gedruckte Medien			
Computer			

3. Welchen Stellenwert haben die Themen Sprachförderung und elementare Leseförderung in Ihrem Bildungsangebot? Wie viele Angebote zu diesen Themen waren in den letzten fünf Jahren in Ihrem Programm?

☐ keine Angebote ☐ 3–5 Angebote
☐ 1–2 Angebote ☐ mehr als 5 Angebote

Bitte ggf. Titel der Veranstaltungen nennen:

____

4. Etwa wic viele Personen haben insgesamt an diesen Veranstaltungen (in den letzten 5 Jahren) teilgenommen?

☐☐ Personen

5. Wie setzten sich die Teilnehmer zusammen?

☐☐ % Frauen ☐☐ % Männer ☐☐ % Kinder

6. Wie beurteilen Sie Interesse und Teilnahmebereitschaft an solchen Veranstaltungen?

☐ sehr groß ☐ weniger groß ☐ gering

7. Wie viele Veranstaltungen planen Sie in den nächsten 24 Monaten zu den Themen Sprachförderung und elementare Leseförderung?

☐ keine ☐ 1–2 ☐ mehr als zwei

Bitte ggf. Themen nennen:

____

8. Mit welchen anderen Institutionen kooperieren Sie als Familienbildungsstätte? (Bitte alles Zutreffende ankreuzen.)

☐ Schule
☐ Kindergarten
☐ Bibliothek
☐ Buchhandlung
☐ Kirche
☐ Hochschule/Fachhochschule
☐ ____________________
☐ Keine Kooperationen

9. Welchen Stellenwert haben nach Ihrer Kenntnis folgende Themen in der Familienbildung? (Bitte in jeder Zeile einmal ankreuzen.)

	hoher Stellenwert	mittlerer Stellenwert	niedriger Stellenwert
Entwicklung der Sprachfähigkeit			
Spiele mit Sprache			
Vorlesen und Erzählen			
Leseverhalten			
Medienerziehung			
Hilfen zur Auswahl von Kinderbüchern			
Lieblingsbücher der Kinder			
Vorbereitung auf die Schule			
Taschengeld			
Die ersten Bilderbücher			
Geburtstagsfeiern und -geschenke			
Mit Kindern über Ihre Lektüre sprechen			
Kindern Bücher schenken			

10. Wenn Kinder mit regelmäßigen Sprachspielen im Kindergarten so gefördert werden können, dass sie in der Schule weniger Schwierigkeiten mit dem Lesen- und Schreibenlernen haben (z. B. Trainingsprogramm „Hören, Lauschen, Lernen" von Küspert/Schneider): Wie beurteilen Sie dann den Einsatz solcher Programme? (Bitte nur einmal ankreuzen.)

☐ Befürworte ich sehr.
☐ Beurteile ich eher zurückhaltend.
☐ Lehne ich im Kindergarten ab.
☐ Kenne solche Programme nicht.

11. Wenn Ihnen Forschungs- und Praxisprojekte zur Sprach- und elementaren Leseförderung bekannt sind, bitte hier nennen:

____

☐ Mir sind keine Projekte bekannt.

12. Glauben Sie, dass es für ein Kind wichtig ist, dass es viel liest, oder glauben Sie, ein Kind entwickelt sich genauso gut, wenn es wenig liest? (Bitte nur einmal ankreuzen.)

☐ Ist wichtig.
☐ Entwickelt sich genauso gut, wenn es wenig liest.
☐ Unentschieden

13. Heutzutage wird diskutiert, wie wichtig gedruckte Bücher, Zeitungen und Zeitschriften und das Lesen in der Multimedia-Gesellschaft der Zukunft sein werden. Wie ist Ihre Meinung dazu? (Bitte nur einmal ankreuzen.)

☐ Gedruckte Medien und Lesen werden noch wichtiger werden.
☐ Ihre Bedeutung wird unverändert sein.
☐ Lesen wird in Zukunft weniger wichtig, weil weniger gedruckt wird.
☐ ______________________________

14. Diese Familienbildungsstätte ist eine

☐ evangelische Bildungsstätte
☐ katholische Bildungsstätte
☐ Bildungsstätte freier Träger
☐ ______________________________

15. Wie viele Veranstaltungen mit wie vielen Teilnehmern führt diese Familienbildungsstätte pro Jahr durch?

☐☐ Veranstaltungen mit insgesamt ca. ☐☐ Teilnehmern

16. Die Person, die diesen Fragebogen ausgefüllt hat, ist

☐ weiblich ☐ männlich und ☐☐ Jahre alt

17. Bitte möglichst die Adresse der Familienbildungsstätte angeben:

____

Bitte möglichst gleich, **spätestens bis 20. September 2001** zurück an:

Stiftung Lesen
z. H. Bodo Franzmann
Fischtorplatz 23

55116 Mainz

Fax: 0 61 31–23 03 33

Fragebogen für Experten
Bitte vollständig ausfüllen und zurücksenden

1. Hier ist eine Liste von Erziehungszielen und Werten, die Elternhaus, Kindergarten und Schule den Kindern vermitteln. Was davon halten Sie für *besonders wichtig*? (Bitte alles Zutreffende ankreuzen.)

   - ☐ Höflichkeit und gutes Benehmen
   - ☐ Gesunde Lebensweise
   - ☐ Menschenkenntnis, sich die richtigen Freunde/Freundinnen aussuchen
   - ☐ Freude an Büchern haben, gern lesen
   - ☐ Sich in eine Ordnung einfügen, sich anpassen
   - ☐ Seine Arbeit ordentlich und gewissenhaft tun
   - ☐ Technisches Verständnis, mit der modernen Technik umgehen können
   - ☐ Sparsam mit Geld umgehen
   - ☐ Wissensdurst, seinen Horizont erweitern
   - ☐ Interesse für Politik, Verständnis für politische Zusammenhänge
   - ☐ An Kunst Gefallen finden
   - ☐ Festen Glauben, feste religiöse Bindung
   - ☐ Sich auf eine Sache konzentrieren, sich nicht ablenken lassen
   - ☐ Sich durchsetzen, sich nicht so leicht unterkriegen lassen
   - ☐ Etwas, das man angefangen hat, auch zu Ende führen
   - ☐ Bescheiden und zurückhaltend sein
   - ☐ Mit anderen teilen, etwas abgeben können
   - ☐ Andersdenkende achten, tolerant sein
   - ☐ Freude am Sport
   - ☐ Zärtlichkeit
   - ☐ Sich mündlich und schriftlich gut ausdrücken können

2. Es gibt unterschiedliche Meinungen darüber, wie wichtig gute mündliche und schriftliche Ausdrucksfähigkeit, Lesefähigkeit, gedruckte Medien (Bücher, Zeitungen, Zeitschriften) und der Computer in der Multimedia-Gesellschaft der Zukunft sein werden. Was meinen Sie? (Bitte in jeder Zeile einmal ankreuzen.)

	in Zukunft wichtiger	in Zukunft gleich wichtig	in Zukunft weniger wichtig
Mündlicher Ausdruck			
Schriftlicher Ausdruck			
Lesen			
Gedruckte Medien			
Computer			

3. Welchen Stellenwert haben nach Ihrem Eindruck die Themen Sprachförderung und elementare Leseförderung heutzutage im Angebot folgender Bildungsbereiche? (Bitte in jeder Zeile einmal ankreuzen.)

	Stellenwert hoch	Stellenwert mittel	Stellenwert niedrig	Kann ich nicht beurteilen
Familienbildung				
Elternarbeit in Kindergärten				
Aus- und Fortbildung von Erziehern und Sozialpädagogen				
Grundschule				

4. Welchen Stellenwert *sollten* die Themen Sprachförderung und elementare Leseförderung nach Ihrer Meinung im Vorschulbereich, in der Grundschule und in der Familienbildung haben? (Bitte nur einmal ankreuzen.)

☐ Einen höheren als gegenwärtig.
☐ Das Thema wird angemessen berücksichtigt.
☐ Das Thema ist weniger relevant.

Bitte ggf. kommentieren: ______________________________

5. Hier finden Sie einige Aussagen zum Lesen. Bitte kreuzen Sie jeweils an, ob dies für Sie voll oder weniger zutrifft.

	trifft voll zu	trifft weniger zu
Vorlesen bzw. das Betrachten von Bilderbüchern		
– fördert die Konzentration		
– macht Kindern meistens Spaß		
– fördert das Gespräch in der Gruppe und gemeinsames Handeln		
– regt die Kinder zum Rollenspiel an		
– fördert die Kreativität		
– fördert das sprachliche Ausdrucksvermögen		
– ist bestens geeignet, um Themen wie Außenseiter, Konflikte etc. in der Gruppe anzusprechen		
Rumtoben oder Basteln ist ebenso wichtig wie die Beschäftigung mit Büchern		

6. Welchen Stellenwert haben nach Ihrer Kenntnis folgende Themen in der Familienbildung? (Bitte in jeder Zeile einmal ankreuzen)

	hoher Stellenwert	mittlerer Stellenwert	niedriger Stellenwert
Entwicklung der Sprachfähigkeit			
Spiele mit Sprache			
Vorlesen und Erzählen			
Leseverhalten			
Medienerziehung			
Hilfen zur Auswahl von Kinderbüchern			
Lieblingsbücher der Kinder			
Vorbereitung auf die Schule			
Taschengeld			
Die ersten Bilderbücher			
Geburtstagsfeiern und -geschenke			
Mit Kindern über Ihre Lektüre sprechen			
Kindern Bücher schenken			

☐ Kann ich nicht beurteilen.

7. Wenn Kinder mit regelmäßigen Sprachspielen im Kindergarten so gefördert werden können, dass sie in der Schule weniger Schwierigkeiten mit dem Lesen- und Schreibenlernen haben (z. B. Trainingsprogramm „Hören, Lauschen, Lernen“ von Küspert/Schneider): Wie beurteilen Sie dann den Einsatz solcher Programme? (Bitte nur einmal ankreuzen)

☐ Befürworte ich sehr. ☐ Lehne ich im Kindergarten ab.
☐ Beurteile ich eher zurückhaltend. ☐ Kenne solche Programme nicht.

8. Meinen Sie, dass in der Grundschule genug geschieht, um Lese- und Rechtschreibschwächen bei Kindern vorzubeugen, und was müsste ggf. geschehen? (Bitte einmal ankreuzen)

☐ Die Grundschule widmet sich dem Problem ausreichend.
☐ Die Maßnahmen sind nicht ausreichend. Folgendes sollte geschehen:

____

☐ Ich kann das Problem nicht beurteilen.

9. Wenn Ihnen Forschungs- und Praxisprojekte zur Sprach- und elementaren Leseförderung bekannt sind, bitte hier nennen:

____

☐ Mir sind keine Projekte bekannt.

10. Glauben Sie, dass es für ein Kind wichtig ist, dass es viel liest, oder glauben Sie, ein Kind entwickelt sich genauso gut, wenn es wenig liest? (Bitte nur einmal ankreuzen)

☐ Ist wichtig
☐ Entwickelt sich genauso gut, wenn es wenig liest
☐ Unentschieden

11. Die Person, die diesen Fragebogen ausgefüllt hat, ist

☐ weiblich ☐ männlich und ☐☐ Jahre alt

12. Sie ist tätig in folgendem Bereich:

☐ Soziales ☐ Gewerkschaft
☐ Familie/Erziehung ☐ Ministerium
☐ Wissenschaft ☐ Kultur/Medien
☐ Kirche ☐ ______________________

13. Bitte möglichst Adresse der absendenden Institution angeben:

____

Jürgen F. Detering

Bedeutung familialer Konflikte für Lehr- und Lernprozesse bei Grundschulkindern und Interventionsstrategien von Erziehungsberatungsstellen

		Seite
1	Einleitung	237
2	Erste Annäherung an das Thema	238
3	Ein entwicklungsökologisch-systemisches Modell vom Lernen und Lehren	240
3.1	Rutter, Michael: Emotional Disorder an Educational Underachievement	248
3.2	Werner, Emmy E.: Die Kinder von Kauai	249
3.3	Laucht, M./Esser, G./Schmidt, M. H.: Was wird aus Risikokindern? Ergebnisse der Mannheimer Längsschnittstudie im Überblick	250
3.4	Helmke, Andreas/Schrader, Friedrich-Wilhelm u. a.: Zur Rolle des Elternverhaltens für die Schulleistungsentwicklung ihrer Kinder	252
3.5	Tiedemann, Joachim/Faber, Günter: Der langfristige Stellenwert mütterlicher Erziehungsmerkmale und kognitiver Kindkompetenzen für die Leistungsentwicklung in der Grundschule: Ergebnisse einer vierjährigen Längsschnittuntersuchung	253
3.6	Georg, Werner/Lange, Andreas: „Soziales Kapitel" in Familien: Einflüsse auf Delinquenz und Schulleistung	256
3.7	Pianta, Robert C./Harbers, Katrina: Observing Mother and Child Behavior in a Problem-Solving Situation at School Entry: Relations with Academic Achievement	258
3.8	Pianta, Robert C.: Adult-Child-Relationship Processes and Early Schooling	262
3.9	Hamre, Bridget K./Pianta, Robert C.: Early Teacher-Child Relationship	268

4 Zusammenfassende Würdigung der angeführten Untersuchungen 272

5 Relevanz von Trennung und Scheidung im entwicklungsökologisch-systemischen Modell 273

6 Interventionsstrategien von Erziehungs- und Familienberatungsstellen 280
6.1 Direkt an Kinder gerichtete Interventionsstrategien 282
6.2 An Eltern gerichtete Interventionsstrategien 283
6.3 Stellungnahme „Beratung in Trennungs- und Scheidungssituationen" der Bundeskonferenz für Erziehungsberatung 285
6.4 Bei Schulen ansetzende Interventionsstrategien und Vernetzung 286

7 Schlussbemerkung 288

Literatur 289

1 Einleitung

Ausgangspunkt für die Erstellung dieses Beitrags war folgende Überlegung im Vorstand der Bundeskonferenz für Erziehungsberatung:

- Wenn ein Kind nicht bis zum Ende der 2. Klasse korrekt lesen und die Grundlagen der Rechtschreibung gelernt hat, dann bekommt es in seiner schulischen Karriere keine weitere Chance, diese Kulturtechniken grundlegend zu erlernen und zu verstehen.
- Damit sinken seine Chancen drastisch, einen erfolgreichen Schulabschluss zu erwerben.
- Das Fehlen eines Schulabschlusses macht eine qualifizierte Berufsausbildung unmöglich.
- Ohne qualifizierte Berufsausbildung ist der Weg in die Armut vorprogrammiert.

Der Bezug zu den Erfahrungen der Fachkräfte der Erziehungsberatung ist folgender:

- Wenn eine schwere Partnerschaftskrise während der Kindheit oder der ersten beiden Grundschuljahre das Familiensystem und auch das Kind schwer verunsichern und belasten, kann es unter Umständen nicht ausreichend viel Aufmerksamkeit, Energie und Kraft auf die Bewältigung der Grundlehrgänge in der Grundschule verwenden.
- Das Gleiche gilt, wenn Beziehungsstörungen zwischen Eltern und Kind das Kind belasten und seine Kräfte absorbieren.
- Dies ist die Verbindungsstelle, wo die Tätigkeit der Erziehungsberatungsstelle mit dem oben beschriebenen Prozess, der in die Armut führen kann, zusammentrifft.
- Wenn erfolgreich praktizierte Erziehungs- und Familienberatung an dieser Stelle der oben geschilderten Kette früh wirksam wird, können die Chancen verbessert werden, dass der Prozess schon im Entstehen unterbrochen wird und sich nicht fortsetzt.

2 Erste Annäherung an das Thema

Zur Beschreibung des Beziehungsgeflechts zwischen Merkmalen der Partnerschaftsbeziehung der Eltern und der Eltern-Kind-Beziehungen einerseits und dem Schulerfolg bei der Erlernung der Grundlehrgänge im Lesen und Schreiben in der Grundschule andererseits habe ich mich für ein systemisch-entwicklungsökologisches Modell entschieden. Ein solches Modell erlaubt es, eine möglichst große Menge von denkbaren Einflussgrößen in diesem Geflecht zu beschreiben.

In einem ersten Schritt soll eine solche umfassende Beschreibung der gegenwärtig diskutierten Einflussgrößen für schulischen Lernerfolg dargestellt werden.

In einem zweiten Schritt soll dann untersucht werden, wie weit die elterlichen Beziehungen und deren Krisen sowie die Eltern-Kind-Beziehungen und deren Krisen – ggf. unter Mediation anderer Einflussgrößen – eine Rolle spielen.

Im nächsten Schritt ist dann darzustellen, welche empirischen Untersuchungsergebnisse die Aussage stützen, dass der geschilderte Zusammenhang tatsächlich sozialwissenschaftlich nachweisbar ist.

Unter den wissenschaftlichen Disziplinen erwarte ich dabei insbesondere Beiträge der

- Erziehungswissenschaft, insbesondere der Schulpädagogik und der Sonderpädagogik oder Behindertenpädagogik;
- der Psychologie, insbesondere der Entwicklungspsychologie und der pädagogischen Psychologie;
- der Soziologie, hier der Bereich der Forschung über die Prozesse der Weitergabe von „sozialem Kapital";
- der Psychiatrie oder der Kinderpsychiatrie, hier insbesondere groß angelegte Surveys, teils in Zusammenarbeit zwischen Gesundheits- und Schulsystem, also der Erziehungswissenschaft.

Von der Forschungsmethodik her reichen Querschnittsuntersuchungen nicht aus, um tatsächlich Modelle von Wirkzusammenhängen zu überprüfen. Querschnittsuntersuchungen können zwar eine Vielzahl von Zusammenhängen feststellen und belegen, die Art und Richtung der gegenseitigen Einflussnahmen der einzelnen Variablen aufeinander sind dabei aber nicht kontrollierbar. Eine starke Korrelation zwischen der täglichen Kalorienaufnahme und der Körpergröße im Alter von 40 Jahren lässt die Möglichkeiten offen, dass die erreichte Körpergröße die Kalorienaufnahme bestimmt, dass die Kalorienaufnahme Einfluss auf die erreichte Körpergröße hat oder aber dass beide durch unbekannte gemeinsame Merkmale gleichsam zu einem unbekannten Anteil gesteuert werden.

Insofern dürfen weiterführende Antworten auf die Fragestellung dieses Beitrags nur von Längsschnittuntersuchungen erwartet werden. In der Erziehungswissenschaft sind besonders folgende große Längsschnittsuntersuchungen einschlägig:

- der Plowden-Report,
- die Isle of Wight-Study,
- die *Kauai-Studie*, bei der die Bevölkerung einer Insel in der Südsee über mehr als 30 Jahre im Längsschnitt untersucht wurde.

Ich habe diese drei großen Längsschnittstudien ausgewählt, weil sie ausdrücklich auch Angaben über den Schulerfolg der untersuchten Stichprobe enthalten.

Daneben gibt es einzelne Längsschnittuntersuchungen, die einen geringeren Umfang an Variablen in die Erhebung einbeziehen. Hier sind zu nennen:

- Untersuchungen von Tiedemann und Faber aus Hannover,
- Untersuchungen von May in Hamburg, die im Bereich der Erziehungswissenschaften angesiedelt sind, aber stark psychologisch geprägt untersuchen,
- Untersuchungen von Pianta, der in der Schulpsychologie einen bindungsorientierten entwicklungspsychologischen Ansatz vertritt und eine große Zahl von Längsschnittuntersuchungen durchgeführt hat.

Bei der ersten Durchsicht der herangezogenen Studien musste ich feststellen, dass sich keine Untersuchungen finden ließen, die das Merkmal gestörter oder krisenhafter Beziehungssituationen zwischen den Elternteilen dezidiert erfassen. Das Gleiche gilt für die Qualität der Eltern-Kind-Beziehung, die nur in sehr vergröberter Form bei einigen dieser Untersuchungen eingeht.

Ein unmittelbarer Zusammenhang zwischen dem Bestehen von Krisen in der elterlichen Paarbeziehung während der Grundschulzeit und dem mangelhaften Erfolg beim Erlernen der Grundlehrgänge in Lesen und Rechtschreibung lässt sich insofern nicht nachweisen, als diese Fragestellung in den mir zugänglichen Untersuchungen nirgends beforscht ist. Die hier vorgestellten Untersuchungen lassen aber eindeutig die Aussage zu, dass grundsätzlich Auswirkungen von elterlichen Verhaltensweisen und von Beziehungsqualitäten zum Kind auf das Verhalten der Kinder in der Schule und auch auf den Lernerfolg in der Grundschule – dabei auch auf den Unterricht in Lesen und Schreiben – als gesichert nachgewiesen gelten dürfen.

Die Idee, dass der Schulerfolg der Kinder in der Grundschule, insbesondere auch in den Fächern Lesen und Rechtschreiben, von elterlichen Einflüssen weitgehend frei ist und nur durch schulische Variablen und Variablen des Kindes bestimmt wird, kann zurückgewiesen werden.

Im Rahmen des im Text vorgestellten systemisch-entwicklungsökologischen Modells möchte ich zeigen, dass diese nachgewiesenen Einflüsse elterlichen Verhaltens und der Beziehungsqualität tatsächlich als eine ernst zu nehmende Einflussgröße für den Lernerfolg in Lesen und Rechtschreiben betrachtet werden müssen, weil sie als protektive Faktoren oder Schutzfaktoren zu werten sind, wenn sie positiv zur Verfügung stehen, und als Gefährdungsfaktoren anzusehen sind, wenn sie das Kind belasten. Eine rechtzeitige fachlich kompetente Unterstützung des Familiensystems in seiner sozialen und schulischen Umgebung kann somit durch Erziehungs- und Familienberatung tatsächlich präventive Wirkung für den oben beschriebenen in die Armut führenden Prozess entfalten.

3 Ein entwicklungsökologisch-systemisches Modell vom Lernen und Lehren

Das einschlägige Werk für die Sichtung des Forschungsstandes zu Problemen beim Lehr- und Lernprozess von Lesen und Schreiben ist „Psychologie der Lese- und Schreibschwierigkeiten. Entwicklung, Ursachen, Förderung“ von Klicpera und Gasteiger-Klicpera (1995).

Die Autoren sprechen sich bei der Analyse der Ursachen für Probleme beim Lehren und Lernen von Lesern und Schreiben für ein „interaktionelles Entwicklungskonzept“ aus (a. a. O., S. 233). Diese Betrachtungsweise hat eine große Ähnlichkeit mit der von mir bevorzugten entwicklungsökologisch-systemischen Sichtweise.

Klicpera und Gasteiger-Klicpera stellen fest:

1. Die Lese-Schreibentwicklung ist abhängig von individuellen Lernvoraussetzungen, Unterricht, familiärer Interaktion – und deren Rückwirkungen und Wechselwirkungen.

2. Umgekehrt beeinflusst die Lese-Schreib-Entwicklung die anderen Faktoren.
3. Alle diese Einflussfaktoren stehen untereinander in Interaktion.
4. Der Zusammenhang zwischen Lernvoraussetzungen und dem Erlernen des Lesens und Schreibens ist vom Entwicklungsstand bzw. der Lernphase abhängig. Dies heißt, dass manches, was z.B. am Anfang des Lesenlernens eine wichtige Lernvoraussetzung sein kann, sich unter den Bedingungen eines formalen Leseunterrichts weiterentwickelt und zu einem späteren Zeitpunkt seinerseits von den Lernfortschritten beim Lesen abhängt.
5. Es kann angenommen werden, dass sich mit zunehmender Dauer des schulschriftsprachlichen Unterrichts immer weniger Fähigkeiten eindeutig als Lernvoraussetzungen erweisen, also als unabhängige Variable, die den Fortschritt beim Lesenlernen bestimmt und nicht ihrerseits davon abhängig ist.
6. Daraus folgt, dass der weitere Fortschritt beim Lesenlernen immer stärker vom bis dahin erreichten Leistungsstand im Lesen und immer weniger von davon unabhängigen Variablen vorhergesagt wird.
7. Dies bedeutet, dass die jeweils benötigten Lernvoraussetzungen in verschiedenen Phasen des Leselernprozesses jeweils andere sind. Mit der Lernphase im Lesen und Schreiben ändert sich nicht nur die Art des Einflusses der Lernvoraussetzungen, sondern auch die Art, wie die familiäre Situation auf den Lernfortschritt der Kinder Einfluss nimmt (ob direkt oder über die Prägung der Lernvoraussetzungen etc.).

Die Darstellung einer entwicklungsökologisch-systemischen Sicht auf Schwierigkeiten beim Lehren und Lernen von Lesen und Schreiben findet sich bei Rudolf Kretschmann (2001). Er verlangt einen Wechsel der Perspektive: Während in der Vergangenheit deterministische Erklärungsmodelle im Vordergrund standen, plädiert er für systemische und entwicklungsökologische Modelle des Schriftspracherwerbs und seiner Störungen.

Merkmale deterministischer Modelle:

- Grundidee ist, dass Schädigungen des Kindes wie frühkindliche Hirnschädigungen oder Traumata klare, vorhersagbare Folgen haben, die wenig von anderen Lebenserfahrungen und Lebensbedingungen beeinflusst werden;
- Ursachen für das Scheitern von Lehr- und Lernprozessen werden meist ausschließlich beim Kind gesehen;
- es sind meist monokausale Erklärungsmodelle.

Merkmale entwicklungsökologischer bzw. systemischer Modelle:

- An der Entwicklung und am Aufbau komplexer Fertigkeiten, Denkgewohnheiten oder Verhaltensmuster sind immer eine Vielzahl von Wirkfaktoren beteiligt;
- die Entwicklung wird als Prozess des Zusammenspiels der günstigen und der ungünstigen Entwicklungsbedingungen, von entwicklungshemmenden und entwicklungsfördernden Faktoren oder von Schutz- und Gefährdungspotenzialen angesehen;
- die einzelnen Wirkfaktoren können sich gegenseitig verstärken, sich aufheben oder ablösen;
- Störungen des Entwicklungsprozesses entstehen, wenn Menge und Stärke der entwicklungshemmenden Faktoren größer sind als die der entwicklungsförderlichen Faktoren;
- zu den Wirkfaktoren gehören z.B. körperliche und psychische Merkmale des Kindes, aber auch Merkmale des sozialen Umfelds in der Familie, der Nachbarschaft, in Einrichtungen wie Kindergarten und Schule und in den sozialen Bezugsgruppen des Kindes.

Kretschmann schildert beispielhaft einen möglichen Verlauf des Zusammenspiels der entwicklungsförderlichen und entwicklungshemmenden Faktoren: Eine Geburtsschädigung kann die Möglichkeiten des Kindes, mit seiner Umwelt zu interagieren, zunächst erschweren. Nun könnten aber andere Bereiche des Zentralnervensystems sich so entwickeln, dass sie zumindest teilweise die beeinträchtigten Funktionen kompensieren. Durch Frühförderung und eine besonders annehmende und anregende Erziehung in der Familie könnte diese Kompensation sehr begünstigt werden.

Andererseits könnte aber auch ein ungünstiger Entwicklungsprozess ablaufen, wenn die Eltern etwa auf die störungsbedingt schwierige Kommunikation mit dem Kind verunsichert, hilflos und gar mit offener Ablehnung reagierten. In solchem Falle könnte sich zwischen den Eltern und dem Kind in einem Kreislauf gegenseitiger Entmutigung eine immer stärker werdende Beziehungsstörung entwickeln, selbst wenn die Störungen des Zentralnervensystems sich inzwischen weitgehend durch biologische Reifungs- und Kompensationsprozesse aufgehoben hätten.

Zur Begründung der Ablehnung deterministischer Modelle, die auf die Wirksamkeit eines einzigen entscheidenden Faktors für das Scheitern schriftsprachlicher Lehr- und Lernprozesse abheben, verweist Kretschmann auf Untersuchungen über Faktoren wie Störungen der visuellen Wahrnehmungsfähigkeit (Kossakowski 1960, Lockowandt 1964) oder Linkshändigkeit (Valtin 1972), die alle keine signifikanten Zusammenhänge zeigten.

Kretschmann verwendet die Begriffe *Gefährdungspotenzial* und *Unterstützungspotenzial* statt der Begriffspaare Risikofaktoren – Schutzfaktoren bzw. Vulnerabilität – Resilienz. Solche Unterstützungspotenziale, bei denen es sich um Eigenschaften oder Kompetenzen von Individuen handelt, nennt er *Widerstandskräfte*. Er bevorzugt den Begriff *Potenzial*, weil dieser Begriff eine konditionale Interpretation zulässt, das heißt, er beschreibt etwas, das sich unter bestimmten Bedingungen herbeiführen ließe.

Für eine erfolgreiche Entwicklung ist erforderlich:
- Widerstandskräfte der Person zu stärken,
- Gefährdungspotenziale im Umfeld zu minimieren,
- Unterstützungspotenziale im Umfeld zu maximieren.

Für die Forschung schafft dieser Ansatz erhebliche Probleme: Die geläufigen empirischen Untersuchungsdesigns sind für das deterministische Paradigma entwickelt worden. Je mehr Wechselwirkungen vom Modell her vorgesehen werden, umso umfangreicher muss das Untersuchungsdesign sein.

Kretschmann schlägt nun vor, dieses entwicklungsökologische Konzept um eine systemische Sichtweise zu erweitern. Dabei geht es darum, das traditionelle Verständnis über Ursachen und Wirkungen durch ein zirkuläres Verständnis abzulösen.

Einerseits kann, was ursprünglich Wirkung und Folge anderer Variablen war, später zur Ursache künftigen Lernerfolges werden. Je länger ein Lehr- und Lernprozess dauert, desto stärker wird der künftige Lernerfolg von den vorangegangen Lernerfolgen beeinflusst. Andererseits können sich Ursache und Wirkung zirkulär gegenseitig beeinflussen. So kann der Lernerfolg oder auch der mangelnde Lernerfolg eines Kindes mit dazu beitragen, wie wohlwollend, besorgt oder gar ablehnend, hilfreich und unterstützend oder belastet sich Eltern, Lehrer oder Mitschüler diesem Kind gegenüber verhalten. Dies wiederum kann sich auf den zukünftigen Lernerfolg auswirken.

Nach einem solchen Verständnis wird es bei Anzeichen für eine Gefährdung des Lernerfolges in jedem Einzelfall nötig sein, die Unterstützungs- und Gefährdungspotenziale zu sichten. Um den Lernerfolg zu sichern, wird erforderlich sein, die Unterstützungspotenziale in möglichst starker Weise zur Entfaltung kommen zu lassen; zugleich wird man bestrebt sein, die Wirkmöglichkeiten der Gefährdungspotenziale zu vermindern.

Eine nicht abschließende Übersicht über das breite Spektrum der mit Lehr- und Lernprozessen in der Grundschule verbundenen Einflussgrößen gibt Tabelle 1, die unmittelbar der genannten Arbeit von Kretschmann entnommen ist.

Zeigt die Tabelle 1 eine Gesamtübersicht über die Einflussgrößen, so gibt Tabelle 2 Hinweise auf Gefährdungs- und Unterstützungspotenziale und Widerstandskräfte aus dem Bereich der *Familie*. Kretschmann unterscheidet dabei Potenziale, die unmittelbar, das heißt lerngegenstandspezifisch auf das Fach Deutsch bezogen wirken, und Potenziale, die mittelbar, das heißt unspezifisch auf alle Lerngegenstände wirken.

Die für unser Thema relevanten Bereiche sind im Folgenden hervorgehoben.

Als mittelbare Unterstützungspotenziale benennt Kretschmann:

- *Materielle und soziale Sicherheit der Familie*
- Breites Weltwissen der Erziehungspersonen
- *Emotional stabile Erziehungspersonen*
- Hoher intellektueller Anregungsgehalt
- *Anregungsreiches, ermutigendes Erziehungsklima*
- *Emotionale Unterstützung des Kindes bei Schwierigkeiten*
- *Gute soziale Integriertheit der Familie*
- Anregende Freundinnen und Freunde.

Als unmittelbar wirkende Unterstützungspotenziale nennt Kretschmann:

- Literales Milieu
- Eigene Bücher, Vorlesen
- *Begleitung des Lernprozesses durch häusliche Bezugspersonen*
- *Unterstützung bei den Hausaufgaben*
- Nachhilfe.

Als Gefährdungspotenziale mit unmittelbarer Wirkung benennt Kretschmann:

- Illiterales Milieu
- Geringe Sprach- und Schriftsprachkompetenz der Erziehungspersonen
- *Geringe und eingeschränkte Kommunikation.*

Als Gefährdungspotenziale mit mittelbarer Wirkung nennt Kretschmann:

- *Materielle Unsicherheit*
- *Beengte Wohnverhältnisse*
- Traumata durch Flucht, Vertreibung, Arbeitslosigkeit
- Anregungsarmes häusliches Milieu

Geringes Weltwissen der Erziehungspersonen

- *Emotional instabile Erziehungspersonen*
- *Gestörte familiale Beziehungen, Vernachlässigung des Kindes*
- *Überbehütung*
- *Überforderung*
- *Soziale Isolierung der Familie*
- *Zugehörigkeit zur „falschen" peer-group.*

Ich gehe davon aus, dass bei einer Krise der elterlichen Beziehung mit nachfolgender Trennung die Gefahr besteht, dass in der Familie der unmittelbare Gefährdungsfaktor der eingeschränkten Kommunikation zur Wirkung kommen kann. Zugleich droht das Wirksamwerden der Gefährdungspotenziale mit mittelbarer Wirkung wie materielle Unsicherheit und beengte Wohnverhältnisse: Eine Trennung ist für viele Familien mit einem spürbaren wirtschaftlichen Abstieg verbunden. Das Familieneinkommen, das bisher für einen Haushalt als ausreichend erachtet wurde, reicht nicht mehr aus, um den gleichen Lebensstandard für zwei Haushalte zu finanzieren.

Außerdem liegt nahe, dass bereits vor der Trennung während einer Partnerschaftskrise die emotionale Stabilität der Bezugspersonen beeinträchtigt wird. Vernachlässigung des Kindes kann entstehen, wenn die Bezugspersonen ihre Ressourcen mehr für den Partnerschaftskonflikt als für die Belange des Kindes einsetzen.

Es scheint plausibel, dass parallel auch die mittelbaren Unterstützungspotenziale bei einer Krise geschwächt werden. Dies betrifft hier gleichermaßen die materielle und soziale Sicherheit der Familie, die emotionale Stabilität der Erziehungspersonen, das anregungsreiche und ermutigende Erziehungsklima in der Familie wie auch die emotionale Unterstützung des Kindes bei Schwierigkeiten und – bei längerer Krise – die gute soziale Integriertheit der Familie.

Auch darf angenommen werden, dass bei einer Krise die Begleitung des Lernprozesses durch die häuslichen Bezugspersonen und die Unterstützung bei den Hausaufgaben als unmittelbar wirksame Unterstützungspotenziale nicht mehr in vollem Umfang zur Verfügung stehen.

Diese Überlegungen zeigen, dass die entwicklungsökologische und systemische Sicht auf das Scheitern von Lehr- und Lernprozessen sich dafür eignet, unsere Fragestellung zu bearbeiten.

Ich werde diese Sichtweise ergänzen um die *Ressourcen*, die einem System zur Bewältigung seiner Aufgaben zur Verfügung stehen. Darunter verstehe ich neben den materiellen Mitteln des Systems auch alle insgesamt in ihm vorhandenen sozialen und emotionalen

Tabelle 1 (aus Kretschmann, a.a.O.)

			Widerstandskräfte, Resilienzbedingungen Unterstützungspotenziale	
Verursachungs-bereiche	**Mittelbar (lerngegenstandsunspezifisch)**	**Unmittelbar (lerngegenstandsspezifisch)**	**Unmittelbar (lerngegenstandsspezifisch)**	**Mittelbar (lerngegenstandsunspezifisch)**
Eigenschaften der Person, organische Befindlichkeiten, Sozialisationsergebnisse, Weltwissen und Vorkenntnisse	Kognitive Voraussetzungen – Unzweckmäßige Aneignungsstrategien des Kindes – Beschränktes Handlungs- und Umweltwissen des Kindes – Wenig entwickelte intellektuelle Grundfertigkeiten – Unzureichende Beherrschung der Unterrichtssprache – Verzögerungen und/oder Beeinträchtigungen der allgemeinen sensorischen und motorischen Entwicklung	Kognitive Voraussetzungen – Entwicklungsrückstände auf sprachlichem Gebiet (Wortschatz, Syntax) – Mehrsprachige Primärsozialisation – Sprachstörungen (Dysgrammatismus, gestörte Artikulation) – Unzulängliche Bewältigung vorangegangener Lernschritte (z.B. der Phonem-Graphem-Beziehung, der Synthese oder der phonologischen Differenzierung)	Kognitive Voraussetzungen – Differenzierte vorschulische Erfahrungen mit Sprache und Schrift – Gut ausgebildete sprachliche Kompetenz (Wortschatz, Grammatik, Kommunikationskompetenz) – Rechtzeitige Bewältigung vorangegangener Lehrgangsanforderungen	Kognitive Voraussetzungen – Zweckmäßiger Arbeitsstil – Umfangreiches Weltwissen – Differenzierte kognitive Grundfähigkeiten – Gut ausgebildete Sprachkompetenz – Motorisch und sensorisch weit entwickelt
	Emotionale, motivationale und soziale Voraussetzungen – Geringes Interesse des Kindes an schulischen Inhalten, – Sozialangst, generalisierte Schulangst – Hypermotorik, Hyperaktivität – Soziale Probleme, Aggressivität	Emotionale, motivationale und soziale Voraussetzungen – Geringe subjektive Bedeutsamkeit von Schrift – Angst und Lernblockaden gegenüber Lesen und Schreiben (infolge vorangegangener Misserfolgserlebnisse und/ oder hohen Erwartungsdrucks der Eltern)	Emotionale, motivationale und soziale Voraussetzungen – Interesse am Lerngegenstand Schrift – Erfolgszuversicht – Kontrollüberzeugung	Emotionale, motivationale und soziale Voraussetzungen – Differenzierte Interessen und Hobbys – Wissbegier und hohe Lernmotivation – Selbstbewusstsein, positives Selbstwertgefühl – Soziale Kompetenz und gefestigte soziale Position
	Organische Beeinträchtigungen, Sinnesschädigungen – Konstitutionell bedingte Krankheitsanfälligkeit (z.B. Infektanfälligkeit)			Organische Entwicklung und Konstitution – Das Kind ist organisch altersadäquat entwickelt – Das Kind verfügt über eine robuste körperliche Konstitution
	Lerngeschichte – Geringe vorschulische Erfahrungen mit schulisch relevanten Sachverhalten – Verspätete oder unzulängliche Bewältigung vorangegangener Entwicklungsaufgaben – Lange Fehlzeiten	Lerngeschichte – Geringe Vorerfahrungen mit Sprache, Schrift, Vorlesen, Kinderbüchern etc.	Lerngeschichte – Ausgiebige Vorerfahrungen mit Schrift; Schrift schon früh im Erfahrungshorizont und positiv emotional besetzt	Lerngeschichte – Ausgeprägte vorschulische Erfahrungen mit schulisch relevanten Sachverhalten – Altersadäquate und hinlängliche Bewältigung vorangegangener Entwicklungsaufgaben

Tabelle 1 (aus Kretschmann, a.a.O.)

Verursachungsbereiche	Mittelbar (lerngegenstandsunspezifisch)	Unmittelbar (lerngegenstandsspezifisch)	Widerstandskräfte, Resilienzbedingungen Unterstützungspotenziale: Unmittelbar (lerngegenstandsspezifisch)	Widerstandskräfte, Resilienzbedingungen Unterstützungspotenziale: Mittelbar (lerngegenstandsunspezifisch)
Außerschulische, häusliche Sozialisationsbedingungen	– Materielle Unsicherheit – Beengte Wohnverhältnisse – Traumata durch Flucht, Vertreibung, Arbeitslosigkeit – Anregungsarmes häusliches Milieu – Geringes Weltwissen der Erziehungspersonen – Emotional instabile Erziehungspersonen – Gestörte familiale Beziehungen, Vernachlässigung des Kindes – Überbehütung – Überforderung – Soziale Isolierung der Familie – Zugehörigkeit zur „falschen" *peer-group*	– Illiterales Milieu – Geringe Sprach- und Schriftsprachkompetenz der Erziehungspersonen – Geringe und eingeschränkte Kommunikation	– Literales Milieu – Eigene Bücher, Vorlesen – Begleitung des Lernprozesses durch häusliche Bezugspersonen – Unterstützung bei den Hausaufgaben – Nachhilfe	– Materielle und soziale Sicherheit der Familie – Breites Weltwissen der Erziehungspersonen – Emotional stabile Erziehungspersonen – Hoher intellektueller Anregungsgehalt – Anregungsreiches, ermutigendes Erziehungsklima – Emotionale Unterstützung des Kindes bei Schwierigkeiten – Gute soziale Integriertheit der Familie – Anregende Freundinnen/Freunde
Schulische Sozialisationsbedingungen und pädagogische Angebote	– Unfreundliche bauliche Gestaltung der Schule, dürftige Einrichtung und Ausstattung – Zu wenig Personal, zu große Klassen – Schlechtes Schulklima, fehlende Kooperation unter den Lehrerinnen und Lehrern – Sehr heterogene Schülerschaft – Ablehnendes Lehrerverhalten, gestörte Schüler-Lehrer-Beziehung – Konflikte mit Mitschülern – Hoher Leistungsdruck – Gleichtakt des Lernens – Zu wenig zugestandene Lernzeit	– Inhaltsarme Formalangebote – Vermittlung von Schrift als bloße Technik ohne Gebrauchswert – Fehlender Bezug der Texte zum Erleben und zur Sprache der Kinder – Lernpsychologisch und wahrnehmungspsychologisch falsche Organisation von Lernschritten – Zu wenig zugestandene Lernzeit im Fach „Deutsch", keine ausreichende Gelegenheit zur Automatisierung des Gelernten – Fehlende Passung der Angebote an die Voraussetzungen der Kinder – Fehlende Differenzierung (Über- und Unterforderung) – Fehlende Hilfen bei Schwierigkeiten – Ungenügende emotionale Unterstützung bei Schwierigkeiten	– Erlebnis- und erfahrungsbezogene Angebote zum Lesen und Schreiben – Sorgfältige Passung der Angebote an individuelle Ausgangslagen – Ausgiebige Bearbeitung der besonderen Schwierigkeiten des Lerngegenstands, insbesondere der phonologischen Operationen – Ausreichende Lernzeit für alle – Unterstützungsangebote für Kinder mit akuten Problemen beim Lesen- und Schreibenlernen	– Freundliche Gestaltung der Schule (Klassenzimmer, Gebäude, Schulhof) – Kollektives Bemühen der Lehrkräfte um eine kindgerechte Schule – Binnendifferenzierender Unterricht in allen Fächern – Projektunterricht – Unterstützungssysteme für in ihrer Entwicklung gefährdete Kinder (Sprachförderung, Deutschunterricht für Kinder ausländischer Herkunft, Beratungslehrer, Stützpädagogen) – Hilfen zur Ausbildung zweckmäßiger Aneignungsstrategien – Jahrgangsübergreifender Unterricht mit Lernzeitverlängerung – Schule mit familienergänzenden Aufgaben, Schulsozialarbeit, Betreuungsschule, Hort

Fähigkeiten sowie die nötige Kraft, diese auch tatsächlich für das System einsetzen zu können.

Auf den folgenden Seiten sollen nun die von mir herangezogenen Untersuchungen einzeln dargestellt werden. Danach folgt eine Bewertung der Ergebnisse dieser Untersuchungen aus der Perspektive der entwicklungsökologisch-systemischen Betrachtung von Störungen des Lehr- und Lernprozesses für die Grundlehrgänge in Lesen und Rechtschreibung.

3.1 Rutter, Michael: Emotional Disorder and Educational Underachievement

Der *Isle of Wight-Survey* (Rutter/Tizard/Whitmore 1970) gehört zu den bekannteren Längsschnittuntersuchungen. Auf dieser Insel wurden in den Jahren 1964 und 1965 Bedingungen von Unterricht, Gesundheit und Verhalten von neun- bis zwölfjährigen Kindern untersucht.

Rutter gibt in diesem Aufsatz eine Übersicht über den Stand der Forschung Mitte der Siebzigerjahre und über die Ergebnisse der Isle-of-Wight-Studie. Rutter legt besonderen Wert darauf, den Zusammenhang zwischen schwachen Leistungen im Lesen und Schreiben einerseits und emotionalen Störungen und Verhaltensstörungen andererseits aufzuklären.

In dieser Studie zeigte sich, dass sowohl spezielle Lesestörungen als auch allgemeine Schwächen im Lesenlernen stark mit antisozialem Verhalten sowie mit Verhaltensstörungen einhergehen. Diese Ergebnisse stimmten mit denen anderer epidemiologischer Studien von 1966 bis 1974 überein.

Zusammenfassend stellt er fest: Schwache Schulleistungen in allen Fächern treten gemeinsam auf mit Verhaltensstörungen *(behavioral disturbance).* Der Zusammenhang ist beim Leseunterricht am stärksten.

Es gibt einen gewissen Zusammenhang mit emotionalen Schwierigkeiten, der aber deutlich größer mit antisozialen Verhaltensstörungen zum Ausdruck kommt *(disorders of conduct).* Der Zusammenhang zeigt sich bereits früh in der Schulkarriere des Kindes und besteht während der ganzen Schulzeit (Rutter 1974, S. 251).

Der Autor zeigt weiter, dass Schwierigkeiten beim Lesenlernen ursprünglich nicht die Folge von neurotischen Störungen sind.

Er zeigt aber, dass emotionale und motivationale Faktoren für das Fortbestehen der Probleme beim Erlernen des Lesens eine entscheidende Rolle spielen. Hier beschreibt er den bekannten Ablauf von negativer Rückmeldung, Entmutigung und vom Verlust der Zuversicht, die eigene Situation durch Leistung und Anstrengung verbessern zu können.

Rutter weist darauf hin, dass die Motivation des Kindes und seine Zuwendung zum Lernen gestört sein können, wenn das Kind mit der Sorge über Schwierigkeiten in der Familie belastet ist (a. a. O., S. 254).

Abschließend stellt Rutter fest, dass die Zusammenhänge insgesamt nicht ausreichend systematisch untersucht sind. Er verweist auf die Notwendigkeit der klinischen Beurteilung im Einzelfall.

3.2 Werner, Emmy E: Sozialisation: Die Kinder von Kauai

Die Autorin berichtet über eine Längsschnittstudie, bei der ca. 700 im Jahr 1955 auf der zu Hawaii gehörenden Insel Kauai geborene Kinder mehr als 30 Jahre lang untersucht wurden.

> „Wir wollten die langfristigen Konsequenzen von Belastungen vor, während und kurz nach der Geburt (so genanntem Stress) beurteilen und die Auswirkungen eines ungünstigen Umfelds in der frühesten Lebenszeit auf die körperliche, geistige und psychosoziale Entwicklung von Kindern dokumentieren.“ (Werner 1999, S. 118)

Die Probanden wurden im Alter von einem, 10, 18 und 31 Jahren erneut untersucht.

Die Untersuchung zeigt Belege dafür, dass Schutzfaktoren bei ca. 30 % der als risikobelastet eingestuften Kinder bewirken, dass sie trotz körperlicher und familiärer Risikofaktoren von klein auf gesund und erfolgreich und gut integriert leben.

Bei den ca. 70 % der Risikokinder mit schlechtem Sozialisationserfolg gab es häufig Leseprobleme.

Alle 25 Kinder mit langfristigen psychischen Problemen hatten mit zehn Jahren auch Lernschwierigkeiten (a. a. O., S. 121).

> „Die Entwicklung dieser Risikogruppen von der Geburt bis zum 18. Lebensjahr zeigte zweierlei: Die Folgen von prä- oder perinatalem Stress verringerten sich im Laufe der Zeit, und die Auswirkungen jeglicher biologischen Belastung hingen von dem Umfeld und den Umständen der Kinder- und Jugendzeit ab.“ (a. a. O., S. 122)

Weiter konstatiert Werner:

> „Einen Zusammenhang zwischen Komplikationen bei der Geburt und Beeinträchtigungen der körperlichen und geistigen Entwicklung fanden wir bei den Kindern von Kauai im Alter von 10 und 18 Jahren nur dann, wenn diese Probleme auch noch mit anhaltender Armut, familiären Konflikten, Geisteskrankheiten der Eltern oder anderen langfristig schlechten Entwicklungsbedingungen zusammentrafen.“ (a. a. O., S. 122

Bei schlechten Beziehungen der Eltern untereinander oder zwischen Eltern und Kind bemühten sich die als erfolgreicher eingestuften Kinder darum, Beziehungen außerhalb der engeren Familie aufzubauen und zu pflegen: Sie machten die Schule zu ihrer Ersatzfamilie, Lehrer zu Ersatz-Bezugspersonen und suchten sich Freunde oder Freundinnen als zusätzliche Bezugspersonen.

> „Aus der Schule schienen sie ein zweites Zuhause gemacht zu haben, einen Ort der Zuflucht, wenn ihre Familie zerrüttet war. Als wir sie im Alter von 18 Jahren befragten, nannten viele dieser Jugendlichen einen Lieblingslehrer, der für sie zum Rollenmodell, Freund und Vertrauten geworden war und der sie besonders in Zeiten unterstützte, in denen ihre eigene Familie von Konflikten bedrängt oder von Auflösung bedroht war." (a. a. O., S. 125)

Nach meiner Auffassung belegen diese Ergebnisse eindrucksvoll, welch hohen protektiven Wert ein funktionierendes Familiensystem gerade für die Kinder hat, die ihre Entwicklungsaufgaben unter erhöhten biologischen Risiken leisten müssen.

3.3 Laucht, M./Esser, G./Schmidt, M. H.: Was wird aus Risikokindern? Ergebnisse der Mannheimer Längsschnittstudie im Überblick

Die Mannheimer Risikokinderstudie ist eine Längsschnittanalyse, die eine systematisch ausgewählte Kohorte von Kindern in ihrer Entwicklung von der Geburt bis zum Jugendalter begleitet hat. Die Studie befasst sich mit der Entwicklung von Risikokindern im Vorschulalter. Untersucht werden die Chancen und Risiken von Kindern, deren gesunde Entwicklung durch frühe, bei Geburt bestehende organische und psychosoziale Belastungen gefährdet ist.

Ziele der Studie

1. Eine möglichst breite Beschreibung der psychischen Entwicklung von Kindern mit unterschiedlichen Risikobelastungen von der Geburt bis ins Schulalter.
2. Die Bestimmung der prädikativen Bedeutung früher biologischer und psychosozialer Risiken sowie der protektiven und kompensatorischen Einflüsse von Kompetenzen und Ressourcen des Kindes und seiner sozialen Umwelt.
3. Die Modellierung des Bedingungsgefüges von Risiko- und Schutzfaktoren.

4. Die Erarbeitung von Vorschlägen zur Verbesserung der Prävention, Früherkennung und Frühbehandlung von Entwicklungsstörungen bei Risikokindern.

Methode

Die Ausgangsstichprobe umfasst 362 Kinder, die zwischen dem 1. Februar 1986 und dem 28. Februar 1988 in zwei Frauenkliniken der Städte Mannheim und Ludwigshafen bzw. in sechs Kinderkliniken der Rhein-Neckar-Region geboren und versorgt wurden.

Aufgenommen wurden Säuglinge mit folgenden Kriterien:

- Erstgeborenes Kind
- Aufwachsen bei leiblichen Eltern
- Deutschsprachige Familien
- Keine schweren angeborenen Erkrankungen, keine Sinnesbehinderungen oder Missbildungen, keine Mehrlingsgeburten.

Als zu untersuchende Risikofaktoren wurden erfasst:

- Organische Belastungen (prä- und perinatale Komplikationen)
- Psychosoziale Belastungen (bei Geburt bestehende benachteiligte familiäre Lebensverhältnisse).

Ergebnisse für die psychosozialen Risikobelastungen

Die belastenden familiären Einflüsse zeigen sich in dieser Gruppe in der intellektuellen und sozialemotionalen Entwicklung. Keinen signifikanten Niederschlag zeigen sie hingegen in der motorischen Entwicklung. Die IQ Werte nehmen mit steigender Risikobelastung signifikant ab (12 Punkte unter dem Leistungsniveau der Vergleichsgruppe). In der Gruppe der Kinder mit einer schweren Belastung ist der Anteil schwerer kognitiver Beeinträchtigungen IQ < 70 sehr hoch.

Kinder aus benachteiligten Familien sind auch in ihrer schulischen Entwicklung beeinträchtigt. Die Förderschule besuchen 13,8 % der psychosozial hoch belasteten, 3,7 % der leicht und nur 3,4 % der unbelasteten Kinder.

3.4 Helmke, Andreas/Schrader, Friedrich-Wilhelm u. a.: Zur Rolle des Elternverhaltens für die Schulleistungsentwicklung ihrer Kinder

Die Arbeit enthält keine Angaben über Auswirkungen von Elternkonflikten oder Eltern-Kind-Konflikten, sondern führt den Nachweis, dass Elternmerkmale Auswirkung auf die Leistungsentwicklung in Mathematik haben. Es handelt sich um eine Längsschnittsstudie mit 118 Müttern und ihren Kindern aus 39 verschiedenen Klassen vom Beginn der 5. bis Ende der 6. Klasse mit Tests und Interviews.

Die identifizierten erfolgsförderlichen Verhaltensweisen der Mütter sind:

- Hohe mütterliche Leistungserwartungen
- Überschätzung (unrealistisch hohe Einschätzung) der Leistungsfähigkeit der Kinder
- Hohe Valenz (Wertschätzung) von Leistung.

> „Eltern, deren Kinder eine günstige Leistungsentwicklung aufweisen, verleihen der subjektiven Wichtigkeit von Schulleistung primär dadurch Ausdruck, dass sie erwartungswidrig schlechte schulische Leistungen nicht einfach hinnehmen, sondern mit unterschiedlichen Sanktionsmaßnahmen darauf reagieren (aktionale Komponente); außerdem sind sie durch ein intensiveres emotionales Engagement (affektive Komponente) gekennzeichnet. Dagegen erwies sich die kognitive Valenzkomponente (relative Wichtigkeit von Leistung, verglichen mit anderen Erziehungszielen) als unerheblich." (Helmke u. a. 1991, S. 16)

Diese drei Merkmale erklären 9 % der Varianz der Schulleistung, wenn man sowohl den zu Beginn der Untersuchung erreichten kognitiven Entwicklungsstand als auch die unterschiedlichen schulischen Erfahrungen (Schulklassen-Zugehörigkeit) herausrechnet (a. a. O., S. 15).

> „Insofern trägt unser Ergebnis zu einer Stützung derjenigen Befunde bei, die auf eine substanzielle Bedeutung des Elternverhaltens für die Schulleistungsentwicklung verweisen (Campbell/Mandel 1990, Keeves 1986, Marjoribanks 1979, Mayeske et al. 1969)." (a. a. O., S. 15)

Allgemein zeigen sich für die Schulleistung als leistungsfördernd:

- Elterliche Unterstützung
- Gewährung von Selbstständigkeit
- Positive Leistungsrückmeldungen
- Autoritatives Verhalten (klare Ziele und Standards, Ermutigung zu selbstständigem Verhalten, offene verbale Kommunikation).

Autoritäres (umfassende Kontrolle und Bewertung des Kindverhaltens und Einflussnahme auf dessen Einstellungen mit Akzentuierung von Gehorsam und formalen Arbeitstugenden sowie eingeschränkter verbaler Eltern-Kind-Kommunikation) und *permissives* (undifferenziertes Gewährenlassen, keine Ziele und Standards, unklare Kommunikation) Verhalten hängen dagegen negativ mit Leistungserfolg zusammen.

Zwischen Hausaufgabenengagement und Leistung zeigt sich folgender Zusammenhang: Produktorientierte Hilfen gehen mit ungünstiger, prozessorientierte Hilfen mit günstiger Leistungsentwicklung einher (a. a. O., S. 13).

3.5 Tiedemann, Joachim/Faber, Günter: Der langfristige Stellenwert mütterlicher Erziehungsmerkmale und kognitiver Kindkompetenzen für die Leistungsentwicklung in der Grundschule: Ergebnisse einer vierjährigen Längsschnittuntersuchung

Fragestellung der Untersuchung[1]:

- In welchem Ausmaß werden die ausgewählten individuellen Lernvoraussetzungen von Vorschulkindern durch die Bedingungen der familialen Lernumwelt beeinflusst?
- In welchem Ausmaß können die Grundschulleistungen in den Klassenstufen 1 bis 4 direkt und indirekt durch die betreffenden individuellen Lernvoraussetzungen aufgeklärt werden?
- In welchem Ausmaß werden die Schulleistungen dabei direkt und indirekt von den familialen Prozessvariablen elterlicher Unterstützung und Strenge determiniert?
- Inwieweit erlauben die ausgewählten individuellen Lernvoraussetzungen eine schulfachbezogene differenzielle Vorhersage der späteren Leistungen?

Methode

Die Längsschnittuntersuchung dauerte mehr als vier Jahre (Prädiktoren fünf Monate vor Schuleintritt, Schulleistungen jeweils Ende des 1. bis 4. Schuljahres). Die Stichprobe umfasste zu Beginn der Unter-

[1] Tiedemann u. a. 1990, S. 74

suchung 103 Kinder beiderlei Geschlechts, am Ende waren es 88 Kinder. Der Schwund ergab sich durch nicht versetzte und zur Sonderschule gewechselte Kinder. Es fehlen also die Schwächsten!

Variablen

1. (Prä-)numerische Lernvoraussetzungen: Halbieren/Verdoppeln, gleiche Mengen herstellen, Relationen erkennen (Klassifikations- und Seriationsaufgaben).
2. Visuelle Lernvoraussetzungen: sinnlose Zeichen innerhalb einer Bezugsmenge wieder erkennen, Buchstaben- und Wortbilder wieder erkennen.
3. Sprachliche Lernvoraussetzungen: Lautbildung (Nachsprechen von Fantasiewörtern), Lautidentifikation (Phoneme als An- oder Auslaut in visuell als Bilder präsentierten Wörtern wieder erkennen) (a. a. O., S. 76).
   Diese drei Faktoren klären 53 % der Varianz.
4. Vom Kind perzipierte mütterliche Unterstützung und Förderung
5. Per Interviewskala: Aussagen, die mütterliches Verhalten als anregend, konstruktiv, ermutigend und explorative Verhaltensweisen fördernd beschreiben.
6. Vom Kind perzipierte mütterliche Strenge und Kritik: Aussagen, die das Verhalten der Mutter als strafend, kritisch, abwertend, kontrollierend, leistungsorientiert fordernd beschreiben.
7. Sechs Lehrerurteile über den Leistungsstand auf einer sechsstufigen Skala.

Ergebnisse

Die Merkmale *mütterliche Strenge, Alter des Kindes* und *Geschlecht* haben kein prognostisches Gewicht und werden von den Regressionsanalysen ausgeschlossen.

Auf Basis der verbleibenden vier Prädiktoren können über die Grundschulzeit hinweg 30 % (1. Klasse), 32 % (2. Klasse), 36 % (3. Klasse), 25 % (4. Klasse) der Schulleistungsvarianz aufgeklärt werden (a. a. O., S. 79).

> „Als erklärungsmächtigste Prädiktoren zeigen sich im Hinblick auf die direkte Vorhersage der Deutschleistungen langfristig die perzipierte mütterliche Unterstützung, gefolgt von den (prä-)numerischen Lernvoraussetzungen.“ (a. a. O., S. 79)

Zum Ende des 4. Schuljahrs ist die mütterliche Unterstützung in der Vorschulzeit der Faktor mit der höchsten Gewichtung als Prädiktor des Schulerfolgs Ende der 4. Klasse in Deutsch und Rechnen.

Bei einer weiteren Auswertung lassen sich direkte Effekte der mütterlichen Unterstützung auf die (prä-)numerischen Lernvoraussetzungen und auf die Deutschleistungen des ersten Grundschuljahrs nachweisen (a. a. O., S. 81).

> „Der prognostische Stellenwert der vorschulisch erhobenen Lernvoraussetzungen reicht direkt allenfalls bis auf die 2. Kriteriumsstufe und wirkt sich längerfristig nur indirekt auf die Schulleistungen des dritten und vierten Grundschuljahres aus. [...] *Gegen Ende der Grundschulzeit auftretende Lernschwierigkeiten verweisen daher zunächst auf eine ungünstige Lerngeschichte in den Klassen 3, 2 und 1, die ihrerseits unter dem Einfluss problematischer Lernvoraussetzungsausprägungen und unzureichend förderlicher Erziehungspraktiken in der Familie stehen* [Hervorhebung J.F.D.].“ (a. a. O., S. 83)

> „Innerhalb eines solchen Bezugsrahmens sind gleichwohl noch schulfachbezogene Entwicklungslinien erkennbar. [...] Die Deutschleistungen im Erstunterricht gehen [...] auf die sprachlichen und visuellen Lernvoraussetzungen zurück. Darüber hinaus wirkt sich die erlebte mütterliche Unterstützung auf die Rechenleistungen im Erstunterricht im Wesentlichen indirekt, d. h. über die (prä-)numerischen Voraussetzungen vermittelt, aus. *Die Deutschleistungen im Erstunterricht werden von ihr aber in substantieller Weise direkt beeinflusst* [Hervorhebung J.F.D.].“ (a. a. O., S. 83)

Diese Effekte gelten auch, wenn die Intelligenz der Kinder in Rechnung gestellt wird (a. a. O., S. 83).

Die Autoren schlussfolgern:

> „Unterstellt man den Ausprägungen häuslicher Lernumwelten eine hinreichende Stabilität, so dürften diese Langzeiteffekte der erlebten mütterlichen Unterstützung auch auf analoge Auswirkungen schulbegleitender Mutter-Kind-Interaktionen, etwa im Rahmen der alltäglichen Hausaufgabenbetreuung [...] hinweisen.“ (a. a. O. S. 83f.)

Die Autoren führen abschließend aus, dass „die Entstehung grundschulischer Leistungsschwierigkeiten in bedeutsamer Weise durch den von Vorschulkindern erlebten Mangel an mütterlicher Unterstützung begünstigt erscheint. So gesehen können Analysen zur Genese von frühen Schulleistungsproblemen nicht auf die Frage von kognitiven Kindkompetenzen reduziert bleiben, sondern sie müssen ebenso das sozial-emotionale Umfeld des Kindes in Rechnung stellen“ (a. a. O., S. 86).

3.6 Georg, Werner/Lange, Andreas: „Soziales Kapital" in Familien: Einflüsse auf Delinquenz und Schulleistung

Zunächst nehmen Georg und Lange Stellung zum Stand der soziologischen Diskussion zum Beitrag der Familien für die Vermittlung von Kompetenzen an die Kinder. Lange war es für die Familien- und Sozialisationsforschung selbstverständlich, den Stellenwert der Familien und ihrer Beziehungen für die Herausbildung von Kompetenzen und Persönlichkeit der Kinder intensiv zu diskutieren (Georg/Lange 1999, S. 289).

In dieser Tradition ist es eine Basisthese, dass „gelingende und förderliche Familienbeziehungen und Prozesse familialer Binnenkommunikation ein sine qua non der erfolgreichen Sozialisation von Kompetenz darstellen" (a.a.O., S. 289).

Georg und Lange machen darauf aufmerksam, dass „die Betrachtung der Morphologie alleine keinen Aufschluss über die Prozesse der Sinn- und Kompetenzvermittlung sowie der ökologischen Potenz von Familien erlaubt. [...] Strukturelle Merkmale des Familiensystems interagieren vielmehr mit (a) gesellschaftlichen Stigmatisierungs- und Institutionalisierungsprozessen, (b) daran anschließend ökonomisch-sozialpolitischen Ressourcenprofilen, die den jeweiligen Formen zur Verfügung stehen" (a.a.O., S. 289). Erst durch diese Vermittlung entfaltet die Familienstruktur ihre Wirkung.

Bei allen gegenwärtigen Diskussionen, die infrage stellen, ob dem Einfluss der Familien bei der Vermittlung von Kompetenzen überhaupt eine Bedeutung zukommt, lässt sich doch der Forschungsstand wie folgt darstellen: Sowohl psychoanalytische Objektbeziehungstheorie, Bindungstheorie als auch die soziale Lerntheorie zeigen – unabhängig von sehr unterschiedlichen methodischen Wegen der Forschung:

> „Eltern, die auf die Erziehung ihrer Kinder mit Zuneigung und emotionaler Wärme, mit klaren und erklärbaren Regeln, mit der Bereitstellung entwicklungsangemessener Anregungsbedingungen und mit der Gewährung sich erweiternder Handlungsspielräume Einfluss nehmen, können im Schnitt damit rechnen, dass ihre Kinder sich zu selbstbewussten, emotional stabilen, sozial kompetenten, selbstverantwortlichen und leistungsfähigen Personen entwickeln." (Schneewind 1995, S. 156, zitiert in Georg/Lange 1999, S. 290)

Dies findet eine klare Ausprägung im Konzept der „autoritativen Erziehung" Georg und Lange zitieren Untersuchungen, die nachweisen, dass dieser Erziehungsstil positiven Einfluss auf Selbstwert und Kompetenzentwicklung der Kinder hat und bei ungünstigen sonstigen Bedingungen als protektiver Faktor wirkt (Georg/Lange 1999, S. 290f.).

Als „Soziales Kapital“ wird die Modellvorstellung bezeichnet, dass das individuelle genetische Potenzial des Menschen, vermittelt durch die Qualität der Beziehungen des Kindes mit seinem Umfeld, nach Georg und Lange insbesondere durch motivationale und zielstrukturierende Momente manifest gemacht werden kann (ebd. S. 292).

Mit den Daten des Kinderlängsschnitts untersuchen Georg und Lange, ob sich ein Einfluss der Qualität der Familienbeziehungen auf Delinquenz und auf für Schulerfolg relevante Faktoren nachweisen lässt.

Als solche Faktoren untersuchen sie

- den Durchschnitt der Schulnoten in Deutsch, Englisch und Mathematik,
- die Zuschreibung eigener Anstrengung als Voraussetzung des Statuserwerbs als Erwachsener,
- die Überzeugung, dass eigene Anstrengungen hinsichtlich der Schulleistung zum Erfolg führen,
- eine positive Schuleinstellung,
- die Selbstwirksamkeitsüberzeugung hinsichtlich der Schulleistung.

Als Operationalisierung der familalen Interaktion dient eine Kurzskala mit Fragen nach

- Reibereien,
- harmonischen und friedlichen Interaktionen,
- gegenseitiger Unterstützung in schwierigen Situationen,
- der Möglichkeit, dass jeder seine eigenen Wege gehen,
- der Möglichkeit, dass man über alles sprechen kann.

Georg und Lange zeigten in einer Clusteranalyse, dass 19 % der Stichproben zu einem Cluster gehörten, das sich durch folgende Merkmale auszeichnete:

- Unterdurchschnittliche Zuschreibung eigener Anstrengung als Voraussetzung für den Statuserwerb als Erwachsener
- Unterdurchschnittliche Überzeugung, dass eigene Anstrengungen hinsichtlich der Schulleistung zum Erfolg führen
- Unterdurchschnittliche Selbstwirksamkeitsüberzeugung hinsichtlich der Schulleistung
- Negative Schuleinstellung
- Starke negative Abweichung im Notendurchschnitt.

Die Autoren schlussfolgern daraus, dass negative Kontextbedingungen bei dieser Gruppe zu verminderter schulischer Selbstwirksamkeit führen.

Sie wollen nun zeigen, dass eine bestimmte Form der Interaktionsgestaltung in der Familie, die soziales Kapital in der Familie in Form von kommunikativer Beziehungsdichte und Ressourcivität (a. a. O.) umfasst, als Transmissionsmedium die Aneignung von schulischem Kapital und den mit ihm verbundenen Schlüsselqualifikationen fördert.

Dieser Nachweis gelingt. Je höher das in der Familie vorhandene „Sozialkapital", desto geringer ist die Wahrscheinlichkeit, dass die Kinder zu dem ungünstigen Schulcluster gehören – und das bei Kontrolle wesentlicher anderer, nicht auf die Interaktionsformen der Familie bezogener Merkmale der Kinder und der Familien.

Die Autoren folgern:

> „Da das Sozialkapital unabhängig von den Ressourcenmerkmalen der Familie protektiv gegen internalisierendes und externalisierendes Problemverhalten wirkt, wäre hier ein spezifisches Anwendungsfeld für Schulungsprogramme bezüglich familialer Interaktionsstrukturen vorhanden." (a. a. O., S. 296)

Aus Sicht der Erziehungsberatung sind hier differenzierende Betrachtungen erforderlich, die über Schulungsprogramme hinausgehen.

3.7 Pianta, Robert C./Harbers, Katrina: Observing Mother and Child Behavior in a Problem-Solving Situation at School Entry: Relations with Academic Achievement

In dieser Untersuchung zeigen die Autoren auf, dass sich standardisierte Ratings der Mutter-Kind-Interaktion in einer Situation im Kindergarten in Beziehung setzen lassen zu den schulischen Leistungen der Kinder in der 2., 3. und 4. Klasse. Zunächst berichten die Autoren aus vorliegenden Untersuchungen die folgenden Ergebnisse:

Eine Gruppe von Untersuchungen zeigt Zusammenhänge auf zwischen Lernproblemen und Verhaltensproblemen in der Schule einerseits und Schwierigkeiten in der Mutter-Kind-Interaktion in der frühen Kindheit und in der Vorschulzeit andererseits:

Greenberg und Speltz (1988) konnten einen starken Zusammenhang zwischen Verhaltensproblemen mit störendem Verhalten in der

Schule und der Qualität der Bindung zwischen Eltern und Kind nachweisen.

Pianta, Erickson, Wagner u.a. (1990) konnten zeigen, dass Messungen der Mutter-Kind-Beziehung im Vorschulalter den Bedarf an speziellen erzieherischen Hilfen in der Schule besser vorhersagen konnten als standardisierte Tests.

Eine zweite Gruppe von Untersuchungen betrachtet Zusammenhänge zwischen der Mutter-Kind-Interaktion und einer Reihe von sozialen Verhaltensfähigkeiten und Lernerfolg in der Grundschule bei Kindern ohne spezielle Probleme. Diese Untersuchungen identifizieren bestimmte Wirkungswege, die die Entwicklung in der Familie in Verbindung bringen mit Kompetenz in der Schule (de Ruiter/van Ijzendoorn 1993).

Bus und van Ijzendoorn (1988) untersuchten die Beziehungen zwischen herausragenden literarischen Fähigkeiten, der Mutter-Kind-Interaktion und der Sicherheit der Mutter-Kind-Bindung in einer Stichprobe von ein bis fünf Jahre alten Kindern. Sicher gebundene Kinder zeigten mehr Aufmerksamkeit gegenüber ihren Müttern, erforderten weniger disziplinarische Eingriffe, erhielten mehr Anleitungen zum Lesen von ihren Müttern, entfalteten mehr spontane Leseaktivitäten und erzielten bessere Ergebnisse in Tests der Lesefähigkeit als unsicher gebundene Kinder.

Sroufe (1983) setzte in einer Verlaufsuntersuchung die Bindung zwischen Mutter und Kind mit 18 Monaten in Beziehung mit dem Verhalten in einer Vorschulumgebung. Er konnte zeigen, dass Kinder, die eine vermeidende Bindung zu ihren Beziehungspersonen hatten, in der Vorschule bei Gleichaltrigen und Erwachsenen eher Abweisung auslösten. Kinder mit einer Geschichte von ambivalenten Beziehungen zu den Bezugspersonen waren dagegen aggressiv und abhängig in der Vorschulsituation.

Kinder mit einer Erfahrungsgeschichte von Vermeidung oder Konflikt zu den Bezugspersonen hatten große Schwierigkeiten, an Lernaufgaben heranzugehen.

Pianta, Smith und Reeve (1991) belegen die Möglichkeit, soziale Anpassung und Anpassung an Lernsituationen durch Messungen der Kind-Mutter-Interaktion in Problemlösungssituationen vorauszusagen.

Diese Ergebnisse erlaubten die Interpretation, dass kindliche Kompetenzen in einer Matrix von Interaktionen und Beziehungen mit Bezugspersonen und Erwachsenen entstehen und eingebettet bleiben.

Die in diesen Untersuchungen gewonnenen Ergebnisse zeigen, dass zwei Faktoren der Interaktion mit den Bezugspersonen für den nachfolgenden Schulerfolg wesentlich sind:

- die emotionale Qualität der Interaktion mit den Bezugspersonen und
- die Qualität der Anleitung durch die Bezugspersonen.

Bei der Untersuchung von Pianta und Harbers wurden 342 Kindergartenkinder mit ihren Müttern bereits im Rahmen einer anderen Untersuchung untersucht. Das Alter reichte von 4,9 bis zu 6,7 Jahren, das mittlere Alter betrug 5,3 Jahre. Diese Stichprobe wurde in der 2., 3. und 4. Klasse mit einem standardisierten Test für grundlegende schulische Fertigkeiten untersucht. Geschlecht, ethnische Herkunft und Bildungsgrad der Mütter wurden konstant gehalten.

Die hier beschriebene Untersuchung fand bei der gleichen Stichprobe am ersten Schultag statt. Im Rahmen der Einschulung wurden die Mütter und Kinder mit zwei Problemlösungsaufgaben konfrontiert und dabei beobachtet.

Zusätzlich wurden folgende Variablen erhoben:

- Kognitive Entwicklung
- Motorische Entwicklung
- Bildungsstand der Mutter
- Rating der Mutter-Kind-Interaktion nach den Merkmalen Unterstützung (Ermutigung, Wärme und emotionale Unterstützung), Qualität der Anleitung und Respekt vor der Autonomie des Kindes aufseiten der Mütter und Gefühlslage, Abschiebung der Problemlösung auf die Mutter, Aufgabenorientierung und Selbstwertgefühl aufseiten der Kinder
- Leistungsmessung mit dem *Iowa Test of Basic Skills ITBS* in der 2., 3. und 4. Klasse. Neben dem Gesamtwert wurden auch Wortschatz, Leseverständnis, Sprache, „Work Study“ und Mathematik erhoben. Dieses Verfahren gilt als ein valides Instrument zur Erfassung der Schulleistungen und weist Reliabilität zwischen 0,85 und 0,93 für die Untertests auf.

Ergebnisse

Bei der faktorenanalytischen Auswertung wurde ein Faktor „Mutter-Kind-Kompetenz“ definiert, der 51 Prozent der Gesamtvarianz aufklärt. Auf diesem Faktor luden am höchsten das Selbstwertgefühl des

Kindes (r = 0,80) gefolgt von der Unterstützung durch den Erwachsenen (r = 0,76) und der Qualität der Instruktion des Erwachsenen (r = 0,76).

Die Mütter, die in diesem Kompetenzfaktor hoch eingeschätzt wurden, erwiesen sich als warmherzig, sensitiv für die Gefühle ihres Kindes sowie ermutigend und hilfreich, wenn das Kind frustriert war. Sie gaben ihm die erforderlichen Anleitungen, um die Aufgaben zu Ende führen zu können.

Die Kinder, die in diesem Faktor hoch beurteilt wurden, zeigten ein positives Selbstwertgefühl, waren liebevoll und zärtlich, übernahmen Aufgaben, hatten Ausdauer und Zuversicht, hörten sich die Anleitungen der Mutter aufmerksam an und zeigten wenig negative Gefühle.

Die Korrelationen zwischen dem Mutter-Kind-Kompetenzfaktor am Tag des Schulbeginns und dem Leistungstest ITBS in der 2., 3. und 4. Klasse waren signifikant ($p > .01$) und konnten bis zu 24 % der Varianz in den ITBS-Werten aufklären.

Diese Beziehungen nahmen von der 2. bis zur 4. Klasse nicht ab. Es waren keine wesentlichen Unterschiede zwischen den einzelnen Untertests festzustellen.

Bezieht man neben dem Mutter-Kind-Kompetenzfaktor noch die Bildung der Mutter, die kognitive Entwicklung und die feinmotorische Entwicklung des Kindes am ersten Schultag mit ein, können bis zu 67 % der Varianz in der ITBS aufgeklärt werden.

Die Autoren weisen darauf hin, dass eine Reihe anderer Studien ebenfalls belegen, dass die Beziehungen zwischen Kind und Elternteilen signifikante Voraussagen der nachfolgenden Entwicklungsergebnisse für Schulleistungen und Verhalten in der Schule ermöglichen, so zum Beispiel Barth und Parke (1993), Bus und van Ijzendoorn (1988), Elicker et al. (1992), Greenberg und Speltz (1988) und Howes et al. (1994a).

Sie zeigen auch, dass Maße der Schulleistung, des Bildungsstandes der Familie, des Entwicklungsstandes des Kindes und Einschätzungen der Mutter-Kind-Interaktion einen ganz erheblichen Betrag von sich überlappender Varianz aufweisen.

Die Autoren interpretieren die Ergebnisse entwicklungspsychologisch wie folgt: Die unterschiedlichsten Verhaltensweisen und Fähigkeiten wie das Verhalten bei einem Intelligenztest, feinmotorische Fähigkeiten und schulische Leistungen werden betrachtet als Ergebnisse eines Entwicklungsprozesses, der seine Wurzeln in Mustern der Kind-Bezugsperson-Interaktionen bereits seit der frühen Kindheit hat. Über den Lauf vieler Jahre und unzähliger Interaktionen versorgt die Qualität dieser Interaktionen das Kind mit den selbstregulatorischen Fähigkeiten, die Objektwelt kompetent zu erforschen und aus den Interaktionen mit den an Kompetenz überlegenen Erwachsenen zu lernen.

Nach diesem Modell werden der allgemeine Entwicklungsstand des Kindes, seine schulischen Leistungen und die Mutter-Kind-Interaktion angesehen als Ergebnisse eines gemeinsamen Entwicklungsprozesses.

Diese Interpretation wird unterstützt von Untersuchungen, in denen gezeigt wird, dass das Abschneiden von Kindern in Intelligenztests vorhersagbar ist durch frühe Verhaltensweisen der Bezugspersonen (Bornstein 1989). Diese Interpretation, die Entwicklungsergebnisse als Folge einer gemeinsamen sozialen Entwicklung ansieht, eröffnet die Möglichkeit für Interventionen zur Verbesserung der Schulleistungen. Es eröffnet sich damit die Möglichkeit, die schulische Entwicklung als einen offenen Prozess anzusehen, in dem soziale Interaktionen und biologische Voraussetzungen sich gegenseitig ergänzen.

Die Autoren weisen darauf hin, dass die Beobachtung von Verhaltensstrategien bei den Problemlösungen zwischen Kind und Bezugsperson wertvolle Hinweise für die Unterrichtsgestaltung und die Interaktionen der Lehrkräfte mit dem Kind geben. Sie können die typischen Beziehungsmuster des Kindes auf Unterrichtssituationen beziehen und beispielsweise berücksichtigen, dass ein Kind viel zu spät Hilfe anfordert, obwohl es mit seiner Arbeit nicht weiter weiß.

3.8 Pianta, Robert C: Adult-Child Relationship Processes and Early Schooling

In diesem Aufsatz stellt der Autor in einer Literaturübersicht die Wichtigkeit sozialer Prozesse für die Ergebnisse (*outcome*) in den ersten Schuljahren dar. Er möchte anhand der vorliegenden Literatur zeigen, wie die Beziehungen zwischen Erwachsenen und Kindern in der frühen Kindheit durch die Vermittlung von sozialen Prozessen die Ergebnisse in den ersten Schuljahren beeinflussen. Zugleich zeigt er Implikationen für eine an Entwicklung orientierte Betrachtung von schulischen Prozessen.

Die Rolle des Kontextes für die Adaptation in der frühen Kindheit

Der Autor macht darauf aufmerksam, dass soziale Prozesse eine Schlüsselrolle für die Adaptation von Kindern spielen. Dies gilt auch und gerade für schulische Ergebnisse. So argumentiert Wentzel (1996), dass das Konstrukt der Anpassung an die Schule aufgeteilt werden kann in viele Komponenten, zu denen sozioemotionale Prozesse gehören wie Gefühlsregulation, *peer negotiation*, Selbstkontrolle, sicheres Basisverhalten, Kontaktfähigkeit und andere.

Die Beziehung dieser Fähigkeiten zu schulischen Ergebnissen wird unter entwicklungspsychologischen Gesichtspunkten betrachtet als eine Funktion von Interaktionen zwischen Kind und Kontext (u.a. Pianta/Walsh 1996).

Kontexte werden beschrieben nach ihren *affordance values*, d.h. danach, wie weit eine bestimmte Umgebung oder Situation das Kind mit Ressourcen versorgt, die seinen Entwicklungsfortschritt verbessern. Dabei sind Ressourcen nicht nur Materialien, sondern ebenso die Personen, die die Erfahrungen des Kindes mit diesen Materialien vermitteln.

So gesehen ist das Konzept der *literacy* nicht eine Eigenschaft des Kindes, sondern eine Eigenschaft des Aufforderungscharakters zur Entwicklung von literacy, die vom Kind und seinem Kontext in ihrer Wechselwirkung ausgeht. Kindliche Kompetenz wird vermittelt durch soziale Prozesse; sie ist eingebettet in ein Netz von Interaktionen zwischen Kind und Kontext.

Bei dieser Betrachtung ist es unwahrscheinlich, dass ein Vorschulkind eine wirkungsvolle Exploration der sozialen oder dinglichen Umgebung erlernt, wenn die erwachsene Person, die dafür verantwortlich ist, diese Exploration zu vermitteln, darauf Wert legt, dass das Kind seine Aufmerksamkeit auf die Bedürfnisse dieser erwachsenen Person lenkt. Ebenso ist es statistisch unwahrscheinlich, dass Kinder – auch wenn sie biologisch gute Voraussetzungen mitbringen – Kompetenz in der Selbstregulation erlangen in einer Umgebung, die nicht voraussehbar oder gewalttätig ist.

Pianta resümiert: Es gibt bislang genügend Forschungsergebnisse, die zeigen, dass Entwicklungsergebnisse von Kindern von den Beziehungen zwischen Kind und Erwachsenen abhängen; es haben aber erst wenige Studien versucht, Schwellenwerte zu bestimmen, die verlässliche Voraussagen von Entwicklungsergebnissen ermöglichen.

Pianta macht darauf aufmerksam, dass diese Ergebnisse Einfluss nehmen müssen auf pädagogische Vorgehensweisen: Wenn Kompetenz nicht mehr als eine Funktion des Kindes angesehen wird, sondern als „verteilte Kompetenz", die in Prozessen zwischen dem Kind und seinen Bezugspersonen gepflegt wird, dann müssen auch Hilfen an diesen Prozessen ansetzen – Klient und Adressat von Hilfe ist dann nicht das Kind, sondern die Beziehung zwischen Kind und Kontext, zum Beispiel die Mutter-Kind-Beziehung.

Im Folgenden soll die Bedeutung der Beziehung von Kindern zu Erwachsenen für die Entwicklung beschrieben werden.

Nach Bornstein (1989) ist die frühe Kindheit eine sensitive Phase für den Einfluss der dyadischen Beziehungen zwischen Kind und Erwachsenem. Während dieser Periode werden wesentliche Regulationsmechanismen, die für Entwicklungsfortschritte der frühen Kindheit entscheidend sind, von der Beziehung zwischen Kind und erwachsener Fürsorgeperson beeinflusst. Die Beziehungsmuster im System von Kind und Fürsorgepersonen beeinflussen die spätere Entwicklung besonders für sozioemotionale Regulationsprozesse. In der mittleren Kindheit nimmt die Rolle des Systems von Kind und Fürsorgepersonen bei der Entwicklung des selbstregulatorischen Systems immer mehr ab, da hier die Verantwortung für diesen Adaptationsvorgang immer mehr auf das sich entwickelnde Kind übergeht.

„Beziehung" wird als spezielle Art eines dyadischen Systems definiert. Sie umfasst Interaktionsmuster, Erwartungen, Überzeugungen (*beliefs*), Erinnerungen und Gefühle, die gemeinsam auf einem Level organisiert sind, der abstrakter ist als beobachtbares Verhalten. In diesem Sinne ist Beziehung also mehr als die Summe der erzieherischen Handlungen der Eltern und die Mitarbeit der Kinder, zu ihr gehören zum Beispiel auch Gefühle von Nähe, Erinnerungen an die Verhaltensmuster des anderen und Erwartungen an seine korrespondierenden Antworten auf das eigene Verhalten.

Dennoch enthalten Beziehungen in diesem Sinne auch Eigenschaften der Individuen und ihrer Interaktionen. Die Entwicklungsgeschichte jedes Individuums enthält seine Interaktionen und jene bisherigen Beziehungen, die auf der Basis dieser Interaktionen gestaltet waren.

Die dyadischen Beziehungen zwischen Erwachsenen und Kindern üben über die Sozialisationsagenten (Fürsorgepersonen, Lehrer) wichtige Funktionen für die kindliche Entwicklung aus. Diese „Agenten" lassen ihre Gefühle und Überzeugungen in extrem kurzen, oft subtilen, kleinsten Interaktionseinheiten einfließen. Ihre Einflussnahme erfolgt dann zum Beispiel über die Qualität des Tonfalls der Stimme, des Augenkontaktes oder der emotionalen Schlüsselworte. Sie kann nicht allein dadurch beschrieben werden, *was* zwischen Erwachsenen und Kind getan wird, sondern genauer dadurch, *wie* etwas in Bezug auf den anderen getan wird.

Pianta führt eine Reihe von Forschungsergebnissen aus den Jahren 1992 und 1994 an, die belegen, dass die Qualität der dyadischen Interaktionsmuster zwischen Kind und Erwachsenen eine wichtige Rolle bei der Adaptation des Kindes in einem gegebenen Kontext spielen, ob zu Hause oder in der Schule. Diese Qualitäten bestimmen teilweise den entwicklungsfördernden Wert eines Kontextes für ein bestimmtes Kind. So kann ein bestimmter persönlicher Stil eines Lehrers im Umgang mit Kindern – je nach der Beziehungsgeschichte des Kindes mit seinen Eltern – eine unterschiedliche Wirkung auf die Kinder ausüben.

Eltern-Kind-Beziehungen

Pianta führt Untersuchungen aus den Jahren 1990 bis 1993 an, die den großen Einfluss verschiedener Parameter der Eltern-Kind-Interaktion für die Vorhersage einer ganzen Reihe von schulischen Kompetenzen in den frühen Schuljahren belegen. Dies betrifft insbesondere grundlegende Fähigkeiten zur Aufgabenerfüllung wie Aufmerksamkeit, Konzeptentwicklung, Kommunikationsfähigkeit und die Fähigkeit zum Argumentieren. Zugleich lernen die Kinder im Kontext dieser Interaktionen die Fähigkeit, Aufgaben gut strukturiert und organisiert sowie zuversichtlich zu lösen und nach Hilfe zu verlangen, wenn sie diese brauchen – und die Hilfe angemessen zu nutzen. Dieses Verständnis stimmt gut überein mit Wygotskys Theorien über die soziale Natur des Lernens.

Pianta führt andere Untersuchungen an, die zeigen, dass eine gestörte Eltern-Kind-Beziehung das Risiko eines Kindes bedeutsam erhöht, Anpassungsprobleme in den frühen Schuljahren zu entwickeln. Hier haben insbesondere Untersuchungen von Campbell aus den Jahren 1991 bis 1994 eine Verbindung zwischen starker Ausübung von Kontrolle und feindlichem Verhalten der Eltern und störenden Verhaltensproblemen in der frühen Kindheit gezeigt.

Pianta führt eine Vielzahl von Untersuchungen auf, die zeigen, dass das Verhältnis eines Kindes zu seinen Lehrern stark bestimmt wird durch die Beziehungserfahrungen in der dyadischen Mutter-Kind-Beziehung.

Cohn (1990) konnte zeigen, dass Lehrer Jungen, die eine unsichere Bindung zu ihrer Mutter aufwiesen, als weniger kompetent angesehen und ihnen mehr Verhaltensprobleme zugeschrieben haben als sicher gebundenen Jungen. Zugleich berichteten die Lehrer, dass sie diese Kinder nicht so gerne mochten.

Diese Erkenntnisse decken sich mit der Meinung von Bowlby (1969), dass die Mutter-Kind-Beziehung eine Reihe von internen Repräsentationen formt, die in zukünftige Beziehungen hineingetragen werden und dort das Verhalten leiten. Diese Repräsentationen können die Wahrnehmung des Kindes von seinem Lehrer und sein Verhalten zum Lehrer ebenso beeinflussen wie die Wahrnehmung und das Verhalten des Lehrers gegenüber dem Kind.

Bei Durchsicht einer großen Zahl von Forschungsarbeiten kommt Pianta zu dem Schluss, dass die Kontinuität dieser Kind-Erwachsenen-Beziehungsmuster stabil ist.

Im nachfolgenden Abschnitt geht Pianta auf die Bedeutung der Beziehungen zwischen Kind und Lehrer ein. Hierüber wird an anderer Stelle referiert.

Pianta weist darauf hin, dass Beobachtungsinstrumente für die Beziehungen und das Verhalten zwischen Eltern und Kindern sehr ausgearbeitet sind und von globalen Ratingskalen bis zu sehr detaillierten Kodierungen von einzelnen Verhaltensweisen reichen. Sie alle zeigen große Reliabilität und Validität über Hunderte von Untersuchungen (Pianta 1997b, S. 18).

Die Verfahren zur Untersuchung von Beziehung und Verhalten zwischen pädagogischen Fachkräften und Kindern sind demgegenüber noch weniger ausgefeilt.

Beziehungsprozesse und Mechanismen

Pianta referiert Thompson (1994), der postuliert, dass die Kind-Eltern-Beziehung mehrere Aspekte der emotionalen Entwicklung reguliert: Die Produktion von Gefühlen, den Abbau von emotionalem Stress, die Verstärkung von sicheren emotionalen Erfahrungen, die Interpretation von Gefühlen sowie Strategien zur Selbstregulation. Er verweist auf Kopp und Wyer (1994), die zeigten, dass motorische Aktivität, motorische Kontrolle und soziale Verhaltensweisen einschließlich der Bereitschaft, Regeln zum Grüßen, zur Interaktion und Kommunikation zu akzeptieren, gemeinsam unter dem regulierenden Einfluss des Systems Kind-Bezugsperson modelliert werden.

Kind-Erwachsenen-Beziehungen und emotionale Entwicklung

Nach Greenberg u. a. (1993) gilt das Anwachsen der Organisation, der Intentionalität, Funktionalität und Komplexität der Gefühlsregulationsprozesse oft als wesentliches Merkmal zur Unterscheidung zwischen früher und mittlerer Kindheit, da Defizite in diesen Fähigkeiten als zentral für die häufigsten Verhaltensprobleme bei Kindern angesehen werden: externalisierendes und hyperaktives Verhalten, das störend für Erwachsene und für andere Kinder in Kontexten der frühen Kindheit ist. Deshalb ist ein detaillierter Blick auf die Verbindungen zwischen der Kind-Erwachsenen-Beziehung und den Gefühlsregulationsprozessen wichtig, um die sozial vermittelte Natur der Kompetenz in der frühen Kindheit zu verstehen und eine stärker prozessorientierte Betrachtung auf die Verbindungen zwischen der Kind-Erwachsenen-Beziehung und den Entwicklungsergebnissen der frühen Kindheit vorzunehmen.

Pianta zitiert eine Definition für Gefühlsregulation von Thompson: Gefühlsregulation sind die extrinsischen und intrinsischen Prozesse, die verantwortlich sind für Überwachung, Bewertung und Veränderung emotionaler Reaktionen besonders in ihrer Intensität und zeitlichen Ausdehnung. Dabei ist es notwendig, sowohl Verhaltensprozesse dadurch flexibler zu machen, dass Gefühle helfen zu motivieren und zu lenken, als auch, um Organismen zu befähigen, schnell und wirkungsvoll auf Veränderungen in ihrer Umgebung zu reagieren, indem sie innere Erregungen innerhalb von Schwellenwerten spüren, mit denen sie die Steuerung des Verhaltens verbessern können. Das Kind, das in der Lage ist, Gefühle zu regulieren, benutzt und manipuliert innere Repräsentationen und Erregungszustände, um Erlebnisse zu ertragen und mit Verhalten reagieren zu können, das angepasst ist an die Situation und ihre Erfordernisse.

Pianta berichtet weiter, dass Thompson (1994) die Meinung vertritt, neurophysiologische Prozesse, Aufmerksamkeit, die Interpretation von gefühlsbezogenen Erlebnissen, die Encodierung von internen Gefühlszuständen (*emotion cues*), Zugang zu Bewältigungsmöglichkeiten, die Regulierung der emotionalen Anforderungen von bestimmten Situationen und das Auswählen von selektiven adaptiven Reaktionsalternativen gehörten zur Gefühlsregulation.

Kind-Erwachsenen-Beziehungen und die Entwicklung von schulischen Fähigkeiten

Der Erwerb von schulischen Fertigkeiten und deren Übung geschehen in einem sozialen Kontext. Anleitung kommt fast immer von Erwachsenen und Gleichaltrigen, die als Vorbild dienen. Sie findet in einem interaktiven Kontext statt, der zunächst noch spontan abläuft, später aber immer mehr formalisiert ist.

Obwohl diese Interaktionen mit dem Ziel erfolgen, die Fähigkeiten des Kindes in einem bestimmten Bereich zu verbessern, bestehen sie doch im Kontext der Beziehungen, in die sie eingebettet sind, und sind von der Qualität dieser Beziehungen beeinflusst. So gibt es in Mutter-Kind-Beziehungen, die als unsicher oder übergriffig (*intrusive*) zu bezeichnen sind, nur wenig Problemlösungsverhalten. Anleitung wird nur in geringer Qualität gegeben, Hinweise erfolgen zeitlich verzögert, Rückmeldungen sind unangebracht oder ungenau und die Kinder erleben Frustration und Scheitern. Dabei sind bei der Regulierung von emotionaler Entwicklung und bei der Regulierung der Entwicklung in Bereichen, die mehr auf schulische Leistungen bezogen sind, die gleichen Qualitäten von Beziehungen in ihrer Eigenschaft als Regulatoren wirksam.

Gut funktionierende Kind-Erwachsenen-Systeme sind dadurch gekennzeichnet, dass die Erwachsenen auf die jeweiligen Befindlichkeiten des Kindes achten und richtig reagieren, genaues und zeitnahes Feedback geben und dem Kind Hilfe leisten, um Frustrationsphasen im Problemlösungsprozess zu überwinden.

Diese Beziehungsprozesse entfalten ihre Wirkung nicht nur im Kontext der Kind-Eltern-Beziehungen. Besonders in der frühen Kindheit spielt bei diesen Prozessen die Kind-Pädagogen-Beziehung eine herausragende Rolle.

Zusammenfassend stellt Pianta fest, dass die Kind-Eltern-Beziehung unter dem Blickwinkel der geschilderten Prozesse die „Infrastruktur" für die Entwicklung schafft, während die Beziehung des Kindes zu Pädagogen bereits auf diese Infrastruktur aufbaut.

Pianta benennt abschließend mit einem Rückgriff auf die Systemtheorie folgende Parameter, die sich zur Kennzeichnung der Erwachsenen-Kind-Beziehungen eignen: Toleranz, Timing, Möglichkeit zu Interaktionen, klares Geben von Signalen und Grenzen. Diese sind im Hinblick auf die Kind-Erwachsenen-Beziehungen gut untersucht.

3.9 Hamre, Bridget K./Pianta, Robert C.: Early Teacher Child Relationship

In dieser Studie begleiten die Autoren eine Stichprobe von insgesamt 179 Kindern vom Kindergarten bis zur 8. Klasse, um zu untersuchen, inwieweit die Wahrnehmungen der Kindergartenpädagogen über ihre Beziehung zu den Kindern Vorhersagen über schulische Ergebnisse ermöglichen.

Erfasst wurden immer wieder die schulischen Leistungen, Ergebnisse in standardisierten Leistungstest, Einschätzungen von Arbeitsstrategien und disziplinarische Beurteilungen.

In der Einleitung referieren die Autoren einschlägige Untersuchungsergebnisse. Hamre zitiert auch Ergebnisse der Bindungsforschung: So zeigte sich, dass Kinder mit „sicheren Bindungen" zu ihren ursprünglichen Bezugspersonen sich aktiver in Interaktionen mit Gleichaltrigen einbrachten, die schulische Umgebung aktiver explorierten, ein höheres Selbstwertgefühl aufwiesen, eine größere Kapazität besaßen, um Freundschaften zu gestalten, beliebter bei Gleichaltrigen waren und weniger negative Gefühle und feindliche Aggressionen zeigten, als die „unsicher gebundenen" Gleichaltrigen (Park/Waters 1989, Sroufe 1983, Sroufe 1988, Verschueren/Marcoen/Schoefs 1996). Kinder mit unsicheren Bindungen tragen ein hohes Risiko, dass sie eine geringere soziale Kompetenz und ein geringeres Selbstwertgefühl erwerben. Sie zeigen deutlich erhöhte Werte für aggressives und feindliches Verhalten und sie lösen weniger Kontakt, aber mehr Ärger bei ihren Vorschullehrern aus, als die „sicher gebundenen" Kinder (Cohn 1990, Sroufe 1983, Sroufe 1988). Insofern spielen die frühen Beziehungen zu Erwachsenen eine wichtige Rolle beim Aufbau sozialer Kompetenzen, die sich häufig in eine günstige Anpassung an die Situationen in der Grundschule umsetzen.

Lehrkräfte spielen eine wichtige Rolle bei der Beeinflussung der Erfahrungen, die das Kind in der Schule macht. Neben der traditionellen Rolle, die eigentlichen Unterrichtsinhalte zu vermitteln, wirken Lehrer bei der Regulation des Aktivitätslevels, der Kommunikation und des Kontaktes zu Gleichaltrigen (Howes/Hamilton 1993, Howes/Matheson/Hamilton 1994, Pianta 1997b). Ebenso vermitteln sie Unterstützung für Verhaltensweisen und bringen den Schülern Bewältigungsmechanismen für schwierige Situationen bei.

Aus der Sicht des Lehrers betrachtet ist zu erwarten, dass er bei starken positiven Beziehungen zu Schülern eher geneigt ist, zusätzliche Zeit für sie aufzuwenden, sie zusätzlich zu motivieren, anzuleiten und zu fördern, während konfliktbelastete Beziehungen zu Versuchen führen werden, den Kontakt zum Kind zu vermindern, sein Verhalten zu kontrollieren und dabei eher für das Kind eine negative schulische Umwelt zu formen.

Aus Sicht der Kinder können positive Beziehungen zu Lehrern sie vor schlechten Schulleistungen als Folge einer nicht Hilfe gebenden häuslichen Umgebung bewahren (Ciccheti/Lynch 1993). So konnte nachgewiesen werden, dass Kinder, die von ihren Eltern schlecht behandelt wurden, versuchten, größere Nähe zu anderen Erwachsenen herzustellen, als solche, die von den Eltern gut behandelt wurden (Lynch/Cicchetti 1992).

Daten einer großen, in den USA durchgeführten landesweiten Untersuchung zeigten, dass selbst noch im Jugendalter Beziehungen zu Lehrern eine der wichtigsten Ressourcen für Kinder darstellen und als protektiver Faktor gegen etliche unerwünschte Entwicklungsergebnisse gelten können (Resnick et al. 1998). Die Autoren benennen eine Reihe von Untersuchungen, die zeigen, dass die Fähigkeit der Kinder, warme, vertrauensvolle und konfliktarme Beziehungen zu den Lehrkräften in Vorschule und Kindergarten aufzubauen, sehr wesentliche Indikatoren für ihre Anpassungsfähigkeit an die soziale Umgebung waren und als solche den schulischen Lernerfolg – jedenfalls für den Bereich der Grundschule – stark mit beeinflussen.

In der Untersuchung haben Hamre und Pianta weiterhin nachgeprüft, ob derartige Effekte auch noch über die ersten Grundschuljahre hinaus bis zur 8. Klasse feststellbar sind.

Die 179 Kinder der Stichprobe gingen aus den ursprünglich 436 Kindern hervor, die 1988/1989 in einem kleinen Stadtschulbezirk untersucht worden waren. Es wurden nur die Kinder berücksichtigt, die vor der Untersuchung die gesamten acht Jahre hindurch in diesem Bezirk gelebt hatten.

Beide Stichproben unterschieden sich in Bezug auf den Bildungsgrad der Mutter, die IQ-Werte und das Geschlecht der Kinder nicht voneinander.

Ergebnisse

Es zeigt sich, dass die in einem Kindergarten zwischen einer Kindergartenpädagogin und den Jungen massiv ausgetragenen Konflikte zu allen Untersuchungszeitpunkten der nachfolgenden Untersuchung bis hin zur 8. Klasse überdurchschnittlich hoch kombiniert waren mit schwächeren Mathematik- und Lesezensuren der betroffenen Kinder. Diese Zusammenhänge waren für Mädchen nur sehr schwach nachweisbar. Die Studie kann belegen, dass die Fähigkeit von Kindern im Kindergartenalter, zu ihren Kindergartenpädagogen gute Beziehungen aufzunehmen, Vorhersagen über ihren späteren Schulerfolg und ihre eventuellen Anpassungsprobleme in der Schule ermöglicht.

Dies gilt insbesondere für Jungen: Bei ihnen korreliert die Wahrnehmung von Konfliktverhalten und Abhängigkeit von den Kindergartenpädagogen signifikant mit dem Schulerfolg – die gesamte Grundschulzeit hindurch bis in die Sekundarstufe.

Hamre und Pianta interpretieren dies in Übereinstimmung mit Resnick et al., dass die Qualität der Kind-Pädagogen-Beziehungen das Ausmaß widerspiegelt, in dem Kinder in der Lage sind, die in der Schule in Form von Instruktionen und Anleitungen vorhandenen Ressourcen für sich zu nutzen (vgl. Entwisle/Hayduk 1988).

Sie konnten nachweisen, dass diese Effekte jeweils durch die Effekte in den früheren Klassen vermittelt wurden. Mit anderen Worten: Die Ergebnisse in den ersten Grundschuljahren waren ein wesentlicher Mediator für die Ergebnisse in späteren Klassen. In der Untersuchung stellte sich zudem heraus, dass der Einfluss der Kind-Pädagogen-Beziehung auf das allgemeine Verhalten des Kindes und auf spätere Disziplinprobleme noch stärker war als auf seine Schulleistungen.

Anschließend diskutieren die Autoren die Bedeutsamkeit ihrer Ergebnisse für die Gestaltung von Prävention. Grundsätzlich eignen sich zur Prävention am ehesten solche Prozesse, die einer leichten Beeinflussung zugänglich sind.

Die vorliegende Studie zeigt, dass Interventionen auf der Beziehungsebene bereits im Kindergartenalter sowohl spätere Verhaltensprobleme als auch Schulleistungsprobleme beeinflussen und vermindern können.

Im Folgenden beschreiben die Autoren den Prozess, durch den ihrer Meinung nach die Effekte vermittelt werden. So konnten sie zeigen, dass das sensitive Verhalten der Kindergartenpädagogen gegenüber den Kindern – dazu gehören zeitnahe Reaktion auf die Kinder, Antizipation ihrer Bedürfnisse und Gefühle, die Häufigkeit von Rückmeldungen an sie – starke Unterstützung für die Entwicklung kindlicher Kompetenzen im Kindergarten über eine große Zahl von kindlichen Merkmalen hinweg mit sich bringt.

Der Bezug der Kind-Pädagogen-Beziehung zu späteren schulischen Ergebnissen wird darin gesehen, dass die Qualität dieser Beziehung darüber bestimmt, inwieweit das Kind die von der Schule bereit gehaltenen Ressourcen für sich tatsächlich nutzen und in seiner Entwicklung davon profitieren kann.

Bedeutung dieser Studie für die Fragestellung

Wenn wir unterstellen, dass die Beziehungsmuster, die ein Kind mit den primären Bezugspersonen, also den Eltern, bis zum Kindergartenalter aufgebaut hat, sein Beziehungsverhalten zu den Kindergartenpädagogen entscheidend vorherbestimmt, dann haben wir hierin den Prozess beschrieben, der die Moderation zwischen der Beziehungsgestaltung zwischen Eltern und Kind und seiner Fähigkeit, schulische Ressourcen für sich zu nutzen, entfaltet.

Durch diese Untersuchung ist nachgewiesen, dass derartige Effekte bis hin zur 8. Klasse fortwirken.

Dies deckt sich mit den Feststellungen von Tiedemann und Faber, dass Erfolge in den späteren Klassen im Wesentlichen durch die Erfolge in den Klassen davor motiviert sind.

4 Zusammenfassende Würdigung der angeführten Untersuchungen

Tabelle 2 bietet eine Übersicht über die Ergebnisse der hier beschriebenen Studien.

Die zusammenfassende tabellarische Darstellung der Ergebnisse der einzelnen Untersuchungen zeigt, dass die großen Längsschnittstudien – teils ohne Bezug auf den Lerngegenstand, teils mit Bezug auf Lesen und Schreiben – familiäre Konflikte, die Sorgen des Kindes über familiäre Konflikte oder benachteiligte familiäre Lebensverhältnisse einschließlich familiärer Konflikte als wesentliche Risikofaktoren für den Schulerfolg beschreiben.

Die Untersuchungen von Tiedemann und Faber (1990), Georg und Lange (1999), Pianta und Harbers (1996) sowie Hamre und Pianta (2001) belegen deutliche Zusammenhänge zwischen den Leistungen der Kinder in Lesen und Schreiben einerseits und günstigen Verhaltensmerkmalen bzw. günstigen Beziehungsmerkmalen der Eltern-Kind-Beziehung andererseits.

Es darf also als nachgewiesen festgestellt werden, dass die Beziehungen zwischen Eltern und Kind und das Verhalten der Eltern gegenüber dem Kind wesentliche Unterstützungspotenziale für das Kind in seinem schulischen Lernprozess beim Lesen und Schreiben darstellen.

Im Fortgang der Überlegungen über den Zusammenhang von Beziehungsschwierigkeiten zwischen den Eltern bzw. zwischen Eltern und Kind einerseits und einem Scheitern der Kinder bei den Grundlehrgängen in Lesen und Schreiben andererseits wird im Folgenden argumentativ geprüft, in welchem Maße elterliche Konflikte die Möglichkeit der Eltern beeinflussen, den Kindern die o.a. wesentlichen Unterstützungspotenziale zur Verfügung zu stellen.

5 Relevanz von Trennung und Scheidung im entwicklungsökologisch-systemischen Modell

Die Zahl der Scheidungen ist seit den Sechzigerjahren ständig gestiegen. Zu Beginn der Sechzigerjahre wurde in der damaligen Bundesrepublik jede zehnte Ehe geschieden, Mitte der Siebzigerjahre, noch im alten Scheidungsrecht, schon fast jede vierte Ehe, heute bereits jede dritte Ehe. In Großstädten wird inzwischen sogar jede zweite Ehe geschieden. Im Jahr 1998 waren etwa 160.000 Kinder und Jugendliche von der Scheidung ihrer Eltern betroffen.[2]

In einer Zeit zunehmender Individualisierung und Vereinzelung werden an die Ehepartner zugleich immer höhere Erwartungen gestellt:

> „Von ihm wird Geborgenheit und Trost, Erlebnis und Glück zugleich erwartet. Eine solche emotionale Überfrachtung erhöht die Möglichkeit einer Krise in der Ehe.“ (a.a.O.)

Wachsende Mobilität und selbstverständliche Berufstätigkeit auch von Frauen sowie eine zunehmend stärkere Flexibilisierung von Arbeitszeiten verlangen eine immer besser abgestimmte Organisation sowie Absprachen und Kooperation aller Familienmitglieder. Damit ist automatisch ein höheres Konfliktpotenzial gegeben.

Zunehmender Leistungsdruck im Arbeitsleben, eine sehr hohe Dauerarbeitslosigkeit, eine zunehmende Zahl von befristeten Arbeitsverhältnissen mit entsprechend kurzfristiger Perspektive erhöhen den Druck auf die im Erwerbsleben stehenden Erwachsenen und wirken über diese in ihre Familien hinein. Auf der anderen Seite steigern sie bei den Eltern den Druck anzunehmen, dass ihre Kinder bestmögliche Schulabschlüsse erreichen müssen, um unter den oben

[2] Bundeskonferenz für Erziehungsberatung (bke): „Beratung in Trennungs- und Scheidungssituationen“. In: bke: Grundlagen der Beratung. Fürth 1989, S. 24.

Tabelle 2

Autor(en)	Lerngegenstand	Relevante günstige Beziehungsmerkmale der Eltern	Relevantes günstiges Verhalten der Eltern (bei Hamre/Pianta: der Pädagogen)	Relevante ungünstige Merkmale
Werner: *KAUAI-Studie*	Unspezifisch			Anhaltende Armut *Familiäre Konflikte* Andere langfristige schlechte Entwicklungsbedingungen
Rutter: *Isle-of-Wight-Studie*	Lesen Schreiben			Sorge des Kindes über Schwierigkeiten in der Familie
Mannheimer Längsschnitt-Studie	Unspezifisch Hoher Anteil Sonderschüler			„Benachteiligte familiäre Lebensverhältnisse"
Helmke/ Schrader u.a.	Mathematik	Hohe mütterliche Leistungserwartungen Überschätzung der Leistungsfähigkeit des Kindes Hohe Wertschätzung von Leistungen Klare Ziele und Standards	Elterliche Unterstützung Prozessorientierte Unterstützung bei den Hausaufgaben Offene verbale Kommunikation Gewährung von Selbstständigkeit Ermutigung zu selbstständigem Verhalten Positive Leistungsrückmeldungen Reagieren mit unterschiedlichen Sanktionsmaßnahmen auf erwartungswidrig schlechte Leistungen	Autoritäres Verhalten Permissives Verhalten Produktorientierte Unterstützung bei den Hausaufgaben
Tiedemann/ Faber 1990	Deutsch Mathematik Pränummerische Fähigkeit	Vom Kind erlebte mütterliche Unterstützung in Vorschule und Grundschule	Vom Kind erlebte mütterliche Unterstützung in der Vorschul- und Grundschulzeit	Ungünstige Lerngeschichte in vorigen Schuljahren/in der Vorschulzeit unter Einfluss unzureichend förderlicher Erziehungspraktiken in der Familie

Autor(en)	Lerngegenstand	Relevante günstige Beziehungsmerkmale der Eltern	Relevantes günstiges Verhalten der Eltern (bei Hamre/Pianta: der Pädagogen)	Relevante ungünstige Merkmale
Georg/Lange 1999	Durchschnitt aus Deutsch, Englisch, Mathematik	Kommunikative Beziehungsdichte Ressourcivität	Harmonische und friedliche Interaktionen Gegenseitige Unterstützung in schwierigen Situationen	Reibereien Jeder geht seine eigenen Wege
Pianta/Harbers 1996	Lesen, Schreiben	Allgemein: Emotionale Qualität der Interaktionen Mutter–Kind Warmherzig Sensitiv für Gefühle des Kindes	Allgemein: Qualität der Anleitung durch die Mutter Ermutigend Hilfreich, wenn das Kind frustriert ist Gibt erforderliche Anleitung, damit Kind Aufgaben zu Ende führen kann	
Pianta 1997	Unspezifisch		Geben Anleitung von guter Qualität Geben Rückmeldungen zeitnah Geben genaue und konkrete Rückmeldungen	Nicht voraussehbares Verhalten der Eltern Erwachsener stellt seine eigenen Bedürfnisse in den Vordergrund Ausübung von Kontrolle, feindseliges Verhalten Unsichere Bindungen in früher Kindheit Vermeidende Bindungen, übergriffige Beziehungen
Hamre/Pianta 2001	Lesen Schreiben (1. bis 8. Klasse)		*Kindergartenpädagogen*: Zeitnahe Reaktion auf die Kinder Antizipation der Bedürfnisse und Gefühle der Kinder Häufige Rückmeldungen an die Kinder	

beschriebenen Rahmenbedingungen des Erwerbslebens überhaupt Chancen und Perspektiven zu haben.

Dadurch laufen sie Gefahr, in die Beziehung zu ihren Kindern ein hohes Maß an Druck und Spannung hineinzugeben, das nicht aus der eigentlichen Eltern-Kind-Beziehungssituation heraus entsteht.

Das veränderte Rollenverständnis beim Zusammenleben von Männern und Frauen führt zu Veränderungen in den Anforderungen, die auch während bestehender Partnerschaft an Ehepartner gestellt werden, und verlangt somit von den Beteiligten hohe Leistungen bei der Bewältigung von Krisen.

Auch das veränderte Verständnis für die Rolle von Kindern, ihren Subjektstatus und ihre Rechte verlangt von den Eltern Veränderungen im eigenen Rollenverständnis, in ihren grundlegenden Verhaltensweisen, in ihrer Beziehungsgestaltung und in der Erziehung.

Einerseits soll das Grundrecht des Kindes, in die Regeln und Normen seiner Gemeinschaft eingeführt zu werden, erfüllt werden, andererseits darf diese Erziehung aber nicht mit erniedrigenden Mitteln oder gar mit Gewalt durchgeführt werden. Auch in diesem Punkt können Eltern und Kinder nicht auf bewährte und überlieferte Rollenmuster und Verhaltensweisen zurückgreifen, sondern müssen immer wieder aus krisenhaften Zuspitzungen heraus tragbare Lösungen entwickeln.

Diese kurzen Andeutungen skizzieren die Vielfalt der Anforderungen, die Familien bewältigen müssen. Für diese Bewältigung müssen sie einen erheblichen Anteil der ihnen überhaupt zur Verfügung stehenden Ressourcen einsetzen; Ressourcen, die dann für die Bewältigung anderer Aufgaben fehlen.

Leistungen und Ressourcenverbrauch von Kindern in Trennungs- und Scheidungssituationen

Da viele Familien heute nicht mehr in einem leistungsfähigen Beziehungsgeflecht aus Verwandtschaft und Nachbarschaft leben, haben die Kinder im Falle von elterlichen Krisen und gar Trennungen auch entsprechend weniger die Möglichkeit, auf derartige Beziehungen zurückzugreifen, die sie unterstützen und auffangen könnten.

Aus dieser Situation heraus sind zugleich auch die Gefühlsansprüche der Kinder viel stärker als früher auf die Eltern konzentriert, wodurch der Verlust eines Elternteils durch Trennung entsprechend umso schwerer wiegt.

> „Heute heißt Trennung der Eltern für die Kinder nicht nur Verlust der alten Bekannten der Familie, zumeist auch der eigenen Freunde und nicht selten sozialer Abstieg. Die Trennung der Eltern bedeutet für ein Kind eine schwere Krise.“ (Bundeskonferenz für Erziehungsberatung 1989, S. 26)

So entwickeln zum Beispiel jüngere Kinder häufig die Fantasie, sie seien daran Schuld, dass ihre Eltern sich trennen. Jüngere wie ältere Kinder leben jahrelang mit vielfältigen Fantasien darüber, wie ihre Eltern wieder zusammenkommen können, weil sie die gesamte Situation, die sie so nicht wollen, nicht selbst mit ihren Kräften und Fähigkeiten zu beeinflussen vermögen.

Sie kommen immer wieder in die Situation, Partei ergreifen zu müssen, obwohl sie doch beide Eltern lieben und mit beiden zusammenleben wollen.

> „In den Konfliktphasen einer Trennung übersehen Eltern oft, welche Auswirkungen ihr Handeln auf die Kinder hat: Sie benutzen sie als Bündnispartner gegen den bisherigen Partner oder wollen selbst von ihnen getröstet werden. In der Ehekrise und oft noch lange danach werden Kinder – wenn auch ungewollt – vernachlässigt und psychisch überfordert. Die Kinder zeigen in dieser Situation häufig auffällige Verhaltensweisen: zum Beispiel Angst, Wut, tiefe Traurigkeit oder *Leistungsabfall in der Schule* [Hervorhebung J.F.D.]. Sie bedürfen dann der Unterstützung, um diese Krise zu meistern; oftmals auch der fachlichen Hilfe der Erziehungs- und Familienberatung.“ (Bundeskonferenz für Erziehungsberatung 1989, S. 26)

Krisen in der Partnerschaft sind unvermeidbar und beanspruchen Ressourcen zur Bewältigung

So hoch die Erwartungen an Partnerschaft und Partner sind, so wenig elaboriert sind demgegenüber die Methoden der Partnerwahl. Häufig ist ein Gefühl von Verliebtheit treibende Kraft bei der Partnerwahl. Mit psychologischen Modellvorstellungen lassen sich Erwartungen und innere Vorstellungsbilder, die bereits in der eigenen Kindheit im Rahmen der eigenen Familie erworben wurden, als wesentliche Faktoren einer irrationalen Partnerwahl beschreiben.

> „Oft wird der andere an einem Idealbild gemessen, dem er nicht entsprechen kann. Wenn später deutlich wird, dass er eine eigenständige, den Erwartungen und Wünschen nicht entsprechende Person ist, breitet sich Enttäuschung aus. Auch Weiterentwicklungen oder neue Lebensperspektiven eines Partners können ein bis dahin gemeinsames Lebenskonzept in Frage stellen und Krisen auslösen.“ (Bundeskonferenz für Erziehungsberatung 1989, S. 26)

Krisen bedeuten – wie überall im Leben – für eine Partnerschaft wichtige Chancen zur Weiterentwicklung und Anpassung an reale Lebensverhältnisse. Dieser Prozess der Anpassung verbraucht nicht nur einen erheblichen Betrag der familiären Ressourcen, er verlangt auch Kompetenzen, die häufig nicht in ausreichendem Maße in der Familie zur Verfügung stehen. Dazu gehören etwa die Fähigkeit,

- von eigenen starken Gefühlslagen abzusehen,
- sich in die völlig andere Sichtweise und die völlig andere Gefühlslage des Beziehungspartners oder der -partnerin hineinzuversetzen,
- eigene Befindlichkeiten, Gefühle, Bedürfnisse und Wünsche richtig wahrzunehmen,
- diese Befindlichkeiten, Gefühle, Bedürfnisse und Wünsche auch verbal zu kommunizieren,
- mitgeteilte Befindlichkeiten, Gefühle, Bedürfnisse und Wünsche als gleichwertig und gleichberechtigt anzuerkennen und stehen zu lassen, auch wenn sie den eigenen Wünschen, Bedürfnissen und Gefühlen womöglich stark widersprechen,
- generell: selbst und mit seinen Bezugspersonen empfundene emotionale Spannungen stehen zu lassen und zu ertragen,
- sich gut abgrenzen und
- gut Kontakt aufnehmen zu können.

Selbst dort, wo diese Fähigkeiten vorhanden sind, wird die Bewältigung von Krisen jedes Mal beträchtliche Ressourcen im System absorbieren, die dann für andere Aufgaben nicht zur Verfügung stehen und somit beispielsweise bei der Unterstützung der Kinder in schulischen Problemlagen nicht eingesetzt werden können.

Wo diese Fähigkeiten der Familie aber nicht ausreichend zur Verfügung stehen, wird die Bewältigung der Krise fast ihren gesamten Vorrat an Ressourcen verbrauchen und sich über einen sehr langen Zeitraum hinziehen, ohne dass die Beteiligten dabei einer konstruktiven Lösung und einer besseren Anpassung an die Situation näher kommen.

In solchen Situationen sind die beteiligten Kinder einer Situation großer Ungewissheit, sehr starker belastender Konflikte, der Angst vor dem Verlust ihrer Familie, einem Eindruck allgemeiner Hoffnungslosigkeit und Ausweglosigkeit und mangelnder Selbstwirksamkeit ihrer Eltern und der eigenen Person ausgesetzt.

Dies kann ihre Ressourcen derart verbrauchen, dass sie nicht mehr für die Bewältigung der Grundlehrgänge in der Grundschule ausreichen und hier die Lernerfolge tagtäglich mehr ins Hintertreffen geraten. Zugleich ist in einer solchen Situation nicht zu erwarten, dass aus dem Familienverband die für den schulischen Lernprozess erforderlichen Hilfen und Unterstützungen geleistet werden.

Während Erziehungs- und Familienberatung mit ihren fachlichen Hilfen den erstgenannten Familien dabei helfen können, *schneller* und *mit weniger Verbrauch eigener Ressourcen* zu tragfähigen konstruktiven Lösungen und Anpassungsprozessen aus ihrer Krise zu gelangen, benötigen die letztgenannten Familien fachliche professionelle Hilfe, um *überhaupt* einen Weg zur konstruktiven Lösung ihrer Konflikte zu finden – oder aber auch, um eine begründete und klare Entscheidung für eine Trennung zu treffen.

Diese Ausführungen machen deutlich, dass derartige Krisen der elterlichen Beziehungen

- starke Ressourcen der Kinder binden, die ihnen dann nicht mehr für ihre schulischen Lernprozesse zur Verfügung stehen,
- starke Ressourcen der Eltern binden, die sie ihren Kindern nicht mehr unterstützend zur Verfügung stellen können.

Im Modell der Unterstützungs- und Gefährdungspotenziale lässt sich das folgendermaßen ausdrücken:

Wenn die Ressourcen der Familie durch Krisen geschwächt sind,

- vermindern sich die günstigen Beziehungsgestaltungen und günstigen Verhaltensweisen *(Unterstützungspotenziale)*,
- erhöht sich die Zahl der ungünstigen Beziehungs- und Verhaltensmerkmale in den Familien *(Gefährdungspotenziale)*.

Nach meiner Einschätzung ist mit dieser Argumentation die noch fehlende Brücke geschlagen zwischen den *nachgewiesenen* Einflüssen des elterlichen Verhaltens und der Beziehungsqualität zwischen Eltern und Kindern auf den Lernerfolg für die Grundlehrgänge in Deutsch einerseits und andererseits den *vermuteten* Einflüssen elterlicher Beziehungskrisen und der Krisen zwischen Eltern und Kind.

Der in der Einleitung postulierte Zusammenhang zwischen Partnerschaftskrisen und der Gefahr des Scheiterns in den Grundlehrgängen Lesen und Schreiben mit nachfolgender Steigerung des Armutsrisikos kann somit als ausreichend gesichert angesehen werden.

Damit gehören Interventionen, die in diesem Zusammenhang Verbesserungen für die Familien und die Kinder bringen, zu den Präventionsmaßnahmen für das oben genannte besondere Armutsrisiko.

6 Interventionsstrategien von Erziehungs- und Familienberatungsstellen

Im Jahr 1998 gab es in Deutschland 1086 Erziehungsberatungsstellen, 377 wurden von öffentlichen Trägern und 709 von freien Trägern unterhalten. Unter den freien Trägern haben die evangelischen und katholischen konfessionellen Träger einen besonders hohen Anteil. Öffentliche Träger sind Landkreise oder kreisfreie Städte, in einigen Fällen auch Landschaftsverbände oder andere Gebietskörperschaften.

Von wenigen Ausnahmen abgesehen kann man davon ausgehen, dass in jedem Landkreis und in jeder kreisfreien Stadt mindestens eine Erziehungs- und Familienberatungsstelle zu finden ist. Bundesweit waren im Jahr 1998 insgesamt 4.762 Fachkräfte auf 3.627 Planstellen in der Erziehungs- und Familienberatung tätig. Die Fachkräfte setzen sich überwiegend aus folgenden Berufsgruppen zusammen:

- Diplom-Psychologinnen und -Psychologen
- Diplom-Sozialarbeiterinnen und -arbeiter
- Diplom-Sozialpädagoginnen und -pädagogen
- Diplom-Pädagoginnen und -Pädagogen
- Heilpädagoginnen und -pädagogen
- Weitere Berufsgruppen wie Ärzte, Lehrkräfte, Juristen (wirken vereinzelt mit)
- Weitere Fachkräfte, die über die Planstellen hinaus in zahlreichen Beratungsstellen auf Honorarbasis mitarbeiten.

Mehr als die Hälfte der Fachkräfte verfügt zusätzlich über mindestens eine psychotherapeutische Zusatzausbildung.

Der Umfang der in den Erziehungsberatungsstellen geleisteten Arbeit ergibt sich aus der Jugendhilfe-Statistik. Danach wurden im Jahr 1999 in Deutschland 266.952 Beratungsfälle abgeschlossen, die statistischen Indexklienten waren im Alter von 0 bis 27 Jahren. Die Steigerung belief sich, wie auch in den Jahren zuvor, auf etwa 5 % pro Jahr. Die Indexklienten waren zu 57,5 % männlich und zu 42,5 % weiblich.

Altersverteilung:

● Unter 6 Jahren	18 %	48.000 Familien
● 6 bis unter 15 Jahren	60 %	160.000 Familien
● 15 bis unter 27 Jahre	22 %	59.000 Familien

Der Schwerpunkt liegt deutlich bei den schulpflichtigen Kindern und Jugendlichen.

Folgende Problemstellungen gaben den Anlass zur Kontaktaufnahme mit den Beratungsstellen:

• Beziehungsprobleme	39 %	104.000 Familien
• Entwicklungsauffälligkeiten	28 %	75.000 Familien
• Schul- und Ausbildungsprobleme	27 %	72.000 Familien
• Trennung oder Scheidung der Eltern	21 %	56.000 Familien.

1998 haben von 30,9 % der männlichen, aber nur von 19,4 % der weiblichen Klienten Schul- und Ausbildungsprobleme als Anmeldegrund angegeben.[3] Die Liste enthält noch weitere Anmeldegründe; die Klienten durften jeweils maximal zwei Problembereiche nennen.

Der Anteil der Kinder und Jugendlichen, die Trennung bzw. Scheidung erlebt haben, liegt in der Erziehungsberatung deutlich über 30 % (a. a. O.). Zwischen 1993 und 1998 nahm die Beratungsquote[4] von 77 auf 105 zu. Die Hilfen nach § 28 KJHG dauerten durchschnittlich sechs Monate, knapp die Hälfte (47 %) dauerte nicht länger als drei Monate.

Diese Angaben sind den Informationen für Erziehungsberatungsstellen entnommen (Bundeskonferenz für Erziehungsberatung, Heft 2/2000). Die Interventionen der Erziehungs- und Familienberatungsstellen lassen sich nach unterschiedlichen Gesichtspunkten einteilen. Ein Unterscheidungskriterium sind die Empfänger der Hilfeleistungen, zum Beispiel

- das betroffene Kind,
- die Eltern als Erziehungspersonen,
- das Kind und die Eltern gemeinsam als Teil eines Beziehungsgeflechts,
- die gesamte Familie als Beziehungsgeflecht,
- das soziale Umfeld, z. B. Kindergarten oder Schule,
- oder – gemeindepsychologisch betrachtet – die Familie in ihrem gesamten Umfeld.

Darüber hinaus sind traditionelle Adressaten von Maßnahmen der Erziehungsberatungsstellen Kindergärten und Schulen. Mit ihnen

[3] Menne, K.: „Aktuelle Entwicklungstendenzen in der Erziehungsberatung“. In: Menne/Hundsalz: „Jahrbuch für Erziehungsberatung“, Bd. 4, 2001, S. 234.

[4] Zahl der beendigten Beratungsfälle nach § 28 KJHG je 10.000 Kinder bzw. Jugendliche bis 27 Jahre.

wird sowohl auf den Einzelfall bezogen als auch fallübergreifend gearbeitet.

Eine weitere Unterscheidung ist möglich nach den gewählten methodischen Ansätzen der Interventionen. Diese reichen von Elementen aus klassischen psychotherapeutischen Verfahren über typische Methoden der sozialen Arbeit sowie schul- und sonderpädagogische Ansätze bis hin zu gemeindepsychologischen Methoden.

6.1 Direkt an Kinder gerichtete Interventionsstrategien

Erziehungsberatungsstellen verfügen über Fachkräfte, die speziell für die unmittelbar an Kinder gerichtete Arbeit qualifiziert sind. Sie setzen sich aus allen oben beschriebenen psychologischen oder pädagogischen Berufsgruppen, die in Erziehungsberatungsstellen tätig sind, zusammen.

Ein Problemfall, der eine Kombination aus elterlichen Paarproblemen und Schulschwierigkeiten beim Erlernen von Lesen und/oder Rechtschreibung vereinigt, würde unter anderem folgende Interventionen auslösen:

- Ausführliche diagnostische Untersuchung des Kindes nach Merkmalen, die für die beschriebenen Misserfolge beim schulischen Lehr- und Lernprozess als relevant gelten
- Psychodiagnostische Untersuchung des Kindes nach unverarbeiteten inneren Konflikten aufgrund des elterlichen Beziehungsgeschehens, die seine seelischen Bewältigungsmöglichkeiten überfordern
- Ausführliche Ressourcendiagnostik
- Untersuchung nach Gefährdungs- und Unterstützungspotenzialen sowie Widerstandskräften
- Schulpädagogische bzw. sonderpädagogische Untersuchung nach bisher erreichten Lernständen, Lernmotivation, vorherrschenden Lernstrategien
- Systemische Diagnostik.[5]

Einige dieser diagnostischen Zugänge können – je nach angewendeten Methoden – außer in einer dezidiert ausgeführten vorgeschalteten Diagnostik auch beratungs- oder therapiebegleitend erfolgen.

---

[5] Gerth, U., in: Menne/Hundsalz (Hrsg.): Jahrbuch für Erziehungsberatung, 2001, Bd. 4.

Für die exemplarisch angeführte Problemkombination sieht Erziehungsberatung für Kinder unter anderem folgende beratende und therapeutische Angebote vor:

- Gruppen für Kinder, die von Trennung bzw. Scheidung der Eltern betroffen sind, wo sie gemeinsam mit anderen Kindern die mit dem Konflikt verbundenen Belastungen aufarbeiten und Bewältigungspotenziale aktivieren und stärken können
- Heilpädagogische Einzel- oder Gruppenarbeit, in der mangelhaftes Selbstvertrauen verbessert, fehlende Verhaltensstrategien aufgebaut und Selbstwirksamkeitserleben gefördert wird, ggf. mit speziellen Zielrichtungen aufgrund der Diagnostik
- Spezielle Gruppen für Kinder, die von mangelndem Erfolg beim Lehr- und Lernprozess in Lesen und Rechtschreibung betroffen sind; hier würden – je nach dem erkannten pädagogischen Bedarf – der Aufbau adäquater Lernstrategien, Abbau von Ausweichverhalten, Aufbau von positiver Lernmotivation, Abbau von misserfolgsmeidender Motivation, Aufbau von Selbstwirksamkeitsüberzeugungen im Hinblick auf die Lernprozesse und der Aufbau adäquater Rechtschreibstrategien im Vordergrund stehen.

Diese Aufzählung ist nicht abschließend, gleichwohl würden nicht alle hier geschilderten Interventionen in jeder Erziehungsberatungsstelle zur Verfügung stehen, da die Arbeitsweise der einzelnen Beratungsstellen unterschiedlich ist.

6.2 An Eltern gerichtete Interventionsstrategien

Bei der exemplarischen Problemkombination halten Erziehungsberatungsstellen insbesondere folgende Angebote mit einer direkten Adressierung der Eltern bereit:

- Eheberatung oder Paarberatung mit dem Ziel, bestehende Beziehungsprobleme und Konflikte zu klären und zu lösen
- Trennungs- und Scheidungsberatung in Fällen, in denen die Eltern zu einer Trennung entschlossen sind, mit dem Ziel, die Gestaltung des Trennungsvorgangs und die Gestaltung der Beziehungen der sich trennenden Elternteile zueinander und zu den Kindern möglichst stark an die Bedürfnisse der Kinder anzupassen und die Überleitung von einer Ehebeziehung hin zu einer weiterbestehenden Elternschaft zu fördern und zu erleichtern

- Mediation als ein Verfahren, bei dem keine Klärung von Konflikten und Beziehungen stattfindet, sondern eine für beide Seiten erträgliche Regelung von Sachverhalten und Aufgaben, die dringend konstruktiv bewältigt werden müssen, unter Mediation einer Fachkraft angestrebt wird.

Bei Störungen der Beziehung zwischen Eltern und Kind kommt als auf die Eltern bezogene Intervention infrage:

- Elternberatung mit dem Ziel, die bestehenden Konfliktmuster zu verstehen, sie zu eventuellen unverarbeiteten Konflikten der Lebensgeschichte der Eltern in Beziehung zu setzen und dadurch eine Befreiung für andere Sichtweisen, Gefühle und Verhaltensstrategien zu ermöglichen.

Bei erwartungswidrigen Schulleistungen der Kinder tritt in der Regel auch eine Störung der Eltern-Kind-Beziehung auf. Hierbei bieten sich als Interventionsstrategie an:

- Beratung der Eltern zur Förderung von Verständnis für die bisherige schulische Entwicklung des Kindes, für die emotionale Situation des an seinem „Schulversagen“ leidenden Kindes und für seine Bedürfnisse nach Unterstützung, Wertschätzung und Rückenstärkung vonseiten der Eltern
- Verbindung von Informationen über die Lernvoraussetzungen des Kindes und deren Passung zu den derzeit in der Schule gestellten Anforderungen sowie emotionale Verarbeitung all dieser Aspekte aufseiten der Eltern, unter Berücksichtigung ihrer eigenen lebensgeschichtlichen Erfahrungen mit Schule, mit Erfolg und Misserfolg, mit Ehrgeiz und dem Wunsch nach Entlastung und den damit verbundenen Konsequenzen für die Regulation des Selbstwertgefühls
- Befähigen der Eltern, besser auf die emotionalen Bedürfnisse des Kindes einzugehen, sein Selbstwertgefühl zu stützen statt zu schwächen und es beim Erwerb von sinnvollen und adäquaten Verhaltensstrategien zu unterstützen.

Die geschilderten Interventionen für die Kinder und die Eltern werden im Allgemeinen kombiniert. Diese Kombination kann entweder durch die gleiche Fachkraft oder aber auch durch unterschiedliche Fachkräfte der Beratungsstelle erfolgen.

Neben solchen häufig kombiniert angewendeten spezifischen Angeboten für die Eltern- und die Kinderseite spielt eine wesentliche Rolle auch die

- Familientherapie, bei der in einem Setting mit allen Familienmitgliedern (gelegentlich auch mit nur einem Teilsystem der Familie) die systemischen Verflechtungen der Beziehungen, der Gefühle und der Verhaltensstrategien der Familienmitglieder Gegenstand der beraterisch-therapeutischen Arbeit sind.

Bei Familien, deren Trennungskonflikte von Fachkräften als hoch „strittig" angesehen werden, arbeitet die Erziehungs- und Familienberatung in Vernetzung mit der Jugendhilfe und der Justiz an der Entwicklung neuer Konzepte zusammen.[6]

6.3 Stellungnahme „Beratung in Trennungs- und Scheidungssituationen" der Bundeskonferenz für Erziehungsberatung

Nach der Vorstellung der gebräuchlichsten Settings bei den Interventionen in den Erziehungs- und Familienberatungsstellen wird im nächsten Schritt die Aufgabenstellung der Erziehungs- und Familienberatung bei Trennung und Scheidung skizziert, wie sie exemplarisch in der Stellungnahme „Beratung in Trennungs- und Scheidungssituationen" (Bundeskonferenz für Erziehungsberatung 1989, S. 27) beschrieben ist. Fachliche Beratung unterstützt Familien, indem sie

- die der aktuellen Krise zugrunde liegenden familiären Konflikte herausarbeitet,
- mit den Eltern Lösungswege für die Konflikte erarbeitet,
- daran mitwirkt, sachlich fundierte Entscheidungen über eine eventuelle Trennung zu treffen,
- mit den Eltern Wege erarbeitet, ihre eigenen Konflikte und Beziehungsprobleme als eine Qualität anzusehen, die getrennt von der Situation ihrer Kinder besteht,
- mit den Eltern Lösungen für die schwierige Aufgabe erarbeitet, Eltern zu bleiben, obwohl man sich als Paar trennt,
- den Kindern hilft, das Auseinandergehen ihrer Eltern und den Verlust der bisherigen Lebenszusammenhänge und der Lebens-

---

[6] Weber, M.: „Beratung vor gerichtlicher Entscheidung". In: Menne/Hundsalz, „Jahrbuch für Erziehungsberatung" Bd. 4, 2001.

gemeinschaft mit dem einen Elternteil seelisch zu bewältigen, sich davon abzugrenzen und die neue Situation zu gestalten,

- Kindern hilft, die seelischen Belastungen und Verletzungen der Trennungssituation zu verarbeiten und sie bei der Aufrechterhaltung bzw. beim Aufbau eines neuen sozialen Netzes unterstützt,
- den Eltern und Kindern dabei hilft, lebbare und ertragbare Gestaltungen für die Aufrechterhaltung der Beziehung zum getrennt lebenden Elternteil, für konkrete Besuchsregelungen und die damit verbundenen Konflikte zu erarbeiten.

Erziehungs- und Familienberatungsstellen sind für diese Aufgabenstellung gut vorbereitet, denn sie „greifen bei ihrer Beratung auf die Erfahrung zurück, die sie mit Kindern und ihren Familien in den verschiedensten Problemlagen gemacht haben. Trennung und Scheidung ist eine schwerwiegende Krise von Familien, die des ganzen Erfahrungshintergrundes einer kompetenten Fachberatung bedarf" (Bundeskonferenz für Erziehungsberatung 1989, S. 28).

Die *Bundeskonferenz für Erziehungsberatung* hat diese Stellungnahme bereits 1989 verfasst. In ihrer zentralen Weiterbildung hat sie vielfältige Angebote zur weiteren Qualifizierung der Fachkräfte zu diesem Themenbereich organisiert, Tagungen durchgeführt und entsprechende Publikationen herausgegeben.[7]

6.4 Bei Schulen ansetzende Interventionsstrategien und Vernetzung

Neben diesen auf Eltern und Kinder bezogenen Interventionsstrategien gibt es darüber hinaus Strategien, die bei den Schulen ansetzen. Dabei ist zu unterscheiden zwischen auf den Einzelfall bezogenen und den Fall übergreifenden Maßnahmen. Einzelfall bezogene Interventionen wären etwa

- Beratungsgespräche mit den Lehrkräften über bestimmte kognitive Voraussetzungen des Kindes, seinen allgemeinen Entwicklungsstand, seine emotionalen Bedürfnisse, seine Verhaltensstrategien, seine Motivationen. Eine solche Beratung soll die „Passung" (Kretschmann) zwischen den Kompetenzen des Kindes und den Anforderungen der Schule verbessern. Darüber hinaus kann sie die

---

[7] Zum Beispiel Goldstein, P. u. a. (Hrsg.): Kindergruppen bei Trennung und Scheidung, Materialien zur Beratung, Band 8, Fürth 2000.

Möglichkeiten verbessern, dass die Lehrkräfte die Bedürfnisse und Verhaltensstrategien des Kindes aufgreifen, vermeidende Verhaltensstrategien erkennen und unterlaufen und erfolgreichere Verhaltensstrategien fördern und bekräftigen. Dieses Gespräch kann bei den Lehrkräften die Wahrnehmung und das Verständnis für Ängste und Unsicherheiten des Kindes fördern. Es kann auch helfen, die Beweggründe des Kindes besser zu verstehen und somit die Chancen steigern, das Kind auch in der Schule gut zu motivieren.

- Gemeinsame Beratungsgespräche mit Lehrkräften, Eltern und Kind; sie können dazu dienen, das gegenseitige Verständnis aller zu vergrößern und dadurch die Chancen zur Zusammenarbeit zu verbessern. Sie können bei allen Beteiligten die Zuversicht verbessern, dass die Lage nicht aussichtslos und eine Verbesserung des Erfolges des Lehr- und Lernprozesses erreichbar ist, und damit System übergreifender Resignation entgegenwirken.
- Gruppentherapeutische Arbeiten; so wurde in Wolfsburg eine solche Arbeit in Kooperation von Schule und Jugendamt eingerichtet:

> „Die gruppentherapeutische Arbeit ist getragen von und integriert in eine soziale Netzwerkarbeit. Wir arbeiten zusammen mit Lehrern und Lehrerinnen, der Schulleiterin, der Schulsozialarbeiterin, dem Allgemeinen Sozialen Dienst des Jugendamtes, der Erziehungsberatung und ggf. auch dem schulpsychologischen Dienst. Die Synergie der gemeinsamen Anstrengung wird auf diese Weise zu einem Motor auch für langfristige Entwicklungen. Die Kinder erfahren z. B. auch nach Beendigung der Gruppentherapie immer wieder eine besondere Aufmerksamkeit innerhalb dieser sozialen Netzwerkarbeit. Darüber hinaus lernen alle Beteiligten (Therapeuten, Praktikantinnen, Lehrerinnen etc.) in diesem Netzwerk auf vielfältige Weise voneinander. Dieser Lern- und Sensibilitätsgewinn kommt nicht nur den Gruppenkindern zugute."[8]

Fallübergreifend kommen Interventionsstrategien folgender Art infrage:

- Qualifizierung von Lehrkräften durch Beteiligung an Weiterbildungsmaßnahmen der Schulen über pädagogische und psychologische Erfordernisse
- Supervision für Lehrkräfte
- Maßnahmen zur Förderung von Vernetzung zwischen Schule und Jugendhilfe

---

[8] Rahm, Dorothea/Kirsch, Carola: Entwicklung von Kindern heute. Ein Diskussionsbeitrag aus der Perspektive der Integrativen Gruppentherapie mit marginalisierten Kindern. In: Beratung aktuell, 1/2000, S. 17–40.

- Maßnahmen zur Ressourcenaktivierung im schulischen Bereich: Aufspüren und Förderung von Ressourcen, wo im schulischen Bereich Verbesserungen für die Gestaltung des Schullebens und der Lehr- und Lernprozesse erreichbar sind, insbesondere bei ansonsten gänzlich scheiternden Lehr- und Lernprozessen,
- Qualifizierung von Lehrkräften der Grundschule für die Durchführung von Fördermaßnahmen bei Kindern, die wegen der Diagnose „Legasthenie" oder „Dyskalkulie" und damit verbundener behinderungsrelevanter seelischer Störungen Anspruch auf Hilfen nach § 35 a KJHG haben. Ein solches Projekt wird im Landkreis Cuxhaven unter fachlicher Führung der Erziehungsberatungsstelle vom Kreisjugendamt begonnen. Dabei wird durch die Qualifizierung der beteiligten Grundschullehrerinnen der synergetische Effekt angestrebt, dass die zusätzlich erworbenen Kompetenzen der Lehrkräfte in den folgenden Jahren immer mehr *allen* Kindern zugute kommen.

7 Schlussbemerkung

Da der Anteil der von Trennung und Scheidung betroffenen Kinder und Jugendlichen und der der männlichen Klienten bei den Schul- und Ausbildungsproblemen in der Erziehungsberatung, wie oben beschrieben, deutlich über 30 % liegt, ist die Erziehungsberatung mit den oben aufgeführten Themen täglich in ihrer Arbeit konfrontiert und verfügt über langjährige Erfahrungen in der Durchführung der geeigneten Hilfen.

Insofern leistet sie für das eingangs geschilderte Risiko eines Weges in die Armut bereits jetzt täglich präventive Arbeit.

Literaturverzeichnis

Barth, J. M./Parke, R. D.: Parent-child relationship influences on children's transition to school. In: Merril-Palmer Quarterly, 39, 1993, pp. 173–195

Belser, H./Roeder, P.-M./Thomas, H.: Kinder Schule Elternhaus. Eine Untersuchung über das englische Primarschulwesen (Plowden-Report). Frankfurt am Main 1972

Bertau, M.-C.: Strategien der Alphabetisierung als Beitrag zur Armutsprävention. Grundlagenpapier zum Bereich der kommunikativen Fähigkeit. März 2001

Bornstein, M. E.: Sensitive periods in development: Structural characteristics and causal interpretations. In: Psychological Bulletin, 105, 1989, pp. 179–197

Bowlby, J.: Attachment and loss, vol. I: Attachment. New York 1969

Bundeskonferenz für Erziehungsberatung (bke): Beratung in Trennungs- und Scheidungssituationen. In: bke: Grundlagen der Beratung. Fürth 1989

Bundeskonferenz für Erziehungsberatung (bke): Informationen für Erziehungsberatungsstellen, Heft 2/2000

Bus, M. G./van Ijzendoorn, M. H.: Mother-child interaction, attachment and emergent literacy. A cross-sectional study. In: Child Development, 59, 1988, pp. 1262–1272

Campbell, J. R./Mandel, F.: Connecting math achievement to parental influences. In: Contemporary Educational Psychology, 16, 1990, pp. 64–74

Campbell, S. B.: Hard-to-manage preschool boys: Externalizing behavior, social competence, and family context at two-year follow-up. In: Journal of Abnormal Child Psychology, 22, 1994, pp. 147–166

Campbell, S. B./March, C. L./Pierce, E./Ewing, L. J./Szumowski, E. K.: Hard-to-manage preschool boys: Family context and stability of externalizing behavior. In: Journal of Abnormal Child Psychology, 19, 1991, pp. 301–318

Cicchetti, D,/Lynch, M.: Toward an ecological/transactional model of community Violence and child treatment.: Consequences for children's development. In.: Psychiatry: Interpersonal and Biological Processes, 56/1993, pp. 96–118

Cohn, D. A.: Child-mother attachment of six-years-olds and social competence at school. In: Child Development, 61/1990, pp. 152–162

Döbert, M./Hubertus, P.: Ihr Kreuz ist die Schrift. Analphabetismus und Alphabetisierung in Deutschland. Münster und Stuttgart 2000

Elicker, J./Englund, M./Sroufe, L. A.: Predicting peer competence and peer relationships in childhood from early parent-child relationships. In: Perke, R./Ladd, G. (Eds.): Family-peer relationships: Modes of linkage. Hillsdale 1992, pp. 77–106

Entwisle, D. R./Hayduk, L. A.: Lasting effects of elementary school. In: Sociology of Education, 61/1988, pp. 147–159

Georg, W./Lange. A.: „Soziales Kapital" in Familien: Einflüsse auf Delinquenz und Schulleistung. In: Silbereisen, R. K./Zinnecker, J. (Hrsg.): Entwicklung im sozialen Wandel. Weinheim 1999

Gödde, M./Walper, S.: Elterliche Konflikte aus der Sicht von Kindern und Jugendlichen: Die deutsche Kurzfassung der Children's Perception of Interparental Conflict Scale (CPIC). In: Diagnistica 47, Heft 1/2001, S. 18–26

Goldstein, P./Placke-Brüggemann, E./Pfeifer, W.-K. u. a.: Kindergruppen bei Trennung und Scheidung. Ergebnisse eines Expertengesprächs. Fürth 2000

Greenberg, M. T./Speltz, M. L./DeKlyen, M.: The role of attachment in the early development of disruptive behavior disorders. In: Development and Psychopathology. 5/1993, pp. 191–213

Greenberg, M. T./Speltz, M. L.: Attachment and the ontogeny of contact problems. In: Belsky, J./ Nezworski, T. (Eds.): Clinical implications of attachment. Hillsdale 1988, pp. 177–218

Hamre, B. K./Pianta, R. C.: Early Teacher-Child Relationships and the Trajectory of Children's School Outcomes through Eighth Grade. In: Child Development. Vol. 72, No. 2, March/April 2001, pp. 625–638

Helmke, A./Schrader, F.-W./Lehneis-Klepper, G.: Die Rolle des Elternverhaltens für die Schulleistungsentwicklung ihrer Kinder. In: Zeitschrift für Entwicklungspsychologie und Pädagogische Psychologie 1991. Band XXIII, Heft 1, S. 1–22

Howes, C./Hamilton, C. E.: The changing experience of child care: Changes in teachers and teacher-child relationships and children's social competence with peers. In: Early Childhood Research Quarterly. 8/1993, pp. 15–32

Howes, C./Hamilton, C. E./Matheson, C. C.: Children's relationships with peers: differetial associations with aspects of the teacher-child relationship. In: Child Development 65/1994a, pp. 253–263

Howes, C./Hamilton, C. E./Matheson, C. C.: Material, teacher and child are history correlates of children's relationships with peers. In: Child Development 65/1994b, pp. 264–273

Keeves, J. P.: Motivation and school leraning. In: International Journal of Educational Research 10, 1986, pp. 117–127

Klicpera, Ch./Gasteiger-Klicpera, B.: Psychologie der Lese- und Schreibschwierigkeiten. Entwicklung, Ursachen, Förderung. 2. Auflage. Weinheim 1995

Körner, W./Hörmann, G.: Handbuch der Erziehungsberatung. Band 2. Göttingen 2000

Kopp, C./Wyer, N.: Self-regulation in normal and atypical developments. In.: Ciccetti, D./Toth, S. (Eds.): Disorders and Dysfunctions of the Self: Rochester Symposium on Developmental Psychopathology. Vol. 5, 1994, pp. 31–51

Kossakowski, A.: Wie überwinden wir Schwierigkeiten beim Lesen- und Schreibenlernen, insbesondere bei Lese- und Rechtschreibschwäche? Berlin (Ost) 1960

Kretschmann, R.: Störungen beim Schrifterwerb – Ursachen und Prävention aus systemischer und entwicklungsökologischer Sicht. In: DGSL-Jahrbuch.

Lockowandt, O.: Frostigs Entwicklungstest der visuellen Wahrnehmung. Weinheim 1964

Lynch, M./Cicchetti, D.: Maltreated children's reports of relatedness to their teachers. In.: Pianta, R. C. (Ed.): Beyond the Parent: The role of other adults in children's lives: New directions for child development. San Francisco 1992, pp. 81–108

Marjoribanks, K.: Family environments. In: Walberg, H. J. (Ed.): Educational environmants and effects. Berkeley CA 1979, pp. 15–37

Mayeske, G. W./Wisler, C. E./Beaton, A. E. et al.: A study of our nation's schools. Washington DC 1969

Menne, K./Hundsalz, A. (Hrsg.): Grundlagen der Beratung. Fachliche Empfehlungen, Stellungnahmen und Hinweise für die Praxis. Fürth 2000

Menne, K./Hundsalz, A. (Hrsg.): Jahrbuch für Erziehungsberatung. Band 4. Weinheim und München 2001

Naegele, I. M./Valtin, R. (Hrsg.): LRS in den Klassen 1–10. Handbuch der Lese-Rechtschreib-Schwierigkeiten. Weinheim und Basel 2000

Opp, G./Fingerle, M./Freytag, A. (Hrsg.): Was Kinder stärkt. Erziehung zwischen Risiko und Resilienz. München, Basel 1999, S. 71–93

Park, K. A./Waters, E.: Security of Attachment and Preschool Friendships. In: Child Development 60/1989, pp. 1076–1081

Pianta, R. C./Erickson, M. F./Wagner, N./Kreutzert, T./Egerland, B.: Preschool predictors of referrals for special services. Child based measures vs. mother child interactions. In: School Psychology Review 19/1990, pp. 240–250

Pianta, R. C./Harbers, K. L.: Observing Mother and Child Behavior in a Problem-Solving Situation at School Entry: Relations with Academic Achievement. In: Journal of School Psychology. Vol. 34, No. 3/1996, pp. 307–322

Pianta, R. C./Niemetz, S. L./Bennet, E.: Mother-Child Relationships, Teacher-Child Relationships, and School Outcomes in Preschool and Kindergarten. In: Early Childhood Research Quarterly 12/1997, pp. 263–280

Pianta, R. C./Smith, N./Reeve, R.: Observing mother and child behavior in a problem-solving situation at school entry: Relations with classroom adjustment. In: School Psychology Quarterly 6/1991, pp. 1–16

Pianta, R. C./Walsh, D.: High-risk children in the schools: Creating sustainig relationships. New York 1996

Pianta, R. C.: Developmental Perspectives and School Psychology. Introduction: Developmental Perspectives on School Outcomes for Risk and Non-Risk Populations. In: Journal of School Psychology Vol. 35, No.1/1997a, pp. 1–2

Pianta, R. C.: Adult Child Relationships Processes and Early Schooling. In: Early Education and Development Vol. 8, No. 1, January 1997b, pp. 11–26

Preisig, E./Perrez, M./Patry, J.-L.: Zum funktionalen Zusammenhang zwischen elterlicher Bekräftigung und dem Schulleistungs- und Sozialverhalten des Kindes. In: Zeitschrift für Entwicklungspsychologie und Pädagogische Psychologie 1980. Band XII, Heft 4, S. 329–344

Resnick, M. D./Bearman, P. S./Blum, R. W./Bauman, K. E./Harris, K. M./Jones, J./Tabor, J./ Beuhring, T./Sieving, R. E./Shew, M./ Ireland, M./Bearinger, L. H./Udry, J. R.: Protecting Adolescents from Harm: Findings from the National Longitudinal Study of Adolescent Health. In: Muuss, R. E./Porton, H. D. (Eds.): Adolescent Behavior and Society. A Book of Readings. New York 1998, pp. 376–395

Rosenfeld, H./Valtin, R.: Zur Entwicklung schulbezogener Persönlichkeitsmerkmale bei Kindern im Grundschulalter. Erste Ergebnisse aus dem Projekt NOVARA. In: Unterrichtswissenschaft. Vol. 25, No. 4/1997, S. 316–330

Rutter, M./Tizard, J./Whitmore, K.: Education, Health and Behavior. London 1970

Rutter, M.: Emotional disorder and educational underachievement. In: Archives of disease in childhood: the journal of the Royal College of Paedia 49, 1974, S. 249–256

Silbereisen, R. K./Zinnecker, J. (Hrsg.): Entwicklung im sozialen Wandel. Weinheim 1999

Sroufe, L. A.: Infant-caregiver attachment and patterns of adaptation of preschool. The roots of maladaption and competence. In: Perlmutter, M. (Ed.): The Minnesota Symposium on Child Psychology. Vol. 16. Hillsdale 1983, pp. 41–81

Sroufe, L. A.: The Role of Infant-Caregiver Attachment in Development. In: Belsky, J./Nezworski, T. (Eds.): Clinical Implications of Attachments. Hillsdale 1988, pp. 18–38

Tiedemann, J./Faber, G.: Der langfristige Stellenwert mütterlicher Erziehungsmerkmale und kognitiver Kindkompetenzen für die Leistungsentwicklung in der Grundschule: Ergebnisse einer vierjährigen Längsschnittuntersuchung. In: Unterrichtswissenschaft. Band 18, 1990, S. 71–89

Tiedemann, J./Faber, G./Kahra, G.: Ausgewählte Frühindikatoren schulischer Lernschwierigkeiten. Lernvoraussetzungen des Erstunterrichts. Universität Hannover, Fachbereich Erziehungswissenschaften I. Arbeit Nr. 11, November 1984

Thompson, R. A.: Emotion regulator: A theme in search of definition. In: Fox, N.A. (Ed.): The development of emotion regulation: Biological and behavioral considerations. Monographs of The Society for Research in Child Development. Vol. 59, 1994, pp. 25–52

Valtin, R.: Empirische Untersuchungen zur Legasthenie. Hannover 1972

Verschueren, K./Marcoen, A./Schoefs, V.: The internal working model of the self, attachment, and competence in five-year-olds. In: Child Development 5/1996, pp. 2493–2511

Wentzel, K.: Effective teachers are like good parents: Understanding motivation and classroom behavior. Paper presented at the annual meeting of the American Educational Research Association. New York 1996

Werner, E. E.: Sozialisation: die Kinder von Kauai. In: Spektrum der Wissenschaft. Juni 1999

Werner, G./Lange, A.: „Soziales Kapital“ in Familien: Einflüsse auf Deliquenz und Schulleistung. In: Silbereisen, R. K./Zinnecker, J. (Hrsg.): Entwicklung im sozialen Wandel. Weinheim 1999, S. 289–297